도서관의 삶, 책들의 운명

DATE	ISSUED TO
AUG 21 1950	Ray Bradbury
10/31/55	Edith Gross
4-28-86	Susan Orlean
SEP 10 2010	AUSTIN GILLESPIE

도서관이 불에 타 수많은 사람의 지식과 기억, 역사가 사라졌다. 그런데 사람들은 좌절하지 않고 도서관을 되살려냈다. 저자는 그 이야기를 시간과 공간, 나아가 심리적 관점까지 담아 다각적으로 펼쳐 보인다. 도서관 이야기가 이렇게 흥미진진한 데다 감동적일 수 있다니! 역시 도서관은 시민들과 함께할 때 비로소 좋은 도서관이 될 수 있음을 다시 한번 확인한다.

_이용훈 도서관문화 비평가, 한국도서관협회 사무총장

도서관학 제5법칙, '도서관은 성장하는 유기체'라는 사실을 온몸으로 느꼈다. 로스앤젤레스 공공도서관 화재 사건을 둘러싼 각 사람의 이야기를 섬세하게 아우르며, 개인의 경험과 기억을 넘어 인류의 모든 도서관을 향한 사랑과 경이를 담았다. 맥박이 뛰고 심장이 박동하는 도서관과의 만남은 곧 나와 우리 모두가 하나의 살아 있는 도서관임을 잊지 않게 해준다.

_강민선, 『아무도 알려주지 않은 도서관 사서 실무』 저자

7시간 반 동안 화마에 휩싸인 로스앤젤레스 공공도서관, 그렇게 책의 궁전 하나가 무너졌다. 이 사건의 전모를 추적하는 과정은, 흥미롭게도 도서관을 만들고 가꿔온 이들의 다채로운 이야기와 포개진다. 붕괴와 생성의 대비되는 드라마가 동시에 펼쳐지는 것이다. 촘촘한 취재 덕분에 도서관이 어떻게 살아 숨 쉬는 곳인지, 그 안에 어떤 노력과 분투가 담겨 있는지 여실히 드러난다. 책만으로도 도서관, 아니 내가 꿈꾸는 한 세계를 여행한 것만 같다.

_임윤희, 『도서관 여행하는 법』 저자

도서관의 삶, 책들의 운명

수전 올리언 지음 박우정 옮김

The Library Book

글항아리

내 과거인 이디스 올리언에게
내 미래인 오스틴 길레스피에게

로스앤젤레스 공공도서관

앎이 기억하기 전에 기억이 믿는다.
-윌리엄 포크너,『8월의 빛』

그들이 우리에게 무얼 하고 있는지 물으면 이렇게 말하세요, 우리는 기억하고 있다고.
-레이 브래드버리,『화씨 451』

나는 도서관과 같은 파라다이스를 항상 상상해왔다.
-호르헤 루이스 보르헤스,『창조자』

차례

1.

『시작되는 이야기Stories to Begin On』(1940)

로다 W. 바크마이스터
X 808 B127

『내일을 즐기고 싶다면 지금 시작하라Begin Now-To Enjoy Tomorrow』(1951)

레이 자일스
362.6 G472

『시작하기 좋은 장소A Good Place to Begin』(1987)

로런스 클라크 파월
027.47949 P884

『처음부터 시작하기To Begin at the Beginning』(1994)

마틴 B. 코펜헤이버
230 C782

눈에 띄는 헤어스타일을 곧잘 볼 수 있는 로스앤젤레스에서도 해리 피크의 헤어는 주목을 끌었다. 해리의 변호사는 "그는 완전히 금발이었어요. 완전, 완전 금발이요"라고 말하고는 해리의 풍성한 앞머리를 흉내 내며 이마 위로 손을 펄럭거렸다. 증인석의 피크를 심문했던 또 다른 변호사도 그의 헤어스타일을 자세히 기억했다. "머리숱이 굉장했어요. 그리고 확실하게 금발이었죠." 내가 만난 방화조사관은 법정에 들어오는 피크의 모습을 "그 머리 꼴을 하고"라며 묘사했다. 마치 피크의 머리가 독립적인 존재이기라도 한 것처럼.

해리 오머 피크에게는 존재감이 상당히 중요했다. 1959년에 태어난 그는 로스앤젤레스에서 동남쪽으로 한 시간이 채 걸리지 않는 평평한 골짜기의 샌타페이스프링스에서 자랐다. 회갈색의 샌타로자 언덕과 어룽어룽 단조로운 느낌으로 에워싸인 이 도시는 무사평온하게 순응하며 살아가는 분위기였지만, 정작 해리는 튀어 보이길 갈망했다. 어릴 때 그는 사소한 범죄와 장난으로 보는 이들을 즐겁게 했다. 여자아이들도 해리를 좋아했다. 그는 매력적이고 재미있는 사람이었다. 볼엔 보조개가 패어 있고 대담한 성격이었다. 누구와 어떤 얘기도 할 수 있었다. 연극과 발명에 재능이 있었고 이야기꾼에 허풍쟁이, 머리가 휙휙 돌아가는 거짓말쟁이였다. 자기 인생이 덜 평범하고 덜 볼품없어 보이도록 사실들을 근사하게 꾸며대는 데에도 능했다. 해리의 누나는 그를 세계 최고의 거짓말쟁이라고 불렀다. 어찌나 순식간에 거짓말과 날조를 해대는지 가족들조차 그가 하는 말은 한마디도 믿지 않았다.

할리우드가 가까워서 끊임없이 손짓을 해대고, 연기에도 소질 있었던 해리는 예상됐던 대로 배우가 되기로 결심했다. 그는 고등학교를 졸업하고 군복무를 마친 뒤 로스앤젤레스로 옮겨가 배우가 되는 꿈을 꾸기 시작했다. 이즈음 그는 대화 중에 "내가 영화배우가 됐을 땐"이라는 말을 들먹이기 시작했다. 그는 항상 "됐을 땐"이라고 말했다. "되면"이라는 가정법이 아니라. 그에게 영화배우가 된다는 말은 가정이 아니라 사실이었다.

텔레비전 쇼나 영화에서 실제로 그를 본 적은 없지만 가족들은 해리가 할리우드에 있는 동안 전도유망한 역을 꿰찼을 거라고 생각했다. 그의 아버지는 내게 해리가 의학 쇼—아마 「제너럴 호스피털」—에 나왔고 「빌리 잭의 재판」을 포함한 몇몇 영화에 출연했다고 말했다. 그러나 IMDB—세계 최대의 온라인 영화 및 텔레비전 데이터베이스—에는 배리 피크, 패리 피크, 해리 피콕, 배리 펄이 올라와 있고 심지어 영국 플리머스의 해리 피크도 나와 있지만 로스앤젤레스의 해리 피크는 눈을 씻고 찾아봐도 없었다. 내가 아는 한, 해리 피크가 화면에 등장한 것은 1986년에 로스앤젤레스 중앙도서관에 불을 질러 거의 50만 권에 이르는 장서를 태우고 70만 권 이상의 책을 훼손시킨 뒤 체포되어 지방 뉴스에 나온 게 유일하다. 이 사건은 로스앤젤레스 역사상 최대 규모의 화재 중 하나였고 미국 역사상 가장 큰 도서관 화재였다.

건축가 버트럼 굿휴의 설계로 1926년 문을 연 중앙도서관은 로스앤젤레스 시내 한복판, 5번가와 플라워가의 모퉁이에 자리 잡고 있다. 한때 노멀힐이라 불리던 언덕의 내리막 쪽이었다. 언덕은 원래 더 높았지만 도서관 부지로 선정되면서 건축하기 쉽게 꼭대기를 깎아냈다. 개관 당시 로스앤젤레스 시내의 이 지역은 상부가 무거운 목재 골조의 빅토리아풍 주택들이 언덕 옆구리에 불안정하게 서 있는 번잡한 동네였다. 지금은 집들이 없어지고, 음침하며 어두운 고층 사무실 건물들이 다닥다닥 언덕에 붙어 서서 긴 그림자를 드리우고 있다. 중앙도서관은 도시의 한 구역 전체를 차지했지만 8층짜리여서 이 롱다리 건물들에 비하면 뭐랄까, 발목 높이 정도로 보였다. 도서관 건물은 수평의 느낌을 풍기는데, 주로 4층짜리 건물들로 이뤄진 수수한 도심에 중요 지점으로 등장했던 1926년에는 아마 그러지 않았을 것이다.

　도서관은 오전 10시에 문을 열지만, 사람들은 항상 동틀녘부터 근처를 서성였다. 이들은 건물 벽에 기대거나 주변의 낮은 돌담에 반쯤 걸터앉거나 기대에 차올라 도서관 현관이 눈에 들어오는 정문 서북쪽 정원에 모여 있다가 눈에 불을 켜고 문 쪽을 바라보곤 했다. 그러나 보람은 없었다. 도서관이 정해진 시간보다 일찍 문을 열 가능성은 없었기 때문이다. 최근의 어느 따뜻한 날 아침, 정원의 사람들이 무성하게 드리운 나뭇가지 아래 긴 수로 옆으로 모여들었다. 똑똑 흐르는 물줄기가 시원한 공기를 조금씩 뿜어내는 것 같았다.

　바퀴 달린 여행 가방, 토트백, 책가방이 여기저기 놓여 있었고, 콘크리트 빛깔의 비둘기들이 가방 주위를 거만하게 또박또박 돌아다녔다. 겨드랑이가 땀으로 젖은 듯한 흰색 와이셔츠 차림의 호리호리한 젊은이는 옆구리에 파일 폴더를 끼운 채 한 발로 기우뚱거리며 뒷주머니의 휴대전화를 꺼내려 하고 있었다. 그 뒤에는 축 늘어진 노란색 배낭을 멘 여자가 눈을 감고 두 손을 꽉 쥔 채 몸을 앞으로 구부리고 벤치 끝에 앉아 있었다. 잠을 자는 건지, 기도를 하는 건지 알 수 없었다. 그 옆에는 중절모를 쓰고 꽉 끼는 티셔츠를 입어 반달 모양의 반들거리는 분홍색 배가 드러난 사내가 서 있었다. 클립보드를 손에 든 두 여성은 어지럽게 돌아다니는 아이들을 도서관 현관 쪽으로 이동시키고 있었다. 정원 구석에서는 남자 둘이 세계 평화의 종 옆에 앉아서 함께 먹은 것으로 보이는 식사에 대해 입씨름을 벌이고 있었다.

　"넌 그 마늘 드레싱이 맛있었다는 걸 인정해야 해." 한 명이 말했다.

"난 샐러드 안 먹는데."

"이봐, 샐러드 안 먹는 사람이 어디 있어!"

"난 안 먹어." 잠시 침묵. "난 닥터 페퍼 좋아하거든."

두 남자는 이야기를 주고받는 사이사이 도서관 현관 쪽으로 눈길을 던졌다. 현관에는 경비 한 명이 앉아 있었다. 문이 열려 있었고 경비가 그 안쪽에 앉아 있어서 지나가는 사람이 다 볼 수 있었다. 열린 문은 도저히 말을 걸지 않을 수 없게 만들었다. 사람들이 잇따라 경비에게 다가갔지만, 그는 눈도 깜빡이지 않은 채 외면했다.

"도서관 아직 안 열었나요?"

"아직 안 열었소."

다음 사람에게: "10시오."

다음 사람에게: "시간 되면 알 거요."

다음 사람에게: "아직."

다음 사람에게: "10시에 열어요." (고개를 설레설레 젓고 눈을 부라리며)

"10시오. 안내판에 적힌 대로."

경비에게 다가가 직원 배지를 내보이는 사람도 몇 분마다 한 명씩 있었다. 그러면 경비는 들어가라는 손짓을 했다. 사실 도서관은 하루를 준비하는 직원들로 북적이며 이미 활기차게 돌아가고 있었다. 발송부는 새벽부터 수만 권의 책을 플라스틱 상자에 포장하며 일하는 중이었다. 도시의 73개 도서관 중 한 곳에서 요청했거나, 원래의 소장처가 아닌 곳으로 반납되어 되돌려보내거나, 중앙도서관에서 막 분류되어 분관들 중 한 곳으로 보내지는 책들이었다. 경비들은 도서관을 하루 종일 지켰고, 당직 경비들은 오전 6시에 교대 근무를 시작했다. 도서관 웹사이트를 운영하는 매슈 맷슨은 한 시간 전부터 지하에 있는 자기 책상에 앉아 아침이 지나면서 치솟는 웹사이트 방문객 수를 보고 있었다.

여덟 개 부서의 사서와 직원들 또한 선반을 정리하고 새 책들을 확인하며 일과를 시작했다. 열람 테이블과 개인열람실은 비어 있었고 테이블마다 의자가 밀어넣어져 있었다. 도서관에 흔히 감도는 부드러운 조용함보다 더 깊은 고요함이 모두를 감쌌다. 역사부에서는 리어 헬러라는 젊은 사서가 책들이 담긴 수레를 자세히 살펴보며 훼손된 책과 비인기 도서들을 골라냈다. 일을 마친 그녀는 부서의 주문 희망 도서 목록을 꺼내 이미 소장 중인 책인지 확인했다. 이 과정을 통과하면 평론과 사서 정보지를 살펴보면서 이것들을 구매해도 괜찮을지 확인할 것이다.

어린이실에서는 인형 극장에 도시 곳곳의 어린이 전문 사서들이 모여 정기 모임을 열었다. 논의 주제는 동화구연 시간을 효과적으로 운영하는 법이었다. 30명의 어른이 극장의 코딱지만 한 의자에 몸을 쑤셔넣은 채 몰입해서 프레젠테이션을 들었다. "적당한 크기의 테디베어를 사용하세요." 내가 걸어 들어갔을 때 사서가 모임을 진행하는 중이었다. "저는 아기 크기라고 생각한 인형을 사용했는데 제가 틀렸더라고요. 그건 미숙아 정도의 크기였지요." 그녀는 펠트로 덮인 게시판을 가리켰다. "잊지 마세요. 플란넬 보드가 굉장히 효과적이랍니다. 옷을 차려입는 펭귄을 보여주는 데 사용할 수도 있고, 그 안에 토끼나 코 같은 것을 숨길 수도 있거든요."

2층에서는 도서관 예산 담당관 로버트 모랄레스와 업무 관리자

매들린 래클리가 로스앤젤레스의 모든 도서관을 담당하는 로스앤젤레스 시 사서city librarian(로스앤젤레스시의 72개소 분관을 포함해 관리하는 대표 사서로 공공도서관들의 감독관―옮긴이)인 존 서보와 자금에 대해 이야기를 나누고 있었다. 그들 바로 밑에서 본관 시계가 10시를 향해 움직였고, 중앙도서관의 수석 사서 3명 중 한 명인 설리나 테라자스는 도서관이 문을 열 때 밀려들어오는 사람들을 지켜볼 수 있도록 로비 중앙에 자리를 잡았다.

마치 공연 같은 느낌이었다. 극장에서 커튼이 올라가기 직전, 보이거나 들리지는 않지만 느껴지는 부산한 움직임들. 한바탕의 연기가 펼쳐지기 전에 배우들이 자기 자리를 찾고 소품들을 제자리에 놓는 움직임들. 로스앤젤레스에 공공도서관이 처음 생긴 1859년부터 도서관의 현관문은 수천 번 활짝 열렸고 경비가 개장했다고 소리칠 때마다 도서관에는 순식간에 활기가 돌았다. 중요한 무언가가 펼쳐질 것 같은 느낌, 연극이 시작된다는 느낌이 감돌았다. 이 특별한 날 아침, 설리나 테라자스가 시계를 확인했고 보안 책임자 데이비드 아기레도 시간을 확인한 뒤 현관의 경비에게 경계를 해제하라는 무전을 보냈다. 잠시 뒤 경비는 의자에서 내려와 문을 밀어젖혔다. 부드러운 캘리포니아의 아침 햇살이 현관 안으로 쏟아져 들어왔다.

바깥 공기가 훅 밀려와 복도로 퍼져나갔고 삽시간에 사람들이 쏟아져 들어왔다. 정원에서 서성이다 도서관 문이 열리자 잽싸게 달려온 사람들, 돌담에 앉아 있던 사람들, 아침이면 여기저기 돌아다니는 사람들, 학교에서 단체로 온 아이들, 비즈니스맨들, 유모차를 끌고 구연동화를 보러 온 부모들, 문을 열자마자 화장실에 몰려갔다가 컴퓨터 센터로 직행하는 노숙인들, 학생들, 학자들, 시간을 죽이는 사람들, 독서가들, 호기심 많은 사람들과 지루해하는 사람들…… 이들 모두 『아일랜드 예술가 사전』이나 『천의 얼굴을 가진 영웅』, 링컨 전기, 잡지 『피자 투데이』, 『세련된 뜨개질의 모든 것』, 혹은 1960년대에 찍은 샌퍼닌도밸리의 수박 사진이나 『해리 포터』—언제나 해리 포터—그리고 도서관이 소장한 수백만 권의 책, 팸플릿, 지도, 악보, 신문, 사진들 중 하나를 달라고 아우성쳤다. 인간미가 강물처럼 흐르고 열의가 솟구쳤다. 사람들은 아기 이름 작명 가이드, 찰스 파넬의 전기, 인디애나주의 지도를 찾았고 사서에게 낭만적이지만 진부하지는 않은 소설을 추천해달라고 했다. 과세 정보를 찾거나 영어를 배우는가 하면 영화를 확인하거나 자신의 가족사를 추적하기도 했다. 단지 도서관이 앉아 있기에 쾌적한 곳이라는 이유로 엉덩이를 붙이고 있기도 했고 때로는 도서관이라는 공간과 아무 상관없는 일도 했다. 이 특별한 날 아침, 한 여성은 사회과학 열람실에 앉아 면 블라우스 소매에 구슬을 달고 있었다. 역사 코너의 개인 열람실에서는 핀스트라이프 슈트를 입은 남성이 책상 위에 책들을 올려놓았지만 읽진 않고 있었다. 그는 책상 아래에 도리토스 봉지를 두고 칩을 하나씩 집어먹을 때마다 기침을 참는 척했다.

나를 키운 곳은 도서관이었다. 아니 적어도 그렇게 느껴진다. 나는 클리블랜드 교외에서 자랐다. 우리 집은 셰이커 하이츠 공공도서관 시스템에 속한 버트럼우즈 도서관의 벽돌 건물에서 불과 몇 블록 밖에 떨어져 있지 않았다. 나는 아주 꼬마였을 때부터 어린 시절 내내 엄마와 함께 일주일에도 여러 번씩 도서관을 찾았다. 우리는 들어갈 때는 함께였지만 문을 통과하기가 무섭게 흩어져 각자 좋아하는 구역으로 내달았다. 도서관은 내게 자율권이 주어졌던 최초의 장소였다. 도서관에서는 내가 네댓 살밖에 안 되었을 때에도 원하는 곳에 가도 된다는 허락을 받았다. 잠시 시간이 지난 뒤 우리는 각자 발견한 책들을 들고 대출 데스크에서 다시 만났다. 우리는 사서들이 책에서 날짜 카드를 꺼내 대출 도장을 찍는 동안 함께 기다렸다. 대출 도장의 커다란 주먹이 쩔걱쩔걱 시끄럽게 카드를 두드리면 앞서 다른 사람들이 그 책을 빌릴 때 찍은 20개쯤 되는 삐뚤빼뚤한 반납일 아래로 내 반납일이 찍혔다.

도서관을 방문하는 시간은 늘 성에 차지 않을 만큼 짧게 느껴졌다. 그만큼 볼거리가 넘쳤다. 나는 뭔가가 시선을 끌 때까지 책등을 훑어보며 서고 사이를 돌아다니길 좋아했다. 도서관에 있는 시간은 내가 그곳에 도착했을 때보다 더 부자가 되어 떠날 것을 약속하는, 방해받을 일이 없는 꿈같은 시간이었다. 상점에 갈 때와는 달랐다. 상점에서는 내가 원하는 것과 엄마가 사주고 싶어하는 것 사이에서 줄다리기가 벌어질 게 뻔했다. 반면 도서관에서는 원하는 것을 뭐든 가질 수 있었다. 나는 대출이 끝난 뒤 차에 올라타 우리가 그날 손에 넣은 책 전부를 무릎에 올려놓길 좋아했다. 탄탄하고 따뜻한 책들의 무게가 나를 누르는 느낌, 마일라 필름이 덮인 표지들이 허벅지에 달라붙는 느낌이 좋았다. 돈을 지불하지 않은 물건들을 들고 떠난다는 사실이 설레기도 했다. 우리가 읽을 새 책들에 대한 기대감으로 짜릿했다. 집으로 가는 길에 엄마와 나는 어떤 책부터 읽을지, 언제까지 반납해야 되는지 이야기를 나눴다. 반납일 전까지 금방 사라져버릴 이 마법 같은 유예의 시간 동안 우리의 속도를 조절할 방법을 정하는 엄숙한 대화였다. 엄마도 나도 버트럼우즈의 사서 모두가 예쁘다고 생각했다. 우리는 사서들의 미모에 대해서도 몇 분간 이야기를 나눴다. 그런 뒤 엄마는 만약 어떤 직업이든 선택할 수 있다면 사서가 되겠노라는 말을 했고 그러면 얼마나 굉장할까 생각하는 동안 차 안에는 잠시 침묵이 흘렀다.

좀더 나이가 들었을 때는 혼자 걸어서 도서관에 가 들고 올 수 있는 만큼의 많은 책을 끙끙대며 집으로 나르곤 했다. 가끔은 엄마와 함께 갔는데, 그럴 때면 꼬마 때처럼 매혹적인 도서관 여행을 할 수 있었다. 혼자 운전해서 도서관까지 갈 수 있었던 고등학교 졸업반 때도 가끔 엄마와 동행했는데, 그러면 우리가 예전에 그토록 수없이 반복했던 똑같은 일상과 멈춤, 똑같은 말들과 몽상, 완벽하게 사색적인 리듬으로 어릴 때와 완전히 똑같은 여정이 펼쳐졌다. 엄마가 돌아가신 뒤 그리워질 때면 나는 차 안에 함께 있었던 우리를 그려보며 버트럼우즈로 근사한 여행을 떠나곤 한다.

우리 가족의 도서관 사랑은 지극했다. 다독多讀 가족이었지만 책장에 책이 그득하다기보단 도서관에서 책을 빌려보는 걸 더 좋아했다. 부모님은 책을 귀하게 여겼지만 대공황 때 어린 시절을 보내 돈이란 있다가도 금방 없어진다는 사실을 알고 계셨고, 빌릴 수 있는 물건을 군이 돈 주고 사서는 안 된다는 것을 몸소 고생하며 배운 분들이었다. 그런 투철한 절약정신 때문인지 아닌지는 모르겠으나 부모님은 책이란 읽기 위해 읽는 것이라고 믿으셨다. 집에 모셔놓고 두고두고 돌볼 물건, 손에 넣을 목적의 기념품 같은 게 아니라. 책을 읽는 것은 여행이었다. 기념품은 필요 없었다.

내가 태어날 즈음 부모님은 형편이 괜찮았고 돈을 좀 펑펑 쓰는 법도 알게 되었지만 대공황 시절의 굳은 사고방식 때문에 철저한 절약을 고집했다. 도서관에서 손쉽게 구할 수 있는 책을 돈 주고 사지 않는 것도 그중 하나였다. 집에 있는 책장에는 백과사전 전집(자주 급하게 펼쳐봐야 해서 도서관에서 빌리기에 불편한 책의 전형) 몇 질과 부모님이 이런저런 이유로 어쩔 수 없이 구입한 잡다한 책들만 듬성듬성 꽂혀 있었다. 몇 권의 가벼운 성관계 설명서(『이상적인 결혼: 그 생리학과 테크닉』이라는 책이 제일 기억에 남는다. 부모님이 외출하실 때마다 당연히 그 책을 펼쳤으니까)도 끼어 있었는데 부모님이 그 책을 산 건 도서관 대출 데스크에서 내밀기 쑥스러워서가 아니었을까. 그 외에도 여행 가이드북 몇 권, 커피테이블에 놓아두는 책 몇 권, 아버지가 보시는 법률 서적 몇 권, 선물 받거나 어찌어찌하여 소유하게 된 소설책도 열두 권쯤 있었다.

대학에 들어갔을 때 내가 부모님과 나를 차별화시킨 방식 중 하나가 열광적으로 책을 소유하는 것이었다. 교재를 구입하면 흥분되었던 것 같다. 내가 아는 건 당시의 내가 유유자적 도서관을 누비고 다니며 대출 기간 동안 책을 소유하는 데 대한 감사를 잃었다는 것이다. 나는 주변에 책을 두고 내가 접한 이야기들의 토템폴을 세우고 싶었다. 그래서 아파트를 갖게 되자마자 벽을 따라 책장을 들여놓고 하드커버 책으로 채웠다. 연구 자료를 찾을 때는 대학 도서관을 이용했지만 그 외에는 걸신들린 듯이 책을 사들였다. 서점에 가면 꼭 무언가를 들고 나왔다. 나는 새 종이와 잉크에서 나는 신선한 알칼리성의 싸한 냄새를 사랑했다. 이미 길이 든 도서관의 책들은 절대 풍기지 않는 냄새였다. 새 책의 책등이 처음으로 구부러지면서 생기는 금, 창의성에 흠뻑 젖은 듯한 느낌이 드는 새 책의 페이지들도 사랑했다. 드문드문 책이 꽂힌 책장들 사이에서 보낸 어린 시절을 만회하고 있는 건가라는 생각도 가끔 들었다. 하지만 이유는 중요하지 않았다. 나는 실제로 책 소유의 전도사가 되었다. 때로는 서점을 여는 공상에 빠지기도 했다. 엄마가 도서관에서 몇몇 책의 대기자 목록에 이름을 올렸다고 하면 나는 왜 그냥 책을 사러 가지 않느냐고 짜증을 냈다.

대학을 마치고 해럴드 T. 앤드 비비언 B. 셔피로 학부 도서관에서 학기 말 리포트를 위한 조사를 끝내자 나는 어린 시절 버트럼우즈 도서관에서의 경이로운 여행 기억을 싹둑 잘라내고 난생처음으로 도서관이 왜 필요한지 의아해하기 시작했다.

아마 계속 그렇게 살았을지도 모른다. 동경을 담아 어릴 때 갔던 놀이공원을 떠올리듯 남은 생애 동안 도서관에 대해 동경만 했을지도 모른다. 도서관이 실제 장소라기보다 그저 추억의 북마크, 아주 오래전에 존재했던 어떤 순간의 감정을 떠올리는, 내 머릿속에서 "엄마"와 "지난 시절"을 결합시키는 무언가가 되었을 수도 있다. 하지만 예기치 못하게 도서관은 내 삶 속으로 되돌아왔다. 2011년에 남편이 로스앤젤레스에서 일자리를 제의받아 우리는 뉴욕을 떠나 서부로 향했다. 나는 로스앤젤레스를 잘 알지 못했지만 과거 여러 해 동안 그 도시와 근교에 사는 사촌들을 방문해 시간을 보낸 적이 있었다. 작가가 되었을 때는 잡지와 도서 관련 일로 로스앤젤레스를 여러 차례 방문했다. 그럴 때면 해변을 오가고 협곡을 오르내리며 계곡과 산엘 다녀왔지만 시내에 가보려는 생각은 한 적이 없었다. 매일 저녁 5시가 되면 텅 비는 무표정한 사무실 건물들이 들어찬 풍경뿐일 거라 생각했기 때문이다. 내 머릿속 로스앤젤레스의 이미지는 희부연 바다와 웅긋쭝긋한 산들이 동그란 테두리를 이루고 가운데는 커다랗게 구멍이 뚫린 빛나는 도넛이었다. 공립도서관에 간 적도, 도서관에 대해 생각한 적도 없었다. 분명 공립도서관이, 아마도 중앙도서관이, 시내에 있을 거라고 짐작은 했지만.

캘리포니아주로 이사했을 때 아들은 1학년이었다. 아이가 학교에서 받은 첫 과제는 시를 위해 일하는 사람을 인터뷰하는 것이었다. 나는 환경미화원이나 경찰관과 이야기해보라고 제안했지만 아들은 사서를 인터뷰하고 싶다고 했다. 우리에겐 생경한 곳이어서 제일 가까운 도서관의 주소를 찾아야 했다. 로스앤젤레스 공공도서관의 스튜디오시티 분관이 집에서 가장 가까웠다. 그곳은 1마일 정도 떨어져 있었는데 내가 어릴 때 살던 집에서 버트럼우즈 도서관까지의 거리와 우연히도 비슷했다.

아들과 함께 사서를 만나러 차를 몰고 가던 중, 완전히 익숙한 느낌, 부모와 아이의 도서관 여행에 대한 본능적인 기억이 밀려들었다. 예전에 나는 이런 여행에 수없이 나섰지만, 이제 상황이 바뀌어 이 특별한 여행에 아이를 데려가는 부모가 되어 있었다. 주차를 한 뒤 아들과 함께 도서관을 향해 걸어갔다. 첫 방문이었다. 도서관은 버섯 모양의 민트그린 색 지붕을 얹은 흰색의 현대풍 건물이었다. 겉으로 볼 때는 벽돌로 덮인 땅딸막한 버트럼우즈 도서관과 닮은 구석이 없는 듯했지만 안으로 발을 들여놓았을 때 벼락을 맞은 듯 뭔가가 떠오르며 숨이 턱 막혔다. 수십 년이 지났고 3000마일이나 떨어진 곳인데도 몸이 붕 떠서 엄마와 함께 도서관에 걸어 들어가던 그때 그 시간과 장소로 되돌아간 듯했다. 모든 게 그대로였다. 종이 위로 연필심이 사각사각 굴러가는 소리, 방 한가운데의 책상에서 사람들이 숨죽여 소곤거리는 소리. 북카트가 삐걱거리는 소리, 책상 위로 가끔 책이 둔탁하게 떨어지는 소리도 똑같았다. 흠집투성이의 대출대, 보트처럼 큼지막한 사서들의 책상, 너덜너덜해진 공지들이 펄럭거리는 게시판도 모두 그대로였다. 끓는 물처럼 자분자분 끊임없이 분주한 느낌도, 얼마간 빠지고 더해진 선반 위의 책들도 분명히 똑같았다.

시간이 도서관 안에서 멈춘 건 아니었다. 그저 시간이 도서관에 붙잡히고 수집된 것 같았다. 모든 도서관에 내 시간, 내 인생뿐 아니라 모든 인간의 시간까지. 도서관에서는 시간이 둑으로 막혀 있었다. 그냥 정지된 게 아니라 저장되어 있었다. 도서관은 이야기들, 그리고 그 이야기들을 찾으러 오는 사람들이 고여 있는 연못이다. 불멸을 살짝 엿볼 수 있는 곳. 그곳에서 우리는 영원히 살 수 있다.

그렇게 한때 도서관이 내게 걸었던 마법이 되살아났다. 사실은 마법이 풀린 적이 없었는지도 모른다. 비록 너무 오래 동떨어져 있었지만 도서관에 들어서자 내가 사랑하지만 전력질주하며 사느라 잊고 있던 땅을 방문하는 것 같았다. 나는 책을 갖고 싶은, 그리고 그것을 살 때의 기분이 무엇인지 잘 알고 있었다. 하지만 도서관의 서고 사이를 느긋하게 돌아다니며 찾던 책을 발견하는 느낌, 또 그 주변에 무슨 책들이 있는지 살펴보면서 책들 사이의 특별한 유사점을 발견하고 스피드게임처럼 한 책에서 다음 책으로 넘어가며 하나의 개념을 쫓는 게 어떤 느낌인지 까맣게 잊고 있었다. 듀이 십진분류법으로 301.4129781(조애너 L. 스트래턴의 『개척자 여인들』)에서 시작해 306.7662(도널드 F. 로이터의 『게이더』)로 갔다가 301.45096(버락 오바

마의 『내 아버지로부터의 꿈』)을 거쳐 마지막으로 301.55(존 론슨의 『염소를 노려보는 남자들』)로 건너가는 그런 여행. 도서관 서고에서는 생각이 논리적이지만 동시에 어이없고 설명하기 힘들며 거부할 수 없게 흘러간다.

아들이 사서를 인터뷰한 지 얼마 지나지 않아 나는 로스앤젤레스 도서관 재단을 운영하는 켄 브레처라는 사람을 우연히 만나게 되었다. 이 재단은 도시의 도서관을 위해 일하고 추가 프로그램과 서비스 기금을 모으는 비영리단체였다. 브레처가 내게 중앙도서관 안내를 해주겠다고 제안해 며칠 뒤 시내로 차를 몰고 나가 그를 만났다. 고속도로에서 나는 도서관을 둘러싼 도심 속 어두운 고층 건물들의 떨림을 느낄 수 있었다. 여름과 가을에는 비가 잘 내리지 않아 주위 풍경들이 밝게 표백되고 시들어 거의 회백색에 가깝게 창백했다. 야자나무조차 색이 바랜 것처럼 보였고 붉은색을 띤 건물 옥상은 설탕을 끼얹은 듯 희끄무레했다.

도시가 새롭게 느껴졌고 로스앤젤레스의 넓이는 여전히 놀라웠다. 어느 특정 지점에서 시작되고 끝나는 실제 도시가 아니라 운전을 할수록 도시가 계속 펼쳐지는 것 같았다. 마치 로스앤젤레스 지도 위를 운전해 가면 말려 있던 지도가 점점 펴지는 것처럼.

로스앤젤레스에서는 끝나는 지점을 계속 찾아도 절대 발견할 수 없다. 끝나는 지점이 존재하지 않기 때문이다. 드넓게 툭 트인 로스앤젤레스는 사람을 들뜨게도 하지만 불안하게도 만들 수 있다. 이 도시는 당신을 꽉 붙잡아주지 않는다. 그리고 스스로 공허와 무중력 지대로 들어가도록 상상할 수 있다. 나는 지난 5년간 뉴욕 허드슨밸리에서 살았기 때문에 곳곳의 언덕, 강과 마주치고 앞쪽에 보이는 나무나 집, 소 같은 데 시선이 가는 것에 익숙해져 있었다. 그 전 20년 동안은 도시 안과 밖을 너무나 뚜렷하게 알 수 있는 맨해튼에서 살았다.

나는 로스앤젤레스 중앙도서관이 내가 잘 아는 주요 도서관들과 비슷해 보일 줄 알았다. 뉴욕 공공도서관과 클리블랜드 공공도서관은 입구가 웅장하고 근엄한 종교적 분위기를 풍기는 진지한 건물이다. 반면 로스앤젤레스 중앙도서관은 아이가 블록으로 조립한 것 같은 모습이다. 검은색 창문과 여러 개의 작은 입구가 있는 담황색 건물은 직각의 공간과 구석진 곳, 높은 곳, 테라스와 발코니가 어우러지며 채색 타일로 덮인 중앙의 피라미드로 이어지는 환상곡이다. 피라미드 꼭대기에는 청동으로 조각한 횃불을 든 손이 올려져 있다. 예스러워 보이는 동시에 현대적이다. 가까이 다가가자 단순한 정방형 건물이 벽마다 양각으로 얇게 조각된 여러 석조 형상으로 바뀌었다. 베르길리우스와 레오나르도와 플라톤, 들소 떼와 달리는 말, 구름 사이로 비치는 햇살과 앵무조개, 궁수와 목동, 인쇄공과 학자들, 두루마리와 화관 그리고 파도가 있었고, 건물 앞면에는 영어와 라틴어로 쓰인 철학적 언명들이 고대의 색종이 테이프처럼 새겨져 있었다. 주변의 말없는 고층 건물들과 비교하면 도서관은 건물이라기보다 차라리 선언문에 가까워 보였다.

나는 벽에 새겨진 내용을 읽으며 건물을 돌아보았다. 냉철한 눈에 차가운 얼굴을 한 소크라테스가 나를 쏘아보며 지나갔다. 북적거리는 방문객을 따라 1층 중앙으로 가서 시끄럽고 부산한 대출대를 지나 넓은 계단을 오르니 멋진 원형 홀이 나왔다. 홀은 텅 비어 있었다. 나는 잠시 서 있다가 안으로 들어갔다. 홀은 물속 같은 느낌의 농밀한 고요함으로 가득 찬, 신성한 분위기가 감도는 드문 장소였다. 모든 시설물이 실물보다 크고 압도적이어서 입이 딱 벌어졌다. 칙칙하고 연한 보라색과 푸른색, 금색으로 그려진 아메리카 원주민들, 사제, 군인, 정착민들의 거대한 벽화들이 벽을 덮고 있었고, 바닥에는 윤이 나는 트래버틴이 바둑판무늬로 깔려 있었다. 천장과 아치형 입구에는 빨간색, 파란색, 황토색의 네모난 타일들이 붙어 있었다. 홀 중앙의 거대한 샹들리에의 무거운 황동 체인 끝에는 황도대의 12개 형상으로 둘러싸인 빛나는 푸른색 유리 지구 모형이 매달려 있었다.

나는 홀을 지나 문명의 여신상이라 불리는 커다란 조각상 쪽으로 걸어갔다. 수려한 외모에다 완벽한 자세를 하고 왼쪽 손에는 삼지창을 든 대리석 여성이었다. 도서관의 아름다움에 감동받은 나는 브레처가 안내해주려고 오자마자 첫 데이트에 성공한 사람처럼 재잘거렸다. 연필처럼 깡마른 몸과 반짝이는 눈, 새하얀 머리칼을 가진 브레처는 활기차고 웃음소리가 호탕했다. 그는 붙박이 시설, 조각품, 벽의 각 명판에 관해 하나하나 설명해주었다. 도서관에서 일하게 된 경위도 들려주었는데, 중앙아메리카의 문맹 원주민 부족과 한동안 함께 살기도 했고 선댄스 재단에서 일한 적도 있다고 한다. 브레처는 내게 들려주는 도서관의 모든 것에 열광하는 듯 보였고, 그의 열광과 내 흥분 사이에서 우리는 꽤 쿵짝이 잘 맞았다. 우리는 조금씩 나아가면서 몇 걸음마다 발을 멈춘 채 눈을 동그랗게 뜨고 건물의 다른 시설이나 서고를 살펴보거나 이 장소에 중요한 의미를 부여하는 사람들에 관해 얘기했다. 도서관의 모든 것에는 이야기가 있었다. 건축가, 벽화가, 각 컬렉션을 발전시킨 사람, 각 부서장, 도서관에서 일하거나 수십 년 동안 애용한 수많은 사람. 그중에는 한참 전에 세상을 떠났지만 여전히 그곳에 남아 역사의 오랜 부분이 된 사람도 많았다.

우리는 마침내 소설 코너 첫 번째 서고 근처에서 발을 멈췄다. 브레처는 해설을 잠깐 멈추고 책 한 권을 빼들고는 척 펼쳐서 얼굴에 갖다 댄 뒤 숨을 깊이 들이마셨다. 책 냄새를 그런 식으로 맡는 사람은 처음 봤다. 브레처는 몇 번 더 책 냄새를 들이마시더니 덮어서 선반에 도로 꽂았다.

"어떤 책에서는 아직도 연기 냄새가 나요." 브레처가 혼잣말처럼 중얼거렸다. 무슨 뜻인지 선뜻 와닿지 않아서 나는 이렇게 물었다. "예전에 도서관 이용자들에게 흡연을 허락한 적이 있어서 연기 냄새가 난다는 말인가요?"

"아뇨!" 브레처가 대답했다. "불에서 나는 연기요!"

"불?"

"불!"

"불이요? 무슨 불이요?"

"불", 그가 대답했다. "큰불이요. 도서관이 문을 닫아야 했던 불."

도서관이 불탔던 1986년 4월 29일에 나는 뉴욕에 살고 있었다. 도서관과의 연애가 아직 재개되지 않았을 때지만 책에 관심이 많던 시기였기 때문에 어디에 있는 도서관이건 큰불이 났다면 알았을 게 분명하다. 로스앤젤레스 중앙도서관 화재는 작은 사건이 아니었다. 담배꽁초가 쓰레기통에서 연기를 피우다 말없이 꺼진 정도가 아니었다. 7시간 넘게 활활 타올라 온도가 섭씨 1100도에 이른 거대하고 맹렬한 화재였다. 불길이 어찌나 사나웠던지 로스앤젤레스시의 거의 모든 소방관이 출동했고 100만 권이 넘는 책이 불타거나 훼손됐다. 불이 났을 때 나라 반대편에 살고 있었다 해도 이렇게 어마어마한 사건, 특히 책과 관련된 사건이 일어났는데 어떻게 내가 몰랐던 건지 이해가 되지 않았다.

브레처와의 도서관 여행이 끝나고 집으로 돌아온 나는 1986년 4월 29일자 『뉴욕타임스』를 찾아봤다. 불은 태평양 시간으로 오전에 일어났는데 그때 뉴욕은 이른 오후였을 것이다. 그 시간이라면 그날 치 『뉴욕타임스』가 이미 나왔을 때였다. 1면에는 마피아 존 고티의 재판 연기, 연방 예산에 문제가 있다는 밥 돌 상원의원의 경고, 레이건 대통령과 영부인 낸시가 인도네시아로 출발하면서 손을 흔드는 사진을 포함한 일상적인 소식들이 실려 있었다. 1면 우측에는 '소련이 원전 사고를 발표하다/방사능 수치 상승 후 공식적으로 인정된 재난이 스칸디나비아로 퍼져나가다'라는 제목의 1단짜리 왜소한 기사가 실려 있었다. 이튿날 모스크바발 후속 기사는 제목이 공포스러운 수준으로 큼지막해졌고 원전 "재난"을 보고한 소련이 원자로 화재와 싸우기 위해 해외 지원을 요청하고 있음을 알렸다. '핵 참사: 확산되는 핵구름과 지원 호소'로 시작되는 3페이지짜리 특집란도 보였다. 이튿날에는 체르노빌 핵발전소에서 일어난 사고에 대한 두려움으로 인해 미국 주식 시장 역사상 최대의 일일 하락폭을 기록했다.

로스앤젤레스 중앙도서관 화재가 마침내 『뉴욕타임스』에 언급된 것은 4월 30일, A14면에 실린 기사에서였다. 이 기사는 화재로 22명이 다치고 화재 원인은 밝혀지지 않았다는 기본적인 사실들만 다뤘다. 또 다른 짧은 기사는 화재에 관한 몇 가지 세부 사항을 알려주었고 도서관이 무기한으로 문을 닫으면 어떤 느낌일지 로스앤젤레스 시민들에게 물어보는 인터뷰도 실려 있었다. 그러나 그 주『뉴욕타임스』에는 더 이상 화재에 관한 기사가 등장하지 않았다. 미국 역사상 최대의 도서관 화재는 체르노빌 원전의 노심이 녹아버린 사건에 관심을 빼앗겨버렸다. 책들이 불타는 동안 대부분의 사람은 과연 우리가 세상의 종말을 목격하게 될 것인지 기다리고 있었다.

2

『불이야!: 당신과 가족의 목숨을 구하는 요령 38가지Fire!: 38 Lifesaving Tips for You and Your Family』(1995)

> 제임스 J. 기번스
> 614.84 G441

『화재성과 스프링클러Fire Behavior and Sprinklers』(1964)

> 노먼 J. 톰프슨
> 614.844 T474

『불: 친구인가, 적인가?Fire: Friend or Foe』(1988)

> 도러시 힌쇼 패턴트
> X 634 P295-2

『불이야! 도서관이 불타고 있어Fire! The Library Is Burning』(1988)

> 배리 D. 시트런
> X 614 C997

1986년 4월 28일, 로스앤젤레스의 날씨는 예년에 비해 유난히 더웠다. 비단결처럼 반짝이는 봄날이 아니라 침침하고 우중충한 느낌이었다. 하지만 이튿날인 4월 29일에는 더위가 수그러들었다. 공기는 상쾌했고 하늘은 푸르렀다.

그해는 1월부터 챌린저호 폭발로 7명의 우주비행사가 목숨을 잃는 등 이상하게도 슬픈 해였다. 특히 4월 28일이 있던 주에는 나쁜 소식에 시달렸다. 지진이 멕시코 중부를 뒤흔들고 영국의 교도소 몇

5번가에서 본 화재

곳에 불이 나서 많은 수감자가 탈옥했다. 미국과 리비아는 긴장된 교착상태에 처했다. 도서관과 가까운 캘리포니아주 카슨에서는 한 공사장에서 불도저가 하수도 본관 뚜껑을 날려버리는 바람에 미처리 하수가 로스앤젤레스강으로 쏟아져 들어갔다.

4월 29일에 중앙도서관은 평소와 다름없이 오전 10시에 문을 열었고 몇 분 지나지 않아 건물에 활기가 흘러넘쳤다. 200여 명의 직원은 출하장부터 대출대, 서고까지 건물 내 자기 자리를 지키고 있었다. 1979년부터 중앙도서관에서 일했던 참고사서 글렌 크리슨은 역사 코너의 자기 책상에 앉아 있었다. 외국어 사서 실바 마누지안은 새 차를 막 구입한 참이라 그날 특별히 더 신경 써서 주차를 한 뒤 교대 근무를 하러 들어갔다. 도서관 안에는 200여 명의 이용객이 서고의 선반을 훑어보거나 열람 테이블에 자리를 잡고 앉아 있었다. 안내원 네 명은 키득키득 웃고 있는 큰 무리의 학생들을 이동시켰다. 도서관 투어에 참석한 아이들이었다. 수석 사서 엘리자베스 테오만은 건물 개조와 확장 공사를 위해 고용된 뉴욕시의 건축가 노먼 파이퍼와 함께 자기 사무실에 있었다. 파이퍼는 이번 의뢰에 잔뜩 신이 나 있었다. 그는 굿휴 빌딩을 사랑했고―내게 "이 건물을 처음 봤을 때 죽어서 천국에 온 줄 알았어요"라고 말했을 정도다―건물을 개조하고 넓은 별관을 증축하는 일에 열의가 대단했다. 이번 공사의 설계도는 중앙도서관에 필요한 조치를 하기 위해 거의 20년에 걸쳐 논의한 결과물이었다. 도서관은 지은 지 60년이 넘어 노후된 데다 도시의 요구를 만족시키기에는 너무 좁았다. 파이퍼의 도면은 테오만의 책상에 펼쳐져 있었다. 그는 호주머니에 호텔 방과 렌터카 열쇠가 들어 있는 양복 상의를 방 뒤쪽 의자에 걸어두었다.

당시 도서관의 화재예방 시스템은 연기탐지기와 휴대용 소화기로 이뤄져 있었지만 스프링클러는 없었다. 비공식적으로 ALA라 불리는 미국도서관협회는 늘 스프링클러 설치에 반대해왔다. 물이 화재보다 책에 훨씬 더 치명적인 손상을 입히기 때문이다. 하지만 1986년에 ALA는 입장을 바꿔 도서관들에 스프링클러를 설치하라고 조언하기 시작했다. 그날 아침에도 엘리자베스 테오만의 사무실 복도 아래쪽에서는 파이퍼의 동료인 스티븐 존슨이 소방국 담당자와 만나 도서관의 유서 깊은 방들에 스프링클러를 눈에 띄지 않도록 설치하는 방법에 대해 의논하던 중이었다. 게다가 지금은 모든 대형 건물에 불길이 다른 구역으로 번지는 걸 차단하는 내화성 문 설치가 의무화되어 있지만 이 도서관은 그것이 개발되기 전에 지어진 건물이었다. 마침 방화문도 효과가 뛰어남을 인정받아 신축 건물은 모두

이 시설을 갖춘 상태였고 오래된 건물들도 대개 새로 설치하고 있었다. 도서관에 방화문을 설치하기 위한 자금도 5년 넘게 시 예산에 책정되었지만 무슨 이유에서인지 계속 미뤄졌다. 그러다 마침내 일꾼들이 방화문을 설치하러 돌아다니게 된 것이다.

로스앤젤레스 중앙도서관은 수년 동안 다수의 화재 규정 위반으로 여러 차례 투서가 접수된 상태였다. 불이 났을 즈음에는 20개의 위반 사항이 해결을 기다리고 있었다. 대부분 건물의 구조적 문제가 아니라 막힌 출구, 노출된 전구, 낡은 전선, 방화문 부재 등 "운영상의" 문제 때문이었다. 도서관이 화재 규정을 새로 위반할 때마다 항상 소방국의 주목을 받았는데 건축물 보존주의자들은 건물을 허물고 새로 짓자는 주장에 힘을 실어주기 위해 누군가가 위반 사항을 과장하고 있다고 의심했다. 하지만 약간 과장된 부분이 있다 해도 도서관 건물에는 정말로 문제가 있었다. 20년 전인 1967년 소방국은 도서관에 큰 화재가 일어날 가능성이 "매우 높다"는 결론을 내렸다. 몇 년 뒤 『로스앤젤레스타임스』 또한 도서관을 "부분적으로는 사원, 부분적으로는 성당, 부분적으로는 화재위험지대"라고 불렀다. 엘리자베스 테오만은 문헌정보학과(도서관학과)에 재학할 당시 이 건물의 문제점들을 정리한 보고서를 쓴 적이 있었다. 도서관은 심각한 과밀 상태이지만 그보다 화재와 안전상의 위험이 훨씬 더 우려스럽다는 내용의 이 보고서는 A학점을 받았다.

도서관에는 책과 자료들이 항상 들락날락한다. 그래서 특정한 날 어떤 소장품이 도서관에 있었는지 알 수 없다. 1986년에 보험용으로 평가한 중앙도서관의 소장품 가치는 약 6900만 달러로 최소 200만 권의 도서, 원고, 지도, 잡지, 신문, 지도책, 악보, 4000개의 다큐멘터리 필름, 1790년까지 거슬러 올라가는 인구조사 기록, 1880년 이후 로스앤젤레스에서 상연된 모든 연극의 극장 프로그램, 인구 1만 명 이상인 모든 미국 도시의 전화번호부가 포함되어 있었다. 또 미국 최고의 '고무' 컬렉션을 보유하기도 했다. 유명한 고무 권위자인 해리 피어슨이 1935년에 기부한 책들이었다. 여기에 셰익스피어의 2절판 초판본, 1850년부터 찍은 로스앤젤레스 사진 25만 장, T형 자동차를 포함한 모든 자동차 제품의 수리 설명서, 전 세계의 전통 인형 500개, 미국 서부에서 유일한 종합 특허 컬렉션, 스포츠 관련 도서 2만1000권도 소장했다. 음식 및 요리 관련 도서를 미국에서 가장 많이 보유한 곳이기도 했는데, 1만2000권에 이르는 이 책들은 프랑스 요리책 300권, 오렌지와 레몬을 이용한 요리법 30권, 고전인『내 뱃속의 나비들』등 벌레를 이용한 요리 안내서 6권을 포함하고 있었다.

연기탐지기가 울리기 시작한 건 4월 29일 오전, 시계가 11시 몇 분 전을 가리켰을 때다. 도서관의 전화교환원이 소방서 출동 담당자에게 전화를 걸어 "중앙도서관에 경보가 울려요"라고 신고했다. 경비들이 건물 곳곳으로 흩어져 이용객들에게 도서관을 빠져 나가라고 지시했다. 겁에 질려 허둥거리는 사람은 없었다. 도서관에서는 갖가지 이유로 화재경보가 수시로 울렸기 때문이다. 담배꽁초가 범인인 경우도 있었고 가끔 미치광이들이 폭파 협박을 하는 바람에 울리기도 했다. 하지만 대부분은 낡고 변덕스러운 경보 시스템이 발작적인 과잉행동 증상을 보이기 때문이었다. 직원과 단골 이용객들에게 화재경보는 광대의 뿔피리 소리 정도로밖에 들리지 않았다. 짐을 챙겨 건물 밖으로 나가는 게 몹시 성가셨던 일부 사서들은 자기 사무실에 숨어 경보가 꺼지길 기다리고 싶은 유혹에 빠졌을 정도다. 그래서인지 경보가 울렸을 때 사서 대부분은 바로 돌아올 것으로 생각하고 소지품을 놔둔 채로 건물을 나갔다.

경보가 울리자 노먼 파이퍼는 도면과 재킷을 챙기기 시작했지만 테오만은 그에게 신경 쓰지 말라고 말했다. 곧 경보기의 방해가 끝나리라 확신했기 때문이다. 도서관의 단골 이용객들 역시 굳이 짐을 챙기지 않고 건물을 나갔다. 그날 아침, 부동산업자 메리 루드위그는 역사 코너에서 가계도 조사를 하고 있었다. 경보가 울렸을 때 메리는 자신이 호그 하워드라는 버몬트주의 남성과 친척이라는 사실을 막 발견한 참이었다. 메리는 2년 동안 모은 연구 기록이 들어 있는 서류 가방과 모든 자료를 열람 테이블에 그대로 두고 출구로 향했다.

이용객과 직원들은 건물을 나가면서 서로 밀치거나 뛰지도 않았다. 당시 도서관을 빠져나가는 데 방해를 받았다고 보고한 사람은 나이든 여성 한 명뿐이었다. 그녀는 수사관들에게 금발에 콧수염을 기른 젊은이가 서둘러 나가다가 자신과 부딪쳤다고 말했다. 그는 불안해 보였지만 걸음을 멈추고 그녀가 일어날 수 있도록 도운 뒤 문밖으로 황급히 달려나갔다고 했다.

건물은 8분 만에 비워졌고 400명가량의 이용객과 직원들이 건물밖 보도에 모였다. 해가 조금씩 높이 올라가고 있었고 보도는 후덥지근했다. 몇몇 사서는 그 참에 당시 인기 있던 체스터필드를 한 대 피우기도 했다. 실바 마누지안은 새 차를 살피기 위해 주차장에서 시간을 보내기로 했다. 문학사서 헐린 모셰들러버가 마누지안과 수다를 떨며 새 차에 감탄했다. 그는 도서관에 어찌나 헌신적이었던지 자기가 도서관 현관에 버려진 갓난아기였다며 농담처럼 말하곤 했다. 소방차 한 대가 도착해 소방관들이 5번가의 건물로 들어설 때만 해도 다들 가벼운 관심만 보였다. 소방대는 중앙도서관 출동이 잦은 만큼 쏜살같이 나타났다. 소방관들이 도서관을 휙 둘러보고 알람을 재설정하는 데는 몇 분 걸리지 않았다. 제10소방대(소방서 용어로 EC10)가 초기 확인을 한 뒤 소방관 한 명이 사건대장에게 "별다른 게 없다"고 무전을 보냈다. 허위 경보라는 뜻이었다. 한 소방관이 지하로 가서 경보 시스템을 해제하려 했지만 재설정이 되지 않고 연기를 탐지했다는 표시만 끈질기게 나타났다. 그는 시스템 고장이라고 생각했으나 출동팀은 한 번 더 둘러보기로 했다.

소방관들은 건물의 꾸불꾸불한 복도와 계단을 파악할 지도가 없었기 때문에 조금씩밖에 나아가지 못했다. 로스앤젤레스 중앙도서관은 1893년에 의회도서관을 위해 개발된 도서관 수납 기법에 따라 4개의 "서가"를 중심으로 구성되어 있었다. 서가들은 지하에서 2층 천장까지 이어지는 좁고 독립적인 방—사실은 커다란 콘크리트 관—이었고 쇠창살로 된 선반을 기준으로 각 서고를 7개 층으로 나눴다. 사람들은 개방형으로 짜인 선반들 덕에 공기가 책들 주위를 순환할 수 있어 좋다고 여겼다.

하지만 서가가 달갑지만은 않았다. 침침하고 무덤 같은 느낌이 드는 데다 굴뚝처럼 갑갑했기 때문이다. 서가 벽은 단단한 콘크리트로 되어 있었다. 각 층의 높이는 일반적인 층의 절반도 되지 않아 돌아다니려면 허리를 굽히고 웅크려야 했다. 게다가 옛날에 설치한 배선이 40와트보다 밝은 전구를 감당하지 못해 항상 어두침침했다. 사서 중에는 서가에 책을 찾으러 갈 때 광부용 헬멧—챙에 회중전등을 붙인 딱딱한 모자—을 만들어 쓰는 사람도 있었다. 서가에서 무언가를 찾는다는 건 단지 어두운 걸 넘어서는 도전이었다. 또 이 도서관은 100만 권의 책을 수용하도록 지어진 건물이었는데 당시 200만 권이 넘는 책을 소장하고 있었으므로 책을 계단통과 구석에 쌓아놓거나 선반의 틈마다 잔뜩 쑤셔넣은 상태였다.

제9소방대(EC9) 역시 초기 경보에 대응해 호프가街 쪽에 소방차를 세웠다. 건물이 비워지고, 경보를 성공적으로 재설정했다는 소식을 기다리는 동안 EC9의 소방관 한 명이 위쪽을 쳐다봤다가 지붕의 동쪽 끝에서 뿜어져 나오는 옅은 연기를 목격했다. 바로 그때 건물 안에 있던 EC10 대원들이 건물의 동북쪽 사분면에 위치한 소설 코너 서가에 도착했다. 소방관들은 로버트 쿠버의 소설로 시작해 존 파울스의 소설로 끝나는 선반을 스멀스멀 지나고 있는 연기를 발견했다. 연기는 위쪽으로 휘감겨 올라가 선반의 열린 창살들 사이를 유령처럼 떠다니고 있었다. 소방관들은 무전을 보내 연기가 난다고 보고하려 했지만 3피트 두께의 콘크리트 벽이 무선 신호를 차단해 결국 열람실에서 전화기로 지휘소에 상황을 보고했다.

처음에는 양파껍질처럼 옅던 연기가 보랏빛을 띤 회색으로 짙어지더니 시커멓게 변했다. 연기는 느슨한 곱슬머리처럼 구불구불 말리면서 소설 A 코너에서 L 코너를 휘감다가 불룩하게 뭉쳐서 둥둥 떠올라 범퍼카들처럼 선반에 쌓였다. 그때 갑자기 여러 갈래의 격렬한 불길이 연기를 뚫고 치솟았다. 이내 더 센 불길이 솟구쳤고 열기가 강해졌다. 온도가 섭씨 233도까지 올라갔고 책들이 타기 시작했다. 책 표지들이 팝콘처럼 팡팡 터지고 페이지들에 불이 붙어 검게 그을리더니 제본이 떨어져 날아갔다. 불은 소설 코너를 스쳐 지나가면서 도중에 있는 것을 모조리 불태웠다. 그러고는 곧 요리책들로 손을 뻗어 책들을 시커멓게 구웠다. 이제 불은 6층을 지나 7층으로 돌진했다. 불이 지나는 길에 있는 책에는 어김없이 불꽃이 피었다. 7층에서 콘크리트 천장에 부딪혀 물러난 불은 다시 6층으로 내려가 화르르 퍼졌고 공기와 연료를 찾아 사방을 뒤지고 다녔다. 책의 페이지, 표지, 마이크로필름과 잡지들이 일그러지다가 사라졌다. 불은 서고 벽으로 몰려가더니 비스듬히 움직이기로 했는지 6층의 선반들을 태우며 여기저기 헤집고 다니다 좁은 통로로 들어갔다. 동북쪽 서가와 서북쪽 서가가 연결되는 통로였다. 좁은 길로 쏟아져 들어간 불은 걸음을 재촉해 서북쪽 서가에 보관된 특허 컬렉션에 도착했다. 불길은 큼지막한 특허 관보 뭉치를 덮쳤다. 처음에는 뭉치가 두꺼워 쉽게 타지 않았지만 열기가 쌓이자 결국 관보에서 연기가 피어오르다 확 타올랐다. 관보들은 탁탁 소리를 내며 타다가 곧 자취를 감췄다. 불 때문에 생긴 진공은 돌풍이 채웠다. 뜨거운 공기가 벽을 흠뻑 적셨고 바닥에 금이 가기 시작해 거미줄 같은 뜨거운 균열이 나타났다. 천장 들보도 깨져 콘크리트 조각이 사방으로 튀었다. 이제 온도는 섭씨 482도에 이르렀다. 서가의 회색 강철 선반들이 안쪽에서 빛을 비추듯 환해지더니 곧 녹아버렸다. 그러고는 번쩍거리며 선홍색으로 새빨개지다 일그러지며 풀썩 떨어져 책들을 불길 속으로 내던졌다.

건물 안에 있던 두 소방대가 장비를 송수관에 연결시켜 서고로 들어갔지만 물이 가득 차 부풀어 오른 굵은 호스들은 도서관의 좁은 계단에서 급커브조차 틀지 못했다. 당시 현장 지휘대장이었던 딘 캐시는 아무리 호스를 끌어당겨도 꼼짝하지 않았다고 기억했다. 결국 더 좁고 날렵한 호스로 교체했지만, 그 좁은 호스에서 나오는 가느다란 물줄기는 불길 속에서 지글지글 소리를 내며 증발해버렸다. 개방

형의 격자무늬 선반들이 있는 서가에서는 물이 흘러넘치는데도 불
길이 치솟았다. 소방관들은 화염과 물로부터 책들을 보호하기 위해
선반에 구조용 덮개를 던져서 덮었다.

소방대 대장 도널드 케이트는 소방국장 도널드 매닝과 도서관
에 비상사태가 벌어졌음을 시청에 알렸다. EC9와 EC10은 대응하
기 힘든 상태에 직면해 있었다. 도시 곳곳의 소방대가 소집되었다.
11시 30분경, 출동복과 호흡 장비를 착용한 8명의 지휘관과 22개의
소방대가 5번가와 플라워가에 모였다. 호프가에는 구급차가 도착했
다. 하지만 불길이 너무 거세 추가 인력으로도 당해낼 수 없을 것 같
았다. 케이트는 더 많은 지원을 요청했다. 한 시간도 지나지 않아 방
화 인력은 소방대 60곳, 구급차 9대, 헬리콥터 3대, 비상 소방항공대
2곳, 소방관 350명, 방화전담반 1곳으로 불어났다. 로스앤젤레스시
전체 소방국 자원의 절반 이상이 동원된 셈이었다. 도널드 매닝도 현
장에 도착했다. 그는 도시에 다른 대형 화재가 발생할 경우 출동할
소방 인력이 부족하진 않을까 걱정됐다. 그래서 도서관 화재를 진압
하는 동안 다른 화재 신고 전화를 처리해달라고 카운티 소방국에 요
청했다. 그 시각, 도서관의 불은 쏟아진 잉크처럼 유유히 퍼져나가고
있었다. 소방국 대변인 토니 디도메니코는 5번가 보도에서 상황을
지켜보고 있었다. 기자와 이야기를 나누는 목소리엔 근심이 가득했
다. "일단 저 첫 번째 서고가 불타버리면 '다 끝난' 거예요."

불의 물리학에는 불이 산소와 연료의 완벽한 연소율을 얻는 화학
적 완전연소조건이라는 화학 현상이 있다. 다시 말해, 불이 지금 태
우고 있는 것을 모두 연소시키는 데 필요한 공기의 정확한 비율이다.

그 비율은 연소하는 데에 이상적인 상황을 만들어 모든 것을 완전히 태워 없애버린다. 화학적 완전연소조건을 실험실 밖에서 만들어내는 건 거의 불가능하다. 연료와 불과 산소의 균형을 교묘하고 정확하게 맞춰야 하기 때문에 어떤 면에서 실제적이라기보다 이론적이다. 많은 소방관은 그런 불을 본 적이 없을 테고 앞으로도 절대 없을 것이다. 얼마 전에 나는 론 해멀이라는 사람과 커피를 마신 적이 있다. 해멀은 현재 방화 조사관이지만 도서관 화재가 났을 당시에는 소방국 과장이었다. 30년이 훌쩍 지난 지금까지도 그날 도서관에서 목격했던 광경에 대한 두려움을 갖고 있었다. 그는 그날 일에 대해 UFO라도 본 것처럼 이야기했다. 소방서에 몸담은 수십 년 동안 수천 번의 화재와 싸웠지만 중앙도서관의 화재만큼 특이한 것은 겪어본 적이 없었다는 것이다. 보통 불은 붉은빛, 주황빛, 노란빛, 검은빛을 띠지만 도서관의 불은 색 없이 유리처럼 훤히 꿰뚫어볼 수 있었다. 색이 있는 부분은 옅은 푸른색이었다. 불이 너무 뜨거워 얼음같이 차갑게 느껴졌다. 대장장이의 용광로 안에 서 있는 것 같았다. 해멀은 머그잔을 톡톡 두드리면서 "지옥 깊은 곳을 보고 있는 것 같았어요"라고 회상했다. "그렇게 완벽하게 연소되기란 거의 불가능해요. 하지만 도서관에서는 그렇게 되었죠. 초현실적이었어요." 현재 로스앤젤레스 소방국 박물관을 운영하고 있는 프랭크 보든은 내게 "소방관들은 누구나 일을 하면서 절대 잊을 수 없는 특별한 화재를 경험해요. 로스앤젤레스 중앙도서관 화재가 그중 하나죠"라고 말했다.

도서관 밖 보도에 있던 사람들도 허겁지겁 모여드는 방화 장비들을 봤고 뒤이어 연기를 알아차렸다. 허위 경보의 지루함이 충격으로 바뀌었다. 도서관 홍보부 직원 마이클 레너드는 근처의 사진관으로 달려가 필름을 몽땅 달라고 했다. 그리고 도서관으로 돌아와 건물과 위의 창문에서 소용돌이치며 흘러나오는 연기를 카메라로 찍었다. 하지만 비통함에 젖어 불길을 바라보고 있던 사서들은 차마 사진조차 찍지 못했다. 몇몇 사서는 눈물을 흘렸다. 실바 마누지안은 마이크로필름이 불타면서 나는 시럽 같은 냄새를 맡을 수 있었다고 했다. 불타는 건물을 보며 서 있는 동안 새까맣게 탄 책 페이지 한 장이 보도로 날아와 떨어졌다. 『신이 당신을 심판하고 있다』의 한 페이지였다. 건축가 노먼 파이퍼는 건물이 완전히 소실될까봐 겁나서 엘리자베스 테오만을 보며 말했다. "내 경력에서 가장 큰 기회였는데 불타버리려고 하네요." 소방위원회의 위원 몇 명은 화재 소식을 듣고 도착해 보도의 구경꾼들과 함께 서 있었다. 길 건너편의 고층 건물에는 다국적 정유회사인 ARCO의 본사가 있었는데 이 소란을 본 직원들이 도울 방법이 있는지 알아보기 위해 아래층으로 내려왔다. ARCO의 로드릭 쿡 회장은 낡은 건물을 살리고 개조하는 활동의 후원자였다. 그는 소방차가 꽉 들어찬 거리를 보고 소방관과 대기하는 사람들을 위해 보나벤처 호텔에 커피와 음식을 주문했다.

와이먼 존스는 그날 아침 중앙도서관에 없었다. 존스는 중앙도서관뿐 아니라 로스앤젤레스시의 73개 도서관 전부를 담당하고 있었다. 직함은 로스앤젤레스 시 사서였고 굿휴 빌딩 4층에 사무실을 두고 있었다. 그날 아침 존스는 할리우드 분관을 방문해 새로운 읽기 프로그램 오픈 행사에서 연설을 하고 있었다. 존스는 1970년부터 시 사서로 일해왔다. 큰 키에 성깔 있는 미주리주 사람인 그는 재즈 피아니스트이자 노련한 아마추어 마술사였고 한 번에 담배 두 대를 연

달아 피워대는 부류였다. 존스는 그 전까지 12개가 넘는 새 도서관 건축을 감독했고, 중앙도서관을 허물어 좀더 현대적인 건축물을 세우길 희망하며 로스앤젤레스로 왔다. 하지만 그의 바람은 실현되지 못했고 대신 건물 개조와 확장에 마지못해 동의했다. 그는 캘리포니아주가 엉망진창이고 로스앤젤레스도 엉망진창이며 도서관 또한 엉망진창이라는 말을 달고 살았지만 어쨌거나 나름대로 최선을 다했다. 4월 29일 존스는 할리우드 분관의 행사가 끝나자마자 중앙도서관의 사무실로 향하며 시내까지 운전할 때 먹으려고 노점상에서 칠리도그 하나를 사 들었다. 운전석에 앉은 존스는 라디오를 켠 뒤 칠리도그 포장을 벗겼다. 도서관에 불이 났다는 소식을 들은 건 바로 그때였다. 존스는 칠리도그를 창밖으로 내던지고 시내를 질주했다.

경찰이 하버 프리웨이, 6번가, 5번가, 호프가, 플라워가, 그랜드가를 통제하기 시작하자 도시 곳곳에서 교통이 뒤엉켰다. 도서관 앞의 인파는 점점 늘어났다. 텔레비전과 라디오 기자들은 무슨 정보라도 얻을 수 있을까 싶어 장사진을 치고 있었다. 건물 안에서는 불이 몇 시간째 이글이글 타오르고 내부는 지독히도 뜨거웠다. 물을 뿌리면 불에 올려놓은 찻주전자의 물처럼 부글부글 끓을 정도였다. 호스에서 뿜어져 나온 물이 지하에 벌써 50인치 깊이로 차올랐다. 건물 안이 너무 뜨거워서 소방관들도 오래 버틸 수 없었다. 소방관들은 높아진 심부 체온을 정상으로 낮추기 위해 몇 분에 한 번씩 휴식을 취했다. 끓는 물에서 뿜어져 나오는 증기가 소방관들의 무거운 방염복에 스며들었다. 귀와 손목, 무릎이 불에 그슬렸고 매캐한 연기로 폐가 얼얼했다. 그날 50명의 소방관이 심한 화상과 연기흡입, 호흡곤란 증세를 보며 인근 병원에서 치료를 받았다. 한 소방관은 상태가 너무 안 좋아서 불길을 헤치고 출구까지 갈 수조차 없었다. 그는 지붕에서 헬리콥터에 실려 나왔다. 다행히 모든 소방관이 회복되었지만 사상자 수는 로스앤젤레스 긴급구조국이 처리한 단일 사고 중 역대 최대치였다.

날이 지나면서 불이 도서관을 산 채로 집어삼킬 것처럼 보이기 시작했다. 압축된 서가 공간 때문에 건물 화재가 아니라 선박 화재에 더 가까워 보였다. 그날의 불은 숨 막히고 광포했으며 저절로 번져나갔다. 매닝 대장은 한 기자에게 "이 건물을 설계한 사람이 위대한 건축가일지는 모르겠지만 화재 예방에 있어서는 뜨거운 돌을 깔고 앉은 것을 알지 못했다"고 불평했다. 건물 안에 있던 소방관들의 보고가 점점 더 비관적이 되자 매닝은 이번 불이 소방국이 지금껏 직면했던 화재 중 가장 진압하기 힘든 화재이며 '이 건물을 구하려면 온갖 방법'을 다 동원해야 한다는 걸 인정했다. 그의 이 선언은 온갖 방법으로도 충분치 않을 수 있다는 가능성을 열어두는 것처럼 들렸다. 매닝의 부관 한 명은 엘리자베스 테오만을 불러 불길이 몹시 맹렬한 데다 불이 번지기 좋은 건물이기 때문에 무언가를 더 할 수 있을지 모르겠다고 말했다. 서가들은 벽난로의 연통 노릇을 하고 책들이 스스로 연료가 되어 화마에게 먹이를 잔뜩 제공하고 있었다. 그는 테오만에게 만약 가능하다면 반드시 구해야 하는 귀중한 소장품이 무엇인지 알려달라고 했다. 테오만은 이 말을 듣는 순간 정말로 불이 도서관 전체를 파괴할 수도 있음을 깨달았다고 한다. 혼란에 빠진 그녀는 소방관들에게 도서관의 평면도를 설명하고 보존해야 하는 자료를 말해주는 등 실제로 도움이 되는 일을 하는 데 집중하자고 마음을 가다듬었다.

매닝 대장은 현장에 막 도착한 와이먼 존스에게 간단한 보고를 한 뒤 시청으로 갔다. 그리고 톰 브래들리 시장에게 브리핑을 하고 건물을 잃을 가능성도 있다고 경고했다. 브래들리는 그날 아침 샌디에이고의 회의에 참석했다가 화재 소식을 듣고는 곧바로 로스앤젤레스로 날아왔는데, 공항 근처에서 길이 막혀 꼼짝 못했다고 한다.

정오 무렵에는 화재 소식이 모든 지역 언론에 퍼졌다. 로스앤젤레스 재개발국의 행정관 패티 에번스는 중앙도서관 보수 재원을 마련할 방법을 찾는 데 거의 2년을 바쳤다. 화재가 일어난 날 그녀는 배심원으로 참석하고 있어서 바로 소식을 듣진 못했지만 점심시간에 휴정하는 동안 사무실로 전화를 걸어 무슨 일이 없는지 확인했다. 그러자 비서가 심호흡을 하라고 경고하더니 도서관에 불이 났다고 설명했다. 에번스는 한달음에 배심원실로 달려가 판사에게 협의를 요청했고 가도 된다는 허락을 얻었다. 도서관에 도착한 그녀는 관료주의에서 벗어나자고 마음먹고는 방송국 기자들과 인터뷰를 하면서 시민들에게 불이 꺼지면 시내로 와서 자원봉사를 해달라고 요청했다.

희귀본 관련 일을 하는 사람들도 도서관 소식에 신경이 쏠려 있었다. 곰팡이와 흰곰팡이 관련 전문 기술을 보유한 서적 복원가 올리비아 프리마니스는 텍사스에 살았지만 그 주에 마침 로스앤젤레스에 와 있었다. 로스앤젤레스 카운티 미술관의 문서 보존 책임자는 화재 소식을 듣고 프리마니스에게 전화를 걸어 "도서관에 불이 났어요. 가주셔야겠어요"라고 부탁했다.

건물 안은 화마가 덮쳤지만 거리에서 바라본 도서관은 그리 고통스러워 보이지 않았다. 치장벽토는 매끌매끌한 상태 그대로였고 바깥벽의 석회암 외장은 공단처럼 멋졌다. 조각상들이 초점 없는 눈으로 중경中景을 응시하고 창문은 햇살을 받아 반짝였다. 고요한 풍경이었다. 지붕에서 피어오르는 옅은 연기만 빼면 뭔가 잘못되었다는 것도 눈치 채지 못할 정도였다. 그러다 갑자기 도서관 서쪽 창문들이 와장창 터지더니 시뻘건 불길이 바깥쪽과 위쪽을 덮치며 석조 건물의 외관을 후려쳤다. 보도에서 지켜보고 있던 도서관 위원 한 명이 눈물을 터뜨렸다. 사서들은 흠칫 뒷걸음질을 쳤다. 한 사서는 공포영화를 보고 있는 것 같았다고 회상했다. 사서 글렌 크리슨에 따르면, 불어오는 바람에 "비통함과 재 냄새"가 가득했다고 한다.

건물 내에서는 복사열로 공기가 진동하기 시작했다. 서가로 들어가려던 소방관들은 바리케이드에 부딪히는 느낌을 받았다. 마치 열기가 고체라도 된 것 같았다. 현장에 있던 한 소방관은 "고작 10초, 15초밖에 견디지 못할 것 같았어요"라고 회상했다. "우리는 부리나케 그곳을 빠져나왔죠." 온도가 섭씨 1100도까지 올라가더니 섭씨 1375도로 치솟았다. 소방관들은 플래시오버를 걱정하기 시작했다. 플래시오버는 폐쇄된 공간 안에 있는 모든 것—심지어 연기까지—이 지나치게 뜨거워지면 자연발화점에 이르러 모든 표면에서 일시에 폭발적으로 불이 붙어 죄다 태워버리는 무서운 현상을 말한다. 당시처럼 높은 온도에서는 플래시오버가 일어날 가능성이 높았고 그렇게 되면 무언가를 구할 기회는 거의 없다고 봐야 했다.

이제 불의 중심부는 도서관 2층을 따라 300피트를 나아간 뒤 동남쪽 서가에 이르는 좁은 통로에 잠시 멈추어 일렁거렸다. 소방관들은 서쪽에서 불을 공격했다. 호스의 방향을 15분마다 바꾸며 세찬 물줄기를 뿌리고 또 뿌렸다. 구조팀은 숨을 턱턱 막히게 하는 관 같은 서가 벽을 대형 해머로 두드려 깨뜨렸다. 문이 열린 오븐에서 열기가 쉬익쉬익 흘러나오는 것처럼 과열된 공기가 서가를 빠져나와 열람실로 밀려들어갔다.

서북쪽 서가 선반의 5층과 7층이 무너져 내렸다.

불을 끄려고 쏟아부은 물은 이제 해결책인 동시에 문제가 되었다. 사서들은 항상 화재보다 홍수를 더 걱정해왔는데 그 둘이 한꺼번에 들이닥친 것이다. 불에 타지 않아도 물에 흠뻑 젖은 책이 많아 표지와 페이지들이 풍선처럼 부풀었다. 구조대원들은 호스를 들고 있는 소방관보다 먼저 건물을 헤치고 지나가면서 선반에 플라스틱 시트를 덮어 책들을 보호하려고 최선을 다했다. 3층에서는 제27중장비대가 끔찍한 열기가 빠져나갈 수 있도록 콘크리트에 드릴로 18개의 구멍을 연달아 뚫었다.

다섯 시간 뒤, 액체처럼 퍼져나가던 불길은 엄청난 양의 물과, 천장과 바닥에 뚫은 구멍으로 퍼진 차가운 공기에 굴복해 마침내 속도를 줄였다. 불은 건물의 동남쪽 구역에서 물러나 동북쪽 서가를 휘감고 올라가더니 칩을 먹어치우는 괴물처럼 도끼눈을 하고 책들을 차례로 집어삼켰다. 소방관들은 3층에, 서가 벽에, 지붕에 구멍을 더 뚫었다. 4월의 상쾌한 공기가 건물 안의 숨 막히는 열기와 뒤섞여 온도를 조금씩 낮추었다. 불이 약해지자 소방관들은 더 깊숙이 파고들어 물을 퍼부었다.

서북쪽 서가의 불길은 사그라들다가 곧 꺼졌다.

발화 지점인 동북쪽의 서가는 여전히 연기를 내며 타고 있었지만 초반만큼 맹렬하게 타오르진 않았다. 이즈음 불은 연료 대부분을 태웠다. 동북쪽 서가의 책들은 부스러기와 재가 되어버렸고 새까맣게 탄 페이지들은 1피트 높이로 쌓였다. 마지막 남은 불길이 펄럭이고 소용돌이치다 가라앉았고 마침내 사라졌다. 불이 꺼지기까지 산소통 1400개, 구조 커버 1만3440제곱피트, 플라스틱 시트 2에이커, 톱밥 90더미, 물 300만 갤런 이상, 로스앤젤레스시 소방 인력과 장비의 대부분이 소요되었다. 1986년 4월 29일 오후 6시 30분, 도서관에 난 불이 마침내 "진압"되었다고 공표되었다. 7시간 38분 동안 맹위를 떨친 뒤였다.

3.

『모든 주택 소유자가 곰팡이와 그 처리 방법에 대해 알아야 할 것What Every Home Owner Needs to Know About Mold and What to Do About It』(2003)

> 비키 랭카지
> 693.893 L289

『가죽 장정 보존법The Preservation of Leather Bookbindings』(1894)

> H. J. 플렌덜리스
> 025.7 P725

『글자의 광휘: 영원하지 않은 세상과 책의 영원성A Splendor of Letters: The Permanence of Books in an Impermanent World』(2003)

> 니컬러스 A. 바스베인스
> 085.1 B297

『팡팡 터지는 팝콘 요리책The Hoppin 'N' Poppin Popcorn Cookbook』(1995)

> 지나 스티어
> 641.65677 S814

잃은 것: 프랑스의 판화가 귀스타브 도레의 삽화가 실린 1860년도 판 『돈키호테』. 성경, 기독교, 교회사에 관한 모든 책. 인물 H에서 K까지의 모든 전기. 미국과 영국의 모든 희곡. 셰익스피어의 모든 작품. 컴퓨터, 천문학, 물리학, 화학, 생물학, 의학, 지진학, 공학, 금속공학과 관련된 책 9000권. 과학부의 제본되지 않은 모든 원고. 건축가 안드레아 팔라디오가 1500년대에 쓴 책. 도면과 설명서가 첨부된 1799년부터의 미국 특허 목록 550만 개. 비슷한 시기부터의 캐나다

특허 자료. 저자 A부터 L까지의 문학작품 5만5000권. 최초의 현대 영어 완역본인 1635년도 커버데일 성경. 수십 년 전까지 거슬러 올라가는 제인 항공 연감. 경영서 9000권과 잡지 6000권. 사회과학서 1만8000권. 1896년에 출간된 패니 파머의 『보스턴 요리학교 요리책』 초판. 팝콘 레시피 책 6권을 포함한 요리책 1만2000권. 물에 닿으면 끈적끈적한 곤죽이 돼버리는 유광지에 인쇄된 예술 간행물과 예술서적 전부. 조류학 도서 전부. 도서관이 소장했던 마이크로필름 전체의 4분의 3. 물에 젖자 떨어져버린 사진 2만 장의 정보 라벨. 불탄 구역에 어쩌다 잘못 꽂혀 있던 모든 책. 우리는 이 책들이 뭔지 모르기 때문에 뭘 잃었는지도 모른다. 총 40만 권의 책이 불길 속에 사라졌고 70만 권이 연기나 물, 혹은 두 경우 모두에 의해 심각하게 훼손되었다. 불타거나 훼손된 책의 수는 일반적인 도서관 분관 15개의 소장 도서를 전부 합친 것과 맞먹었다. 미국 역사상 공립도서관이 입은 최대의 손실이었다.

도서관에는 닷새 동안 뜨거운 열기가 남아 있었다. 주변의 열기 때문에 소소한 불길이 여기저기서 계속 피어올랐다. 온도가 섭씨 38도 가까이나 돼서 소방관들은 계속 보호 장구와 호흡 장비를 착용해야 했고 그러고도 건물 안에서 10분 단위로 교대해야 했다. 큰 불길을 잡은 직후 소방관들은 서둘러 지하와 1층의 "물을 빼냈다". 물이 너무 많이 차 있어서 엔지니어들은 그 무게 때문에 바닥이 무너지지나 않을까 걱정했다. 건물 내의 열을 식히고 싶어도 물 때문에 더 많은 책이 훼손될 위험이 있었다. 소방관들은 뜨거운 지점들을 붕괴시키기 위해서라도 잔해들을 치우고 싶어했지만 매닝 대장은 현장을 그대로 두라고 지시했다. 수사관들이 화재 원인을 찾는 데 도움이 될 만한 것들을 보존하기 위해서였다.

200명에 이르는 사서 대부분은 불이 활활 타오른 7시간 반 내내, 그리고 불이 꺼진 뒤에도 현장에 남아 있었고, 소방국의 허락이 떨어지자마자 건물 안으로 들어갔다. 도서관 안은 지저분하고 연기가 자욱한 데다 잔해와 물이 뒤섞여 미끄러웠다. 쌓인 재는 발목까지 덮였고, 녹아내린 선반들은 기괴해 보였다. 와이먼 존스는 도서관 내부를 "파업에 불참한 특수효과 스태프들이 작업한 싸구려 영화 세트 같았다"고 묘사했다. 글렌 크리슨과 또 다른 사서 로이 스톤은 살아남은 책들을 확인하기 위해 서가로 갔다. 로이 아내의 핸드백도 찾았다. 그의 아내 역시 사서였는데 경보가 울렸을 때 가방을 두고 나왔던 것이다. 하지만 가방을 찾지 못한 크리슨과 스톤은 서가를 나와 특허실로 향했다. 특허실에서 수북이 쌓인 검댕 더미와 길게 늘어선 녹아버린 타자기들이 두 사람을 맞았다. 어린이 사서 빌리 코너는 헐린 모셰들러버와 함께 난장판 속을 돌아다녔다. 두 사람은 은퇴한 지금도 도서관을 찾는다. 어느 날 우리는 함께 앉아 불이 났던 날 어땠는지 이야기를 나눴다. 두 사람이 일하던 방은 하필 가장 심하게 불탄 곳이었는데 지금은 멋지게 꾸민 회의실로 바뀌어 있다. 두 사람이 들려주는 이야기는 오늘 아침에 불이 난 것처럼 생생했다. 코너는 화재가 진압된 직후 건물로 들어갔을 때 단테가 뭘 쓰고 있는지 죽어서 보러 간 것 같다고 했고 경쾌하며 활기찬 모셰들러버는 화재가 일어난 날, 케네디 대통령이 암살당했던 날처럼 원통했다고 회상했다. 그날 내가 인터뷰한 다른 선임 사서는 폐허가 된 도서관을 본 트라우마가 너무 심해서 그 뒤 넉 달 동안 생리를 하지 않았다고 말해주었다.

불에서 살아남은 책들은 선반에서 떨어져 무더기로 쌓여 있거나 꽂혀 있어도 책등이 끈적끈적했다. 책 보존가 올리비아 프리마니스는 와이먼 존스에게 책들을 신속하게 옮겨 냉동해야 한다고 알려주었다. 물 때문에 곰팡이 포자가 활성화되면 48시간 내에 꽃을 피우기 때문이다. 책에 곰팡이가 피면 손을 쓸 수가 없다. 이 말은 곰팡이가 우수수 피기 전에 훼손된 책 70만 권을 직원들이 포장하고 시원한 곳으로 옮겨 보관해야 한다는 뜻이었다.

저녁 무렵에는 화재 소식이 도시 여기저기로 퍼졌다. 수백 명의 자원봉사자가 뭘 도울 수 있을지도 모르면서 그저 돕고 싶다는 마음에 도서관으로 달려왔다. 그때는 안전모도 충분하지 않았고 책을 담을 상자와 그것을 보관할 장소도 없었다. 그렇다고 젖은 책을 그냥 창고에 쌓아둘 수는 없는 노릇이었다. 그러면 곰팡이가 필 게 분명했기 때문이다. 몇 년 전, 희귀본이 젖어 서적 복원가가 손볼 수 있을 때까지 냉동이 필요했을 때 도서관 근방에 있는 보나벤처 호텔의 식당에서 공간을 제공한 일이 있었다. 하지만 호텔 냉동고에 젖은 책 70만 권이 들어가지는 않는다. 로스앤젤레스시는 수산물 가공산업의 규모가 수백만 달러에 이르고 미국에서 가장 큰 농산물 창고 중 하나를 보유하고 있었다. 시내에는 거대한 냉동고들이 있었는데 그걸 생각해낸 누군가가 수산물과 농산물 업체 몇 곳과 접촉해보자고 제안했다. 업체들은 냉동고가 꽉 찬 상태였지만 책을 보관할 공간을 마련해주기로 했다.

자원봉사자들은 새벽에 다시 오라는 말과 함께 집으로 돌려보내졌다. 라디오와 텔레비전 방송국들은 이튿날 더 많은 자원봉사자를 청하는 방송을 내보냈다. 여성청년연맹은 회원들에게 연락해 "적잖은 육체노동을 해야 하는 어마어마하고 지저분한 작업이니 그에 맞게 옷을 입고 오세요"라고 알리고 도움의 손길을 촉구했다. IBM은 자원봉사를 하러 갈 수 있도록 직원들에게 휴가를 주기도 했다. 이튿날 아침, 2000명 가까이 되는 사람이 도서관에 나타났다. 밤사이에 시 당국은 판지 상자 수천 개, 안전모 1500개, 포장테이프 수천 롤, 기계공학자이자 젖은 물건들을 건조시키는 일에 대한 전문가로 전향한 전직 팝콘 유통업자 에릭 런드퀴스트의 도움을 어렵게 확보했다. 런드퀴스트는 책들을 채소와 함께 보관한다는 말에 그리 당황하지 않는데, 그가 처음으로 살려낸 책들도 여름 내내 먹을 완두콩, 당근과 함께 집 정원에 냉동 건조시켰었기 때문이다.

어마어마한 작업이었다. 물에 젖고 그을린 책들은 물론 도서관의 다른 모든 책도 함께 치워야 했다. 도서관을 비워야 건물 복구 작업을 할 수 있었기 때문이다. 와이먼 존스는 누군가 불을 의도적으로 낸 것이라 보고 방화범이 책들을 찾고 있을 경우에 대비하여 책이 보관된 장소를 공개하지 않기로 결정했다.

자원봉사자들은 런드퀴스트의 지휘 아래 사흘간 밤낮으로 일했다. 대부분 서로 모르는 사이였음에도 힘을 합쳐 몇 시간 동안 함께 열심히, 평화롭게 일했다. 봉사자들은 길게 늘어선 채로 연기 자욱한 건물 안에서 문밖까지 손에서 손으로 책을 전해 날랐다. 이 긴급한 순간은 로스앤젤레스 시민들로 살아 있는 도서관을 이룬 것 같았다. 그토록 짧은 시간에 시민들은 공유된 지식을 보호하고 전달하는 체계, 서로를 위해 우리 스스로 지식을 보존하는 체계를 만들었다. 이것이야말로 도서관들이 매일 하는 일이었다.

자원봉사자들은 책이 15권씩 빽빽하게 담긴 상자를 5만 개 넘게 포장했다. 상자가 꽉 차면 화물 운반대에 쌓았다가—운반대는 1800번 넘게 가득 찼다 비워졌다—트럭에 실었다. 젖지도, 훼손되지도 않은 책들은 시 보관소로 옮겨졌다. 물에 젖고 연기에 그을려 훼손된 책들은 냉장트럭에 실어 섭씨 영하 56도의 식품창고로 보내 냉동 새우와 냉동 브로콜리 사이에 보관했다. 만신창이가 된 책들을 언제 해동할지, 그중 얼마나 많은 책을 되살릴 수 있을지 아무도 몰랐다. 지금껏 이 정도 규모의 작업을 해본 적이 없었기 때문이다.

책들을 운반하는 동안 수사관들이 건물을 이 잡듯 뒤지며 바닥에 남은 불탄 자국들의 패턴과 불길의 경로를 확인했다. 화재 규정을 위반했고 건물이 책으로 가득 찬 데다 엉망이었던 배선 탓에 자연적으로 불이 났을 수도 있지만 수사관들은 처음부터 누군가 의도적으로 불을 냈다고 믿었다. 이 추측은 보수적인 가정이었다. 미국에서 난 도서관 화재들은 대부분 "방화"로 알려졌기 때문이다. 다시 말해 인간이 낸 불이었고, 거의 모든 경우가 정도를 넘어선 우발적인 반달리즘의 결과였다.

로스앤젤레스시는 19명의 방화 조사관을 고용했다. 연방 알코올 담배 화기국 요원 20명도 합류했다. 팀의 첫 번째 관심사는 불이 어떻게 시작됐는지 단서를 찾는 것이었다. 아마 낡아서 해진 전선에 튄 불똥이나 라이터액, 아니면 잡지 근처에 무심코 던진 성냥이 원인일 것이다. 시는 화재 원인에 관한 정보를 제공하는 사람에게 2만 달러의 보상금을 주기로 했다. 여기에 화기국이 5000달러를 추가했고 익명의 기부자가 또 5000달러를 내걸었다.

이틀간 건물을 조사한 뒤에도 조사관들은 어떤 결론에도 다가서

지 못했다. 그러나 화재를 다룬 언론 기사들에 "방화"라는 단어가 슬그머니 끼어들기 시작했다.『로스앤젤레스 데일리뉴스』는 중앙도서관 화재에 방화가 강력하게 의심된다는 제목의 기사를 실었다.『로스앤젤레스헤럴드 이그재미너』또한 사법 당국에서 도서관 직원들에게 "낯선 사람"의 몽타주를 보여주고 있다고 보도했다. 불이 난 지불과 일주일 뒤인 5월 6일『로스앤젤레스타임스』는 브래들리와 소방국장이 도서관 화재 원인이 방화라고 말했다고 발표했다. "방화라고 주저 없이 말할 수 있습니다"라는 매닝 국장의 말이 인용되어 있었다. 매닝에 따르면 "화재 발생 지점 근처에 있던 직원들이 목격한 20대 후반 혹은 30대의 금발 남성 (…) 키 182센티미터, 몸무게 74킬로그램, 푸른 눈, 금발, 밝은 콧수염, 약간 마른 얼굴에 테니스화, 청바지, 편안한 셔츠 차림의 남성"을 찾고 있다고 했다. 몽타주가 공개되었다. 사진 속에는 넓은 이마에 큰 눈, 매부리코, 만화에 나오는 사기꾼 같은 덥수룩한 콧수염, 화관처럼 곱슬거리며 부드럽게 물결치다가 귀 위에서 반곱슬로 삐죽 뻗친 숱 많은 금발의 사내가 있었다. 해리 피크라고 자신 있게 말하지도, 해리 피크가 아니라고 장담하지도 못할 얼굴이었다.

그 주에는 체르노빌 원전 사고가 전 세계의 모든 신문을 장악했다. 딱 한 곳,『프라우다』만 빼고 말이다. 이 신문은 로스앤젤레스 중앙도서관 화재를 보도하는 데 상당한 지면을 할애했다. 체르노빌 사고가 일어난 무시무시한 첫 주가 지나자 미국 신문들도 도서관 화재를 다룰 지면을 확보하기 시작했다. 전국의 신문에는 '화마가 귀한책들을 파괴하다' '불길이 로스앤젤레스 도서관을 태워버리다' '도시

비극: 까맣게 타버린 소장 도서들' '연기 속에 사라지다' 따위의 제목이 달린 기사가 실렸다. 『보스턴 글로브』는 체르노빌과 로스앤젤레스에서 일어난 두 사건이 인간의 힘으로 어떻게 할 수 없는 불에 대한 원초적 공포와 함께 위협적이고 감당할 수 없는 힘에 대한 두려움을 불러일으켰다는 점에서 "귀신처럼 대칭"을 이룬다고 분석했다.

중앙도서관은 바쁜 곳이었다. 매년 90만 권이 넘는 책이 대출되고 600만 건 이상의 문의가 처리되었으며 70만 명에 이르는 사람들이 오갔다. 하지만 불이 나고 이틀 뒤, 도서관에는 불타버린 책 40만 권이 남긴 시커먼 가루 말고는 아무것도 없었다. 조각상에는 흰색 플라스틱 방수포가 덮여 있었다. 타르가 발린 벽과 천장은 지저분했고 열람실에는 아무도 없었다. 문은 모두 잠가 폴리스테이프를 쳐놓았다. 누군가가 도서관 입구 근처 5번가의 보도에 놓여 있던 몇 개의 납작한 상자에 이렇게 글을 써서 매달아놓았다. "로스앤젤레스여 감사합니다! 더 크고 나은 모습으로 돌아올게요."

4

『캘리포니아의 모든 것, 그리고 정착을 위한 장려책All About California, and the Inducements to Settle There』(1870)＊

> ＊접힌 삽화 페이지. 지도
> 캘리포니아 이민협회
> 979.4 C1527

『이민 그리고 서던캘리포니아의 경제Migration and the Southern California Economy』(1964)

> 서던캘리포니아 연구위원회
> 330.9794 S727-7

『샌저신토 묘지의 이름들San Jacinto Cemetery Inscriptions, 1888-2003』(2003)

> 데일 홀
> Gen 979.41 S227Ha

『포스트맨은 벨을 두 번 울린다The Postman Always Rings Twice』(1944)

> 제임스 M. 케인

해리 피크의 누나 데브라는 자기 가족에겐 우환이 끊이지 않는다고 말하곤 했다. 그런 말을 할 때면 자기연민이나 환멸이 담긴 투가 아니라 행운과 운, 비극과 불행이 아무렇게나 뒤섞인 세상을 표현하는 평가자의 냉정함이 배어 있었다. 데브라에 따르면, 피크 가족의 불운은 부끄러운 일이나 오명이 아니었다. 그저 동전던지기를 했는데 다른 혹은 잘못된 쪽으로 떨어졌을 뿐이라는 것이다.

나는 해리 피크를 찾고 있었기 때문에 데브라와 만날 수 있었다.

나는 그가 정말 도서관에 불을 질렀는지, 만약 그랬다면 그 이유가 뭔지 알고 싶었다. 그에게 죄가 없다면 어쩌다 기소되었을까? 해리를 찾기는 쉽지 않았다. 마침내 로스앤젤레스 지역에 사는 해리 피크의 전화번호를 알아냈지만, 그 번호의 주인은 해리와 이름이 같았던 그의 아버지였다. 내가 그 집으로 전화를 걸었을 때 받은 사람이 바로 데브라였다. 해리 피크가 그 집 아들임을 확인한 뒤 나는 그녀의 남동생을 찾는 이유를 설명했다. 데브라는 그를 찾는 일은 불가능하다고 대답했다. 도서관 화재가 일어나고 7년 뒤인 1993년 해리는 세상을 떠났으니까. 그녀는 해리에게 일어난 일들을 글로 쓰려 한다는 내 말을 듣고 기쁘다고 했다. 그녀가 나를 초대했고 이튿날 나는 데브라를 만나러 갔다.

데브라는 작고 단단한 몸매에 연하고 푸른 눈과 부드러운 금발의 소유자였다. 담배를 피우거나 웃을 때는 예쁜 보조개가 패였다. 터프한 10대라고 해도 믿을 판이었지만 사실 손주까지 둔 50대 중반의 할머니였다. 우리가 만난 날 그녀는 몸을 죄는 흰색 메리야스에 큼지막하고 헐렁한 청바지를 입고 있었다. 메리야스도, 청바지도 그녀의 체형과 완전히 딴판인 사람들에게 빌려 입은 것처럼 보였다. 데브라는 남편과 사별했고, 아이들 모두 장성했다고 말했다. 최근 그녀는 병마와 고통에 시달리는 부모님을 돕고 집세도 아낄 겸 부모님 집으로 들어간 상태였다.

피크 가족의 소박한 집은 수수한 목장주 주택들이 모여 있는 샌저신토 계곡의 작은 도시 헤멧에 있었다. 헤멧은 로스앤젤레스 시내에서 동쪽으로 약 80마일, 피크 가족이 아이들을 키울 때 살던 샌타페이스프링스에서는 한 시간쯤 떨어져 있었다. 내가 데브라를 방문하던 날은 눈을 제대로 뜨기 힘들 정도로 뜨거운 날이었다. 헤멧에는 나무가 없어 땡볕이 그대로 내리쬐었고 바람 한 점 불지 않았다. 모든 것이 그릴 안에서 구워지고 있는 것처럼 아른아른해 보였다. 피크의 집 앞길도, 잔디밭도, 보도와 진입로도 아른거렸다. 집 앞 포장도로를 땜질한 부분을 지날 때 녹은 타르가 차 타이어에 끈적거리며 들러붙는 소리가 들렸다.

"음, 우리 집을 찾았네요." 주차를 하고 있는데 데브라가 큰 소리로 말을 건넸다. 그녀는 현관 근처에 서서 안으로 들어오라는 몸짓을 했다. 그녀의 아버지는 거실 소파에서 코를 골고 있었고 어머니는 안락의자에 곧은 자세로 앉아 졸고 있었다. 구석에 놓인 텔레비전의 게임쇼에서 격렬한 박수와 웃음이 한바탕 터져나왔다. 우리는 뒷마당으로 나가 지붕 가장자리가 드리운 좁다란 그늘로 접이의자 두 개를 끌고 갔다. 데브라는 맥주 캔을 딴 뒤 해리에 대해 이야기하기 시작했다. 그가 어떤 사람이었는지, 얼마나 멍청이였는지 이야기하던 도중 웃다가 가래 낀 기침이 터진 그녀는 맥주를 홀짝여 숨을 가다듬은 뒤 해리가 어떻게 항상 화를 자초했는지 말하기 시작했다. 예를 들어 석방될 때 미치광이처럼 웃는 바람에 신문에 실린 사진들을 보면 그가 이번 일을 전부 시트콤처럼 여기는 듯 보였다는 것이다. "걔는 믿기 힘들 정도로 똑똑했지만, 센스가 없었어요. 도를 넘는 경향이 있었고 그 때문에 곤경에 처했죠. 걔는 이걸 이해 못 했을뿐더러 그러는 게 얼마나 멍청한 짓인지 몰랐어요."

피크 가족에게 더 이상의 골칫거리는 사절이었다. 골칫거리라면 이미 차고 넘쳤으니까. 데브라가 자신이 짊어진 짐들을 하나하나 꼽기 시작했는데, 숱하게 많았다. 아기 때는 돌연사할 뻔했고, 지금은 고통스러운 신경근육병인 섬유근육통에 시달리고 있었다. 조카 중 한 명은 조폭 싸움에서 살해당했고 한 명은 심각한 자폐증을 앓고 있었다. 몸무게가 거의 270킬로그램이나 나가던 남편은 얼마 전에 심한 뇌졸중으로 세상을 떠났다. 외조부모는 미주리주에서 캘리포니 아주로 이사한 몇 년 뒤 자동차 충돌 사고로 목숨을 잃었다. 우리가 집 안으로 들어갔을 때 데브라가 그 사건에 관한 신문 기사를 보여 주었다. 기사는 액자에 담겨 주방 근처 복도의 장식품들 사이에 진열 되어 있었다. 내가 끔찍한 사고였던 것 같다고 말하자 데브라는 어깨 를 으쓱하더니 대꾸했다. "음, 두 분 다 술에 취해 있었어요."

피크 가족의 고난을 설명한 뒤 데브라는 "하지만 한 가지는 확실 히 말씀드릴 수 있어요"라고 덧붙였다. 그러곤 잠시 말을 멈추고 웃 더니 말했다. "우리 가족은 지루하지는 않았어요."

해리 피크

피크 가족은 1940년대에 미주리주에서 이곳으로 이사했다. 당시는 캘리포니아가 대초원에서 농가들을 마구 끌어당기는 거대한 전자석 같을 때였다. 캘리포니아는 바다와 산, 사막 사이에 자리 잡은, 황금빛 풍요가 넘치는 무결점의 약속의 땅 같았다. 사람들을 끌어당긴 곳은 헤멧, 샌타페이스프링스 같은 도시였다. 로스앤젤레스시─이민자와 배우들이 득실거리는 지저분한 잡탕 도시─는 불과 한 시간 거리에 있었다. 개념적으로는 로스앤젤레스가 지역의 중심이었지만 그 도시는 사람들이 달에 있다고 할 정도로 정신적, 사회적으로 먼 곳에 존재했다. 샌저신토 계곡에 정착한 사람들은 십중팔구 로스앤젤레스에서 더 멀어지길 바랐다. 공간은 더 넓고 사람은 더 적고 자율권은 더 크고 소란은 더 적길 바랐다. 피크 가족과 비슷한 사람들은 미주리주 같은 곳에 남겨두고 온 시골생활을 이곳에서 재현하기 위해 노력했다. 과열되고 활발한 로스앤젤레스, 뉴욕이 굴절된 엉망진창의 로스앤젤레스가 아니라 수풀과 관목이 우거진 초원, 목장이 있는 캘리포니아에 살고 싶어했다. 샌저신토 계곡이 사실은 로스앤젤레스의 외진 지역이 아니라 서쪽으로 퍼져나가 대도시들을 뛰어넘고 알래스카처럼 멀고 혹독한 진짜 종착점이 있는 대평원의 한 지류일 뿐인 것처럼 말이다. 캘리포니아의 이 지역은 도로가 포장되고 집들이 들어찼지만 겨울 같은 황량함이 감돌았다.

해리와 데브라의 아버지는 미주리주에서 태어나 어릴 때 가족 모두 캘리포니아주로 이사했다. 고등학교를 중퇴한 뒤 판금공이 된 그는 1950년대와 1960년대에 전후의 방위 계약들과 우주개발 경쟁 자금에 힘입어 팽창한 서던캘리포니아의 항공우주산업에 고용된 수천 명 중 한 사람이었다. 젊은 나이에 결혼했고 아내 애너벨과의 사이에

서 순식간에 네 아이가 태어났다. 데브라, 브렌다, 빌리, 그리고 해리
였다.

항공우주 공장 주변의 급조한 농장들과 헐벗은 땅을 일구어 피크
네 같은 젊은 가족들을 수용할 수 있는 방 두 개짜리 단층집이 쭉 세
워졌다. 이렇게 뚝딱 조성된 동네들은 너 나 할 것 없이 똑같은 모습
이어서 꼭 공장에서 찍어내 배달한 뒤 세트로 설치한 것 같았다. 어
느 집에서나 아이들이 쏟아져 나왔다. 개발지들 사이에 작은 위성도
시가 생겨 수많은 패스트푸드점과 매트리스 상점이 뒤섞인 풍경을
만들어냈다. 동네의 어머니들은 대부분 전업주부로서 아이들을 돌
봤지만 해리 피크의 어머니 애너벨 피크는 문제가 있을 만한 지역의
슈퍼마켓에서 계산원으로 일했다. 슈퍼마켓은 로스앤젤레스 변두리
에 있었다. 내가 데브라에게 로스앤젤레스에 산다고 하자 그녀는 내
가 그 슈퍼마켓을 알 수도 있겠다고 생각하는 듯했다. "로스앤젤레스
에서 가까워요. 있잖아요, 주인이 유대인인 가게예요." 데브라가 말
했다. "어딘지 알죠?"

피크 가족의 네 아이는 1960년대에 성장했고, 다른 가족에 비해
방치된 시간이 많았다. 부모 모두 밤에 일하고 낮에는 잠만 잤으니
까. 그 사이에 아이들은 마리화나를 피우고 맥주를 마셨다. 때로는 나
쁜 장난이나 범죄에 가까운 짓을 저지르기도 했다. 경찰서를 자주 들
락거리지는 않았지만 경찰들은 피크가의 아이들을 알고 있었다. 모
두 한번쯤 단속에 걸린 적이 있었기 때문이다.

가족 전부가 집에 있을 때면 고함 소리와 싸움이 난무했다. 데브
라의 여동생 브렌다 피크 세라노에 따르면, 아버지는 '잔인하고 비열
한 인간'이었다. 데브라를 만난 지 한 달쯤 뒤에 나는 해리에 관해 이

야기를 나누려고 브렌다에게 전화를 걸었다. 그녀는 대화 중에 아버지가 얼마 전에 돌아가셨다고 말했다. 애도를 표하고 어떻게 된 일이냐고 물었더니 "아버지를 보러 갔는데 두 시간 동안 소파에 누워 계셨어요. 말을 걸어도 대답이 없더라고요. 술에 취해 곤드라졌구나 생각했죠." 그런데 몇 시간이 더 지나도 아버지는 아무 미동도, 대답도 없었다. 뭔가 심상찮은 일이 벌어지고 있음을 알아차린 그녀는 아버지를 소파에서 끌어내 병원으로 데려갔다. 병원에서는 아버지가 혼수상태라고 했고 끝끝내 의식을 회복하지 못했다. 생명유지 장치를 끄기 직전, 브렌다는 아버지 위로 몸을 수그리고 속삭였다. "아버지가 왜 저를 한 번도 사랑하지 않으셨는지 그 이유를 모르겠어요." 그런 말을 하면 남들은 가혹하다고 할 테지만 그녀는 아버지 때문에 어떤 기분으로 살아왔는지 마침내 직접 이야기한 스스로를 당당하다고 생각했다.

피크 가족의 생활은 전후戰後의 조립식 베드타운의 관례에서 보면 평범했다. 부유하지도, 가난하지도 않았고 엄청난 야망을 좇지도 않았다. 아이들은 집에 붙어 있다가 때가 되면 록히드나 록웰, 맥도널 더글러스에서 일하겠거니 생각했다. 만약 인류학적으로 이 도시의 도표를 그린다면 피크 가족을 어디에 두어야 할지 판단하기 어려울 것이다. 이 가족은 사회적 지위의 지표가 명확하지 않았다. 아마 일부 사람들보다는 가진 게 좀 적었을 것이고 이들의 이동성은 종적이기보다는 횡적이었을 것이다. 데브라는 아버지가 우주선 만드는 일을 했다고 했다. 그래서 한동안 나는 그가 이 가족에 대해 내가 아는 모든 사실과 어울리지 않는 숙련된 기계 기술자라 믿었고, 그런 이유로 피크 가족을 사회학적으로 배치하는 데 애를 먹었다. 나중에 데브라는 아버지가 맥도널 더글러스에서 우주선을 제작하는 한 조립 라인에서 일했다고 자세히 설명했고, 그제야 앞뒤가 맞아떨어졌다.

해리와 그의 형제들은 샌타페이스프링스 같은 도시에서 최고로 쳐주는 사회적 자산인 학교 스포츠에서 두각을 나타내지 못했다. 그렇다고 공부로 유명하지도 않았다. 성적은 화폐로서의 가치가 다소 떨어지지만 차별적 요소이기는 했다. 그들은 백인이었지만 해리를 제외하고는 학교에서 모두 히스패닉계 친구들과 어울렸다. 브렌다는 슬럼가 아이들과 어울려 다니다가 멕시코 출신의 가족을 둔 남자와 결혼했다. 빌리는 히스패닉계 범죄 조직에 가담했는데, 데브라에 따르면 다른 이유보다 자신들을 지키기 위한 선택이었을 거라고 했다. 데브라는 인기가 많았지만 학교에서 몇몇 여자아이에게 괴롭힘을 당했다. 그래서 가방에 커터 칼을 가지고 다니기 시작했는데 10학년 때는 한 학생을 커터 칼로 그어 정학 처분을 받기도 했다. 그녀는 그애가 자신을 못살게 굴었다고 설명했다. "그러니까 제 말은", 그녀는 흥분해서 물었다. "제가 달리 무엇을 할 수 있었겠어요?"

1959년생 해리는 네 아이 중 막내였다. 그래서 가족들은 그를 애지중지하고 아기 취급하며 오냐오냐 키웠다. 한동안 해리는 나쁜 운에 이끌리는 피크 가족의 성향을 벗어나도록 도와줄 마법을 가진 것처럼 보였다. 큰 키에 탄탄한 체격, 골반이 좁고 카우보이처럼 다리가 길었던 그는 배우 존 보이트의 동생이라고 해도 곧이들을 만했다. 해리는 어릴 때부터 자기는 배우가 될 거라고 항상 말하고 다녔다. 외모와 매력을 보면 가능성이 있어 보였다. 다른 자산도 있었다. 열심히 할 때는 공부도 잘했고 글씨를 양손으로 쓸 수도 있었다. 마술을 해서 사람들을 웃게 만들었다. 강아지상 얼굴에 엄청나게 호감 가는 인상인 데다 다른 이들을 기쁘고 즐겁게 해주고 싶어했으며 주목받길 갈망했다. 그에게 반한 여자아이 두세 명이 항상 오리 새끼처럼 졸졸 따라다녔다. 빌리, 브렌다, 데브라는 차례로 학교를 중퇴했지만 해리는 졸업장을 받았다. 가족 중에서 졸업장을 받은 사람은 처음이었다. 해리의 형은 동생을 탐탁지 않아 했지만 나머지 가족들은 막내의 잠재력을 즐겼다. 해리가 가족의 스타, 이 도시를 벗어나 성공하는 사람이 될 거라고 기대했다. 하지만 솔직히 말하면 해리의 허영심과 허풍은 가끔 사람들을 짜증나게 했다. 가족들도 마찬가지였다. 해리가 으스대는 꼴이 신경에 거슬린 브렌다가 그를 포크로 찌른 적도 있었다. 브렌다는 내게 해리를 사랑하긴 했지만 그는 진심으로 자기가 왕이라고 생각했다고 말했다.

해리의 모든 것이 완벽하지는 않았다. 과제를 제출할 때 부정행위를 해 몇 번 정학을 당했고 술을 마시다 걸려서 경찰에게 얻어맞기도 했다. 그는 기회만 되면 술을 진탕 마시고 싶어했다. 10대 시절 여름 캠프에서 카운슬러와 함께 마리화나를 피우다가 성추행을 당한 일도 있었다. 누나들에 따르면 이 사건으로 해리는 엄청난 충격을 받아 몇 차례 자살을 기도했다고 한다. 데브라는 카운슬러의 성추행이 해리를 동성애로 밀어넣었다고 믿는다. "해리는 동성애자가 되고 싶어하지 않았어요. 이성애자가 되길 원했죠"라고 말하던 그녀가 맥주 캔의 고리를 딸깍딸깍 튕기자 결국 고리가 떨어졌다. 큰 까마귀 한 마리가 태엽인형처럼 고개를 돌리며 마당 가장자리를 따라 깡충깡충 뛰어다녔다. 데브라는 맥주 캔 고리를 새 쪽으로 던지고 의자에 몸을 기대며 말했다. "해리는 이성애자가 되려고 진짜 노력했어요."

사건이 일어난 뒤 몇 년 동안 해리는 이성애자의 모습을 유지했다. 관심을 보이는 여자애 몇 명을 마음대로 데리고 놀면서 바람둥이처럼 행동하려고 애썼다. 졸업반 때 마침내 그중 한 명과 안정적인 관계로 정착한 그는 만나는 사람마다 그녀와 결혼할 거라고 이야기했다. 해리는 졸업 직후 입대했고 여자친구는 기다리겠노라고 약속했지만 제대를 하고 돌아와 보니 그녀는 다른 사람과 사귀고 있었다. 데브라는 이 결별이 해리를 무너뜨렸다고 했다.

몇 달 뒤 해리는 다른 여자와 연애를 했다. 사귄 지 얼마 되지 않아 여자는 쌍둥이를 임신했다. 나는 둘이 어떻게 됐느냐고 물어봤다. "문제는 그 여자가 먹고 마시고 노는 걸 좋아했다는 거예요." 데브라가 대답했다. "흥청망청 놀다가 아기 하나를 잃었는데 그러고도 계속 그렇게 놀다가 다른 아이마저 잃었죠." 데브라는 심호흡을 하더니 덧붙였다. "제 생각엔 그 일로 해리가 마침내 동성애자가 된 것 같아요. 여자와 진지한 사이가 될 때마다 꼭 무슨 일이 일어났지 뭐예요. 해리가 '누나, 너무 힘들어' 하고 털어놓더라고요." 데브라는 어깨 너머를 돌아보더니 말했다. "해리가 동성애자였다고 말한 걸 알면 부모님이 날 가만두지 않을 거예요. 해리가 그렇게 됐다는 게 아버지에겐 견디기 힘든 일이었거든요."

바로 그때 부엌의 미닫이문이 끼익 열리더니 데브라의 아버지가 밖으로 나왔다. 그는 키가 크고 뚱뚱한 배불뚝이 노인이었다. 불그스름한 얼굴은 친근한 인상이었고 은빛 머리카락이 흔들린 느낌표처럼 곧게 삐져나와 있었다. 그는 데브라에게 점심 식사에 대해 뭐라고 소리를 지르다가 의자에 앉아 있는 나를 알아차리고는 뚝 멈췄다. 나는 내 소개를 한 뒤 해리에 관해 글을 쓰고 있다고 설명했다.

"해리는 정말 대단한 녀석이었죠", 그가 대답했다. 그러곤 턱에 난 까슬까슬한 수염을 긁더니 손가락으로 머리카락을 쓸어내렸다. "해리는 정상의 자리에 올랐을 겁니다. 그랬을 거예요."

"해리는 스타를 많이 알고 지냈어요. 그렇죠, 아버지?" 데브라가 말했다. "도도한 상류층들을 알았어요."

"대스타들의 80퍼센트를 알았지." 데브라의 아버지가 바로잡았다. 그는 머리카락을 좀더 잡아당기고는 덧붙였다. "버트 레이놀즈와 누구더라, 레이놀즈와 결혼한 여자도 알았잖아. 데브라, 이름이 뭐였지?"

"로니 앤더슨이요, 아버지." 데브라가 대답했다. 그녀는 내 쪽을 돌아봤다. "해리는 그 사람들을 정말 잘 알았어요. 두 사람에 대해 모르는 게 없었거든요. 버트 레이놀즈와 로니 앤더슨이 이혼할 거라고 나한테 말해줬다니까요. 아무도 모를 때요."

"해리는 정상의 자리에 갔을 거야." 피크는 한 번 더 말한 뒤 데브라를 쏘아보며 투덜거렸다. "데브라, 나 배고프다니까."

데브라는 무시했다. "해리는 세상 최고의 거짓말쟁이였어요. 안 그래요 아버지?" 그녀는 빈 맥주 캔을 들고 아버지에게 몸짓을 해 보였다. "그랬었죠, 아버지? 알고 계시잖아요. 해리는 항상 최고의 구라쟁이였어요."

해리는 쌍둥이를 유산한 여자친구와 헤어진 뒤 로스앤젤레스로 옮겨갔다. 집에서 14마일밖에 떨어져 있지 않지만 전혀 다른 세상인 곳. 스타가 되는 방법을 알아내겠다는 것 말고 다른 계획은 없었다. 해리로서는 쉽지 않은 결행이었다. 샌타페이스프링스에서는 해리 같은 미남이 마을에 있다는 사실 자체가 대박 사건이었지만 로스앤젤레스에서 그런 남자는 흔해빠졌기 때문이다. 할리우드는 도시로 몰려든 잘생긴 젊은 남자들, 누군가에게 특별한 사람이라는 말을 들었던 남자들의 무게를 지탱하느라 보도가 휠 정도였다. 그중 일부는 해리보다 더 짙은 금발이거나 중요한 인물과 인맥이 있거나 배우가 되는 훈련을 받거나 불꽃 카리스마를 가진 사람들이었다. 반면 해리는 샌타페이스프링스에서 가장 잘생긴 남자 정도에 불과했다. 그는 쇼비즈니스의 너덜거리는 가장자리를 움켜잡고 싶어하는 젊은이 몇 명과 할리우드에서 한집에 살았다. 얼마 전 어느 오후에 나는 당시 해리가 살았던 집을 지나쳤다. 그 집은 해리가 살았을 때와 크게 바뀌지 않은 듯했다. 나이를 먹지 않는 낡고 꾸부정한 작은 단층집이었다. 잔디가 시들고 울타리에는 거리의 쓰레기 조각들이 들러붙어 있는 집. 원대한 꿈을 품은 사람들이 굉장한 일이 일어나길 목매고 기다리며 살고 있는 백만 단층집 중 하나인 그런 집.

로스앤젤레스에 정착한 뒤에도 해리는 고등학교 친구들과 놀려고 기회 있을 때마다 샌타페이스프링스로 달려갔다. 어쩌면 남들에게 빛나 보이는 사람이 되는 기분을 다시 느끼고 싶었는지도 모른다. 어쩌면 로스앤젤레스가 낯설게 느껴졌을 수도 있다. 그는 자기가 도시에서 사랑받고 있다고, 몇몇 배역의 후보라고, 배우 친구를 많이 사귀었다고, 할리우드 생활의 맛을 알았다고 자랑했다. 진실은 그냥 그럭저럭 살아가고 있는 것이었겠지만 말이다. 아니 어쩌면 그렇게 살아가지 못했을 수도 있다. 룸메이트들은 해리가 집세 지불을 자주 미루고 때로는 아예 건너뛴 적도 있다고 불평했다. 그래도 해리는 그런 부류의 사람이었으므로 룸메이트들은 한동안 그를 봐줬다. 싹싹

하고 악의가 없으며 묘한 매력이 있는 사람. 물건을 빌린 뒤 되돌려 주진 않지만 가진 것 뭐든 내줄 모순적인 친구. 해리의 친구 몇은 그를 설명할 때 이 문구를 썼다. 해리는 말 그대로 누가 원하면 자기 셔츠라도 선뜻 벗어줄 사람이었지만 심각하게 믿음이 안 가는 사람이라 모두를 분노하게 했다.

해리는 잡다한 일로 약간의 돈을 벌었다. 이웃 데니스 바인스는 그를 꾸준히 고용한 사람 중 한 명이었다. 바인스가 일을 준 건 자신이 지나갈 때마다 해리가 어김없이 미소를 지으며 인사를 했기 때문이었다. "한마디로 사랑스러운 녀석이었죠." 최근에 바인스를 만났는데 이렇게 말했다. "정말 좋은 아이였어요. 미소가 멋졌죠. 치아도 가지런하니 예뻤고요. 알죠?" 바인스는 여러 채의 아파트를 관리했다. 그는 진지한 일을 맡기기엔 해리가 "너무 얼빠진" 아이라고 생각했지만, 심부름을 시키고 가끔 운전도 시켰다. 빳빳한 흰 셔츠와 검은 바지, 조그만 운전 모자를 쓴 해리가 바인스의 빈티지카, 패커드 세단의 운전대를 잡으면 근사해 보였다. 해리는 운전을 굉장히 즐겼다. 멈추는 곳마다 사람들과 잡담을 나누길 좋아했는데, 특히 그가 모는 자동차에 많은 관심이 쏟아져서 더 그랬다.

바인스가 해리와 결별한 건 그의 표현대로 "전형적인 해리다운" 사건 때문이었다. 바인스가 해리에게 건물 60곳의 열쇠 모두가 달린 열쇠 뭉치를 맡겼는데, 몇 분도 안 되어 전부 잃어버린 것이다. "어쩌다 그랬는지는 몰라요. 근데 하여간 잃어버렸어요." 바인스는 전화 통화에서 이렇게 말했다. 그는 껄껄 웃더니 한숨을 내쉬었다. "그게 해리였어요. 툭하면 일을 망치곤 했죠." 바인스는 해리를 해고했지만 그 뒤로도 두 사람은 계속 친하게 지냈다. "해리는 정말 다정한 아이였어요. 안 그랬으면 그렇게 헛소리를 해대는 녀석이랑 다시는 말을 안 섞었을 겁니다."

바인스에게 잘린 해리는 법률회사에서 심부름을 시작했다. 하나는 로스앤젤레스, 다른 하나는 샌프란시스코에 있는 회사였다. 변호사들은 해리가 서투르지만 전반적으로 믿을 만하다고 생각했다. 로버트 시헨이라는 변호사는 심지어 해리를 살인 사건의 피고측 증인으로 세우기까지 했다. 해리는 시헨이 설명해준 규칙을 무시하고 증인석으로 나가는 길에 배심원들과 잡담을 했다. "그게 해리였어요." 시헨이 말했다. "해리는 그냥 자기 방식대로 일했어요." 해리는 지시받은 대로 증언했다. 그러자 지방 검사가 증언의 신빙성을 떨어뜨리기 위해 그에게 배우인지 물었다. 이 질문을 예상했던 시헨은 해리에게 사무보조원이라 대답하라고 조언까지 해둔 상태였다. 배우라고 하면 증언의 진실성이 의심을 살 게 뻔했기 때문이다. 하지만 해리는 배우라고 대답했다. 증인석에서 했던 말의 신뢰성이 와르르 무너졌다. 그러나 그는 개의치 않았다. 해리는 스스로 배우라고 말해야 했다. 그 덕분에 그는 주목을 받았고, 해리에게는 그게 다른 무엇보다 중요했다. 해리가 가장 원하는 것이 바로 주목받는 것이었으니까.

좌절과 열등감, 가난에 시달렸지만 해리 피크의 로스앤젤레스 생활은 가능성으로 빛났다. 이것이 로스앤젤레스의 화학 구조였다. 산소처럼 가능성이 하나의 원소인 도시. 샌타페이스프링스는 잠재적 방향성을 느낄 수 없는 분위기였다. 눈에 보이는 것, 잔디, 집, 일자리가 꿈꿀 수 있는 전부였다. 로스앤젤레스에서는 순간순간이 쩍 소리를 내며 벌어질 준비가 된 포춘 쿠키였고, 그 사이에서 유명 영화배우나 성공적인 오디션, 혹은 마법사처럼 손가락을 튕기면 삶을 바꿀 수 있는 유력한 인물을 만날 수 있었다. 행운이 곧 모습을 드러낼지도 모른다는 느낌이 계속 해리를 부추겼기에 이 따분하고 희망 없는 샌타페이스프링스로 돌아갈 생각은 못 했다. 명성으로 빛나는 특급 인물이 된 자신을 떠올리면 고향으로 돌아간 스스로의 모습이 상상되지 않았다. 하지만 해리는 로스앤젤레스에서의 성공한 삶을 얻기 위해 쥔 패가 많지 않았다. 이제 더 이상 원하지 않는 것, 그리고 거머쥘 성싶지 않은 것 사이를 서성일 뿐이었다.

해리의 하루는 조각조각 나뉘어 지나갔다. 몇 시간 동안 일을 했고, 일자리를 구하면 바로 잃었다. 한번은 셰러턴 호텔에 주차원으로 취직했는데, 근무 첫날 주차장 뒤쪽 구석에 차를 세우고는 어디였는지 잊어버렸다. 몇 시간 동안 차를 못 찾은 그는 현장에서 바로 해고되었다. 일을 하건 안 하건 술집에서 많은 시간을 보냈다. 몇 푼 안 써도 많이 마실 수 있는 특별 할인 시간대에 특히 자주 갔다. 연기와 모델 오디션에도 나갔다. 낙심천만하게도 해리는 자기가 무대공포증이 심하다는 사실을 알게 되었다. 이 공포증을 극복하는 데 유일하게 도움이 되는 것은 주목받고 싶어하는 마음이었다. 그에게 주목받는 것은 무대에 서는 공포보다 더 중요했다.

그는 오디션을 보다가 버트 레이놀즈를 만났고 그때부터 우정이 싹텄다고 사람들에게 떠들었다. 나는 버트 레이놀즈에게 해리 피크를 기억하는지 알고 싶다고 메시지를 남겼지만 답이 없었다. 만약 버트 레이놀즈가 해리를 만났다고 해도 아마 촬영장에서 악수를 나눴거나 지나가다 잠깐 마주친 정도일 듯싶다. 버트는 그의 앞을 얼쩡거리는 강한 턱선의 수많은 금발 젊은이 중에서 해리를 구별해내지 못했을 것이다. 하지만 버트 레이놀즈와의 상상 우정은 해리의 가족들에게 전설적인 힘을 발휘했다. 해리의 아버지와 누나들은 버트 레이놀즈가 해리 어머니의 생일에 깜짝 선물로 전화를 걸었던 일화를 들려주었다. 어머니는 레이놀즈인지 믿지 못하고 전화를 끊을 뻔했다고 한다. 나는 해리에 대해 알게 되는 사실들을 믿고 싶었지만 이야기를 들으면 들을수록 그의 삶이 터무니없는 이야기의 연속, 희망 사항으로 범벅된 마법의 한 장면처럼 여겨졌다. 결국 나는 버트 레이놀즈가 해리 피크와 일면식도 없었을 거라고 믿게 되었다.

이 시기 해리가 보낸 많은 시간이 설명되지 않고 흔적도 찾아볼 수 없다. 그는 바람이 부는 대로 둥둥 떠올라 이 일자리, 저 일자리에 잠시 앉았다가 다시 날려다니며 흔적을 남기지 않는 회전초였다. 1980년에 해리는 「포스트맨은 벨을 두 번 울린다」의 리메이크작에서 엑스트라 역할을 맡았다. 그는 촬영장에서 마찬가지로 엑스트라로 온 데미트리 히오텔레스라는 사진작가와 친구가 되었다. 둘은 금방 사귀는 사이로 발전했고 곧 해리는 히오텔레스와 함께 살기 위해 그의 집으로 들어갔다. 최근에 나는 플로리다에 살고 있는 히오텔레스와 전화로 이야기를 나눴다. "해리는 지구에서 최고로 사랑스러운 사람이었어요." 히오텔레스가 말했다. "천사 같은 뭔가가 있었죠." 그러나 해리를 알던 다른 사람들과 마찬가지로 히오텔레스는 해리의 신화 창조를 거의 참아내지 못했다. 그는 해리가 항상 믿기 어려운 뭔가를 생각해냈다고 말했다. "해리는 집에 오면 '내가 어디 갔다 왔게? 셰어와 칵테일을 마셨지 뭐야!'라고 이야기했죠. 그러면 저는 '그랬겠지, 해리. 그렇고말고'라는 식으로 대꾸했고요." 두 사람의 관계는 3년 뒤에 끝났다. 히오텔레스의 표현대로 '해리의 쇼',

그 모든 거짓말과 꾸며낸 이야기들에 진력이 났기 때문이다. 히오 텔레스는 해리가 이야기를 꾸며내는 재능이 그렇게 대단했는데도 그 재능을 왜 연기에 불어넣지 못했는지 의아하다고 말했다. 해리는 한 명의 관객에게 자기 이야기를 떠드는 쪽이 더 편했던 것이다.

해리가 어느 정도 탄탄한 토대를 마련한 곳은 포교단, 종교 집단, 지역주민회관 노릇을 동시에 하던 에코파크의 한 단체였다. 미국 정교회라 알려진 이 단체는 정착하지 못하고 정처 없이 도시를 방황하는 수많은 젊은이에게 간이역이 되어주었다. 이 교회는 어떤 전통적인 종교단체와도 연계를 맺지 않았다. 설립자는 아치 클라크 스미스라는 신부로, '대단히 존경하올 배질 클라크' '배질 클라크 스미스 씨' 'A. C. 스미스'라는 이름으로도 통했다. 공동 설립자 호머 모건월키는 발 치료사였고, 그 역시 '참으로 존경하올 니컬러스 스티븐월키'라는 이름으로 불렸다. 월키와 클라크/스미스는 그리스 정교회스타일의 검정 사제복을 입었고 웨스트 할리우드의 샌타모니카 대로에 있던 카페 프렌치 쿼터에서 정기 모임을 가졌다. 사실 그 교회는 없어진 지 오래다. 월키와 클라크/스미스 역시 오래전에 세상을 떠났다. 해리 피크와 마찬가지로 두 사람은 기묘한 느낌으로 등장해서 존재하다가 사라졌고 그들이 누구인지, 실제로 어떤 사람이었는지에 관한 기억이나 정보도 남기지 않았다. 스미스 신부와 월키 신부가 남긴 마지막 영향력은 그들이 도서관 화재가 일어난 날 아침 해리 피크의 알리바이를 제공해주었다는 것뿐이다.

5.

『불타는 책들Burning Books』(2006)

헤이그 A. 보스마지안
098.1 B743

『불타는 고무Burning Rubber』(2015)

릴리 할렘
E-book

『불타는 크롬Burning Chrome』(1987)

윌리엄 깁슨
SF Ed.a

『불타는 사랑: 캘린더맨 시리즈 8권Burning Love: Calendar Men Series, Book 8』(2014)

커샌드라 카
E-book

나는 책을 태워보기로 했다. 해리가 만약 그날 도서관에 있었다면, 만약 진짜로 불을 질렀다면 무엇을 봤는지, 어떤 기분이었는지 알고 느끼고 싶었다. 책을 태운다는 건 내게는 믿을 수 없을 정도로 힘든 일이었다. 문제는 내가 책을 훼손할 수 있었던 적이 없었다는 것이다. 더 이상 읽고 싶지 않은 책도, 너무 낡고 망가져서 더는 읽을 수 없는 책도 엉겅퀴처럼 내게 들러붙었다. 버리려고 쌓아놓은 책도 막상 버리는 날이 되면 매번 버리지 못했다. 누구에게 주거나 기증할 수 있으면 좋았겠지만 아무리 애를 써도 책을 쓰레기통에 버리진 못했다. 마지막 순간, 무언가가 내 손을 붙들어 맸고 혐오감 비슷한 느낌이 치밀어 올랐다. 표지가 찢어지고 제본이 망가진 책을 들고 쓰레기통을 우두커니 내려다본 적이 여러 번이었다. 그럴 때면 책을 달랑거리며 서성이다가 결국 쓰레기통 뚜껑을 닫고 그 빌어먹을 책, 하루 더 목숨을 부지하게 된 닳고 모서리가 잔뜩 접힌 부상병을 데리고 자리를 뜨곤 했다. 이런 비슷한 기분을 느끼는 건 식물을 버리려 할 때뿐이다. 꽃이며 잎이며 다 떨어지고 진딧물투성이에 줄기가 고부라진 식물이라도 차마 버리지 못하는 것처럼 말이다. 생명체를 쓰레기통에 버린다는 느낌에 욕지기가 올라왔다. 책에 같은 기분을 느낀다는 게 이상해 보일지 모르지만, 내가 책에 영혼이 있다고 믿게 된 것은 이런 경험 때문이다. 그렇지 않다면 책 버리는 걸 왜 그토록 주저하겠는가? 쉽게 복사할 수 있는 제본된 인쇄물은 버릴 수 있지만 그것과는 전혀 다르다. 그럴 때는 이런 기분이 들지 않으니까. 책은 살아 있는 생명체처럼 느껴진다. 이 책을 만들겠다는 생각이 처음 저자의 마음속에 스며든 순간부터 인쇄기에서 책이 찍혀 나오는 순간까지 쭉 살아 있는 생명체. 누군가가 들고 앉아 경탄하는 동안, 그리고 그 뒤에도, 그 뒤에도 계속 이어지는 삶. 일단 단어와 생각들이 담기면 책은 더 이상 종이와 잉크와 접착제가 아니다. 책은 인간과 비슷한 활기를 띤다. 시인 밀턴은 책의 이런 성질을 "생명력"이라고 불렀다. 내 안에 과연 살인자가 있을까. 잘 모르겠다.

　요즘은 뭐든 쉽게 복사할 수 있어 대부분의 책을 무한대로 찍어낼 수 있다. 번거롭고 힘든 과정을 통해 책이 생명을 얻던 시절에 책 한 권이 지니던 소중함은 더 이상 찾아볼 수 없다. 그러니 평범한 책

한 권쯤 태우는 일은 쉬워야만 했다. 그런데 전혀 그렇지 않다. 심지어 태울 책을 고르지도 못한다. 처음엔 내가 안 좋아하는 책은 태울 수 있을 줄 알았는데 그게 공격적으로 느껴졌다. 내 스스로 일종의 처형에서 즐거움을 얻는 것 같았기 때문이다. 좋아하는 책을 태우지 못하리라는 건 알고 있었다. 내가 쓴 책들 중 하나는 태울 수 있을 줄 알았지만 한 권을 추려내는 게 심리적으로 몹시 버거웠다. 나는 책들을 여러 권 가지고 있는데 집에서 그 책들은 그냥 물건이 되어 있었다. 책이라기보다 밀가루나 키친타올에 더 가까운. 그래서 책을 태워보기로 결정해놓고도 나는 태울 책을 선택할 기준을 생각해내려 애쓰면서 몇 주 동안 선택을 미루었다. 어떤 기준도 적절해 보이지 않았다. 결국 책을 태워볼 생각을 막 포기하려 했을 때 남편이『화씨 451』을 내밀었다. 책을 태우는 무서운 힘을 다룬 이 책을 보자 바로 이거라는 생각이 들었다.

나는 바람이 불지 않는 따뜻한 날을 골라 집 뒤켠 언덕 위로 올라갔다. 샌퍼넌도밸리가 와락 달려들었다. 모든 나무 꼭대기와 집, 건물들이 흐릿하게 합쳐져 점과 반점으로 너울거렸다. 반짝이는 붉은색 미등으로 여기저기 누비질한 연한 색의 퀼트 같았다. 그 위로 펼쳐진 파란 하늘에 비행기 한 대가 흰 거품 같은 꼬리를 길게 끌며 지나갔다. 로스앤젤레스에서 산 지 4년이 지났지만 여기에 올라오기 전까지는 불에 대해 별로 생각해본 적이 없었다. 하지만 이제 나는 불이 먹잇감을 찾아 어디든 돌아다닌다는 것, 그래서 후르르 날리는 재도 밟아주고 깜박거리며 돌아다니는 불길도 꺼야 한다는 걸 알게 되었다. 로스앤젤레스로 온 뒤 많은 걸 알게 되었다. 웨스트사이드와 이스트사이드를 구분할 수 있게 되었고 오스카 시상식이 열리는 날에는 교통 체증을 피해야 한다는 것도 머릿속에 입력되었다. 절정의 삶을 갈망하는 누군가를 향해 노래하는 아름다움과 칭송의 찬란한 손짓도 알게 되었다. 나는 이제 해리 피크를 그려볼 수 있다. 잔뜩 꾸미고 식당에서 시중을 드는 잘생긴 보조 웨이터들에게서, 동네에서 촬영할 때 가끔 마주치는, 운동으로 다져진 늘씬한 몸매의 엑스트라들에게서 그를 봤다. 나는 순간순간이 삶 전체를 바꿀 가능성으로 가득한 것처럼 간절한 그들의 태도를 알아봤다. 커피숍에서 랩톱 위로 몸을 수그리고 인생작을 쓰고 있는 모든 사람에게서, 혹시라도 있을 만약을 위해 마스카라와 매니큐어를 잔뜩 바른 채 식료품점에 온 예쁜 소녀들에게서 그를 봤다. 나는 로스앤젤레스를 사랑하게 되었다. 심지어 이 도시의 몸치장과 탐욕, 야심에 찬 어리석음, 해리스러움도 사랑하게 되었다. 이 도시는 노골적으로 생생하게 감정을 드러내고 갈망했으며 곪아터진 상심으로 고동쳤다.

하지만 지금은 책을 태우려고 언덕 꼭대기에 올라왔기 때문에 나는 계곡의 풍경에서 눈을 돌려 『화씨 451』을 꺼냈다. 물병, 수탉이 그려진 성냥통을 내려놓고 알루미늄 쿠키 시트 위에 책을 올려놓았다. 책에 불이 바로 붙을지, 아니면 한동안 연기만 피울지 감이 안 왔다. 도서관의 책들은 양장본이었지만 나는 문고판 책을 태우기로 했다. 양장본은 타는 데 시간이 너무 오래 걸려 동네 사람들이 연기를 발견하고 경보를 울릴까봐 겁났기 때문이다. 캘리포니아 사람들은 불이 날 기미만 보여도 펄쩍 뛴다. 그리고 솔직히 말하면 불을 수습할 수 없을 경우 어떻게 해야 하나 걱정도 좀 되었다.

첫 번째 성냥은 그어대다 부러져버렸다. 다음 성냥을 켰더니 작은 불길이 날름거리며 올라왔다. 나는 성냥갑 그림이 그려진 책 표지에 불이 붙은 성냥을 갖다 댔다. 불길은 물방울처럼 성냥머리에서 표지 귀퉁이로 옮겨가더니 서서히 스며들었다. 불이 카펫을 말 때처럼 번져 올라갔고 불길이 굴러가면서 표지는 자취를 감췄다. 이제 책 안쪽 페이지에 불이 붙었다. 불은 처음에 까만 술이 달린 오렌지색 가장자리 장식처럼 보였다. 그러다 순식간에 확 번져 페이지가 눈앞에서 사라졌고—거의 바로 다 타버렸다—책 한 권을 단 몇 초 만에 집어삼켰다. 어찌나 빠른지 책이 폭발해버린 것 같았다. 분명 책이 존재했는데 눈 깜짝할 사이에 사라졌다. 날은 여전히 따뜻하고 하늘은 푸르렀다. 나는 꼼짝하지 않았다. 쿠키 시트는 반짝거렸고 약간의 까만 부스러기가 그 위에 흩뿌려져 있을 뿐이었다. 아무것도 남지 않았다. 책, 이야기, 페이지, 단어, 생각, 이런 것을 닮은 그 어떤 흔적도 없었다. 큰불은 시끄럽고 요란스러우며 바람을 일으키고 신음 소리를 낸다고 들었다. 하지만 이번에는 책에 불이 붙으며 공기가 아주 약간 쌕쌕거리고 쉭 소리를 냈을 뿐이었다. 사방은 조용했다. 페이지들이 너무 순식간에 타버려서 탁탁 소리도 거의 나지 않았다. 지글거리는 소리 혹은 샤워기에서 뿜어져 나오는 가벼운 물소리처럼 부드러운 소리만 났다. 일이 끝나자 비행기에서 뛰어내린 듯한 기분이 들었다. 그토록 강하게 거부했던 어떤 일을 한 데 대한 자연스러운 반응일 것이다. 본능을 이겨냈다는 기쁨, 흐르듯 부드러운 불의 아름다움에 고양된 기분, 불의 매혹에 대한 지독한 두려움, 인간의 이야기로 가득 찬 사물이 얼마나 빨리 사라질 수 있는지 깨달음이 섞인 감정들.

6

『트럭 운전의 해학The Humorous Side of Trucking』(2016)

벅 보일런
814 B7915

『로스앤젤레스 공공도서관의 조직, 행정, 관리Organization, Administration, and Management of the Los Angeles Public Library』(1948)

로스앤젤레스시(캘리포니아주)
027.47949 L879

『모험의 길: 활기와 비전으로 삶과 일 변화시키기The Way of Adventure: Transforming Your Life and Work with Spirit and Vision』(2000)

제프 살츠
171.3 S186

『버려진 건물을 복구하는 법How to Rehabilitate Abandoned Buildings』(1974)

도널드 R. 브랜
시리즈: 손쉬운 주택 개조 총서 685
643.7 B821-1

로스앤젤레스 공공도서관은 2009년 대출 시스템을 업데이트하는 과정에서 이전의 대출증 소지자들에 대한 정보를 일부 잃었다. 그래서 해리 피크에게 대출증이 있었는지 알 수 없고, 그가 중앙도서관에 간 적이 있는지도 알 방법이 없다. 도서관에서는 사람들이 관찰되기도 하지만 눈에 띄지 않은 채 드나들기도 한다. 도서관은 영속성의 개념이 구현된 곳이나 이용객들은 항상 유동적이다. 사실 도서관은 하나의 장소이자 대문, 환승 지점, 통로이기도 하다. 로스앤젤레스 중앙도서관은 두 개의 회랑지대가 교차하는 지점에 있어서 건물의 사방이 툭 트여 있고 어떤 방향에서든 지나갈 수 있다. 중앙도서관 1층을 오가는 이들의 패턴은 맨해튼의 그랜드센트럴 역을 방문하는 사람들의 그것과 똑같다. 두 곳 모두 하루 종일 부산하게 밀려들고 밀려나가는 사람들의 흐름으로 활기를 띤다. 당신은 그 흐름 속에서 눈에 띄지 않고 움직일 수 있다. 도서관은 딱히 가야 할 데가 없거나 눈에 띄지 않고 싶을 때 있기 편한 장소다.

도서관이 무엇인지 정의하는 건 간단해 보인다. 도서관은 책 보관소다. 하지만 도서관에서 많은 시간을 보낼수록 나는 도서관이 하나의 복잡한 기계, 기어가 윙윙 돌아가는 장치라는 사실을 더 절실히 깨닫는다. 도서관 본관 복도 한가운데쯤 자리를 잡고 소용돌이치며 맥박 치는 이 공간을 그저 가만히 관찰한 날들도 있었다. 때로 사람들은 분명한 목적지 없이 느긋하게 지나가고 어떤 사람들은 목적의식에 가득 차서 활기차게 걸어갔다. 혼자 온 사람이 많았지만 둘이 온 사람도 있었다. 가끔 시끌벅적하게 무리 지어 돌아다니는 이들도 있었다. 다들 도서관은 조용하다고 생각하지만 실은 그렇지 않다. 도서관에는 목소리, 발자국 소리, 관현악단의 전 음역을 아우르는 책과 관련된 소음들이 웅웅거린다. 표지를 탁 덮는 소리, 페이지를 펼칠 때 나는 휙 소리, 책을 다른 책 위에 쌓을 때 나는 특유의 툭 소리, 복도를 삐걱거리며 지나가는 책 수레 소리.

최근의 어느 날 아침, 나는 동트기 전 완전한 침묵에 휩싸인 도서관의 소리를 들었다. 다섯 시에 문을 여는 발송부를 구경한 뒤 현재 로스앤젤레스 시 사서 존 서보를 만나려고 도서관에 갔을 때였다. 발송부로 내려가기 전에 나는 안내 데스크 근처에서 발을 멈췄다. 침묵으로 무겁게 가라앉은 도서관, 오래된 건물들이 비어 있을 때 으레 들리곤 하는 삐걱거리는 소리와 한숨 소리만 가끔씩 끼어들 뿐 잠에 빠져 있는 공간에서의 특이한 경험을 즐기고 싶어서였다. 발송부는 지하에 있어서 도서관의 다른 공간에서는 보이지 않는다. 발송부는 조용한 적이 없다. 벽과 바닥은 단단한 재질로 되어 있어 소리가 큐볼처럼 벽과 바닥에 부딪혀 되울린다. 그날 아침에는 남성 8명과 여성 1명이 책들이 높게 쌓인 긴 작업대에 나란히 선 채로 일하고 있었다.

도서관에 발송부가 있다는 사실을 처음 알았을 때는 이해가 잘 되지 않았다. 도서관이 발송해야 하는 물건이라니 뭐가 있지? 잘 떠오르지 않았다. 그런데 도서관에서 발송하는 건 세상으로 내보내는 물건이 아니라 한 분관에서 다른 분관으로 보내는 책들이었다. 중앙도서관의 발송부는 일주일에 닷새, 로스앤젤레스시 곳곳에 3만 2000권의 책 ― 웬만한 도서관 분관이 소장한 전체 도서량과 맞먹는 양이다― 을 전달한다. 마치 도시에 책으로 산소를 공급하는 혈류가 있는 것 같다. 1990년대 도서관 이용객들은 시의 72개 분관 어디에 있는 책이건 온라인으로 신청해 자신이 사는 지역의 분관에 배달시킬 수 있게 되었고 그 이후 도시 곳곳으로 전달되는 책 수는 계속 증가했다. "인터넷이 생긴 뒤 발송량이 한마디로 폭발했어요." 2010년부터 발송부 부장 대행으로 일해온 조지 발디비아가 말했다. "예전에는 밴으로 책을 배달해도 충분했어요. 지금은 발송되는 책이 너무 많아서 트럭을 이용해야 한답니다." 그는 방 너머 적재장에 후면주차해 놓은 트럭을 가리켰다. 트럭 뒷문은 입을 쩍 벌리고 있고, 동아줄처럼 튼튼한 팔을 가진 운전사 곤잘로가 트럭 안의 플라스틱 상자들을 헤아리고 있었다. "전부 22개요!" 곤잘로가 상자를 포장하고 있는 팀에게 소리쳤다. 포장팀은 다들 각자의 휴대전화에 연결된 헤드폰을 쓰고 있었다. 곤잘로의 외침에 대답하는 사람은 아무도 없었다. 곤잘로는 상자들 중 하나를 옮기더니 조지에게 물었다. "백과사전입니까? 우라지게 무겁구만요."

곤잘로는 시 동북쪽 끝에 있는 아로요세코 분관에서 시작해 차이나타운, 리틀도쿄, 이글 록, 실버레이크, 에코파크를 포함한 10개 분관으로 이어지는 노선을 따라 출발할 참이었다. 배달 노선은 전부 7개였다. 발송되는 책들 중 일부는 중앙도서관에 영구 보관되다가 대출되어 바깥 구경을 하는 것들이었고, 그 외의 책들은 분관들이 소장한 책이었다. 발송부가 허브 역할을 하기 때문에 책들은 요청된 분관으로 가는 도중 중앙도서관을 거치고, 원래 분관으로 되돌아갈 때도 다시 중앙도서관을 경유했다. 책에는 화물처럼 꼬리표가 붙어 있었다. 나는 포장을 기다리고 있는 책 더미를 들춰봤다. 책 안에 끼워놓은 종이를 보니 루시아 벌린의 단편소설집이 보였다. 이 책은 평소 안식처가 로버트슨 분관이지만 아로요세코에서 요청이 들어와 이용객에게 가는 중이었다. 「인도의 대철도」라는 DVD는 샌피드로 분관에서 출발해 중앙도서관에서 환승한 뒤 링컨하이츠로 여행을 계속할 것이다. 웨스트체스터 분관의 누군가는 노스할리우드 분관에서 중앙도서관을 거쳐 이동 중인 모 윌렘스의 『행복한 꿀꿀이 날』을 기다리고 있고, 엘세리노 분관의 한 이용객은 셔먼오크스 분관에서 보낸 『어려운 성경 구절 길잡이』를 기다리는 중이었다. 중앙도서관이 소장한 『고체, 액체, 기체』는 스튜디오시티 분관으로 출발할 것이다.

발송부 사람들은 동향을 전부 꿰고 있다. 이들은 오프라 윈프리가 언제 어떤 책을 추천했는지 알고 있다. 도시 전체에서 동시에 요청된 '그' 책을 수십 권 포장해야 하기 때문이다. 휴일 이튿날 업무량이 많을 것도 알고 있다. 모든 로스앤젤레스 사람은 추수감사절 만찬이 끝나면 곧장 컴퓨터를 켜고 다이어트 책을 신청하는 것 같다. 또 누구도 그 이유는 모르지만 차이나타운 분관의 이용객들은 아로요세코 분관의 책들을 많이 대출한다. 학기 중에는 SAT 학습 지침서가 여기저기 불려다니고, 세금 정산 기간 전에는 모든 재무 지침서가 바빠진다.

발송부의 유일한 여성인 바버라 데이비스가 빅토어 프랑클의 『죽음의 수용소에서』와 그림책 『곰이 네 샌드위치를 먹었어』를 노스리지 분관으로 갈 상자 속으로 떨어뜨렸다. "저는 지쳤어요." 물어보지도 않았는데 그녀가 말을 꺼냈다. 숏 아프로 헤어스타일을 한 바버라는 뚱뚱하고 가슴이 큰 여성으로, 벙쩌서 화가 난 것 같은 분위기를 풍겼다. 그녀는 도서관 발송부에 취직하기 전 시 컨벤션센터에서 일했다. "거기서도 포장 작업을 했어요. 하지만 테이블과 의자들이었죠. 책은 없었어요." 그녀는 지금 은퇴까지 남은 날들을 헤아리고 있다고 했다. "나는 33년 동안 이 시와 함께했어요. 이제 준비가 됐답니다." 바버라는 블라우스 주머니를 톡톡 두드리고는 덧붙였다. "여기에 은퇴 서류들이 있지요." 비유적인 말인 줄 알았는데 그녀는 정말로 로스앤젤레스시에서 보낸 서류 뭉치를 꺼냈다. 다가오는 은퇴 및 연금 계획을 알리는 서류였다. 바버라는 종이를 도로 주머니에 집어넣더니 내게 책 상자 포장 방법을 아는지 물었다. 모른다고 하자 책들을 효과적으로 밀어넣는 법을 보여주었다. "봐요, 전략이 필요해요." 바버라가 설명했다. 그녀는 두툼한 채식주의 요리책을 특대형 책 『존 로트너의 건축』 옆에 난 좁은 틈에 꾸역꾸역 끼워넣은 뒤 윌셔 분관의 어린이 사서가 중앙도서관 어린이실에 요청한 커다란 토끼 꼭두각시 인형 4개를 안 그래도 꽉 차 보이는 상자 속으로 쑤셔넣었다. 그런 다음 윌셔 분관으로 보내는 비품들로 상자를 채웠는데, 상자를 봉하려면 테이프 몇 롤은 필요할 듯싶었다. 바버라는 책에 눈길도 안 주고 이 모든 작업을 척척 해냈다. 그녀는 도서관에서 일하는 건 괜찮지만 스스로를 책 애호가로 생각하지는 않는다고 말했다. "전 책 읽는 걸 그리 좋아하진 않아요." 바버라가 밴나이즈 분관 표시가 된 상자에 팀 페리스의 『나는 4시간만 일한다』를 꾹꾹 끼워넣으며 말했다. 상자가 넘칠 지경이 되자 그녀는 상자를 탕탕 두드렸다. 운전사에게 상자를 실어야 한다고 알리는 신호였다. 곤잘로가 상자를 들어올려 트럭 안쪽에 내려놓았다. 바버라는 손으로 허벅지를 쓱쓱 문지른 뒤 다른 빈 상자를 집어들었다. 그리고 책 무더기를 더듬거리더니 책이 마치 멜론인 것처럼 크기를 재서 상자 속에 밀어넣었다. 그러다 고개를 들고 물었다. "작가님은 책을 읽고 읽고 읽고 또 읽었죠. 그래서 어떻게 됐나요?"

미시간대학 대학원에서 도서관학을 공부할 때 존 서보는 사서 코넌이라 불렸다. 전혀 야만인 같지 않은 사람이라 재미있는 별명이었다. 하지만 그때 그는 실제로 기숙사에 작은 도서관을 운영하는 일에 맹렬히 매달리고 있었다. 당시는 인터넷 서비스가 대중에게 소개되기 시작하고 정보의 유일한, 그리고 최고의 보고라는 도서관의 지위가 역사상 처음으로 도전을 받았던 1990년대 초였다. 서보가 도서관학 학위를 받았던 시기는 사람들이 이렇게 컴퓨터로 연결된 새로운 세상에서 도서관이 살아남을 수 있을지, 심지어 도서관의 존재가 필요한지 막 의문을 품기 시작한 때였다.

서보는 1968년, 올랜도 태생이다. 자란 곳은 앨라배마주인데, 대부분 공군기지 근처에서 살았다. 공군기지에서는 도서관의 가치를 높이 쳤다. 공군에서 은퇴한 그의 아버지는 볼링 시합에 나가는 밤이면 종종 기지의 도서관에 아들을 두고 갔다. 서보는 책을 사랑했고 책을 대출하는 과정, 책이 들어왔다가 나가는 방식과 지역사회 내에서 교환과 연결의 매개가 되는 방식에 매료되었다. 도서관에서 서보가 가장 좋아했던 물건은 대출대에 놓인 게일로드 출납기였다. 커다란 금속상자처럼 생긴 이 기계는 대출표에 만기일을 찍고 펀치를 뚫을 때 생긴 작은 종잇조각들을 빼내 대출표를 똑바로 정렬시키는 일을 했다.

서보는 열여섯 살 때 공군기지 도서관의 대출대 직원이 되었고 스물두 살 때 사서 코넌이 되었다. 대학원을 졸업한 뒤에는 곧바로 일리노이주 로빈슨에서 일자리를 찾아 지원했다. 1914년에 한 교사가 히스바를 발명해 대중에게 유명세를 탄 인구 8000명의 도시 로빈슨은 주민 대부분이 히스바 공장에서 일하거나 혹은 농사를 지었다. 도서관은 의도치 않게 방치되고 있었다. 서보가 로빈슨을 선택한 이유는 보수적인 시골치고는 의외로 적극적인 이곳의 인력 정책에 감화를 받았기 때문이다. 서보가 직장에서 자리를 잡은 뒤 맨 처음 한 일 중 하나가 지역 농민들을 찾아가 도서관을 지원할 과세에 찬성 투표를 해달라고 설득하는 것이었다. 불가능해 보이는 일이었지만 서보는 자신의 매력과 붙임성을 명민하게 발휘해 이 과업을 성사시

컸다. 3년 넘게 로빈슨 도서관에서 일한 그는 플로리다주 팜하버의 도서관 운영자로 스카우트되었고 몇 년 뒤에는 같은 주의 도시 클리어워터의 도서관 시스템 책임자로 채용되어 6년 넘게 근무했다. 이곳에 사는 동안 교사로 근무하는 닉을 만나 사귀었다.

2005년에 서보는 애틀랜타 도서관 운영 책임자로 채용되었다. 많은 사람이 힘들다고 생각하고 어떤 이들은 아예 불가능하다고 여기는 자리였다. 당시 애틀랜타의 도서관 시스템은 중앙도서관과 34개의 분관이 질서 없이 운영되고 있었고 직원은 500명이 넘는 데다 기강이 흐트러진 상태였다. 애틀랜타 도서관은 남부에서 마지막으로 인종차별이 남아 있던 곳이다. 1959년까지 백인 이용객만 받았던 것이다. 인종차별 철폐를 위한 조정 작업을 하다 말다 했고 그 문제는 수십 년 동안 도서관을 괴롭혔다. 서보는 특히 큰 불화를 일으켰던 사건의 여파로 채용되었다. 2000년에 시내 분관의 백인 사서 7명이 좌천되고 그 자리에 흑인 사서들이 들어오는 사건이 벌어졌다. 이 일은 도서관 이사회 회장이 시내 분관을 관리하는 "늙은 백인 여자들"이 너무 많으니 위원회가 "그들을 제거"해야 한다는 발언을 한 뒤에 일어났다. 백인 사서들을 대신해 항의한 흑인 사서들까지 좌천되자, 사서들은 위원회와 도서관장을 인종차별로 고소했다. 애틀랜타의 도서관위원회 회의는 항상 일반인이 볼 수 있는 채널에서 방송되었는데 대개의 경우 시청자는 두 자리 수에 불과할 정도로 적었다. 하지만 소송이 진행되던 당시에는 회의가 어떻게 될지 불안했던 많은 사람이 텔레비전을 켰다. 3년간의 격렬한 공방 끝에 사서들은 1800만 달러의 배상을 받아냈고 이듬해 도서관장이 해고되었다. 서보가 채용된 건 그 직후인 2005년이었다.

큰 키에 호리호리한 서보는 작고 네모난 얼굴에 염소수염을 깔끔하게 길렀고 쉽게 화를 낼 것 같지 않아 보였다. 공범자처럼 친근하게 눈을 깜빡이고 속살거리는 데 천재이며, 남부식 매너와 군대식 예의를 갖춘 완벽한 신사 같았다. 애틀랜타에 있던 그를 스카우트하는 것은 로스앤젤레스시에서는 쿠데타로 여겨질 만한 사건이었다. 이 바닥에서 서보는 인터넷이 없던 시대에서 어디에나 인터넷이 존재하는 시대로의 전환을 이해하고, 신음 소리를 내는 퀴퀴하고 거대한 책 더미가 아닌 정보와 상상력을 실은 날렵한 배로 미래를 향해 항해하도록 도서관을 정비했다. 그는 성공한 몇 안 되는 관리자 중 한 명으로 명성을 쌓은 사람이기도 했다. 서보는 도서관의 미래는 인터넷과 경쟁할 것이 아니라 협업하여 대중의 대학, 지역사회의 중추, 정보 기지가 결합된 역할을 해야 한다고 생각했다. 현실적 측면에서는 도서관이 강좌, 유권자 등록, 읽기 프로그램, 구연동화 시간, 강연, 노숙인 자원봉사, 업무 서비스, 컴퓨터 이용 시설, 영화 및 전자책 대여, 근사한 선물 가게도 제공해야 한다고 생각했다. 책은 말할 것도 없고 말이다.

로스앤젤레스에서는 경찰, 시 변호인, 유기견 포획인과 마찬가지로 시의 지정된 한 부서로서 도서관을 두고 있다. 도서관장은 시장이 고용하는—그리고 해고하는—시정 담당관이다. 2012년에 서보를 채용한 41대 시장 앤토니오 비어라고사는 그로부터 불과 몇 달 뒤에 임기가 끝났다. 서보가 아직 짐도 다 풀지 않았을 때였다. 신임 시장 에릭 가세티는 임기를 시작하면서 시의 모든 부서장에게 각자의 직책에 다시 지원하라고 요구했다. 그중 일부는 자리를 되찾지 못했지만 서보는 해냈고, 마침내 짐을 모두 풀었다.

서보의 사무실은 굿휴 빌딩 4층에 있다. 그의 방은 도서관 지하를 뒤지다 발견한 잡동사니들로 장식되어 있고, 방 한쪽에는 어린이 열람실에서 찾은 화려한 장식의 청동 램프가 떡하니 자리를 잡고 있다. 흙먼지투성이의 버려진 가구 더미 뒤에서 발견한 것이었다. 책상과 커피 테이블 위에는 화재 후 도서관 복구를 돕기 위해 기부해준 사람들을 위해 제작한 선물 몇 개가 놓여 있었다. 하나는 건물 모양을 본뜬 멋진 금속 편지칼이고 다른 하나는 원형 홀 근처 계단 옆에 서 있는 터번을 쓴 스핑크스의 축소판인 책 받침대 한 쌍이다.

발송부를 나와 서보의 사무실로 올라가니 그는 이미 예산분석가 로버트 모랄레스, 업무관리자 매들린 래클리와 회의를 하는 중이었다. 세 사람은 도서관의 연간 예산 1억7200만 달러를 세밀하게 조정하는 작업을 하고 있었다. 도서관 예산은 시의 한 부서로서는 중간 정도의 규모다. 시에서 2000만 달러를 받는 동물원(순록 관리 예산 1만3000달러와 "기린에게 먹이 주기 체험" 예산 10만8000달러가 포함된 액수)보다는 크지만 매년 6억3000만 달러로 시작하는 소방국보다는 훨씬 적다.

그날 서보는 담청색 잔 체크무늬의 버튼다운 셔츠에 파란색과 보라색이 섞인 넥타이를 매고 말끔하게 다림질한 카키색 바지를 입고 있었다. 둥근 올빼미 안경을 쓴 데다 깔끔한 옷차림을 좋아하는 취향까지 더해져 꼭 정년을 보장받은 영문과 교수 같았다. 그의 하루 스케줄은 빼곡하게 차 있었다. 서보는 이튿날 새벽에 집을 나서 토론토에서 열리는 도서관 혁신 관련 회의에 참석한 뒤 전 세계 122개국 2만 개 도서관의 협력체인 온라인 컴퓨터 라이브러리 센터OCLC의 회의를 위해 오하이오로 날아가야 했다. 그는 이 센터의 위원장이었다. 오하이오주의 회의가 끝난 뒤에는 로스앤젤레스로 돌아왔다가 1년에 다섯 개 도서관에 수여하는 박물관 및 도서관 서비스 국가 메달National Medal for Museum and Library Service(독립적인 연방정부 기구인 박물관도서관위원회Institute of Museum and Library Service, IMLS가 매년 도서관 5곳, 박물관 5곳을 선정해서 수여하는 상—옮긴이)을 받기 위해 곧 워싱턴 D.C.로 갈 예정이었다.

업무 중 일부는 좀더 세부적이었다. 며칠 전 도서관 지붕에 벌통을 놓게 해달라는 지역 양봉업자들의 요청이 들어왔다. 그에게서 이 일을 들었을 때 나는 그런 허가를 해줄 권한이 누구에게 있는지 궁금해졌다. 도서관에 지붕 관리자나 동물군집 관리자, 혹은 둘을 합친 역할을 하는 사람이 있을 것 같지는 않았다. 알고 보니 그 권한은 시 사서에게 있었다. 나는 곧 도서관산 꿀이 나오는 거냐고 물었다. 서보는 이 계획에 대해 도서관의 다른 많은 일과 마찬가지로 공익성 여부에 따라 잘되거나 안 될 수 있다고 대답했지만 그때 그는 이미 도시 양봉을 공부하고 있었다.

공공도서관이 지닌 공공성은 요즘 세상에서 점점 희귀해지고 있다. 모두를 환영하는 곳, 그리고 그렇게 따뜻하게 받아들여주면서도 돈을 청구하지 않는 곳을 떠올리기란 갈수록 어려워진다. 도서관은 수용에 대한 의지가 굉장히 강해서 특정한 선택이 어떤 하위 집단에게 불청객 같은 느낌을 주지 않는지 고민하고 그에 따라 많은 결정을 내린다. 벌통의 경우 벌을 무서워하거나 알레르기가 있는 사람들이 이 하위 집단에 포함된다. 지붕 위에 벌통을 두는 것은 가령 주 열람실에 두는 것보다는 온건한 제안이다. 하지만 지붕 위에 사는 벌들이 도서관 안을 돌아다니거나 입구 주변에서 얼쩡거리는 식으로 골칫거리가 될 가능성도 있다. 서보는 지붕을 활용한다는 아이디어, 특히 벌통처럼 전혀 뜻밖의 무언가에 관한 아이디어를 맘에 들어하는 것처럼 보였지만, 벌통 때문에 도서관을 멀리하는 사람이 있을지가 관건이라고 설명했다.

벌통 이야기를 잠깐 하다가 서보는 모랄레스, 래클리와 다시 예산의 세부 사항을 논의했다. 당시는 연체료 특별 자진신고 기간이 한창인 때였다.

"이 문제로 우리가 치러야 하는 비용이 얼마죠?" 서보가 모랄레스에게 물었다.

"수익에 분명 손해를 끼칩니다." 모랄레스가 대답했다. "연체된 책이 굉장히 많거든요." 그때 갑자기 창밖에서 코맹맹이 같은 소리가 삐이 허공을 갈랐다. 건설 장비를 후진하면서 울린 경적이었다. 30초쯤 뒤에 소리가 뚝 멈추더니 금속으로 된 무거운 무언가가 와르르 쏟아졌다. 모두 잠깐 창 쪽을 바라봤다가 다시 회의를 이어갔다. 연체료 자진신고는 자리를 잡은 듯했고, 서보는 손가락으로 노트패드를 쭉 훑었다. 그리고 원하는 부분을 찾자 고개를 들더니 시 위원회에 매달 도서관에서 열릴 노숙인 구제 프로그램을 위한 자금 지원을 요청할 계획이라고 말했다.

"우리의 핵심 미션은 노숙인들을 없애는 게 아니에요." 래클리가 주의를 주었다. "우리의 핵심 미션은 도서관이 되는 겁니다."

"하지만 노숙인들이 이미 도서관에 있어요." 서보가 대답했다. "우리는 시의 다양한 노숙인 서비스에 대한 참여를 조율할 장을 제공하고 싶은 겁니다." 더 소스라는 이름이 달린 프로그램이 그 주 말에 시범 운영될 예정이었다. 서보는 노트패드에 뭔가를 끼적이고는 다음 주제로 넘어갔다. 새로운 디지털 창작자 공간의 업데이트, 독감 예방주사 프로그램, 여행객들이 현장에서 오디오책과 전자책을 대여할 수 있도록 로스앤젤레스 공항의 7터미널이 도서관 부스 설치에 동의했다는 이야기가 이어졌다. 부스 얘기를 하다보니 서보는 한 자전거 공유 회사가 도서관 밖 보도에 자전거 거치대 설치를 요청한 일이 떠올랐다.

"난 자전거를 좋아해요." 서보가 말했다. "도서관에 거치대가 있으면 좋을 거예요."

"거치대를 설치한 뒤 우리가 옮기거나 자리를 조정할 수 있을까요?" 래클리가 걱정스러운 얼굴로 물었다. "위치가 우리 맘에 안 들면 말입니다."

서보는 알아보겠다고 말했다. 그리고 시계를 흘끗 보더니 양해를 구하고는 다음 약속을 위해 일어섰다. 워싱턴 어빙 분관으로 가야 했다.

서보와 나는 직원 엘리베이터를 타고 아래층으로 내려가 발송부를 지나갔다. 서보는 여러 직원의 이름을 부르며 인사했고 직원들도 헤드폰을 벗지 않은 채 손을 흔들었다. 우리는 주차장의 메인 구역으로 가서 서보의 차에 올라탔다. 어두침침한 도서관을 빠져나오자 물대포에서 발사된 물줄기처럼 햇볕이 세차게 들이쳤다. 우리가 향한 곳은 샌타모니카 고속도로와 크렌쇼 대로 사이에 있는 동네였다. 공식 이름은 미디시티지만 대개 크렌쇼라 불리는 이 동네는 넓고 환한 지역으로, 바둑판무늬의 작은 길들이 대로와 교차하고 남쪽 가장자리를 따라 I-10 고속도로가 지나간다. 큰길을 벗어나 햇볕이 내리쬐는 주택가로 들어선 서보는 철조망 울타리 근처에 차를 세웠다. 울타리 옆에는 짙은 색 머리칼의 여윈 여성이 클립보드를 들고 기대에 찬 표정으로 기다리고 있었다. "오셨군요!" 그녀가 차 쪽으로 몸을 굽히며 인사했다. 자신을 엘로이자 사라오라고 소개한 그녀는 도서관 업무부 대리였다. 거리에 세찬 돌풍이 불어와 클립보드의 종이들을 휘적거렸다. 그녀는 종이들을 꾹 누르며 말했다. "안으로 들어가요!"

철조망은 치장벽토를 바른 한 벽돌 건물을 에워싸고 있었다. 한때는 아름다웠겠지만 지금은 방치되어 낡을 대로 낡은 잿빛의 황폐한 건물이었다. 입구에는 로스앤젤레스 공공도서관 워싱턴 어빙 분관이라는 글자가 새겨진 커다란 상인방(기둥 윗면을 가로질러 수평으로 놓여 있는 나무 ─ 옮긴이)이 돌로 된 왕관처럼 놓여 있었다. 이 분관은 1926년 당시 도서관 설계에서 인기 있던 신고전주의 사원 양식으로 지어졌다. 주변 동네는 노동자 계층이 거주하고 있었고 지난 몇십 년 동안 쇠락의 길을 걸었다. 현재 크렌쇼의 실업률과 범죄율은 도시 전체의 평균보다 더 높다. 동네의 소박한 정사각형 집들에는 손바닥만 한 잔디밭이 딸려 있고 거실 창에는 안전창살이 설치되어 있다. 고난 속에서도 도서관은 위풍당당하게 자리 잡았다. 1987년에 이 건물은 국가사적지에 등재되었다. 같은 시기에 지어진 많은 도서관과 마찬가지로 지진 안전 기준을 충족시키지 못했고 주차 공간과 내부 공간이 부족했으며 주택가에 위치해 찾기도 어려웠다. 하지만 주민들은 도서관을 사랑했다.

1990년에 시는 워싱턴 어빙 분관의 문을 닫고 열세 블록 떨어진 세차장 부지에 새 도서관을 짓겠다고 발표했다. 주민들이 대거 나서서 항의했지만 시 위원회가 이겨 새 도서관이 지어졌다. 65년 동안 동네에 봉사했던 옛 도서관은 그 뒤 낡은 소파에 늘어진 늙은 개처럼 텅 빈 채 방치되었다. 건물은 햇빛에 색이 바래고 철조망은 자연 지물처럼 보였다. 바람이 불면 나무처럼 몸이 기우는 철조망은 흙빛이 도는 얼룩투성이의 은적색으로 녹이 슬어 있다. 근처의 땅은 메꽃, 왕바랭이, 쇠뜨기말의 탐욕스럽고 억센 뿌리에 갈라지고 건물 주변 보도도 가느다란 잔금무늬로 깨졌다. 판자로 막아놓은 창문은 무표정한 얼굴에 구멍 모양의 눈처럼 보였다.

우리가 이 울적한 풍경을 살피며 서 있는 동안 귀뚜라미들은 잡초 속에서 신나게 울어댔다. 금잔화색의 출입금지 테이프가 축제 현수막처럼 흔들리며 펄럭거렸고, 철조망에는 흉한 집을 구입해 홈통을 청소하고 싶다는 다양한 사람의 소망이 적힌 안내문들이 케이블타이로 묶여 있었다. 철조망 아래에는 썰물 때 해변에 남겨진 쓰레기처럼 색이 바랜 『스트로베리의 재미있는 요리』 문고판 한 권이 갈색 나뭇잎 뭉치와 플라스틱 포장지 옆에 끼어 있었다. 한낮의 고요함이 알링턴가를 감쌌다. 한 블록만 지나면 차들로 난리통인데. 퉁퉁한 사내 하나가 노끈에 묶인 푸른 눈의 개를 끌고 우리 곁을 지나갔다. 얼마 되지 않아 사라오가 맹꽁이자물쇠를 풀고 철조망을 밀어젖힌 뒤 도서관 앞문을 열었다. 문은 삐걱하고 거슬리는 소리를 내며 힘겹게 열렸다. 방은 웅장했고, 높은 천장에는 윤이 나는 목재 트러스들이 가로지르고 있었다. "세상에." 서보가 발밑을 고르며 탄식했다. 쓰레기가 발목까지 차 있었다. 맥주 캔, 꽤 괜찮아 보이는 M 사이즈의 가죽 벨트, 오일 오브 올레이의 바디워시 통, 납작해진 감자칩 봉지 여러 개, 정체를 알 수 없는 갖가지 쓰레기 무더기. 안내 데스크에는 『모험의 길: 정신력과 비전으로 당신의 삶과 일 바꾸기』라는 책이 놓여 있었다. 도서관이 문을 닫고 시간 속에 결빙되던 바로 그 순간에 누군가가 그 책을 대출하려고 들고 서 있었던 것처럼.

나는 이 오래된 도서관처럼 상처 입은 아름다움과 외로움이 서린 황량한 건물을 본 적이 없다. 버려진 건물에는 한 번도 가득 차본 적 없는 듯한 공허보다 더 깊게 떨리는 아픔이 존재한다. 건물은 잃어버린 것으로 가득 차 있었다. 이곳을 거쳐간 사람들이 공기에 작은 흔적을 남겨둔 것 같았다. 사람들의 부재가 여기에 존재하고 머물렀다. 이 도서관에서 읽는 법을 배운 아이, 리포트를 쓴 학생, 책장 사이를 행복하게 돌아다녔던 책벌레 모두가 사라졌다, 사라졌다, 사라졌다. 선반에는 몇 권의 책이 아직 남아 있었다. 도서관을 치울 때 어떤 이유에서인지 못 보고 지나친, 중성자탄 공격으로부터 살아남은 생존자 같은 책들. 이 책들은 사라진 것들의 존재를 넌지시 암시하고 있어서 마치 유령을 보고 있는 기분이 들게 했다.

불을 찾아서 켜려고 했지만 대부분의 스위치는 딸깍거리기만 할 뿐 반응이 없었다. 밖은 화창했지만 도서관 안은 어둑어둑했다. 창문이 몹시 더러워서 빛이 줄무늬 형태로 들어왔다. 슬픔이 가슴을 짓누르는 것 같았다. 빈 건물은 많이 봤지만 이번에는 공허함 이상의 감정이 찾아왔다. 도서관의 영원성이 버림받은 듯한 기분이었다. 이 도서관은 잊힌 것들, 소금처럼 흩뿌려진 기억들, 떠올린 적도 없는 것처럼 증발된 생각들, 지상과 우리 각자에게, 그리고 무엇보다 아직 펼쳐지지 않은 미래에 단단히 묶일, 실체도 무게도 없는 것처럼 사라져버린 이야기들에게 바친 사당이었다.

우리는 침울하게 열람실을 돌아다녔다. 그러다 나는 서보에게 도서관이 아주 좋은 집이 될 수 있겠다고 말했다. 특히 책을 좋아하는 사람에게는 더 그럴 것 같았다. 서보는 흥미로운 생각이지만 시는 주민회관 같은 무언가를 검토하고 있다고 대답했다. 이 생각은 1990년부터 진행되어왔지만 아직 계획이 잡힌 건 아니었다. 서보가 고개를 절레절레 흔들며 "멋진 건물이야"라고 말했다. 사라오도 고개를 끄덕이더니 대꾸했다. "다시 쓸 수 있게 되면 정말 좋을 거예요." 우리는 창밖을 내다보고 캐비닛 몇 개와 문들을 열어보며 서성거렸다. 작고 사나운 동물들이 둥지를 틀기 좋은 장소로 빈 도서관을 노릴 수도 있겠단 생각이 들었다. 캐비닛이나 문을 열 때마다 나는 불쾌한 긴장감에 멈칫하곤 했다.

서보가 워싱턴 어빙을 찾아온 이유는 상황을 확인하고 도서관이 이렇게 황폐해진 것에 낙담한 동네 사람들을 달래기 위해서였다. 한때는 도서관의 멋진 외관 덕에 거리의 격이 올라갔는데, 지금은 블록에서 최고로 흉한 이웃이 되었고 갈수록 더 흉측해지고 있었다. 중요한 어떤 일을 할 만한 자금이 없었기 때문에 서보는 이웃들을 위해 자신이 무엇을 할 수 있을지 살펴보고 있었다. 서보가 사라오와 이 문제를 논의할 때 나는 '자산관리자 노릇이 시 사서 업무의 많은 부분을 차지하는구나'라는 생각이 들었다. 서보는 면적 503제곱마일의 로스앤젤레스시 전체에 퍼져 있는 73개의 큰 건물을 책임지고 있다. 각 분관을 방문하는 것만 해도 큰일이다. 서보의 하루하루는 세계적 정보 시스템의 미래에 관한 거창한 생각과 시 정원사에게 워싱턴 어빙 도서관 근처의 잡초를 다듬으라고 요청하는 세세한 일들 사이를 왔다 갔다 했다. "우리는 여기를 치워야 해요." 서보가 쓰레기들을 발로 밀며 사라오에게 말했다. "하지만 외부에 중점을 두고 이웃들을 위해 청소를 합시다." 그는 한숨을 내쉬었다. "철조망 근처에서 자라는 잡초를 전부 확실하게 뽑아야 돼요. 그렇게만 해도 훨씬 나을 겁니다."

서보의 차로 돌아온 우리는 시청으로 향했다. 서보는 시청에서 노숙인 정책 책임자인 알리사 오르두냐와 회의가 잡혀 있었다. 50년 전이라면 시 사서가 노숙인 정책 책임자와 회의를 하는 일은 아마 없었을 것이다. 사실 50년 전에는 시에 노숙인 정책 책임자란 직책 자체가 없었지만 지금은 중요한 자리가 되었다. 1960년대 후반, 언론은 정신병원들의 열악한 상태에 주목했다. 향정신성 의약품들이 개발되고 레이건 대통령이 정신건강 재정 지원을 삭감하자 주의 정신병원들이 많은 환자를 퇴원시켰다. 그중에는 돌아갈 집이 아예 없거나 장애가 심해 혼자 힘으로 자립하기 힘든 사람이 많았다. 그 뒤 몇십 년에 걸쳐 사회복지 프로그램과 저소득자 주택 지원 자금은 줄어들었다. 그러다 대침체와 전국적으로 벌어진 청천벽력 같은 주택 압류 사태로 거리나 보호소에 사는 인구가 엄청나게 증가했다. 연방정부가 내린 노숙인의 정의―"고정되고 정기적으로 찾는 적절한 야간 주거지가 없는 사람"―에 들어맞는 사람이 2009년 미국에서 150만 명을 넘겼다. 로스앤젤레스는 뉴욕을 제외한 거의 모든 도시보다 노숙인이 더 많다. 최근 집계에 따르면 2017년에 이 시의 노숙인 수는 거의 6만 명에 이르렀다.

노숙인들을 받아들이고 컴퓨터와 인터넷을 제공하며 하루 종일 미적거려도 개의치 않는 몇 안 되는 장소 중 하나가 공공도서관이다. 도서관은 사실상 전 세계 노숙인들의 주민회관이 되었다. 세계의 도서관들 중 노숙인을 어떻게, 그리고 얼마만큼 도울 것인가 하는 문제와 씨름하지 않는 곳은 없다. 많은 사서는 이 문제가 현재의 도서관들이 직면한 본질적인 사안이라 생각한다고 말했다. 그리고 노숙인들을 환영하는 것과 노숙인을 무서워하는 이용객, 이들이 냄새가 나거나 지저분하다고 생각하는 이용객, 이들 때문에 도서관과 멀어지고 있다는 이용객들의 요구를 맞추는 것 사이의 균형을 찾는 데 좌절을 느꼈다고도 했다. 중앙도서관은 대형 보호소 몇 곳과 노숙인 캠프장이 나란히 줄지어 선 고가고속도로에서 느긋하게 걸어갈 만한 거리에 있다. 아침에 도서관이 문을 열기 전부터 기다리고 있는 사람 중에는 전 재산을 등에 메고 있는 이가 많다. 서보는 도서관이 로스앤젤레스의 많은 노숙인에게 일종의 보호자 역할을 하게 되었다는 사실을 인정했다. 애틀랜타에서 도서관 시스템을 운영할 때 그는 노숙인이 많이 사는 모텔에 이동도서관을 보내 책을 빌려주고 아이들을 위해 구연동화 시간을 열었다. 또 공중보건 간호사도 함께 보내 이동도서관이 일단 노숙인들을 모텔 밖으로 불러내면 이들의 건강을 체크할 수 있게 했다.

알리사 오르두냐는 시청의 반짝이는 근사한 로비에서 우리를 맞이하고는 2층의 자기 사무실로 안내했다. 오르두냐는 어깨가 넓고 직설적인 성격으로, 미소가 환하며 코에는 주근깨가 많다. 그녀는 권리를 잃고 정신이 병든 사람이 해결하기 어려워하는 문제와 하루 종일 씨름하지만 쾌활하고 에너지가 넘쳐서 들떠 있는 것처럼 보인다. 두 사람은 정기적으로 연락을 하는데, 오늘 만난 이유는 보도에 허용되는 품목들의 크기를 제한하는 새로운 시 조례 때문이었다. 이 조례는 텐트와 쇼핑카트, 여행 가방으로 노숙인 캠프를 만들지 못하도록 막는 우회성 정책이었다. 이 조례안이 발효되면 시에 어떤 파문을 일으킬지 아무도 장담하지 못하지만 분명 도서관에는 영향을 미칠 것이었다. "자, 내일이군요." 오르두냐가 서보에게 말했다. "갈등이 있을 거예요."

서보는 턱을 톡톡 두드리더니 대답했다. "우리에겐 사람들이 도서관에 들고 들어올 수 있는 배낭 크기에 대한 규정이 있어요. 우리가 더 관대해져야 할까요? 그 규정을 완화하도록 도와야 할까요? 사람들이 만일 자기 물건을 잔뜩 들고 들어오면요?" 두 사람은 큰 물건들을 보관할 장소를 제공할 방법이 있는지 논의했다. 낮에는 캠프를 싹 치워야 하기 때문에 소지품들을 숨겨둘 곳은 없을 것이다.

"그거 좋네요. 수용 인원을 가늠할 기회도 되고요." 오르두냐가 대답했다. "우리는 그런 데이터를 좋아해요."

"저도 데이터를 좋아하죠." 서보가 맞장구쳤다. 두 사람은 도서관에 놀고 있는 공간이 있는지에 대해 잠깐 이야기를 나눴다. 서보는 오르두냐에게 적극적으로 찾아봤지만 건물이 이미 꽉 찼다고 했다. 그리고 다음 예산에 노숙인 구제활동을 위한 자금을 요청할 것이라고 말했다. 아까 언급한 더 소스라는 프로그램이었다. 오르두냐는 반색을 하며 도서관이 사회복지사들에게 노숙인 고객들을 만날 공간을 제공할 수 있는지 물었다. 서보는 주춤하며 그러지는 못할 것 같다고 대답했다. 하지만 이 문제를 더 알아보기 위해 메모를 했다. 오르두냐가 한숨을 내쉬며 말했다. "존, 아시잖아요. 우리가 하는 일은 사람들이 집을 구하길 기다리는 동안 희망을 잃지 않도록 하는 거예요. 희망을 갖는 게 중요해요."

서보는 일반적인 지방자치제 채널을 통하지 않고도 이동도서관을 위한 물자와 자금을 확보할 방법을 찾으면 애틀랜타에서처럼 노숙인 가족들이 살고 있는 지역에 이동도서관을 보낼 수 있다고 말했다. 오르두냐가 고개를 끄덕이자 서보가 말을 이었다. "악몽 같은 상황이라는 이야기를 들었어요. 뭔가를 구하려면 2년이 걸린대요. 진공청소기나 그런 것도요."

"세상에!" 오르두냐가 헉 하고 숨을 내쉬었다. "진공청소기도요?"

서보의 다음 약속 장소는 시내 건너편의 리틀도쿄였다. 이 동네에도 분관이 있다. 2005년에 문을 연 낮고 길쭉한 콘크리트 건물의 전면은 실용적이었고, 뒤쪽은 로스앤젤레스 시내에서 가장 멋진 식당 중 하나일 레드버드와 연결되어 있었다. 분관장은 서보에게 주위 건물과의 주차 계약, 도서관 뒤쪽과 레드버드 사이의 사용하지 않는 땅에 대한 계획을 논의하기 위해 한번 들러달라고 요청했다. 리틀도쿄 분관은 중앙도서관과 지척에 있지만 완전히 다른 느낌을 준다. 작고 독특하고 집같이 편한 분위기로 누가 봐도 딱 동네 도서관이다. 소장 도서들도 이 동네를 반영한다. 중앙도서관에서의 만화 구역은 적당한 규모인데 리틀도쿄 분관에서는 넓은 자리를 차지한다. 근처에 거주하는 세대에 어린아이가 많기 때문에 분관은 어린이 구역을 넓게 마련하고 영어뿐 아니라 일본어로 된 책들도 갖춰놓았다.

현관 바로 안쪽에는 건장하고 턱수염이 희끗희끗한 사내가 플라스틱 카드테이블에 앉아 있었다. 그는 아메리코 재향군인 프로그램에서 일하는 자원봉사자라고 자신을 소개했다. 카드테이블에는 수십 장의 팸플릿이 장미꽃처럼 서로 겹쳐져 동그랗게 놓여 있었다. 그는 우리에게 팸플릿 몇 장을 건넸다.

"바쁜 날인가요?" 서보가 물었다.

남자는 고개를 가로저으며 대답했다. "아뇨, 일이 그리 많지는 않아요." 그는 팸플릿 장미꽃의 모양을 정돈하더니 활짝 미소를 지었다. "사람들이 전부 바깥에서 선탠하느라 바쁜가봅니다."

서보가 분관의 관장을 만나러 간 사이 나는 혼자 열람실을 돌아다녔다. 마음을 안정시켜주는 도서관 특유의 소리들이 낮게 웅웅거렸다. 거슬리는 시끄러운 소음이 아니라 한결같고 따뜻한 무정형의 소리. 서로 모르는 많은 사람이 목적의식을 갖고 평화롭게 거주하는 공간. 나는 서가의 숲을 지나 어린이 구역으로 향했다. 나이가 지긋한 남성 두 명과 여성 한 명이 서가를 훑어보며 선반에서 책들을 꺼내 한 권, 한 권 일본어로 상의하고 있었다. 손주들 책을 고르는 것이려니 했는데 사서가 그들이 읽을 책이라고 알려주었다. 이 동네에는 그림책으로 영어 공부를 하는 사람이 많다고 했다.

몇 분 뒤에 서보가 돌아왔다. 흥분한 기색의 그는 주차장 문제가 해결된 것 같다고 말했다. 도서관은 레드버드 건물주들이 공터를 개발하는 데 동의했고, 이 계획에는 정원 화단, 분수, 올리브나무, 송어를 기르는 수조도 포함되어 있었다. 한편 분관 관리자는 도서관 건물의 고압세척을 요청해 성사시켰다.

시계가 오후 다섯 시를 향하고 있었지만 서보는 사무실에서 회의를 하나 더 남겨두고 있었다. 이번에 만날 사람은 곧 중앙도서관의 서비스 책임자 자리를 이어받을 크렌 멀론이라는 젊은 여성이었다. 현 서비스 책임자인 에바 미트닉이 참여학습부 책임자로 발령받았기 때문이다. 서보가 만든 이 광범위한 직책에는 2개 국어와 다국어를 사용하는 사서들, 새로 미국 시민이 된 사람들에 대한 서비스, 재향군인들을 위한 도서관의 모든 프로그램에 대한 감독 업무가 포함되어 있다.

중앙도서관의 책임자는 서보가 맡은 직책과는 다르다. 서보는 도시 전체의 도서관 시스템을 운영하는 사람으로, 도서관의 나머지 행정부와 함께 중앙도서관에 사무실을 두고 있다. 중앙도서관의 책임자는 중앙도서관 자체를 운영하는 사람이며 서보에게 업무 보고를 한다. 특정 분관을 운영하면서 서보에게 업무 보고를 하는 리틀도쿄 분관의 관장과 마찬가지인 셈이다. 차이점이라면 중앙도서관은 일반 도서들과 함께 희귀본, 연구 자료, 특별 컬렉션에 이르기까지 방대하고 복잡한 소장품을 보유한다는 것이다.

구불구불한 긴 머리에 수줍은 미소의 소유자인 멀론은 키가 크고 침착한 흑인 여성으로, 17년간 도서관에서 일해왔다. 우리가 도착했을 때 그녀는 서보의 사무실에서 책 주문서 스프레드시트를 읽으며 기다리고 있었다. 서보는 그녀에게 환영 인사를 건넨 뒤 앞으로 설치될 공유자전거 거치대 이야기를 꺼냈다. 그러면서 재킷을 벗고는 넥타이를 바로잡고 자리에 앉았다. 이후 대화는 시내 동쪽에 위치한 동네 보일하이츠로 흘러갔다. 그 동네의 배터리 재생 공장이 심각한 수준의 납 배출로 토양을 오염시키는 바람에 캘리포니아 역사상 최대 규모의 정화 작업이 요구되는 상태였다. 이 공장을 가동한 엑사이드 테크놀로지는 근처 2만1000개 가구의 혈액 검사 비용을 대는 데 막 동의한 참이었다. 검사는 보일하이츠 분관에서 실시될 예정이었다. 어려운 문제가 있을 때, 도서관은 보호구역 역할을 한다. 도서관은 마을의 광장이자 주민회관이고, 심지어 채혈 장소까지 된다. 로스앤젤레스에는 도서관에 이런 역할을 요구하는 재난이 많이 일어난다. 예를 들어 2016년 포터랜치의 한 가스 저장소에서 일어난 누출 사고로 메탄이 새어나오는 바람에 주민들이 두통, 코피, 복통, 호흡곤란을 겪었다. 결국 지역 전체를 비워야 하는 사태가 벌어졌지만, 도서관은 강력한 공기 정화기의 도움을 받아 가까스로 문을 열었다. 도서관은 주민들이 집을 나와 있는 동안 모일 수 있는 장소이자 위기 관련 정보센터가 되었다. 분관의 관장은 이용객들의 불안을 알아차리고 스트레스를 줄이는 데 도움이 되고자 요가와 명상 수업을 개설했다. 사서들은 서던캘리포니아 가스 회사에서 비용 청구서 작성 방법을 배워 주거비와 의료비 상환을 신청하는 사람들을 도왔다. 『아메리칸 라이브러리 매거진』은 "엄청나게 파괴적인 가스 유출 사고 속에서도 포터랜치 도서관은 변함없이 자리를 지켰다"며 박수를 보냈다.

서보와 멀론은 다양한 프로젝트의 진행 상황을 주고받았다. 셰퍼드 페어리가 디자인한 새 도서관증이 곧 나올 예정이고, 대여 수치는 양호하며, 추가 주문한 감시 카메라가 1, 2주 안에 도착할 예정이었다. 멀론은 한 마디, 한 마디를 기록하며 머리를 끄덕였다. 그러더니 서보에게 이튿날 출발할 여행에서 언제 돌아오는지 물었다. 그는 "일주일 후"라고 대답하더니 미소를 지으며 덧붙였다. "보고 싶어할 새도 없을 거예요!"

멀론이 막 나갈 채비를 할 때 서보는 다가오는 도서관 행사에 늦지 않게 돌아올 거라고 말했다. 2014년 서보는 미국 최초의 도서관 기반 공인 고등학교 프로그램인 온라인 직업고등학교COHS를 설립했다. 고등학교 졸업장이 없는 성인들이 도서관 웹사이트에서 900개의 온라인 강좌 중 원하는 수업을 듣고 졸업장을 받을 수 있는 프로그램이었다. 서보는 도서관이 대중의 대학이라는 신조를 자주 설파했는데, COHS로 그 생각을 실천에 옮겼던 것이다. 너무나 확실하고 도서관과 잘 맞는 아이디어여서 서보가 이 학교를 연 뒤 로스앤젤레스의 프로그램에 감화된 전국 50개의 도서관이 자체적인 성인 고등학교 과정을 만들기 시작했다. 서보는 COHS 출범이 로스앤젤레스에서 보낸 시간 중 이뤄진 가장 만족스러운 일에 속한다고 말했다. 토론토와 오하이오 여행에서 돌아온 몇 주 뒤에 COHS의 제1회 졸업식이 예정되어 있었다. 로스앤젤레스 공립도서관 덕분에 22명의 성인이 고등학교 졸업장을 받을 것이다.

7

『애도의 기술: 상실한 사람에게 쓰는 글, 건네는 말 그리고 할 수 있는 일The Art of Condolence: What to Write, What to Say, What to Do at a Time of Loss』(1991)

레너드 M. 주닌
77177.9. Z95

『울 시간이 없다: 바쁜 세상에서 슬픔 극복하기No Time for Tears: Coping with Grief in a Busy World』(2015)

주디 히스
157.3 H437

『생활용품은 우리를 어떻게 병들게 하는가: 집과 일터의 독소How Everyday Products Make People Sick: Toxins at Home and in the Workplace』(2007)

폴 D. 블랭크
615.9 B638

『록밴드의 이름: 아바에서 지지톱까지(최신): 록밴드들의 이름 뒤에 숨겨진 이야기 Rock Names Updated: From Abba to ZZ Top: How Rock Bands Got Their Names』(1995)

애덤 돌진스
781.9903 D664

중앙도서관 화재 소식이 퍼지자마자 벨기에, 일본, 영국, 독일 등 전 세계 도서관에서 위로의 편지가 날아들었다. 프랑스 국립도서관장은 "기회가 된다면, 그리고 귀 도서관이 가능하다고 판단할 경우 [우리는] 이 흉악한 사건의 원인에 관한 (⋯) 모든 정보를 받고 싶습니다"라는 편지를 보내왔다. 뉴욕, 샌디에이고, 디트로이트, 캔자스시티, 의회도서관, 대학 등 미국 전역의 도서관에서도 편지가 도착했다. "하버드 비교동물학박물관 직원들은 최근 귀 도서관에서 일어난

피해 조사를 하고 있는 소방대장 돈 스터키.

불행한 사건에 몹시 괴로워하고 있습니다." "우리 로스앤젤레스 카운
티 의료센터는 비극적 화재로 귀 도서관이 받은 충격과 고통을 함께
느끼고 있습니다." "우리 오클라호마 시립도서관은 귀 도서관이 당한
재난에 깊은 유감을 표합니다. 용기 내세요!" 이런 편지들에서 가장
많이 표현된 감정은 슬픔, 충격, 고통 그리고 파괴였다.

중앙도서관 직원들은 출근하긴 했지만 이제 일반에 개방되지 않
고 책도 없는 도서관에서의 "일"이 뭘 의미하는지 감을 잡지 못했다.
일부 직원은 훼손되지 않은 많은 책이 보관된 이스트 로스앤젤레스
의 창고로 파견되었다. 나머지 사람들은 불탄 건물로 보내져 바닥을
청소하고 남아 있는 것들을 정리하려고 애썼다. 분위기는 침울했다.
도서관에 난 불을 개인적으로 공격당한 것처럼 느끼는 듯했다. 글렌
크리슨은 화재가 발생한 뒤 "극심한 암울함"을 느꼈다. 그는 그날이

인생에서 최악의 날이라고 말했다. 두 번째로 최악이었던 것은 아버지가 돌아가신 날이었다. 실바 마누지안은 너무 우울한 나머지 마음을 정화시킬 수 있을까 싶어 몇 달 동안 흰옷만 입었다. 한 직원은 익명으로 이런 쪽지를 붙이기도 했다. "방화범의 공격을 막기 위해 (…) 기도회를 열어야 했다. [이제] 죽음의 기운이 감돈다. (…) 무감각함, 공허한 두려움, 절망이 당신을 압도한다." 쪽지에는 대부분의 직원이 "도서관 감기"와 정처 없이 왔다 갔다 하는 "도서관 비틀걸음병"에 걸렸다고 쓰여 있었다.

도서관 감기의 원인은 그을린 공기였고, 도서관 비틀걸음병은 불안해서 걸린 몽유병을 뜻했다. 시 안전국에서는 그럴 리 없다고 장담했지만 직원들은 불이 벽을 산산조각내고 석면을 방출할까봐 겁을 냈다. 도서관이 재개관하지 못하거나 소장품을 다시 구축하지 못할까봐 걱정했고, 더 나쁜 건 방화범이 직원들 중에 있을지 모른다는 불안이었다. 도서관의 많은 사람이 동료들을 가족처럼 생각했는데, 이제 그 신뢰는 의심으로 분열되었다. 역사부의 한 직원은 다른 직원을 방화범으로 고발하는 내용의 메모를 경찰에게 보냈다. 그는 그 직원이 불이 시작된 구역에 갔었다면서 "그 여자는 동료들에게 공격적이고 성질 부리는 걸로 악명 높아요"라고 썼다. 조사관들은 직원 중 누군가가 불을 질렀을 가능성을 배제하지 않고 화재 당일 병가 낸 사람을 포함한 많은 직원을 조사했다. "불만을 품었다"고 묘사되면 어떤 직원이라도 조사선상에 올랐다. 얼마 전 나는 불이 났던 날 시외에 있었던 멜 로젠버그라는 퇴직한 사서와 오후 시간을 보냈다. 로젠버그는 "아, 조사관들이 제가 어디에 있었는지 확인했어요. 제가 말한 곳에 정말로 있었는지 확인하고 싶어했죠"라고 말했다. 그는 큰 소리로 웃더니 채용됐을 당시 와이먼 존스가 자신에게 너무 진보적으로 보이지 않는 게 좋을 거라고 말했던 일을 이야기했다. "저는 '맙소사! 와이먼, 세상에 보수적인 사서가 있다고 생각하는 겁니까?'라고 대답했죠." 어찌나 심하게 웃던지 꼭 울 것만 같던 로젠버그는 다시 화재를 떠올리며 침울해했다. "제가 일하던 미술부의 모든 잡지가 사라졌어요. 몽땅 다요. 끔찍했죠. 상상도 못 하실 거예요."

방화 조사관들은 어떤 이유에서든지 눈에 띄는 직원들에게 특히 주의를 기울이면서 면담을 계속했다. 만약 방화범이 직원으로 밝혀지면 "대처 방안"을 마련해야 한다는 메모가 행정관들에게 돌려졌다. 이 방안에는 보도관제, "까다로운 질문"에 대답하기 위한 예행연습, 직원들에게 "전화"나 "손으로 쓴 메모를 직접 전달하는" 방법으로 정보를 알려야 한다는 제안이 포함되었다.

중앙도서관에서 근무하던 사서 250명 중 24명이 다른 분관으로 전근을 요청했다. 남아 있는 직원들에게 실시한 설문조사에서는 화재로 인해 가장 스트레스를 받는 점이 무엇인지 물었다. "혼란으로 인한 무기력, 무력감…… 한때 활기로 넘쳤던 건물의 텅 빈 방에서 일해야 하는 고립감" "이번 화재로 사망한 사람은 없지만 다른 안전 문제로 누군가가 죽거나 심하게 다칠 수도 있다는 두려움" "피난민 같은 느낌. 유기체를 찢어놓은 구멍들" 등 조사에서 나온 대답들은 끔찍했다. 지역 신문들도 직원들의 불안감을 보도했다. 한 기사에는 '화재 이후의 절망이 사서들 사이의 긴장을 고조시키다'라는 제목이 붙었다. 사서들은 눈병, 호흡곤란, 피부 염증, 외상후 스트레스 장애를 호소했다. 시청각부장은 『로스앤젤레스 데일리 뉴스』에 "불이 나고 처음 며칠 동안 집에서 성냥을 켜면 도서관 전체가 머릿속에 다시 떠올랐어요"라고 말했다. 행정관들 사이에 돌려진 메모에서는 "직원들은 상황을 견디지 못하고 있습니다. 그들은 바닥을 청소하고 개수대를 문질러 씻습니다. 방화범이 아직 잡히지 않았기 때문에 적어도 근무 시간에라도 경비가 필요합니다"라고 경고했다. 도서관 조합이 인터뷰했던 한 선임 사서는 "근무 조건이 최악이었고 직원들의 사기는 각양각색이었다…… 놀라울 정도로 많은 대중의 지원이 있었다. 그러나 대부분의 사서가 대중이 자신들을 어떻게 지원하고 있는지 구체적으로 몰랐다"고 말했다. 반면 침울한 기분에서 기인한 소외감 때문에 배우자와 멀어진 사람들도 있었다. 글렌 크리슨은 화재 후 몇 달 동안 자신을 비롯한 많은 사서의 부부생활이 결딴났다고 말했다.

도서관 행정부는 사서들의 정신 상태를 크게 염려하여 심리학자 스탠리 크시온즈키 박사를 데려와 집단치유 시간을 열었다. 박사는 사서들에게 도서관이 재개관했을 때 얼마나 멋진 모습일지 "상상 속에서 그려보라"고 권했다. 도서관 이용객들이 버림받았다고 느낄까 봐 걱정하는 사서들에게는 그 사람들이 다른 분관을 이용하며 잘 지내고 있다고 생각하라며 독려했다. 사서들도 폐허 속에서 웃을 거리를 찾으려고 노력했다. 리오비스타가의 칙칙한 시청으로 파견된 사서들은 "오클라호마!"의 곡조에 맞춰 가사를 붙였다. 노래 첫 부분은 이렇게 시작됐다. "리오비스타/자동차 도둑들이 인사를 나누는 곳/이곳에서 8시부터 5시까지 살아남으면/25달러를 들고 집으로 가지/그래서 우리는 이렇게 버티고 있어/왜냐하면 여기서 마시는 먼지가 엄청나거든……." 노래가 직원들 사이에서 엄청나게 유행하자 누군가가 도서관 밴드를 결성하자고 제안했다. 직원 게시판에는 "유일하게 이용 가능한 도움이 집단 치료라는 형태의 당근으로 대롱대롱 매달려 있는 반면, 사람들은 기존의 치유와 회복 방법을 받아들이는 데 합의했다"라는 쪽지가 붙었다. 그 뒤에는 사서들의 이름을 넣어 지은 "베티 게이와 우울한 자들" "댄 두필과 괴로운 자들" "빌 번과 방화범들" 등의 밴드 이름이 적혀 있었다.

8

『타임 루프에서 나온 이야기: 지금껏 쓰인 가장 포괄적인 세계적 음모 폭로, 그리고 진정한 자유를 얻기 위해 당신이 알아야 할 모든 것Tales from the Time Loop: The Most Comprehensive Exposé of the Global Conspiracy Ever Written and All You Need to Know to Be Truly Free』(2003)

> 데이비드 아이크
> 909 I17-3

『취하고, 이혼하고, 고양이 털에 묻히다: 결별 후 뜨개질을 배운 30대의 현실과 불운Drunk, Divorced & Covered in Cat Hair: The True-Life Misadventures of a 30-Something Who Learned to Knit After He Split』(2007)

> 로리 페리
> 392.3428 P463

『해커 그리고 해킹: 참고서 Hackers and Hacking: A Reference Handbook』(2013)

> 토머스 J. 홀트
> 364.38 H7578

『디지털 라이프 준비하기: 사진, 음악, 영상, 개인 문서를 디지털 장치에 저장하는 법Organize Your Digital Life: How to Store Your Photographs, Music, Videos, and Personal Documents in a Digital World』(2009)

> 에이미 볼드리지
> 621.3819533 B178

도서관에는 매달 700권이 넘는 새 책이 도착한다. 책이 들어오면 차에서 내려 상자에서 꺼낸 뒤 도장을 찍고 스티커를 붙여 전자 카탈로그 시스템에 연결시킨다. 이어 아늑한 마일라 커버를 씌우고 바코드를 찍은 뒤 마지막으로 선반에 놓는다. 새 책 한 권을 처리하는 데는 거의 일주일이 걸린다. 어느 오후에 이 작업을 하는 소장품 서비스부에 갔을 때,『전 세계의 100가지 인테리어』『후버의 게이와의 전쟁: FBI의 "성적 일탈자" 프로그램』『얼간이 되지 않기: 그리고 일본의 위대한 선사 도겐이 주는 그 외의 현실적 조언』등의 책이 막 도착한 참이었다. 외국어부로 갈 스페인어, 러시아어, 아르메니아어, 스웨덴어 책들도 쌓여 있었다.

소장품 서비스부 관리자인 페기 머피는 10대에 뉴욕의 마운트버넌에서 도서관 일을 시작했다. 당시엔 도서관의 수석 사서가 요즘 개 훈련에 자주 사용되는 금속 클리커 같은 도구로 직원들을 호출하던 시대였다. 직원마다 고유의 딸깍 소리가 있었는데, 머피는 두 번의 짧은 딸깍 소리였다. 마운트버넌의 수석 사서는 "위험"하다고 생각하는 책들─성적인 내용이 담긴 책─을 지하실의 금속 책장에 넣고 잠가놓았다. 보들레르, 발자크, 매스터스, 존슨의 책이 창살 뒤에 갇혀 있었다. 어쩌다 그 책장의 열쇠가 보관된 곳을 알게 된 머피는 쉬는 시간이면 몰래 지하실로 들어가 책을 꺼내 읽었다. 그리하여 고등학교를 졸업할 때쯤에는 책장에 갇혀 있는 책들을 남김없이 죄다 읽은 상태였다. 그녀는 "그 책들은 제 세계관을 넓혀줬어요"라고 말하곤 했다.

자주 대출되는 인기 도서는 1년이 지나면 해지기 시작한다. 그래서 카탈로그부에 도착하는 책들은 이미 도서관에 있는 책들의 교체본이 많다. 가령『다빈치 코드』같은 책은 매달 수십 번 대출되기 때문에 1년만 버텨도 운이 좋은 편이다. 어떤 책들은 해지기도 전에 교체된다. 예를 들어 '아기 이름 짓기'에 관한 책들은 주기적으로 새 책으로 바꿔놓는다. 머피는 "임신부들은 꼬질꼬질한 책을 만지고 싶어 하지 않거든요. 그래서 그 책들은 항상 깔끔하고 말쑥하게 유지해요"

라고 설명했다.

대출되었다가 도통 돌아올 줄 모르는 책들도 있다. 도서관은 카를로스 카스타네다의 책들을 무수히 사들였다. 그 책들은 여행을 떠났다가 돌아오는 법이 없기 때문이었다. 전 세계적인 음모론과 파충류 외계 종족이 결국 지구를 지배할 것이라는 내용의 책을 쓴 데이비드 아이크도 가장 자주 사라지는 책 순위에 오르는—적어도 사서들의 개인적 진술에서—작가다. 아이크가 이렇게 소유 본능이 강한 독자들을 확보하고 있는 바람에 비용을 감당할 수 없었던 도서관은 한동안 교체본을 아예 주문하지 않기도 했다. 어떤 사람은 엘비스 프레슬리가 사망한 날 도서관에 있던 엘비스의 기록을 전부 대출한 뒤 꿀꺽해버렸다. 맨슨 패밀리와 블랙 달리아 살인 사건에 관한 파일들도 스크랩과 단명 자료까지 포함해 몇십 년 전에 죄다 사라졌다. 문제는 이 파일들이 근본적으로 대체되지 않는다는 점이었다. 1981년에 수사관들은 베벌리힐스 호텔의 스위트룸에서 책을 팔고 있는 한 여성을 적발했다. 그녀는 중고책 장사로 1년에 약 4000달러를 벌고 있었는데, 모든 책이 로스앤젤레스 공공도서관에서 훔친 것들이었다. 1982년에는 도서관에서 행방불명된 1만 권의 책이 글렌 스와츠라는 도서관 직원의 집에서 발견되었다. 스와츠는 자신에게 저장 강박이 있는 것 같다고 해명했다(그는 도서관을 사직했다). 유모차에 책을 싣고 나가려다 잡힌 사람들도 있었다. 유모차에 아기가 탄 경우도 있었고 그렇지 않은 경우도 있었다.

수년 동안 영화 스튜디오들은 책을 슬쩍하는 주범이었다. 스튜디오들은 자료 조사에 필요한 책을 대출하는 대신—그리하여 반납일을 지켜야 하는 대신—가끔 2인조를 도서관에 보내 책을 훔쳤다.

한 명이 창밖에 자리를 잡으면 다른 한 명이 필요한 책을 창밖의 파트너에게 던지는 식이었다. 이런 일이 너무 빈번하게 일어나 도서관은 정기적으로 스튜디오들을 찾아가 책을 수거하는 전담 직원을 두기까지 했다. 또 창문 이용 작전을 저지하려고 가장 자주 이용되는 창문들을 전부 못 열게 철사로 잠가버렸다(이렇게 서로 목적이 엇갈리는 경우도 있었지만 도서관은 스튜디오들과 항상 긴밀한 관계를 유지했다. '그들은 팩트를 원했다. (…) 그리고 그 팩트는 도서관에서 찾는다'는 1950년대의 한 도서관 안내 책자에는 이렇게 언급되어 있었다. "영화 스튜디오들은 [도서관에서] 광범위한 연구를 통해 어처구니없는 실수를 피하려고 노력한다. 한 예로 '20세기 폭스사'는 도서관의 파일들을 이 잡듯이 뒤졌다. (…) 한 유명한 살인 사건에 대한 당시의 견해를 알기 위해!").

폐기 머피의 사무실 근처에는 낡은 제본기가 있다. 크기와 모양이 제설차와 비슷한 거대 금속 기계인데, 너무 오래되어 더 이상 기성품의 부품을 구할 수 없다. 과거에는 로스앤젤레스시에 자체적으로 제본부가 있었다. 제법 큰 부서였던 제본부는 시간이 지나면서 규모가 줄어들더니 급기야 도서관뿐 아니라 시의 다른 부서에서 나온 망가진 책을 꿰매는 제본 기술자 한 명으로 축소되었다. 생각해보면 시는 지방 검사들을 위한 법률 잡지, 안내 책자, 참고문헌, 시 조례 등 수천 권의 책과 제본된 자료들을 보유하고 있다. 마지막 공식 제본 기술자는 2014년에 퇴직했다. 그 뒤로 새 직원은 채용되지 않았고 "제본 기술자 급여" 항목이 더 이상 시 예산에 포함되지 않았다. 요즘은 도서관의 희귀본이나 고가의 책들에 응급수술이 필요할 경우 민간 복구 전문가에게 보내진다. 평범한 책들은 해지기 시작하면

버리고 새 책을 구입한다.

낡은 제본기는 초당 100메가바이트의 정보가 흐르는 2.1미터 높이의 컴퓨터 타워에서 9미터쯤 떨어져 있다. 로스앤젤레스 공공도서관은 다른 많은 도서관 시스템보다 훨씬 이른 1994년부터 온라인화되었다. 화재가 낳은 예상치 못한 긍정적인 부분이었다. 기초적인 전자식 도서 목록은 1970년대에 나왔지만 오늘날과 비슷한 좀더 정교한 온라인 시스템은 1990년경에 개발되었다. 처음에 많은 도서관은 이 개선된 시스템으로 업그레이드하길 거부했다. 이미 첫 전자식 도서 목록에 투자를 했는데 또 업그레이드할 여유가 되지 않았기 때문이다. 하지만 로스앤젤레스 도서관은 화재로 어마어마한 책을 잃어 구식 카드 목록이 전혀 정확하지 않았고 화재로 도서 목록 작성 작업이 불가능해졌기 때문에 초기 전자식 목록도 구입하지 않은 상태였다. 남아 있는 소장 도서들은 소실된 책들 대신 구입한 수십만 권의 책과 함께 다시 목록을 작성해야 했다. 도서관은 원래의 카탈로그를 재구축하는 대신 전자식 목록으로 처음부터 다시 시작하기로 결정했다. 로스앤젤레스는 미국에서 최초로 이런 조치를 시행한 주요 도서관 중 하나가 되었다.

책임자인 매슈 맷슨에 따르면 도서관 웹사이트의 방문 횟수는 2015년에 1100만 번 이상, 도서 목록은 1000만 번 이상 검색되었다. 방문자 중에는 해커도 상당수 있었다. 맷슨은 도서관 웹사이트에 침투하려고 시도하는 사람을 거의 매일 발견한다고 말한다. 대부분의 침입자는 중국이나 러시아 소재인 것 같다고도 했다. 도서관의 웹사이트는 합법적으로 언제든 접근할 수 있기 때문에 몰래 침입하는 게 의미 없어 보였던 나는 그들이 왜 그런 성가신 짓을 하는 건지 물었다. 맷슨은 "그놈들은 연습을 하고 있는 거예요"라고 대답했다. 더 크고 튼튼하고 가치 있는 목표를 해킹하는 연습을 하고자 도서관 웹사이트에 침입한다는 것이다.

도서관의 사진 컬렉션 중에서 가장 인기 있는 것은 파도타기를 하는 다섯 살짜리 코끼리 빔보 주니어의 사진이다. 1962년에 『로스앤젤레스헤럴드』에 실린 사진으로 그 밑에는 빔보 주니어에 대해 "이런 놀라운 재주를 부리는 가장 어리고 희귀한 코끼리"라는 설명이 붙어 있다. 서핑을 하는 다른 코끼리들이 있고 빔보의 특별함은 어린 나이뿐임을 암시하는 특이한 설명이다. 온라인에서의 방문 횟수나 출력 신청 횟수로 평가한 두 번째 인기 사진은 꽉 끼는 짧은 바지를 입고 비치볼 무더기에 화살을 쏘고 있는 소녀들을 담은 1950년대의 사진이다. 그다음은 베네치아 머슬 비치에 주차된 폭스바겐 버스에 고양이들이 잔뜩 타고 있는 사진으로, 날짜와 사진작가는 미상이다. 도서관이 소장한 340만 장 사진의 대부분은 인화된 형태로 들어왔고, 매일 몇 장씩 스캔해 온라인에 올리면 키워드나 설명으로 검색이 가능하다. 어떤 사진들은 유명 사진작가들의 작품이다. 1939년에 로스앤젤레스로 와서 우주항공산업의 초기 시절을 카메라로 기록한 앤설 애덤스는 그 음화들을 도서관에 기증했다. 1960년대와 1970년대 로스앤젤레스의 흑인사회를 카메라에 담은 흑인 사진작가 롤런드 커티스도 자신의 기록을 기증했다. 340만 장의 사진 대부분은 일상 장면이다. 1903년부터 1989년까지 발간된 『로스앤젤레스헤럴드 이그재미너』는 1991년에 200만 장에 이르는 이미지를 도서관에 기증했다. 1940년대부터 1970년대까지 발간된 근교의 신문

『밸리타임스』도 폐간할 때 4만5000장의 이미지를 기증했다.

　『밸리타임스』의 사진을 전부 스캔하려면 4년은 걸릴 것이다. 이 스캔 작업을 하는 사람 중에 리사 온도이라는 보조 직원이 있었다. 어느 날 오후, 내가 이 부서에 들렀을 때 온도이는 열네 살 혹은 열다섯 살쯤 되어 보이는 아이 셋이 거대한 수박을 들고 있는 사진에 색인 작업을 하고 있었다. 사진의 스캔본이 컴퓨터 화면에 떠 있었고 온도이는 디테일을 놓치지 않기 위해 목을 길게 뺀 채 몇 분 동안 꼼꼼하게 살폈다. 그러더니 '10대' '샌퍼넌도밸리'라는 태그를 입력하고 의자에 몸을 기대 잠시 생각에 잠겼다. "'수박'도 태그로 넣어야겠죠? 1960년에 폭염이 닥쳤던 게 분명해요. 사람들이 더위를 이기려고 계곡에서 뭘 하고 있는지에 관한 기사가 많거든요."

　온도이는 『밸리타임스』의 기록들에 대한 검색 도구(설명 태그)를 만드는 작업을 2년 동안 해왔다. 이미 1만8500장의 사진에 태그를 달았고, 정성 들여 작업하면 한 시간에 3~4장의 사진을 끝낼 수 있다고 말했다. 까다롭고 지루해 보이는 작업이지만 온도이는 이 일을 사랑한다. 그녀는 "저는 이 일에 완전히 푹 빠져 있어요"라고 말했다. "사라졌다고 생각했던 것들을 사진 속에서 발견하는 순간을 사랑하죠. 사람들에게 잊힌 것들이요. 감상적인 소리일 수도 있지만 제가 그것들을 구하고 있다는 느낌마저 들어요." 온도이는 『밸리타임스』가 일상생활을 기록한 방식을 사랑한다고 했다. 그녀는 "우리는 생일 케이크 사진과 금혼식 사진을 잔뜩 얻었어요"라고 하더니 "저는 그 사진들을 정말 사랑한답니다"라고 덧붙이며 활짝 웃었다.

　온도이는 수박 사진에 태그 몇 개를 더 입력하고 저장한 뒤 다음 사진을 열었다. 샴푸 중인 크고 억센 에어데일 한 마리가 화면에 나타났다. 온도이는 『밸리타임스』의 기록에는 개 사진이 많은데 그중에는 목욕을 하고 있는 개도 많다고 알려주었다. 그녀는 내게 이 말을 하면서 '개' '털 손질' '목욕' '샌퍼년도밸리'라는 태그를 입력했다. 그런 뒤 사진을 확대해서 꼼꼼하게 살폈다. 그리고 프레임 구석에서 수건 무더기를 발견하고는 태그에 '수건'을 추가했고 욕조가 넓은 풀밭에 놓여 있었으므로 '잔디밭'도 입력했다. 사람들이 잔디밭 사진을 종종 검색하기 때문에 온도이는 그 단어를 후하게 태그에 넣는다고 했다. 자주 검색되는 다른 단어로는 '수영장'이 있다. 그래서 수영장이 털끝만큼만 보여도 만약에 대비해 태그로 넣는다. 우리는 에어데일이 앉아 있는 플라스틱 통이 수영장이라 불릴 자격이 있는지에 대해 잠시 의견을 나눴지만 온도이는 내 말에 동의하지 않았다. 그녀는 에어데일 사진을 저장한 뒤 다음 사진으로 건너갔다.

이번에는 활짝 웃고 있는 사제의 얼굴이 나왔다. 그는 깔끔하게 차려입은 남성과 여성을 팔로 감싸고 있었다. 두 사람도 미소를 짓고 있었지만 사제만큼 크게 웃고 있지는 않았다. 이 사진은 "콜린스 신부가 부부 상담에 나서다"라는 설명과 함께 1961년에 『밸리타임스』에 실린 것이다. 온도이는 스크롤을 내려 기사를 읽었다. 로스앤젤레스의 이혼율(당시 미국에서 최고 수준이었다)과 이 문제를 해결하기 위한 가톨릭교회의 노력을 다룬 기사였다. 그녀는 웃고 있는 콜린스 신부의 사진에 태그를 붙인 뒤('가톨릭교회' '신부' '이혼') 휴식 시간이 되기 전에 한 장 더 작업하려고 다음 사진을 열었다. 이번에도 개였다. 온도이는 사진을 확대해 자세히 살폈다. 목욕을 하는 개가 아니었다. 몸에 물기가 없고 털은 긴 데다 곱슬곱슬했다. 사진에는 "크고 부드러운 친구"라는 설명이 붙어 있었다.

방 건너편에서는 중앙도서관의 디지털화 작업과 특별 컬렉션 책임자인 선임 사서 소치틀 올리바가 막 부서에 배달된 몇 개의 상자 가운데 첫 상자를 열고 있었다. 1967년부터 1971년까지 활동한 L. A. 레지스탕스라는 학생 반전단체가 도서관에 기증한 자료들이었다. 상자 속에는 포스터, 사진, 회보, 전단지 등 이 단체의 활동을 위해 제작된 단명 자료들이 들어 있었다. 이 자료들 대부분은 캘리포니아주 북부에 있는 한 회원의 나무 집에서 30년 동안 보관됐는데 최근 회원들은 각자의 집 벽장과 나무 집들을 비우기로 결정하고 자료를 영구적으로 보관할 장소로 도서관을 떠올렸다고 한다. 그들은 열렬한 환영을 받았다. "이건 놀라운 자료예요", 올리바가 상자를 뒤지며 말했다. "산 역사죠."

나는 디지털화부를 나와 도서관에서 자주 찾는 산책로를 걸었다. 나는 이 공간에 푹 젖고 또 인식하려고 애썼다. 익히 알고 있는 공간을 인식하는 것은 때로 더 힘들다. 이런 공간에서는 시선이 흘러가긴 하지만 사실 전혀 보고 있지 않기 때문이다. 익숙함이 일시적으로 눈을 멀게 하는 것 같다. 나는 억지로 더 열심히 보고 내 머릿속에 잠재돼 있는 도서관의 개념을 뛰어넘어 공간을 보려고 노력해야 했다.

도서관 화재에 관해 알기 직전, 나는 책 쓰는 일을 그만두려고 마음먹었다. 책 쓰는 일은 슬로모션 레슬링 경기를 하는 것처럼 느껴졌고 그렇게 막중한 책무와 다시 씨름할 기분이 들지 않았다. 하지만 나는 지금 여기에 있다. 내 마음을 돌린 것 중 하나는 아들을 데리고 동네 도서관에 처음 들어섰을 때 느낀 친숙함이 준 충격이었다. 그 느낌이 내 어린 시절과 부모님과의 관계, 책에 대한 사랑에 전보를 보냈다. 그 느낌은 어머니, 그리고 도서관에서 우리가 함께 보낸 시간으로 나를 데려다주었다. 멋지면서도 달콤쌉쌀한 경험이었다. 내가 그 기억들을 다시 발견했을 때 어머니는 기억을 통째로 잃어가고 계셨기 때문이다. 내가 도서관에 관한 책을 쓰고 있다고 처음 말씀드렸을 때 어머니는 기뻐하면서 내가 도서관의 경이로움을 발견하는 데 한몫한 자신이 자랑스럽다고 하셨다. 하지만 얼마 지나지 않아 치매의 검은 손아귀가 어머니를 움켜쥐었고 날마다 어머니의 기억을 마구잡이로 조금씩 들춰 헐겁게 만들었다. 시간이 흐른 뒤 어머니에게 이 프로젝트를 상기시키며 우리가 함께한 버트럼우즈 여행 생각이 많이 난다고 이야기하자 어머니는 격려하며 미소를 지었지만 내 말이 무슨 뜻인지 모르시는 듯 보였다. 내가 찾아갈 때마다 어머니는 조금씩 뒤로 물러났다. 생각이 희미해지고 멍해졌으며 고립되어갔다. 사실 어머니는 기억이 깎여나간 자리에 들어찬 부드러운 공백 속에 계셨는지도 모른다. 나는 곧 내가 우리 두 사람 모두를 위한 기억을 짊어지고 있다는 사실을 깨달았다.

어머니는 내게 도서관에 대한 사랑을 불어넣어주셨다. 내가 이책을 쓰는 일을 마침내 받아들인 이유는―처음에는 쓰고 싶다고 생각하다가 이후에 이 책을 써야겠다고 느낀 이유는―내가 어머니를 잃고 있다는 것을 알아차렸기 때문이다. 기억을 공유한 사람 중 한명이 더 이상 그걸 기억하지 못하면 공유된 기억이 존재할 수 있는지 궁금했다. 그 기억은 부러진 회로, 캄캄해진 추억이 되어버릴까? 어머니는 그 아련한 오후들이 어땠는지 나 외에 알고 있는 유일한 사람이었다. 나는 이 책을 쓰는 이유가 그 오후들을 간직하기 위한 힘든 노력임을 알고 있다. 그리고 기억들을 페이지에 적어둔다면 시간이 흘러도 그 기억들이 부식되지 않을 거라고 확신했다.

잊힌다는 생각은 끔찍하다. 내가 두려워하는 건 단순히 내가 개인적으로 잊히는 것이 아니라 우리 모두가 잊힐 수밖에 없는 운명이라는 것, 인생의 총합이 결국 무無라는 것, 기쁨과 실망, 아픔과 즐거움과 상실을 경험하고 세상에 작은 흔적을 남기지만 우리가 사라지면 마치 우리가 아예 존재하지 않았던 것처럼 그 흔적이 지워진다는 것이다. 그 적막함을 잠시 들여다보면 인생의 총합은 결국 제로가 된다는 것을 알 수 있다. 아무것도 지속되지 않으면 아무것도 중요하지 않기 때문이다. 우리가 경험하는 모든 것이 패턴 없이 펼쳐지고 삶은 그저 거칠고 무작위적인 불가해한 사건, 멜로디 없는 흩어진 악보일 뿐이라는 것이다. 하지만 당신이 알게 되거나 관찰하거나 상상한 무언가를 기록해서 간직할 수 있다면, 그리고 당신의 삶이 당신 이전의 삶들에 반영된 것을 보고 이후의 삶에도 반영되는 것을 상상할 수 있다면 질서와 조화를 발견하기 시작할 것이다. 당신이 형태와 목적을 지닌 더 큰 이야기, 감지할 수 있는 친숙한 과거와 끊임없이 새로워지는 미래의 일부란 것을 알게 되는 것이다. 우리 모두는 실에 매달린 깡통에 속삭이고 있다. 그리고 그 소리를 듣고 다음 깡통과 실에 메시지를 속삭인다. 책을 쓰는 것은 도서관을 짓는 것과 마찬가지로 순전한 저항 행위다. 기억의 지속성을 믿는다는 선언이다.

세네갈에서는 누군가의 죽음을 예의 있게 표현할 때 그 혹은 그녀의 도서관이 불탔다고 말한다. 처음에 이 말을 들었을 때는 선뜻 이해가 가지 않았지만 시간이 지나면서 완벽한 표현임을 깨달았다. 우리 정신과 영혼에는 각자의 경험과 감정이 새겨진 책들이 들어 있다. 각 개인의 의식은 스스로 분류하여 내면에 저장한 기억들의 컬렉션, 한 사람이 살아낸 삶의 개인 도서관이다. 다른 누구와도 완전히 공유할 수 없는, 우리가 죽으면 불타 사라지는 무엇이다. 하지만 그 내면의 컬렉션에서 무언가를 꺼내 책의 페이지나 낭송되는 이야기로 한 사람 혹은 더 큰 세상과 공유할 수 있다면 당신의 가슴속에 있던 그 무언가는 생명을 얻게 된다.

9

『잃어버린 도서관La biblioteca perdida』(2013)

  A. M. 딘

『황실 궁정에서 수상 관저까지: 일지의 역사 (1932년 1월 1일부터 1933년 5월 1일까지)
Vom Kaiserhof zur Reichskanzlei: Eine Historische Darstellung in Tagebuchblattern(Vom 1.
Januar 1932 bis Zum 1. Mai 1933)』(1934)

  요제프 괴벨스
  G 943.085 G593-2

『무력충돌 시의 문화재 보호: 1954년 헤이그에서 체결된 무력충돌 시 문화
재 보호를 위한 협약 및 그 규약, 그 외의 도구들에 대한 해설The Protection of
Cultural Property in the vent of Armed Conflict: Commentary on the Convention for
the Protection of Cultural Property in the Event of Armed Conflict and Its Protocol,
Signed 14 May, 1954 in The Hague, and on Other Instruments』(1996)

  이리 토만
  709 T655

『홀로코스트와 책: 파괴와 보존The Holocaust and the Book: Destruction and
Preservation』(2001)

  조너선 로즈 편집, 시리즈: 인쇄 문화와 책의 역사 연구
  940.5315296 H7545-4

사람들이 도서관을 불태운 역사는 도서관을 지은 역사만큼이나 길
다. 1880년에 윌리엄 블레이즈가 분서를 다룬 최초의 책들 중 하나
에서 쓴 것처럼 도서관들은 "우연한 큰불, 광적인 방화, 국가의 정치
적 방화, 심지어 집 난로"의 손쉬운 피해자가 되었다. 기록된 최초의
분서는 기원전 213년, 중국 진시황이 과거에 대한 자신의 견해와 반

대되는 모든 역사서를 불태우겠다고 결정했을 때 일어났다. 진시황은 300명이 넘는 학자를 책과 함께 생매장시켰다.

잃어버린 고대 세계의 도서관 중 가장 유명한 것은 이집트의 알렉산드리아 도서관이다. 이 도서관은 역사의 한 일화로는 존재감이 크지만 실제로 도서관에 관해 알려진 바는 별로 없다. 건물의 모습이나 심지어 정확한 위치에 대한 기록도 없다. 아마도 이 도서관은 50만 권의 문서와 사본을 소장하고 100명의 상주 사서를 두었던 것으로 추정된다. 알렉산드리아 도서관은 여러 번 불탔다. 첫 화재는 기원전 48년 율리우스 카이사르가 알렉산드리아 항을 공격했을 때 발생했다. 카이사르가 도서관을 표적으로 삼지는 않았지만 항구에 지른 불은 결과적으로 도서관을 집어삼켰다. 재건되어 다시 채워진 후에도 도시가 공격을 받으면서 두 번이나 더 불탔고 그때마다 복원되었다.

알렉산드리아 도서관을 역사에서 영원히 지운 최종적인 화재는 640년에 일어났다. 당시 도서관은 경외심을 불러일으키는 두려운 존재였다. 사람들은 도서관이 살아 있다고 믿기 시작했다. 전 세계의 지식이 전부 들어 있는 거대하고 무한한 공동의 뇌, 오늘날 우리가 슈퍼컴퓨터를 보며 느끼는 두려움처럼 독립적인 지능의 잠재성을 지닌 존재라고 생각한 것이다. 이슬람교도의 이집트 침략을 이끈 칼리프 오마르는 도서관을 보자 장군들에게 소장품의 내용이 코란과 모순될 경우 파괴해야 하고 코란을 지지할 경우 중복이니 불필요하다고 말했다. 어느 쪽이든 알렉산드리아 도서관은 연기 속에 사라질 운명이었다. 도서관은 태울 게 없을 때까지 6개월 동안 불탔고 살아남은 약간의 책들은 땔감으로 동네 목욕탕의 물을 데우는 데 사용되었다.

알렉산드리아 도서관에 관한 모든 것은 불가사의하다. 오늘날에도 이 도서관에 관한 이야기들이 사실인지 아무도 확신하지 못한다. 전소되었다는 극적인 종말에도 의문이 제기된다. 지진과 줄어든 예산이 파국을 불러왔다고 생각하는 역사가들도 있다. 알렉산드리아 도서관은 모든 도서관 역사의 시금석이지만 그곳이 누렸던 긴 시간은 미스터리로 남아 있다.

인류의 모험담에서 대부분의 사건은 돈 때문에 일어난다. 특히 방화가 그렇다. 하지만 도서관을 불태운다고 돈을 벌지는 못한다. 도서관에 불을 지르는 건 대개 그 안에 있는 누군가에게 문제가 있다고 생각하는 사상 때문이다. 13세기와 14세기, 교황은 유대교 서적들을 모아 "화장"시키라고 명했다. 이 책들이 반기독교 사상을 퍼뜨린다고 믿었기 때문이다. 또 스페인에서는 종교재판을 열어 히브리어 서적을 포함한 "이단서들", 특히 토라를 한데 모아 불 지르라는 판결을 내렸다. 스페인에서는 모닥불 주위에서 공동체 집회가 열리는 분서 축제 개념이 이때 발생했다.

스페인은 해외에서도 책을 태우는 행위를 계속했다. 1500년대 중반에 에르난 코르테스와 부하들은 흑마술을 다룬다는 이유로 아즈텍족의 필사본 수십 권을 불태웠다. 코르테스가 승리를 거둔 뒤 마야인들에게 가톨릭교를 전파하기 위해 디에고 데 란다라는 사제가 파견되었다. 데 란다는 마야 문명에 매료되었지만 마야인 수십 명에 대한 고문과 살인을 감독했고 그들의 책과 그림을 발견하는 족족 불살랐다. 데 란다의 처형에서 살아남은 고문서는 고작 몇 권에 불과하며, 이들이 마야 문명에 관해 증언해줄 유일한 문서들이다.

사라진 세계 도서관들의 목록만으로도 책 한 권을 거뜬히 채울 수 있다. '도서관library'과 '살인homicide'을 결합하여 『도서관 학살 Libricide』이라는 인상적인 제목을 붙인 도서관학 교수의 책(국내에는 『책을 학살하다』로 출판되었다―옮긴이)은 물론이고 많은 책이 이 주제를 다뤘다. 책이 희귀하기도 한 데다 인쇄하는 데에도 비용과 시간이 많이 들던 역사의 초기에는 도서관의 상실이 치명적일 수 있었다. 유네스코는 1949년과 1996년 사이 근대사에서 파괴된 모든 도서관의 목록을 작성해 발표했다. 조사에서 집계한 파괴된 책의 수가 어마어마해서―수십억 권에 이른다―이 세상에 책이 남아 있다는 게 신기할 정도다.

전쟁은 도서관의 최대 학살자다. 일부는 전쟁의 부수적 결과로 인해 사라졌다. 도서관은 보통 도시 중심부에 있으므로 도시가 공격을 받으면 곧잘 피해를 입는다. 하지만 도서관이 특정 목표가 될 때도 있다. 제2차 세계대전에서는 인류 역사상 그 어떤 사건보다 더 많은 책과 도서관이 파괴됐다. 나치만 해도 집권 12년 동안 불태운 책이 수억 권으로 추정된다. 조지 오웰의 말처럼 책을 태우는 것은 "[나치]의 가장 특징적인 행위"였다. 독일의 책에 대한 공격은 전쟁 전부터 이미 시작되었다. 히틀러는 총리가 되자마자 불온하다고 판단한 모든 출판물을 금지시켰다. 유대인과 좌파 저자들이 쓴 책은 자동으로 금서에 포함되었다. 1933년 5월 10일, 베를린의 오페라 광장에 금서 수천 권이 쌓였다. "불 선서" 행사를 위해서였다. 불 선서는 나치의 선전부장 요제프 괴벨스가 특히 좋아하는 행사였다. 괴벨스는 책이 유대인의 문화, 이론, 정체성에 얼마나 근본적인 역할을 하는지 알고 있었다. 그가 생각하기에 유대인들의 책을 불태우는 것은 독일 지배의 무한성을 보여주는 이상적인 무혈 고문이었다. 오페라 광장에 모인 학생들은 나란히 서서 손에서 손으로 책들을 전한 뒤 더미에 던져넣었다. 화톳불에 쌓인 책의 수는 2만5000권에서 9만 권에 이르렀던 것으로 추정된다. 책을 던질 때마다 한 학생이 그 책이 "사형선고를 받은" 이유를 읽었다. 꼭 형사 고발 내용 같았다. 예를 들어 지그문트 프로이트의 책은 정신적 타락과 "성의 과장 및 불건전한 복잡화"라는 혐의를 받았다. 혐의를 읽은 뒤에는 한 학생이 "나는 지그문트 프로이트의 저서를 불태운다"고 선언하며 책을 던졌다. 다른 혐의로는 "유대인-민주주의적 성향" "독일어 훼손" "제1차 세계대전 참전 병사들에 대한 문학적 배신" 등이 있었다. 한 무더기가 쌓이면 휘발유를 흠뻑 붓고 불을 붙였다.

불 선서는 춤과 노래, 라이브 음악이 어우러진 파티 분위기였다. 괴벨스는 자정에 나타나 '불 연설'이라 불린 담론을 펼쳤다. 같은 날 밤에 뮌헨, 드레스덴, 프랑크푸르트, 브로츠와프에서 비슷한 행사가 열렸고 이듬해에 독일 전역의 대학과 도시에서 이런 행사가 서른 번 넘게 열렸다. 본 시장은 책이 불타는 동안 재가 "하늘로 날아가는 유대인의 영혼"처럼 보였노라고 말한 것으로 전해진다.

책을 파괴하는 광경은 오랫동안 "책의 민족"으로 알려진 유대인들에게 특히 고통스럽게 다가왔다. 유대교에서는 책을 신성하게 여기고 가장 신성한 경전인 토라는 천으로 싸서 보석과 은으로 된 흉배, 왕관 등으로 장식한다. 종교서가 해지면 땅에 묻고 장례식을 거행한다. 유대인들은 책이 인쇄된 문서 그 이상이라고 생각한다. 책에 인간성과 영혼이 있다고 믿는다. 랍비 저자들은 종종 이름 대신 자신이 지은 책의 제목으로 불리는 쪽을 선택하기도 한다. 불 선서의 아이러니는 나치가 유대인들과 마찬가지로 책을 진지하게 대했다는 점에 있다. 책을 파괴해야 할 필요성을 느꼈다는 자체가 책의 힘과 가치를 인정한 것이고 그에 대한 유대인들의 변함없는 애착을 인식했다는 뜻이다.

전쟁은 유럽의 도서관들을 가혹하게 파괴하며 짓밟았다. 운이 나빠서 전략적인 표적을 겨냥한 화염폭탄과 공습에 휘말린 도서관도 있었다. 하지만 독일군은 책을 파괴 대상으로 지목하고 "방화분대"라는 분서 특공대를 보내 도서관과 유대교회당을 불태웠다. 이 분대는 일을 잘했다. 우발적이건, 의도적이건 전쟁에서 희생된 도서관을 하나하나 나열하다보면 현기증이 인다. 이탈리아에서는 200만 권의 책을 소장한 주요 도서관 20군데가 파괴되었다. 프랑스는 스트라스부르 30만 권, 보베 4만2000권, 샤르트르 2만3000권, 두에 11만 권을 포함해 수백만 권 이상을 잃었다. 파리의 의회도서관이 전소되면서 역사적으로 유명한 수많은 예술서와 과학서가 사라졌다. 메스에서 공무원들은 가장 귀한 책들을 안전하게 보호하기 위해 눈에 잘 띄지 않는 창고에 숨겼지만 한 독일군이 이 창고를 발견하고는 소이탄을 던졌다. 그렇게 11세기와 13세기의 희귀 필사본을 포함한 책 대부분이 소실되었다. 대공습 기간에 영국에서는 2000만 권의 책이 불타거나 불을 끄려고 뿌린 물로 인해 만신창이가 되었다. 리버풀의 중앙대여도서관은 완전히 폐허가 됐다(도시의 나머지 도서관들은 대공습 동안 계속 문을 열어 정상 개관 시간을 지키고 평소처럼 연체료를 부과했다).

1938년 뮌헨 회담 뒤에는 지리학과 생물학, 역사를 다룬 체코어

서적이 전부 압수되어 불타고 으깨져 펄프가 되었다. 리투아니아 빌뉴스에서는 유대인 거주지역에 있는 도서관에 방화 사건이 일어났고 몇 달 뒤 주민들은 강제수용소로 보내져 독가스에 희생되었다. "책을 불태우는 곳에서는 결국 인간도 태워진다"라는 독일 시인 하인리히 하이네의 경고가 사실로 입증된 것이다. 부다페스트에서는 거의 모든 도서관의 적어도 일부분 혹은 전체가 파괴되었다. 벨기에 루뱅대학의 거대한 도서관은 유럽의 다른 어떤 도서관보다 더 심한 고통을 겪었다. 제1차 세계대전 당시 독일군은 이 도서관에 불을 질렀는데, 휴전 뒤 유럽 국가 연합이 도서관을 재건해 큰 축하를 받으며 재개관했다. 하지만 1940년에 다시 독일군의 포격을 받은 도서관은 옛 거장들의 판화와 1500년 이전에 출간된 책 1000권 가까이를 포함한 서고의 모든 책을 잃고 말았다. 폴란드에서는 국가 내에 있는 모든 책의 80퍼센트가 불타 사라졌다. 키예프에서는 독일군이 시 도서관의 참고 도서들을 거리에 깔아 장갑차가 진창을 지나갈 때 발판으로 삼았고, 도서관에도 불을 질러 400만 권의 책을 태웠다. 독일군은 러시아로 진군하면서 9600만 권으로 추정되는 책을 더 불태웠다.

　연합군은 일본과 독일의 도심부에 폭격을 가하면서 불가피하게 도서관들을 공격했다. 일본의 도서관을 연구한 시어도어 웰치는 1945년 미군이 일본에 도착했을 때 현지 도서관에 있던 책의 4분의 3이 불타거나 훼손되었다고 썼다. 독일의 손실도 도저히 믿기 힘들 정도였다. 브레멘, 아헨, 슈투트가르트, 라이프치히, 드레스덴, 뮌헨, 하노버, 뮌스터, 함부르크 등에 있던 도서관의 책 대부분이 불에 타 사라졌다. 다름슈타트에서는 75만 권, 프랑크푸르트에서는 100만 권 이상, 베를린에서는 200만 권이 전소되었다.

전쟁 중에 도서관과 그 외 문화재들이 대대적으로 파괴된 데 놀란 세계의 정부들은 재발을 방지하기 위한 조치를 강구했다. 1954년 무력충돌 시 문화재를 보호하기 위한 협약 헤이그조약이 체결되었고 현재 127개국이 서명한 상태다. 하지만 당시 책, 원고, 미술작품, 기념물, 중요한 고고학적 유적을 포함한 문화재에 대한 보호는 미미한 수준이었다. 조약이 체결된 직후에도 파괴 행위가 일어났을 정도다. 나치의 현란한 불 선서가 책을 불태우는 것이 공동체에 악랄한 타격을 가할 손쉬운 방법임을 입증한 것처럼 다른 압제 정권들도 이 아이디어를 채택했다. 마오쩌둥은 20대 중반에 베이징대학의 보조 사서로 일했다. 그는 도서관에서 보냈던 시간 동안 카를 마르크스를 발견했고 정치적 각성을 얻었다는 말도 자주 했다. 하지만 일부 의사가 살인자가 되는 것처럼 마오는 훗날 책을 불태운 사서가 되었다. 권력을 잡은 마오는 자신이 "반동적이고 외설적이며 부조리하다"고 여기는 책들을 모조리 없애라고 명령했다. 문화대혁명 기간에는 낡은 사상과 문화를 옹호하는 책을 제거했고 티베트에 홍위병을 보내 도서관을 "정화"시켰다. 일부 도서관에서는 마르크스, 레닌, 마오의 저작을 뺀 모든 책이 불살라졌다.

좀더 최근으로 오면 크메르 루즈가 캄보디아 국립도서관의 책들을 거리에 내던진 뒤 불태운 일이 있다. 살아남은 책은 20퍼센트에 불과했다. 이라크군은 1990년 쿠웨이트 침공 후에 쿠웨이트의 도서관 대부분에 불을 질렀다. 보스니아 전쟁 중에는 거의 200개의 도서관이 불탔고 사라예보 국립도서관의 소장품 90퍼센트가 파괴되었다. 시인 필 쿠시노는 "150만 권의 책이 불타면서 생긴 재"로 사라예보에 시커먼 눈이 내렸다고 기록했다. 탈레반의 통치 아래 아프가니

스탄 카불에서도 18개 도서관 중 15개가 문을 닫고 대부분의 책이 타버렸다. 이라크 전쟁 기간에 이라크 국립도서관에서 피해를 면한 책은 전체의 30퍼센트에 불과했다. 그중 일부는 바그다드까지 전투가 번지기 전에 도서관에서 치워놓은 책들이었다. 사담 후세인은 개인적으로 소장하기 위해 많은 책을 빼돌렸으며 도서관이 전쟁으로부터 무사하지 못할 것이라 생각한 이라크인들은 책을 자기 집에 숨겼다. 이슬람교의 지하드 전사들은 2013년 팀북투에서 후퇴하며 그 지역 도서관에 있던 귀중한 필사본을 다수 파괴했다. 그중에는 13세기의 필사본도 포함되어 있었다.

미국에서는 주로 책의 내용에 격분하여 많은 책이 불살라졌다. 예를 들어 1940년대에 웨스트버지니아주의 교사였던 메이블 리들이 범죄와 섹스를 열성적으로 묘사한 만화책을 모아 불태우는 캠페인을 시작한 바 있다. 가톨릭교회가 이 캠페인을 지원했다. 수천 권의 만화책을 태운 이 모닥불에 대한 반응이 굉장히 좋아서 전국의 도시로 퍼져나갔고 많은 지역의 교구가 이 행사를 후원했다. 어떤 경우에는 수녀들이 첫 순서로 불을 붙이기도 했다.

책을 태우는 일은 전쟁 수행에 있어서 비효율적이다. 책과 도서관은 군사적 가치가 없기 때문이다. 하지만 이 방법은 대단한 충격을 주는 행위다. 도서관을 파괴하는 것은 일종의 테러다. 사람들은 도서관을 사회에서 가장 안전하고 개방된 장소라고 생각한다. 도서관에 불을 지르는 행위는 그 어디도 안전하지 않을 거라는 선언이다. 책을 불태울 때는 정서적인 부분에 가장 강력하게 영향을 끼친다. 도서관이 불타면 책은 때때로 사람처럼 "부상자" 혹은 "사상자"로 표현된다.

책은 일종의 문화적 DNA, 한 사회에서 우리가 누구인지, 무엇을 알고 있는지 나타내는 부호다. 한 문화의 모든 경이와 실패, 승리자와 악인, 모든 전설과 아이디어와 계시들이 책에 영원히 남는다. 이런 책을 파괴하는 행동은 그 문화와 역사가 더 이상 존재하지 않는다고, 과거와 미래의 연속성이 파열되었다고 말하는 강렬한 방법이다. 책을 뺏는 것은 사회가 공유한 기억을 뺏는 것이다. 꿈꿀 수 있는 능력을 빼앗는 것과 비슷하다. 책을 파괴하는 것은 죽음보다 더 나쁜 무언가를 선고하는 행위다. 그 문화가 아예 존재한 적이 없었던 것처럼 보이게 만드는 것이다.

제2차 세계대전이 끝나고 몇 달 뒤 유럽의 도서관들이 아직 검게 그을려 있을 때, 레이 브래드버리라는 작가가 책이 금지된 가상의 사회를 배경으로 한 이야기를 쓰기 시작했다. 처음에 그는 이 이야기를 "방화수"라고 불렀다. 이 책의 사회에서는 누군가의 집에 몰래 숨겨둔 책이 발견되면 방화수를 불러 태워버린다. 나치의 방화분대와 마찬가지로 이 방화수들은 불을 끄는 게 아니라 붙인다. 방화수 이야기를 쓰기 시작했을 때 브래드버리는 서른 살이었다. 로스앤젤레스에서 자라고 10대부터 공상소설과 과학소설을 쓰기 시작한 브래드버리는 곧 『이매지네이션』『어메이징 스토리』『슈퍼 사이언스 스토리』 같은 공상과학 잡지에 자신이 쓴 소설을 팔기 시작했다. 대공황의 한복판이던 1938년 고등학교를 졸업했지만, 가족은 그를 대학에 보낼 만한 형편이 되지 않았다. 언제나 도서관을 사랑했던 브래드버리는 대학에 가는 대신 13년 동안 매일 로스앤젤레스 공공도서관을 찾아 각 코너의 책들을 읽어나갔다. 종종 자신을 "도서관 교육을 받은" 사람이라고 부르던 그는 대학에 다녔더라도 도서관에서보다 더 많은 것을 배우진 못했을 거라고 생각했다. 훗날 브래드버리는 "열네 살에 입학해서 스물일곱 살에 졸업했죠. 건물 전체의 그 빌어먹을 방 가운데 안 간 데가 없어요. 어떤 방에서는 100권의 책을 읽었을 거예요. 세상의 모든 시, 희곡, 불가사의한 살인 사건, 에세이를 읽었죠"라고 회상했다. 처음에는 어쩔 수 없이 시작했지만 곧 도서관—특히 중앙도서관—이 그의 열정이 되었다. 그는 책에 "도서관은 내 쉼터였다. 내가 태어나고 자란 곳이었다"라고 썼다.

브래드버리는 몇 달 동안 방화수 이야기를 쓰다가 점점 좌절을 느껴 옆으로 밀어두었다. 4년 뒤 우익 선동가 조지프 매카시 상원의원이 국방부에 공산주의자와 "위험인물"이 우글거린다고 주장하여 미국 전역에 피해망상의 광풍을 불러일으켰다. 한때 매카시를 "그 이상한 상원의원"으로 묘사했던 브래드버리는 공포에 휩싸였고, 현재의 정치 상태를 섬뜩하게 예감한 방화수 이야기를 완성해보기로 결심했다.

당시 브래드버리와 아내에게는 어린 딸이 넷 있었다. 집에서 일하다보니 글 쓰는 시간보다 아이들과 놀아주는 시간이 더 많아졌다. 집필실을 구할 형편이 되지 않았지만 UCLA의 파월도서관 지하에 시간당 10센트를 주면 타자기를 빌릴 수 있는 방이 있다는 이야기를 들었다. 도서관에서 책을 불태우는 이야기를 쓴다면 기막힌 대칭이 될 것이었다. 브래드버리는 UCLA의 타자실에서 9일에 걸쳐 방화수 이야기를 단편소설로 늘렸고 곧 완성했다. 타자기를 빌리는 데 쓴 돈은 9.80달러였다.

이 소설은 좀처럼 마음에서 떠나지 않는 이야기를 담고 있다. 주인공은 몬태그라는 젊은 방화수로, 아내 밀드러드와 함께 산다. 두 사람의 삶은 질서정연해 보이지만 무미건조하고 제한적이다. 밀드러드는 텔레비전에서 끊임없이 내보내는 오락과 약물에 중독된 채 몽유병자처럼 축 처져서 살아간다. 몬태그는 순종적인 방화수 같지만 그에게는 위험한 비밀이 있다. 책에 호기심을 느껴 태우라고 할당된 책 몇 권을 몰래 숨겨놓은 것이다. 일하면서 고분고분하게 수천 권의 책을 태웠지만 일단 독서를 시작하자 그는 자신이 파괴한 것들의 무게를 느낀다. "난생처음으로 각각의 책 뒤에 사람이 있다는 것을 깨달았다"고도 생각한다. 어느 날 아내 밀드러드는 남편이 책을 읽는 것을 발견하고 방화국의 동료들에게 신고한다. 방화수들이 불시에 찾아와 집과 책을 태우고 몬태그까지 죽이려 했지만 그는 가까스로 죽음을 모면한다. 도시에서 달아난 몬태그는 우연히 사회 낙오자들의 캠프를 발견한다. 도망다니면서 살아가는 이 사람들은 애서가로, 책을 외워 문학을 보존하려 한다. 책의 내용을 전부 외우기 위해 끊임없이 낭송해서 야영지는 셰익스피어와 프루스트를 읊조리는 목소리로 하루 종일 고동친다. 그중 한 사람은 몬태그에게 자신들의 "겉모습은 부랑자이지만 내면은 도서관"이라고 말한다. 이들은 책을 그 기원, 즉 이야기를 구술하는 전통으로 되돌려 보냄으로써 책을 보존한다. 구술은 종이와 잉크가 나오기 이전 시절에 이야기에 지속성을 부여하는 방법이었다.

타고 있는 책에 대한 브래드버리의 묘사는 의외로 끔찍하지 않다. 사실 마법처럼 경이롭다. 그는 불타는 책을 "검은 나비" 혹은 불에 타는 새로 묘사했다. "붉은색, 노란색 깃털이 달린 날개가 불타오른다." 이 책에서 불은 혐오스러운 존재가 아니다. 불은 매혹적이다.

물질을 변화시킬 수 있는 멋지고 신비스러운 힘이다. 불은 "인간이 발명하고 싶었지만 결코 하지 못한 것"이다. 이런 우아한 묘사들은 책을 불태우는 이미지를 훨씬 더 충격적으로 보이게 한다. 이 책은 100만 건의 작은 살인을 묘사한 발레 같다.

집필을 끝낸 브래드버리는 "방화수"보다 더 좋은 제목을 생각하려고 고심했다. 좀처럼 마음에 드는 제목이 떠오르지 않던 그는 어느 날 충동적으로 로스앤젤레스 소방국장을 찾아가 종이가 불탈 때의 온도를 물었고, 국장의 대답은 이 책의 제목이 되었다. 바로 『화씨 451』. 1986년 중앙도서관이 화마에 휩싸였을 때, 소설 코너 A에서 L까지 꽂혀 있던 책이 남김없이 타버렸다. 브래드버리가 쓴 책도 전부.

도서관은 평화로운 시절에도 불타오른다. 미국에서는 1년에 약 200건의 도서관 화재가 일어나고 전 세계 도서관에서는 훨씬 더 많은 화재가 일어난다. 합선, 과열된 선풍기, 불량 커피포트, 벼락 같은 사고 등이 화재 원인이다. 1764년에는 난로에서 바닥으로 튄 불길이 하버드 도서관을 무너뜨렸고, 1972년에는 선풍기에 불꽃이 튀어 화재가 발생하면서 템플대학교 법학 도서관의 모든 책이 사라졌다. 1988년에는 세계에서 가장 큰 도서관이자 1714년에 지어진 레닌그라드의 국립과학원도서관에 큰불이 나 40만 권의 책이 불타고 훼손되었으며 수백만 권 이상이 물에 젖어 망가졌다. 화재 원인은 배선 하자였다. 도서관이 불타는 동안 소방관들은 건물 안에도 못 들어가고 20여 대의 소방차를 근처에 세워놓은 채 24시간 가까이 물만 뿌렸다. 마침내 불이 꺼지고 훼손된 책 더미를 치우기 위해 불도저가

왔지만 시위대의 항의로 돌아갔다. 시위자들은 구제할 수 있는 젖은 책을 모아 집으로 가져가서 빨랫줄에 널어놓고 되살리려 애썼다. 화재 이튿날 도서관장 블라디미르 필로프는 기자들에게 훼손된 책들의 가치가 5000달러에 불과하다고 말했다. 보도에 따르면 그다음 날 그는 "심장질환"으로 입원했고 이후 대중의 시선에서 사라졌다.

많은 도서관 화재는 우발적인 반달리즘의 결과로 일어났다. 도서 반납통 입구에 던져넣은 불붙인 성냥이 지난 몇 년간 수많은 화재를 일으켰다. 몇몇 사람은 진짜로 도서 반납통을 휴지통으로 착각했을 수 있지만 아마 대부분은 뭔가 어리석은 짓을 하고 싶은 충동에 저지른 짓일 것이다. 이런 유형의 화재는 너무 흔해서 이제 대부분의 도서관은 불이 붙어도 번지지 않도록 도서 반납통을 본관 건물에서 떨어진 곳에 둔다.

오랫동안 사람들은 도서관 화재의 주된 원인이 부주의한 흡연 때문이라고 믿었다. 그래서 도서관들은 흡연을 금지했다. 하지만 화재가 줄기는커녕 증가했다. 이제 조사관들은 도서관 화재의 대부분이 의도적인 방화라고 믿는다. 방화는 인기 있는 범죄다. 중앙도서관이 불탔던 1986년에 로스앤젤레스에서는 5400건의 방화가 보고되었다. 대부분의 경우 방화는 돈을 목적으로 일어난다. 보험금을 받으려고 자기 건물에 불을 지르는 게 전형적이다. 실연이나 실패한 사업 거래로 복수심에 불을 지르는 이들도 있다. 정부 건물을 노린 방화는 정치적 선언이다. 자기가 불을 내고 자기가 꺼서 용감한 사람으로 보이려는 이도 있다. 소방관들은 이런 불을 "허영심 화재" 혹은 "영웅심 화재"라고 부른다. 때로는 다른 범죄를 은폐하기 위해 불을 지르기도 한다. 살인을 저지른 뒤 시체가 있는 건물을 태워 수사를 방해하거나 살인이라는 것조차 모르도록 하는 것이다. (영화에서 볼 수 있는 클리셰지만 현실에서도 일어난다.) 또 물건들이 불타는 광경을 바라보며 희열을 느끼는 충동조절장애, 방화벽을 앓는 사람들이 범인인 경우도 있다.

　로스앤젤레스라는 도시 자체도 대형 화재의 발생에 한몫한다. 로스앤젤레스는 덥고 바삭바삭 말라 있는 도시, 연소실 같은 도시다. 이곳에서는 표면 바로 아래에서 부글부글 끓고 있는 불길, 부화되기까지 자라고 있는 불길, 덤불을 할짝할짝 핥고 있는 불길을 느낄 수 있다. 마른 덤불과 바싹 마른 풀 속에서 폭발할 때를 기다리고 있는, 아직 태어나지 않은 불의 존재를 느낄 수 있다. 건물과 언덕이 불탄다. 로스앤젤레스에서 일어난 화재에는 이름이 붙는다. 토머스 산불, 라투나 산불, 프라우드버드 화재, 스테이션 산불. 1980년대에 로스앤젤레스와 주변 지역에 다발적으로 화재가 발생해 뜨거운 고리가 도시를 에워쌌던 적이 있다. 이 화재들은 불붙인 담배와 공책 종이에 싼 성냥 3개를 고무줄로 묶은 간단한 방화 도구를 이용해 저질러졌다. 대부분의 방화가 로스앤젤레스에 인접한 글렌데일시에서 일어났는데, 몇 년 사이에 이 도시에서 67채의 집이 불타 사라졌다. 방화 조사관들이 회의를 하는 곳 근처에서도 여러 번 불이 났고 철물점에서 몇 번, 공터에서 많은 방화가 일어났다. 워너브라더스 스튜디오에 난 불은 「월튼네 사람들」의 세트를 무너뜨렸다. 1980년대 중반까지 이 소형 장비를 이용해 일어난 화재로 피해가 수백만 달러에 이르렀다.

　그 무렵 글렌데일의 소방대장이자 방화 전문가 존 레너드 오르가 소설을 발표했다. 그는 저작권 대리인에게 자신의 소설 『원점』이 실제 방화 사건을 따라가는, 사실에 근거한 작품이라고 설명했다. 그는

"실제 사례에서처럼 내 소설 속 방화범은 소방관이다"라고 썼다. 대리인은 이 책을 맡기로 했다. 출판사들이 로스앤젤레스에서 일어나고 있는 방화 사건들과 이 소설의 묘한 유사점에 관해 묻자 대리인은 대수롭지 않아 하며 "우리는 LA에 살고 있어요! 다들 팔고 싶어 하는 원고와 책이 있죠"라고 대답했다. 이 소설이 출판사들에게 전해지기 직전, 글렌데일의 올스 홈센터라는 철물점이 불타 4명이 목숨을 잃었는데, 이 사건과 비슷한 장면이 『원점』에 묘사되어 있었다. 오르의 책은 인피니티 출판사에서 문고판으로 발간되었다. 오르는 소방대장이었지만 그의 태도에서 미심쩍은 구석을 느낀 글렌데일 방화 조사팀은 그의 차에 추적 장치를 설치했다. 그리고 오르가 사건 장소에 불이 나기 직전 방문했던 것으로 드러났다. 후에 한 현장에서는 그의 지문이 발견되기도 했다. 오르는 항상 점잖지만 사람들은 그를 약간 괴짜로 생각했다. 오르에 대한 의심이 커지자 탐정들은 그가 예전에 로스앤젤레스 경찰국에 지원했다가 "조현증" 판정을 받고 탈락한 사실을 밝혀냈다. 결국 오르는 20건 이상의 방화와 4건의 살인죄로 기소되었고, 대부분의 죄목에 대해 유죄 판결을 받았다. 사형선고를 받고 가석방 가능성 없는 종신형을 살고 있는 오르는 로스앤젤레스와 그 주변 지역에 2000건이 넘게 불을 지른 혐의를 받고 있다. 그가 감금된 후 글렌데일 지역에서 산불 발생 건수는 90퍼센트나 감소했다.

중앙도서관 화재가 로스앤젤레스에서 도서관이 불탄 유일한 사건인 것은 아니다. 1982년에 할리우드 분관이 불에 탔는데 이 방화 사건은 미제로 남았다. 누군가 건물 근처에 낸 작은 불이 걷잡을 수 없이 퍼진 것으로 보이는 이 사건으로 건물은 처참하게 파괴되어 철거해야 했고 겨우 2만 권의 책만 구할 수 있었다. 중앙도서관은 1986년 4월의 대화재 이후에도 두 번 불이 났다. 같은 해 9월, 많은 책과 사본이 무사히 남아 있던 음악&예술 컬렉션 한복판에서 불길이 시작되었다. 7시간 동안 폭풍처럼 번졌던 4월의 화재에 비하면 비교적 작은 규모였고 불은 36분 만에 진압됐지만 조사관들은 크게 당황했다. 구조대원과 사서 중 최소한의 기본 인원을 제외하고는 건물에 들어가지 못했기 때문이다. 그 방은 출입구가 하나뿐이었고 불이 나기 15분 전에 경비가 순찰을 돌았다. 불이 나는 동안 건물 밖을 배회하던 남자가 붙잡혔지만 마리화나를 팔고 싶어 서성거렸던 것으로 밝혀졌다. 큰 화재로 이미 충격을 받았던 도서관 직원들은 두 번째로 불이 나자 불안에 빠졌다. 그 한 달 뒤에 또 불이 났는데, 이번에는 도서관 지하였다. 그러나 이번 화재는 적어도 분명한 원인이 있었다. 구조대원 한 명이 지하로 통하는 활송 장치 근처 쓰레기 더미에 실수로 가열 물질을 떨어뜨려 불이 시작되었던 것이다.

10

『부동산 단타 매매: 부동산으로 즉각적인 현금 수익 올리기Flipping Properties: Generate Instant Cash Profits in Real Estate』(2006)

　윌리엄 브론칙
　333.6 B86

「은밀한 하녀들Devious Maids: The Complete First Season」(2014)

　DVD

『21일 요가 완성: 단 3주 만에 탄탄하고 강하고 멋진 몸을 만들어주는 신진대사 개선 방법과 생활 방식The 21-Day Yoga Body: A Metabolic Makeover & Life-Styling Manual to Get You Fit, Fierce, and Fabulous in Just 3 Weeks』(2013)

　새디 나르디니
　613.71 N224

『거리의 투사: 비디오 게임에 기반한 그래픽 노블Street Fighter: The Graphic Novel, Based on the Video Game』(1994)

　렌 스트레이제프스키
　740.914 H655St

아린 커스패리언은 한동안 서브웨이에서 샌드위치를 만들었다. 그는 이 일을 평생 직업으로 생각하진 않았지만 그 생활에 아주 편하게 적응해서 어머니가 걱정할 정도였다. 어머니는 아들이 마리나라 소스를 뿌린 30센티미터짜리 미트볼 샌드위치를 만드는 것보다 더 가치 있는 일을 하길 원했다. 그래서 아들에게 도서관의 일자리에 지원해보라고 졸랐다. 처음에 커스패리언은 관심이 없었지만─서브웨이에서는 공짜로 음식을 먹을 수 있었기 때문이다─그의 누나가

"어머니를 기쁘게 해드리기 위해서라도 지원해보라"고 한 말에 설득당했다고 했다. "공짜 샌드위치를 먹는 것과 어머니를 기쁘게 해드리는 것 사이에서 선택해야 했어요." 그는 헝클어진 까만 머리칼에 쾌활하고 장난기 있는 20대 중반의 청년이다. 우리가 이야기를 나눌 때 커스패리언은 막 교대 근무를 시작해 중앙도서관 메인 로비의 대출대에 있었다. 그는 "도서관에 지원한 건 제가 지금까지 했던 것 중 가장 잘한 일이었어요"라고 말했다. 그의 진짜 꿈은 영화감독이었지만 그의 표현대로 "현실을 자각했고" 커스패리언은 그 목표를 이루기가 얼마나 어려운지 잘 알고 있었다. 앞으로 그는 문헌정보학과에 진학해 어린이 및 청소년 도서를 담당하는 사서가 될 계획이다. 커스패리언은 아침에 잠에서 깰 때 행복감을 느낀다고 말했다. "난 모든 게 괜찮다고 느껴요. 모든 일이 다 좋습니다!"

1997년 도서관 학교 행정관들은 도서관학 지원자 수가 조금씩 늘어나고 있다는 걸 알아차렸다. 지원자들의 평균 연령은 낮아지고 있었다. 또 도서관학을 공부하는 학생 중 예술이나 사회정의 혹은 기술 쪽을 공부한 사람도 많아졌다. 남성이 많았는데, 적어도 과거보다는 남성이 늘어났다고 볼 수 있었다. 문신을 한 학생도 다수였다. 많은 학생이 정보관리와 공익이 결합된 일이라는 점을 이 직업에 끌린 이유로 꼽았다. 또한 사서들은 꽤 괜찮은 생활을 한다. 로스앤젤레스 도서관 시스템에서 신입의 초봉은 6만 달러가 넘고 여러 분관을 감독하는 국장은 20만 달러 가까이 번다. 사서에 대한 젊은 층의 새로운 관심은 이 직업의 이미지를 변화시켰다. 사서에 관한 만화 시리즈가 있는가 하면 시애틀의 사랑받는 사서 낸시 펄을 모델로 한 캐릭터 인형까지 나왔다. '세상에서 가장 강한 사서' 사이트를 포함해 사서 블로그가 수십 개에 이른다. 사서가 된다는 것은 언론 자유와 이민자의 권리, 노숙인 문제를 옹호하면서 듀이 십진분류법에 따라 일하는 사회활동가가 될 기회라는 느낌을 준다. 내가 보기에 커스패리언은 파커 포지가 독립영화 「파티걸」에서 도서관 직원을 연기한 1995년부터 시작된 변화의 최종 결과물이었다.

커스패리언이 "다음!" 하고 외치자 연두색 머리의 10대 소녀가 앞으로 나와 그래픽 노블을 대출했다. 그다음에는 회갈색 정장을 입은 잘생기고 나이 들어 보이는 남성이 타이베이 여행 가이드 두 권을 대출했다. 커스패리언은 고객들을 응대하는 동안 상대의 얼굴에서 시선을 떼지 않고 느낌으로 대출을 처리했다. 비즈니스맨이 떠나자 커스패리언은 내게 "저는 사람들이 대출하는 책을 봐야 할지, 보지 말아야 할지 모르겠어요"라고 속삭이며 활짝 웃었다. "가끔은 보기도 하는데요. 아마 작가님은 그런 책이 세상에 존재한다는 것도 못 믿으실 거예요." 그때 줄에서 약간 뒤쪽에 있던 여성이 그에게 손을 흔들었다. 커스패리언은 그녀가 도서관 이용객이라고 말했다. "제가 아는 분이에요. 하지만 실제로 알지는 못해요. 제 말은, 여기에서만 안다는 뜻이에요. 그래서 특정한 방식으로만 알죠." 관계를 정확하게 설명했다고 확신이 서지 않았던지 목소리가 잦아들었다. 그 여성의 차례가 되자 커스패리언은 반갑게 맞으며 한동안 못 봤다고 인사를 건넸다. 그러자 그녀가 미소를 지으며 대답했다. "맞아요, 한동안 못 왔어요. 쌍둥이를 낳았거든요."

그 뒤에는 헝클어진 올림머리를 한 슬픈 기색의 여성이 서 있었다. 그녀는 숨을 들이마셨다 내쉬더니 말했다. "저는 요가 책을 찾고 있어요."

그다음에는 헐렁한 갈색 코트를 입은 백발의 남성이 「아나콘다」에서 「갱스터러버」까지 20개의 영화 제목을 알파벳 순서대로 쓴 종이를 들고 대출대로 다가와 물었다. "이 영화들을 구할 수 있을까요?" 커스패리언은 고개를 끄덕이며 대답했다. "물론이죠!"

이번에는 머리를 허리까지 길게 땋아 내린 젊은 남성이 "금주에 관한 책을 찾으려면 어디로 가야 하나요?"라고 물었다.

그 청년 다음으로는 폴로셔츠를 맞춰 입은 중년 남성 두 명이 디즈니월드 가이드 3권을 대출했다.

이번에는 숱 많은 갈색 곱슬머리의 자그마한 여성이 산더미 같은 매직트리하우스를 대출대에 내려놓았다. "여덟 살짜리 딸이 볼 거예요." 그녀는 묻지도 않았는데 커스패리언에게 말했다. "이 책들은 아무리 봐도 싫증이 안 난대요."

그녀 다음에는 머리를 빡빡 민 젊은 남성이 15권의 책을 반납했다. 그는 "몇 권은 연체됐어요"라며 자수했다. 커스패리언이 컴퓨터를 확인하더니 연체료가 10달러 40센트라고 알려주었다. "좋아요." 그리고 신중하게 대꾸했다. "10달러를 낼게요."

커스패리언 옆에서 일하던 넬슨 토러스의 교대 근무가 끝났다. 그는 내게 자신이 친화적이고 느긋한 성격이라 대중을 상대로 하는 일을 원한다는 걸 항상 알고 있었다고 말했다. 책을 많이 읽는 편은 아니었지만 고등학교 때 도서관에서 일하기 시작한 뒤 쭉 이 일을 해왔다고 했다. 토러스가 이야기를 하는 동안 한 남성이 다가와 「은밀한 하녀」라는 텔레비전 쇼의 DVD가 있는지 물었다.

"재미있는 쇼죠." 토러스가 고개를 끄덕이며 대답했다. 그리고 「은밀한 하녀」가 어느 선반에 있는지 찾고 있던 중에 한 여성이 발을 멈추고 대출대를 톡톡 두드리더니 토러스에게 물었다. "어머니는 어떻게 지내시니, 넬슨?" "아주 잘 지내세요." 토러스는 곧 돌아서서 「은밀한 하녀」를 찾던 남성에게 DVD가 있는 위치를 알려주었다.

또 다른 도서관 조수 개릿 랭건이 대출대 뒤편에서 걸어 나오더니 토러스의 어깨에 손을 올렸다. "끝났어, 넬슨." 랭건이 웃으며 말했다. "이제 간수들이 네 사슬을 풀어줄 거야."

그때 컴퓨터 센터, 안내 데스크, 어린이 청소년실, 대출대를 모두 관장하는 수석 사서 설리나 테라자스가 지나가다 눈길을 던졌다. 테라자스는 푸른 눈에 유행하는 안경을 낀 따뜻하고 익살스러운 여성이다. 그녀는 자신의 활동량 측정기를 보더니 "나는 이 건물 안에서 하루에 1만 보를 걸어요!"라고 말하고는 대출대 뒤편의 업무실로 사라졌다.

커스패리언 쪽을 보니 영국에서 온 젊은 남성이 그에게 대출증을 신청하고 있었다. 그때 흐트러진 머리에 꾀죄죄한 배낭을 멘 여성이 멍한 표정으로 느릿느릿 지나갔다. 커스패리언은 도서관에서 처음 일을 시작했을 때 "노숙인들을 보고 약간 겁이 났지만" 지금은 많은 사람을 알아보게 되어 무섭지 않다고 털어놓았다. 노숙인들을 알게 되니 사실은 기운이 났다고 했다. "그들은 뭐랄까, 제게 에너지를 준답니다"라며 그들에 대한 자신의 느낌을 표현했다. 좀더 구체적으로 설명해달라고 하자 약간 부끄러워하는 말투로 "제가…… 중요한 사람이 된 것 같은 느낌을 줘요"라고 하더니 이렇게 덧붙였다. "제가 정말로 도움이 되는 일을 하고 있는 듯한 느낌이요."

11

『휴엘 하우저와의 시내 탐방[녹화 영상]/#110Downtown with Huell Howser [videorecording]/#110』

> 열린문교회(2007)
> DVD 979.41 L88Do-6

『아르코 125년: 과거를 기념하고 미래를 예측하다ARCO at 125 Years: Celebrating the Past, Anticipating the Future』(1992)

> 로드릭 M. 쿡
> 338.78 A8815Co

『미주리주: "쇼 미" 스테이트 가이드Missouri: A Guide to the "Show Me" State』(1941)

> 미주리주 공공사업촉진국의 작가 프로그램
> 977.8 W956

『성공적으로 모금 편지 쓰는 법How to Write Successful Fundraising Letters』(1996)

> 맬 워릭
> 361.73 W331

화재가 났을 당시 로스앤젤레스 시 사서직은 몹시 힘든 자리였을 것이다. 직원들은 멘털이 무너진 상태였고 중앙도서관은 폐쇄되어 언제 재개관할지 기약조차 없었다. 건물이 입은 피해—갈라진 콘크리트, 겹겹이 쌓인 검댕과 더께, 소방관들이 지붕에 뚫은 드릴 구멍들—는 보험으로 어느 정도 보장이 되었다. 사실 외벽이 두꺼운 중앙도서관 건물은 큰불을 꽤 잘 견뎠다. 보험으로 보장이 안 되는 부분은 건물 안에 있던 것들이었다. 화재로 잃은 40만 권의 책을 새로 마련하는 비용이 1400만 달러 이상으로 추정되었다. 도서에 600만 달러, 정기간행물에 600만 달러, 특허 컬렉션과 그 외의 과학 및 기술 문서에 200만 달러 등이었다. 훼손된 70만 권의 책을 보수하는 비용은 그저 추측만 할 수 있을 뿐이었다. 도서관을 다시 채울 수 있는 돈은 사실 없었다.

시 사서 와이먼 존스는 자신이 고생에 이골이 났다고 생각했다. 그는 1929년에 미주리주에서 태어났다. 아버지는 고등학교 교장이었지만 영세농 집안 출신이었다. 최근에 그는 내게 "우리한텐 끔찍했어요, 대공황이요"라고 말했다. 나는 도서관에서 퇴직한 뒤 오리건주 포틀랜드에 살고 있는 존스에게 전화를 걸었다. 처음에 내가 도서관에 관해 책을 쓰고 있다고 밝히자 그는 자신도 그 주제에 관한 책을 낼 계획이라서 나와 이야기하지 않겠다고 대답했다. 책 제목은 "벨리 댄서의 순풍"으로 붙일 생각이라고 했다. 그는 인터뷰할 생각이 없다며 단호하게 거부한 뒤에도 나와 한 시간 넘게 통화를 했다. 이후 몇 달간 우리가 이야기를 나눌 때마다 그는 매번 그렇게 반응했다. 존스가 나와 이야기하지 않을 이유를 말하면 나는 그가 전화를 끊지 못하도록 했다. 때로는 한 시간 정도 통화를 한 뒤 손이 아파서 메모가 힘들거나 저녁을 지어야 해서 하는 수 없이 전화를 끊은 적도 있다. 존스와 이야기하는 것은 나를 때리고 있는 거울 속의 나와 주먹다짐을 하는 것과 비슷했다. 그는 "책을 쓰기 전에 당신은 도서관에 관해 알아야 합니다"라고 몇 번이나 말했다. "도서관에 대해 뭘 알고 있죠? 당신은 사서가 아니잖아요." 첫 대화를 하는 동안 화제는 몇 차례나 대공황으로 되돌아갔고 그는 그때 가족이 굉장히 힘들었다는 말을 반복했다. "나는 당신을 설득하려는 게 아니에요, 수전." 그가 말했다. "나는 당신에게 이야기를 하고 있을 뿐입니다."

　존스는 로스앤젤레스에 오기 전에 텍사스주의 도서관 시스템을 운영했다. 그곳에서 분관들을 구축해 명성을 쌓은 그는 1970년 캘리포니아에 도착했을 때 중앙도서관을 허문 뒤 다른 자리에 더 크고 새로운 무언가를 지을 생각이었다. 존스는 랜드마크가 된 버트럼 굿휴 건물에 아무런 애착이 없었기 때문이다. 그 건물에 대해 이야기할 때마다 그는 "도서관에 관해 개뿔도" 모르면서 "자기가 잘난 줄 아는 건축가"의 작품이라며 무시했다. 그는 굿휴가 전반적으로 과대평가된 건축가라고 생각했다. "건축계에서는 그 건물을 그리 높이 치지 않아요"라는 말도 했다. 내가 실제로 그 건물에 대한 찬사를 많이 읽었고 여러 건축가에게 상당한 걸작으로 평가받는다고 말하자 그는 코웃음을 치며 "흠, 거기엔 어느 정도 대중적 감상주의가 작용했을 수 있어요. 사람들이 그곳에 가서 책을 읽거나 뭐 그와 비슷한 일을

와이먼 존스

하곤 했으니까요"라고 받아쳤다. "난 그게 멋진 건축작품이라면서 날 놀리는 사람을 안 좋아해요."

건축가, 환경보존가, 도시설계자의 연합이 승리해 마침내 시가 중앙도서관을 허무는 대신 개조, 확장하기로 결정하자 존스는 결과에 승복하고 마지못해 이 계획을 감독했다. 그는 중앙도서관 화재를 시 사서로 일한 20년 동안 찾아온 수많은 골칫거리에 추가된 하나의 일쯤으로 취급했다. "이봐요, 난 거기 있을 때 지진 세 번, 폭동 세 번을 겪었어요." 어느 날 오후 통화에서 그가 말했다. "거기다 세 번의 심장마비도 더해야 돼요." 존스는 사서들이 사람을 꼭지 돌게 만들고 항상 지나치게 진보적이었다고 말했다. ("사서 노조는 어처구니가 없었죠. 제가 그곳을 운영한 20년 동안 그 사람들은 제 공로를 단 하나도 인정하지 않았어요.") 최악은 존스가 특히 역겨워했던 시 행정관들이었다. "시 위원회요? 저는 그 사람들을 까탈스런 여자친구라고 생각했어요. 그 앞에서 마술을 부리고 피아노 연주를 하고 항상 기쁘게 해 줘야 하죠. 난 너무 긴 세월을 이류 정치인, 무능력자들과 함께 일했어요, 그거 알아요? 그렇게 오랫동안 죽어라 일했어도 뇌물 한 번 안 받았다고요." 존스는 도서관에서 일하는 동안 로스앤젤레스에서 너무 유명해져서 어딜 가든 사람들이 자기를 알아봤다고 말했다. 나는 이 이야기를 듣고 놀랐다. 대부분의 사람이 자기가 사는 도시의 도서관 관장을 도서관과 관계없는 곳에서 알아볼 것 같지는 않았기 때문이다. 하지만 존스는 식당에 밥만 먹으러 가도 누군가가 자기를 붙잡고 이야기를 늘어놓은 적이 셀 수 없이 많다고 주장했다. "저는 20년 동안 도서관에서 일했다고요, 20년이요! 어딜 가나 내게 뭔가를 원하는 사람을 만났어요. 그게 어떤 건지 알아요? 왜 제가 그런 도시에서 은퇴 후 생활을 안 했는지 아시겠어요?" 그가 물었다. "왜 제가 이사를 했는지 이해하시겠어요?" 내가 곧바로 대답을 안 하자 그가 땍땍거렸다. "대답해봐요. 내 마음에 드는 답을 하려들지 말고. 왜 내가 이사해야 했는지 말해봐요."

만약 도시에 여유 자금 1400만 달러가 있었다고 해도 중앙도서관 같은 커다란 도서관을 다시 채우는 건 힘든 작업이었을 것이다. 절판된 책이 많았고, 구할 수 있는 책들도 7000개의 다른 판매처에서 주문해야 했으니 말이다. "일단 그 빌어먹을 것들을 어디에서 구할 수 있는지 아는 데만도 엄청난 전문 지식이 필요했죠." 존스가 신랄하게 말했다. "엄청난 시간과 어마어마한 돈이 필요했죠. 쉬웠을 것 같아요? 그래요? 거참, 내 말을 믿어요, 절대 쉽지 않았어요."

ARCO의 로드릭 쿡 회장은 도서관이 잃은 책들을 다시 채울 기금을 마련하기 위해 결성된 "책을 구하자" 캠페인의 의장이었다. 5번가에 있는 쿡의 사무실에서는 도서관이 내다보였고, 쿡은 화재가 진화되자마자 와이먼 존스와 도서관의 행정직 직원들에게 ARCO 사무실의 공간을 쓰라고 제안했다. ARCO의 홍보부장 칼턴 노리스는 사서들에게 "정유회사 사람들은 이따금 말투가 퉁명스럽고 거친 데다 직설적"이어서 당황할 수 있다고 경고했지만 존스는 그 제안을 받아들였다.

시의 예산 절약에 익숙했던 사서들은 ARCO 사무실의 호화로움에 경탄했다. 칼턴 노리스에 따르면 페이지를 순서대로 맞춰주는 복사기가 가장 큰 놀라움의 대상이었다고 했다. 반대로 ARCO 직원들은 사서들을 보고 놀랐다. 노리스는 ARCO 직원 대부분이 도서관 없는 작은 유전촌에서 자랐다고 말했다. 이들은 사서들을 고상하고 박식하며 세련된 사람들로 생각했다.

로드릭 쿡은 ARCO가 기부한 50만 달러로 '책을 구하자' 캠페인을 출범시킨 뒤 지지를 끌어모으는 작업을 시작했다. 그는 할리우드 사람 절반에게 직접 편지를 썼다. 영화감독 조지 루커스에게는 "친애하는 조지, 끔찍한 비극이 감독님과 저를 소환하는군요. (…) 돈을 달라고 옷깃을 잡아끄는 사람이 감독님을 수시로 에워싸는 걸 하느님은 알고 계시겠죠. (…) 하지만 도서관은 이 도시의 창조 집단을 위한 온상이자 사육장입니다"라고 썼다. 미국영화협회 회장 잭 밸런티에게도 편지를 보냈는데, 밸런티는 유니버설 스튜디오 소유주 루 와서먼이 캠페인 참여 제안서에 서명했다는 이야기를 듣고 위원회 참여에 동의했다. 밸런티와 쿡은 로스앤젤레스의 모든 스튜디오 사장과 주요 프로듀서들에게 기부를 요청하는 편지를 보냈다. 목표는 도시의 책을 구하기 위해 1000만 달러를 모으는 것이었다.

이런 간청은 곧 알려졌고 빠른 속도로 돈이 들어왔다. 어떤 사람들은 막대한 액수를 기부했다. 예를 들어 폴게티 신탁은 200만 달러, 『로스앤젤레스타임스』 소유주인 타임스 미러 재단은 50만 달러를 기부했다. 『깊은 밤 깊은 곳에』 등의 베스트셀러 작품을 쓴 작가 시드니 셸던은 2만5000달러, 닥터 수스는 1만 달러를 내놓았다. 몇 달러짜리 기부도 있었다. 이런 소액 기부에는 기부자가 왜 도서관을 지원하는지 설명하는 쪽지를 곁들인 경우가 많았다. 그 이유는 엄청나게 다양했다. 한 쪽지에는 "샌프란시스코의 어느 늙은 부부가 왜 책을 구하려는 로스앤젤레스 도서관에 기부를 할까요?"라고 쓰여 있었다. "[제] 아버지가 1952년 7월 17일에 로스앤젤레스 공공도서관에서 쓰러져 돌아가셨거든요. 심장마비인지, 뇌졸중인지, 사인은 찾지 못했어요. 캠페인이 성공하길 바랍니다." 사람들은 책도 기부했다. 루이스 라무르의 아내는 사망한 남편 작품의 양장본 전질을 기부했고 『타잔』의 저자 에드거 라이스 버로스의 가족도 상당한 규모의 컬렉션을 내놓았다. 한 수집가는 요리책 1400권을 기부했다. 찰턴 헤스턴은 이 캠페인을 위해 기금 모금 칵테일파티를 열었고, 옥외 광고 회사들은 캠페인을 알리기 위해 도시 곳곳에 약 60개의 광고판을 내걸었다.

톰 브래들리 시장은 시민들에게 도서관에 기부할 수 있는 건 뭐든 해달라고 촉구했다. 도서관을 위한 기금 모금활동은 곧 도시 전역으로 퍼져나갔다. 초등학생들은 병과 알루미늄 캔을 모으는 운동을 벌였고, 각 동네에서는 '책을 구하자' 장터가 열렸다. 도시에 공통된 목적의식이 생겨나 많은 사람을 고무시켰다. 화재 당일 형성되었던 자원봉사의 또 다른 형태였다. 서로 모르는 사람들이 나란히 서서 불이 미처 집어삼키지 못한 책들을 손에서 손으로 옮기며 구했던 그날 말이다. 때로는 분열되고 괴팍해 보이는 도시에서 도서관에 대한 관심이 사람들을 끈끈하게 뭉치게 했다. 이는 드문 경험이었다. 하지만 가끔 이러쿵저러쿵 반대 의견도 나왔는데 어떤 사람은 이런 편지를 보내왔다.

친애하는 브래들리 시장님, 로스앤젤레스시가 아름답고 건강하고 똑똑하고 사랑스러운 개와 고양이를 매일 수십 마리씩 안락사시키고 있는 이 시점에 책을 구하기 위해 막대한 돈을 쓰고자 한다는 게 가당찮다는 생각이 듭니다. 이 도시는 동물을 보호하고 입양시키기엔 사람들이 너무 천박하기 때문이죠. (…) 항상 그랬듯이 동물권에 대한 요구는 계속해서 잊힙니다. 지식인인 척하는 떼거리가 잠깐 유행하는 대의에 찬동하는 동안 말입니다. 추신: 샌타모니카만에서 죽어가고 있는 돌고래들을 잊지 맙시다. '책을 구하세요', 그렇게 하세요!

위원회는 기부를 보완할 다른 아이디어들을 짜냈다. 존스는 세계 최대의 빙고게임을 열자고 제안했다(이 제안은 투표에서 떨어졌다). 드라마 「노츠 랜딩」의 출연자 조앤 밴아크 같은 연예인을 코치로 두고 로스앤젤레스 레이커스의 자선 청백전을 열자는 제안도 나왔다(이 제안은 밴아크의 코칭으로 승인을 받아 일정이 잡혔다). ARCO 건물의 로비에 '책을 구하자' 캠페인 상품(머그컵, 책갈피, 티셔츠)을 파는 상점도 문을 열었다. 앤드루 왕자와 세라 퍼거슨이 참석한 고가의 기금 모금 행사는 도서관 후원자들에게 이 특별 초청 손님들과 나눌 대화 주제까지 미리 공지하며 군대처럼 정확하게 준비되었다. 로드릭 쿡의 아내에게는 세라 퍼거슨에 대해 "패션이나 헤어스타일이 아닌 스포츠에 관심이 있고" 앤드루 왕자는 "세라와 달리 스포츠에 관심이 없다"고 주의를 요하는 브리핑시트가 주어졌다.

유럽 왕복 비행기 표를 상품으로 받을 수 있는 '책을 구하자' 백일장에는 초등학생 2만 명과 성인 2000명이 참가했다. 작문 주제는 "도서관은 내게 무슨 의미인가"였다. 레이 브래드버리도 심사위원 중 한 명이었다. 상을 탄 작품들의 내용은 심오하고 불안과 어두운 감정이 스며 있었다. 대부분의 글이 도서관에서만 누그러지는 지독한 외로움의 고백처럼 읽혔다. 도서관은 외로운 사람들이 함께 모여 약간이라도 덜 외로워질 수 있는 공간이다. 한 작품은 이렇게 시작했다. "나는 다년간 도서관에서 나와 비슷한, 저마다의 고독에 갇혀 있는 사람들과 조용히 침묵의 전원을 공유하는 성城이었다⋯⋯." "나는 내가 살고 있는 행성을 이해하기 시작했고 희망을 꽉 붙잡는 법을 배웠다. (⋯) 그리고 왜 그런지 모르겠지만 나를 둘러싼 일상의 슬픔은 참을 만한 일이 되었다⋯⋯."

당선작은 화재가 난 뒤 청소 작업에 참여했던 사서 질 크레인이 쓴 시였다. 시는 이렇게 시작된다.

우리는 새까맣게 타고 물에 흠뻑 젖은
책 덩어리를 손에 들었다
역사와 상상과 지식이
손가락에서 바스러졌다
우리는 남아 있는 것들을 꾹꾹 뭉쳤다

도서관의 남쪽 출입구 건너편, ARCO 건물에서 한 블록 떨어진 호프가에 세기 초에 지어진 거대한 건물이 서 있었다. 객석 4000석의 강당을 갖추고 9개의 커다란 아치형 입구가 정면을 가로지르는 이 건물은 수십 년 동안 로스앤젤레스에서 가장 높았는데, 원래 열린문교회라는 복음주의 기독교 신도들의 본부로 지어진 건물이었다. '예수가 구원하신다'라는 네온사인이 시내 어디서든 보였고 하루에 두 번 카리용에서 쾅쾅 울려 나오는 찬송가도 어딜 가나 들렸다.

시내에 사는 신도들이 줄어들자 열린문교회는 교외로 이전하기로 결정했다. 건물은 1986년에 웨스트콧 기독교센터라는 오순절교

회의 목사 진 스콧에게 팔렸다. 아이다호주 시골 출신으로 스탠퍼드 대학에서 박사학위를 받은 스콧은 자신을 "가장 불가지론적인 신자이자 가장 신실한 불가지론자"라고 표현했다. 젊은이 특유의 반항기에 이어 그보다는 덜 혈기왕성한 자기 성찰기를 거친 뒤—그의 에세이 『철학자가 그리스도를 보다』에 이 모든 이야기가 자세히 담겨 있다—스콧은 1968년에 설교를 시작했다. 그리고 열렬한 신도들을 끌어모으기 시작했다. 1975년부터는 그가 집도하는 예배가 기독교 채널 FBN에서 방송되었다. 몇 년 지나지 않아 그의 쇼는 밤낮으로 방송되었고 180개국에서 시청할 수 있었다. 신도들은 그의 설교를 지침처럼 따랐다. 중앙도서관 직원들도 스콧이 설교에서 특정 책을 언급할 때마다 그 책에 대한 대출 신청이 확 늘어난다는 사실을 알아차렸다. 스콧은 가끔 대피라미드의 신비한 힘을 믿는다고 말했는데, 그럴 때마다 피터 톰킨스의 『대피라미드의 비밀』을 대출하려는 사람이 폭증했다.

스콧의 행동거지는 일반적인 교회 원로와 달랐다. 그는 풍성한 은발에 수염을 덥수룩하게 기르고 코끝에 동그랗고 작은 돋보기를 걸쳤다. 설교를 할 때 피치 헬멧이나 솜브레로 등을 즐겨 썼고 옆에 놓인 칠판에 그리스어, 히브리어, 아람어를 휘갈기는 습관이 있었다. 칠판 앞이 아닐 때는 카메라를 똑바로 응시했다. 어떤 사람들은 그의 시선에 불안해했지만 다른 사람들은 자석처럼 끌려들어가는 느낌을 받았다. 말투는 전반적으로 무뚝뚝했다. 그는 종종 카메라에 대고 직접 질문을 던졌다. "지루하신가요?" 같은 질문. 스콧은 설교 도중에 자주 욕을 했고 가끔 담배도 피웠다. 설교 중간에 젊고 예쁜 여성들에게 무대에서 춤을 추도록 시키는가 하면 목회자 생활 후반에는 자신의 캐딜락 컨버터블 뒷좌석에서 비키니 차림의 젊은 여성들과 텔레비전 쇼에 나갈 설교를 촬영했다. 스콧은 이혼을 한 뒤 패서디나에 있는 저택에서 살았다. 그는 상당히 박식했다. 기타를 쳤고, 세계에서 성서를 가장 많이 수집한 사람 중 한 명이었다. 극작가이기도 했는데, 그가 쓴 희곡『대통령 집무실에서 점프하기』는 패츠 월러와 프랭클린 델러노 루스벨트 사이의 즉흥 연주를 상상한 이야기다. 스콧은 기금 모으기 선수였다. 설교를 듣는 이들에게 "교회에 돈을 안 보내는 사람은 머리를 쳐들고 토하세요" 같은 말로 기부를 종용하곤 했다. 그의 방법은 효과가 있었던 것 같다. 목사 봉급으로 전용기와 말 목장 몇 개를 사들인 걸 보면 말이다. 교회가 그렇게 많은 돈을 모아도 되는 거냐는 질문을 받으면 "내 직무는 복음주의 재무책임위원회 위원이 아닙니다"라고 대답했다.

도서관의 누군가는 제리 루이스가 근육위축병 환자들을 위해 했던 것처럼 기금 모금을 위해 장시간의 텔레비전 쇼를 하자고 제안했다. '책을 구하자' 위원회 위원 스콧은 자기 교회의 넓은 강당에서 이 쇼를 열고 진행자 역할을 하고 싶다고 주장했다. 일부 위원은 진 스콧이 좀 별난 사람이라고 생각했지만 많은 시청자를 보유한 데다 설득력이 뛰어난 사람이니 진행을 맡으면 큰 도움이 되리라고 인정했다. 스콧의 참여는 와이먼 존스의 지지를 받았다. 존스는 쇼에서 자신의 재능―재즈 피아노와 마술―을 선보이겠다고 제안했다.

이 쇼는 1987년 1월에 열려 24시간 연속 생방송으로 진행된 뒤 다음 24시간 동안 재방송했다. 후원 약속 전화를 받기 위해 200대의 전화기를 설치하고 자원봉사자를 배치했다. 모금 목표는 200만 달러였다. 유명인들이 앞 다투어 쇼에 나와 가장 좋아하는 책의 구절을 읽었다. 레드 버튼스, 전 주지사 팻 브라운, 앤지 디킨슨, LA 레이커스 코치 팻 라일리, 어니스트 보그나인, 에디 앨버트, 헨리 키신저 등 수십 명의 유명인이 참여했다. 다이나 쇼어는 『사랑과 추억』의 구절을, 찰턴 헤스턴은 『모비딕』의 마지막 장을 읽었다. 자 자 가보르는 책 가져오는 걸 깜빡한 채 출연했다.

일부 명사들은 공연도 했다. 고루한 경영인으로 알려졌던 로드릭 쿡은 "저스트 어 지골로"에 맞춰 무대에서 혼자 춤을 췄다. 행사를 취재한 한 기자는 그의 공연이 "매혹적"이었다고 표현했다. 나중에 쿡의 아내는 『로스앤젤레스타임스』에 "어머니가 전화하셔서 [로드]가 무대에서 춤을 추고 있다고 하셨어요. (…) 맙소사 소리가 절로 나왔죠"라고 말했다. 쿡의 공연이 엄청난 관심을 불러일으켜 몇 분 만에 수십만 달러의 후원 약속이 들어왔다. 와이먼 존스는 특히 뛰어난 피아노 실력을 자랑했다. 언-밴드라는 이름이 붙은 진 스콧의 밴드는 쇼가 진행되는 내내 비틀스 곡들을 연주했다. 스콧은 쇼를 진행하는 동안 담배 한 갑을 태웠고 낭독자와 공연자들을 요란하게 소개했다. 그는 이 굉장한 행사, 쏟아지는 후원 약속, 자신의 무대에 선 영향력 있는 유명인들의 보기 드문 조합에 기뻐하는 듯 보였다. 결과적으로 쇼는 첫 목표 200만 달러를 초과 달성했다. 그날은 로스앤젤레스 역사에서 가장 낯선 밤이었을 것이다. 로스앤젤레스라는 도시의 특성도 그 낯선 밤에 한몫했다.

12

『미국 양목축업의 역사와 현 상황에 대한 특별 보고서Special Report of the History and Present Condition of the Sheep Industry of the United States』(1892)

출판: 농무부
636.305 U51

『금 캐러 갑시다Let's Go Gold Mining』(1964)

J. P. 홀
332.4973 H177

『서부의 노예제도: 서부 아메리카 원주민들의 노예생활에 관한 알려지지 않은 이야기Slavery in the West: The Untold Story of the Slavery of Native Americans in the West』(2011)

가이 닉슨
970.3 M685Ni

『애무Les Caresses…』(1921)

장 리슈팽
F.841 R528-4

로스앤젤레스 공공도서관이 최초로 구입한 도서로는 『마부에게 주는 조언』『양목축업에 관하여』『돈 버는 법』, 그리고 『꿀벌』이라는 단순한 제목의 책이 있다. 도시 최초의 공공도서관은 1844년, '나라의 친구들'이라는 사교클럽이 댄스홀에 책 읽는 방을 만들면서 생겼다. 당시 서던캘리포니아에는 책이 그리 많지 않았다. 스페인 선교단에는 책이 많았지만 일반인은 열람할 수 없었다. '나라의 친구들'이 빚더미에 앉으면서 책 읽는 방은 문을 닫았다. 하지만 시내에 도서관을 만드는 데 대한 관심은 계속 남아 있었고 마침내 1872년 도서관 설립을 위한 협회가 결성되었다. 협회는 기금을 모으기 위해 "디킨스 파티"를 후원했다. 찰스 디킨스의 작품에서 가장 좋아하는 인물의 옷차림으로 참석하는 파티였다. 파티는 일주일 내내 열렸다. 협회는 파티 수익금으로 『마부에게 주는 조언』과 『양목축업에 관하여』를 구매했다.

도서관을 열려면 제일 먼저 건물이 있어야 했다. 도서관협회의 회원 존 다우니는 도심에 소유한 건물 다우니 블록의 공간을 기증하기로 했다. 이 건물에는 작은 사무실들과 매주 노예 노동 경매가 열리는 옥외 공간이 있었다. 1850년에 제정된 캘리포니아주의 법은 백인들이 아메리카 원주민 아이를 "견습공"으로 구매할 수 있고 "부랑자"로 선언된 원주민 대상으로 "입찰"을 해 그 금액을 갚을 때까지 일을 시킬 수 있는 등 노예제도를 허용했다(인디언 통치 및 보호법이라 불린 이것은 1937년이 될 때까지 완전히 폐지되지 않았다).

도서관은 1873년 1월에 개관했다. 회비는 1년에 5달러였다. 당시 5달러는 평균적인 근로자의 며칠 치 급여에 해당되는 액수였으므로 부자들만 가입할 수 있었다. 도서관 규칙은 엄격하고 규제가 심했다. 남자들은 도서관에 들어갈 때 모자를 벗어야 했다. 이용객들은 소설을 많이 읽지도 못했는데, 협회는 이 조치가 도서관 이용자들이 "소설 중독자"가 되는 걸 걸 막기 위함이라고 주장했다. "윤리적으로 수상한 영향력을 발휘하거나 쓰레기 같은 유해한 책, 혹은 무기력하다고" 생각되는 책들은 소장 도서에서 제외되었다. 여성은 주 시설 이용이 허용되지 않았지만 개관 후 얼마 지나지 않아 선별된 잡지들을 구비해놓은 "숙녀용 열람실"이 생겼다. 아이들은 도서관 출입이 아예 금지되었다.

　다우니 블록의 도서관은 긴 테이블과 등받이가 곧은 의자들로 꾸며졌다. 이용객들이 모자와 우산을 보관할 수 있는 작은 물품보관소도 있었는데 가끔 닭과 오리, 칠면조를 넣어두기도 했다. 새 도서관은 환영을 받았지만 책을 공유하고 좁은 공간에 다닥다닥 붙어 앉으면 병이 전염될 수도 있다고 걱정하는 사람도 많았다. 『로스앤젤레스헤럴드』는 공간이 "비좁고 충분하지 못하다…… 생명에 위협이 될 수 있다"고 보도했다. 당시에는 도시에 독감과 천연두, 발진티푸스가 기승을 부리고 있었기 때문이다. 로스앤젤레스시의 한 공무원은 『로스앤젤레스타임스』에 가족 중 전염병에 걸린 사람이 있는 걸 알면서 책을 대출하는 이는 "범죄와 다름없는 짓"을 저지르는 거라고 말했다.

　로스앤젤레스 최초의 시 사서는 존 리틀필드라는 뚱한 천식 환자였다. 그는 붐비는 공간을 누구보다 싫어했고 틈만 나면 열람실을 뛰쳐나가 자기 사무실에 숨어서는 약용 독말풀 화합물을 흡입해 폐를 진정시켰다. 도서관의 초기 연례 보고서 중 하나에 따르면, 도서관 이용객들은 리틀필드의 독말풀 흡입을 못마땅해했다고 한다. "[리틀필드]가 기침을 하고 쌕쌕거리다가 약을 흡입하면 [독말풀] 태우는 끔찍한 연기가 도서관 전체에 스며들어 다들 숨이 막힐 지경이었다." 리틀필드는 일을 맡은 것을 후회하는 데다 부담스러워하고 힘들어했다. 사무실에서 불려 나올 때마다 "아이고, 가야 한다면 가야겠지"라고 중얼거린 뒤 끙 하고 신음 소리를 냈다. 어쨌거나 리틀필드는 6년간 근근이 자리를 지켰다. 후임은 패트릭 코널리라는 알코올 중독자 화가였는데, 그는 1년도 버티지 못하고 사직했다.

코널리 대신 채용된 메리 포이는 당시 열여덟 살밖에 되지 않았다. 그렇게 젊은 사람이 그 자리에 고려되었다는 사실도 놀라운 일이지만 더 놀라운 건 여성이었다는 점이다. 1880년에 도서관은 남성이 운영하고 남성들의 구미에 맞춘 조직이었기 때문이다. 여성들은 대출증도 발급받지 못했고 숙녀용 열람실에만 출입할 수 있었다. 전국의 어떤 도서관에도 여성 관장은 없었고 미국의 모든 도서관 직원을 통틀어 여성은 4분의 1에 불과했다. 사서직에 다수의 여성이 진출하기까지는 10년을 더 기다려야 했다.

포이는 엄격하고 유능한 관리자였다. 그녀는 너무 어려서 아버지가 매일 도서관에 데리러 왔고 둘이 함께 집까지 걸어갔다. 당시에는 도서 목록이 작성되어 있지 않았지만 포이는 자료들을 훤히 꿰고 있어서 선반에 있는 건 뭐든 빨리 찾아냈다. 그녀는 도서 연체료를 악착같이 받아

메리 포이

내서 크로스로 가슴에 멘 가죽가방에 집어넣었다. 남성 이용객들은 그녀를 존경했다. 포이가 늘 하는 업무 중에는 열람실에서 하루 종일 열리는 체스와 체커 게임의 심판 역할도 포함되어 있었다. 또 이용객들 사이에서 벌어지는 사소한 논쟁을 끊임없이 해결해주었다.

메리 포이는 시 사서로 다년간 계속 일할 수 있었을 것이다. 하지만 그녀를 임명했던 시장이 1884년 사직하자 도서관위원회는 투표를 해 그녀를 해고하기로 결정했다. 위원회가 포이를 해고한 이유는 그녀의 아버지가 돈을 충분히 벌고 있으므로 이제 포이가 더 이상 일할 필요가 없다는 것이었다. 게다가 유명했던 목장주인 L. D. 개빗이 막 세상을 떠나 딸인 제시의 일자리가 절실했다. 그래서 위원회는 제시를 포이의 자리에 앉히기로 했다. 포이는 이의를 제기했고 도서관을 떠나면서 신문에 도서관위원회를 신랄하게 비판하는 글을 썼다. 그녀는 이후 교사가 되어 여성 참정권 운동가로 활동했다.

제시 개빗과 그녀의 후임 리디아 프레스콧은 사고 없이 조용히 도서관을 운영했다. 그러다 1889년에 테사 켈소라는 오하이오주 출신의 신문 기자가 이 자리에 임명되었다. 도량이 넓고 풍만한 몸매의 켈소는 짧게 자른 머리에 아무것도 쓰지 않고 사람들 앞에 나섰다. 대부분의 여성이 긴 머리를 말아 올리거나 상투머리에 모자를 쓰지 않고는 절대 거리로 나서지 않던 당시로서는 충격적인 행동이었다. 켈소는 결혼을 하지 않았고 담배도 피웠다. 사람들은 그녀에 대해 "인습에 얽매이지 않는 사람"이라고 말했다. 켈소는 똑똑한 데다 뿜어내는 기운이 남달라 도서관 회의를 한 번 취재한 것 말고는 관련 업무 경력이 전혀 없는데도 위원회가 자신을 채용하도록 설득했다.

켈소는 도서관이 시대에 뒤떨어져 현대화되어야 한다고 생각했다. 그녀는 회비를 없앴다. 그러자 100명 남짓이던 대출증 소지자가 금세 2만 명으로 늘어났다. 켈소는 대부분의 책을 개방형 선반으로 옮기고 12세 이상 아동의 학교 시험 성적이 평균 90점인 경우 도서관 이용을 허가했다. 또 이민자들이 정착한 외진 지역에 분관 도서관의 초기 형태인 "배달국"을 설치했다. 그리고 다우니 블록의 복잡한 방에서 새 시청 청사의 넓은 공간으로 도서관을 옮겼다. 켈소는 새로 늘어난 공간을 이용해 도서관을 확장하고 이용객이 책 외의 다른 자료들도 대출할 수 있길 바랐다. 그녀는 "테니스 라켓, 축구공, 실내 게임, 환등기, 그리고 일반 아동들이 구할 수 없는 건전하고 유익한 놀이용품 전부"를 모아놓은 방을 상상했다. 그녀는 도서관이 책 보관소 이상이 될 수 있다고 믿었다. 도서관이 "도시의 오락과 교육의 중심"이 되어야 한다고 생각했다. 이 야심은 그녀가 재직하는 동안 실현되지는 않았지만 도서관이 어떤 모습이 될 수 있는지에 대한 현대의 고민을 약 100년 전에 예견한 것이었다.

켈소 자신은 사서 교육을 받지 않았지만 잘 훈련된 직원을 원했다. 그래서 부관장으로 훈련된 사서일 뿐 아니라 로스앤젤레스의 여성 사이클 챔피언인 애들레이드 하세를 채용했다. 두 사람은 서부 해안 지역 최초의 도서관 프로그램 중 하나인 도서관 학교를 설립했다. 이 학교는 공부를 혹독하게 시키기로 유명했다. 많은 학생이 학업에 대한 압박감으로 기절하고 신경쇠약에 걸릴 정도였다. 1898년에는 커린 와이즈라는 학생이 갑자기 세상을 떠났는데, 일부 사람들은 시험에 대한 극심한 불안이 사인이라고 생각했다. 켈소는 이런 생각을 터무니없다고 일축하고 심지어 와이즈의 죽음에 대해 뒷말을 퍼뜨리는 학생 두 명을 정학시키기까지 했다.

켈소가 취임했을 때 도서관이 소장하고 있는 책은 1만2000권뿐이었다. 켈소는 새 책들을 구입했고 그녀가 재직하는 동안 소장 도서는 30만 권으로 늘어났다. 1893년에 켈소는 프랑스 작가 장 리슈팽의 작품을 포함해 많은 소설의 구매 주문서에 서명했다. 보들레르의 제자 리슈팽의 작품은 지나치게 에로틱한 분위기로 유명했다. 1876년에 『부랑자의 노래』를 발표한 뒤, 외설 시비로 고소당해 법정에 서기까지 했다. 켈소가 『막내』를 주문했을 무렵 리슈팽은 유럽에서 찬사를 받았지만 미국에서 그의 작품은 여전히 충격적으로 받아들여졌다.

도서관의 도서위원회는 『막내』의 구매를 승인했지만 위원회에 책 내용을 아는 사람이 있었는지는 확실치 않다. 일단 그 누구도 프랑스어를 할 줄 몰랐고 목록에 포함된 수많은 책 가운데 하나로 쓱 지나갔을 수 있기 때문이다. 『막내』는 조용히 도서관에 들어와 다른 책들과 똑같이 처리되어 선반에 꽂혔다. 그 책이 수십 년 동안 눈에 띄지 않았던 것도 당연했다. 그런데 리슈팽의 선정적인 평판을 알고 있던 『로스앤젤레스 이그재미너』의 한 기자가 우연히 그 책을 발견했다. 이 기자는 『막내』에 관해 기사를 썼는데 이는 한바탕 소란을 불러일으켰다. 지방지에는 켈소의 판단에 이의를 제기하는 비판적인 사설이 20여 개나 실렸다. 로스앤젤레스 제일감리교회의 수장 J. W. 캠벨 목사는 켈소가 악마와 바람이 났다며 그녀의 영혼을 위해 공개 철야기도회를 시작했다. 캠벨은 "주여, 로스앤젤레스 시립도서관의 사서에게 은총을 베풀어주소서"라고 기도했다. "그녀의 모든 죄를 씻어주시고 자기 지위에 맞는 여자가 되게 해주소서."

켈소는 『막내』를 선반에 그대로 두고 『로스앤젤레스타임스』가 "센세이셔널하고 단연 참신한 대응"이라고 보도한 행동을 취했다. 캠벨 목사를 중상모략으로 고소한 것이다. 그녀는 목사의 비난이 업무 능력에 지장을 주었고 또한 그 책이 논란이 될 수 있다는 것을 몰랐다고 주장했다. 모든 도서 구매를 승인한 주체는 한술 더 떠 자신이 아니라 도서위원회라고 지적했다. 소송에서 그녀는 자신이 감리교 신자가 아니기 때문에 감리교 목사가 자신을 비난한 것은 특히 더 비방적이라고 언급했다. 그리고 피해 보상금으로 5000달러를 요구했는데 지금으로 치면 14만 달러 정도 되는 금액이다.

이 소송은 몇 달 동안 언론의 자유 문제를 이리저리 돌리고 비틀었다. 켈소는 책 구매가 언론 자유의 표현이라 주장했고, 캠벨 목사는 누군가의 영혼을 위해 기도할 권리가 자신에겐 언론 자유의 표현이라며 대응했다. 소송이 진행되면서 캠벨 목사의 주장이 도덕적 우위를 점하는 듯 보였지만 법원은 캠벨에게 실제로 폄하 의도가 있었다고 판단하여 켈소에게 유리한 판결을 내렸다. 교회는 비밀에 부쳐진 피해 보상금을 지급했지만 켈소는 이 승리로 훨씬 더 큰 대가를 치러야 했다. 여론과 도서관 위원회가 다시는 그녀 편에 서지 않은 것이다.

소송 직후 켈소는 도서관 회의 참석차 출장을 갔을 때 발생한 비용을 정산해주지 않았다며 시를 고소했다. 결국 돈은 받아냈지만 소송에 열을 내느라 진이 다 빠졌고, 사건이 해결되자마자 도서관 위원회로부터 떠나라는 통보를 받았다. 그녀는 자신이 도서관에 기여해 왔다고 주장하며 거부했다. 그러나 위원회는 집요하게 밀어붙여 관철시켰다. 도서관에서 일어난 모든 일을 도시 전체가 지켜보고 있었기 때문에 켈소의 강제 사임은 공개적으로 진행되었다. 『로스앤젤레스 타임스』는 1면에 "이제 끝났다! 도서관 문제로 인한 고통은 모두 끝났다. 어제 오후, 적절한 격식을 갖춰 켈소 양을 해임하기 위해 위원회의 임시 회의가 (…) 소집되었다"고 보도했다.

켈소 이후 도서관은 클래라 벨 파울러와 그 뒤를 이은 해리엇 차일드 워들리의 조용한 관리 아래 천천히 발전해갔다. 점점 규모가 커져서 처음에는 그토록 널찍해 보였던 시청의 공간이 비좁아졌다. 도서관은 아수라장이 되었다. 열람 테이블에 앉은 사람들은 팔꿈치로 서로를 밀쳤다. 책들이 선반에서 쏟아지는가 하면 대출대에서 떨어지고 계단과 다락에 그득히 쌓였다. 일부는 지하에서 썩어갔다. 도서관 위원회는 해리엇 워들리의 재촉으로 새 도서관을 지을 자금을 달라며 시에 호소하기 시작했지만 아무 소득이 없었다. 『로스앤젤레스 헤럴드』의 한 기자는 "'(시에서도) 새 도서관을 원하지만 당장은 자금이 없다'는 답변을 받았다"고 보도했다.

도서관 확장은 도시 확장과 비슷하게 진행되었다. 로스앤젤레스 시는 번창의 길을 걷고 있었다. 1887년만 해도 2000명의 부동산업자가 로스앤젤레스에서 부동산을 매각했다. 남태평양 철도와 샌타페이 철도가 가격 할인 전쟁을 벌이는 바람에 한때 시카고에서 로스앤젤레스까지의 기차표 값은 1달러밖에 되지 않았다. 이로 인해 사람들은 서부로 떠나라는 거부하기 힘든 유혹을 받았다. 철도는 미국의 동서를 가로지르는 어마어마한 거리의 횡단 시간을 며칠로 단축시켰고 그 외에도 상당한 변화를 불러왔다. 수십만 명의 사람이 캘리포니아로 몰려들었다. 그리고 그 후 25년 동안 미국 역사상 최대 규모의 국내 이주 현상이 일어났다.

1898년 해리엇 워들리의 남편은 오렌지 과수원 뒷마당에서 금맥을 발견했다. 2년 뒤, 부부는 영구적인 휴가를 떠나기로 결정했다. 마침 타이밍도 좋았다. 워들리가 도서관 위원회와 싸우는 중이었기 때문이다. 워들리의 후임인 메리 러티샤 존스는 도서관 학교를 졸업한 최초의 로스앤젤레스 시 사서였다. 로스앤젤레스로 오기 전에는 네브래스카주와 일리노이주에서 도서관을 운영하면서 유쾌한 성격과 프로 정신으로 칭찬을 받았다. 존스는 입술이 얇고 키가 컸는데 금발 머리를 틀어올려 15센티미터는 더 커보였다. 그녀는 진지하고 유능했으며 자신만의 조용한 방식으로 혁신을 추진했다. 그녀는 임기를 시작하면서 어린이의 도서관 이용 연령 제한을 두 살 낮춰 열 살의 아이도 도서관에 들어올 수 있게 했다. 흑인 인구가 많은 동네의 분관에는 흑인 사서를 채용했고 "흑인으로 사는 경험"에 관한 책들을 수집하라고 격려했다. 도서관은 번창했다. 존스가 이 자리를 물려받았을 당시 연간 약 40만 권이 대출되었는데 1904년에는 그 수치가 거의 두 배로 뛰었다.

사실 일반 대중은 19세기 말까지 공공도서관의 가치에 동의하지 않았다. 그 전까지 도서관은 없어서는 안 될 민주적 공공자원이라기보다 엘리트들을 위한 공간으로 여겨졌다. 많은 공공도서관에는 여전히 회비가 존재했다. 그러다 스코틀랜드 출신의 사업가 앤드루 카네기의 독지활동으로 분위기가 바뀌기 시작했다. 1890년, 카네기는 도서관 건축 사업을 추진했다. 카네기는 스코틀랜드에서 태어나 미국으로 이주했다. 아버지는 방직공이었고 어린 시절 그의 가족은 가

난과 적당히 안락한 생활 사이를 불안하게 오갔다. 소년 카네기는 여윳돈이 거의 없었다. 지역 도서관의 회비 2달러를 낼 형편도 못 됐다. 결국 그는 강철과 철도 사업으로 막대한 재산을 모았다. 한때 세계 최고의 부자였던 그는 중년이 되어 인생의 마지막 3분의 1을 자신이 가진 돈을 나누는 일을 하는 데에 전념하기로 마음먹었다. 지역 도서관에 다닐 형편이 되지 않았을 때 느낀 실망감을 잊지 못했던 카네기는 독지 사업의 주된 수혜자로 도서관을 선택했다. 그는 세수로 도서관을 지원하겠다고 약속한 지역사회에 도서관 건축에 필요한 막대한 보조금을 제공했다. 소도시와 도시들은 카네기의 자금을 받기 위해 로비를 시작했고, 보조금을 신청하는 과정은 공공도서관에 대한 관심과 지원을 결집시키는 효과를 낳았다. 카네기는 결과적으로 1400개 지역사회에 약 1700개 도서관을 지었다. 로스앤젤레스에서는 주 도서관 시스템에 분관으로 추가된 작은 도서관 6개에 자금을 지원했다.

메리 존스

메리 존스는 시 사서로 부임한 지 5년째 되던 해에 자신의 고용 상태가 안전하다고 생각할 만한 이유가 생겼다. 위원회의 1904년도 연례 보고서에 그녀의 우수한 업무 실적이 언급된 것이다. 그런데 1905년 6월, 존스가 위원회의 월례회의에 참석해 당면한 일에 대한 논의를 끝내자마자 위원장이자 변호사 이지도어 독와일러는 그녀에게 사임을 요구했다. 존스가 너무 놀라서 아무 말도 못 한 채 앉아 있자 독와일러는 "위원회는 남성에게 도서관 운영을 맡기는 것이 모두를 위해 가장 좋을 거라 생각한다"고 설명했다. 이미 염두에 둔 사람도 있었다. 기자이자 시인이며 편집자, 역사가, 모험가로 활동하는 찰스 플레처 러미스였다.

존스의 해고는 당시의 기준에서도 이해하기 힘들었다. 여성은 1880년부터 로스앤젤레스의 도서관을 운영해왔고 그 전부터 전국 대부분의 도서관을 장악하고 있었기 때문이다. 켈소와 달리 존스는 논란거리도 없는 사람이었다. 그 뒤, 부지사 후보이자 열세 아이의 아버지 독와일러가 존스에게 치근덕댔지만 거절당했다는 소문이 돌았다.

미국 도서관 운동의 초기 인물들은 남성이었고 대부분 뉴잉글랜드 지역의 부유한 가문 출신이었다. 이들은 선교활동의 한 형태로 사서 직을 맡아 무지한 대중에게 지혜를 전했다. 여성 사서도 일부 있었지만 대개 부차적 업무를 수행하고 권한이 없었으며 소수 집단이었다. 1876년에 미국도서관협회가 결성되었을 때 창립 멤버는 남성이 90명, 여성이 13명이었다. 11년 뒤 듀이 십진분류법의 개발자 멜빌 듀이가 최초의 도서관 학교를 세웠다. 이 분야의 전문화는 더 많은 여성을 끌어들였다. 이들은 여성이 택할 수 있는 직업이 거의 없던 시절에 직업세계에 받아들여졌다. 뿐만 아니라 많은 도서관이 여성 클럽들로부터 자금 지원을 받았는데, 그 때문에 여성 직원들에 대해 더욱 수용적인 태도를 보였다. 하지만 여성들을 이 분야에 진출시킨 진짜 이유는 카네기의 모범을 도화선으로 하여 1800년대 말에 도서관들이 엄청나게 성장했기 때문이다. 전국의 지역사회에서는 서둘러 도서관이 지어졌다. 이런 붐으로 많은 사서가 즉시 고용돼야 했다. 당시 여성에게 개방된 얼마 안 되는 진로 중 하나는 교사였고, 사서직은 교사와 비슷한 직급이었기 때문에 자연스러운 수평 이동으로 판단됐다. 사서에 대한 수요는 엄청났으므로 직위 개방에 대한 남성들의 일반적인 반발은 급박한 직원 확보 요구에 밀려 묻혀버렸다. 뿐만 아니라 "시 도서관들을 성공시키는 방법"이라는 제목의 1876년 한 기사는 고등교육을 받은 여성이 남성 사서보다 더 낮은 급여를 받을 수 있는데도 여전히 이 일을 하려 한다"고 보도했다.

찰스 러미스가 로스앤젤레스에 온 것은 1885년, 『로스앤젤레스 타임스』에서 일자리를 제안받았을 때였다. 당시 오하이오주에서 신문 기자로 일하고 있던 그는 제안을 받아들여 짐을 꾸렸다. 그리고 오하이오주에서 캘리포니아주까지 걸어서 가겠다고 결심했다. 러미스는 반바지, 플란넬 셔츠, 토마토색 무릎양말, 굽 낮은 신발, 주머니가 23개 달린 캔버스 천으로 만든 코트 차림으로 길을 나섰다. 이 주머니들은 금덩이, 사슴뿔, 담배, 예쁜 돌, 방울뱀 껍질 등 길을 가다 발견한 잡동사니들로 채워졌다. 캘리포니아주로 가는 도중에 그는 반바지를 사슴가죽 레깅스로 갈아입었다. 로스앤젤레스에 도착한 뒤에도 1880년대의 일반 백인 남성들과는 다른 옷차림을 고수했다. 그가 제일 좋아하는 복장은 골이 굵은 연녹색 코르덴 소재의 스리버튼 양복과 바지, 여기에 빨강과 검정 무늬의 허리띠를 매는 차림이었다. 두 번째로 좋아하는 차림은 짧은 스웨드 볼레로와 나팔바지였는데, 바지가 어찌나 꽉 꼈던지 다리를 어떻게 집어넣었는지 알 수 없을 정도였다. 러미스는 항상 챙이 넓은 카우보이모자와 모카신을 코디했다. 그는 로스앤젤레스 시 사서로 일한 5년을 포함하여 평생 동안 이런 옷차림을 했다.

러미스의 외모는 사람들의 시선을 끌었다. 긴 계란형 얼굴, 강한 눈빛, 매부리코, 장미 꽃봉오리 같은 입매. 그는 자그마한 몸집에 프로권투 선수처럼 탄탄하고 팽팽한 근육질을 가지고 있었다. 1859년에 매사추세츠주 린에서 태어났고, 아내가 없던 그의 아버지는 완고한 감리교 목사로 자식들을 단호하고 꿋꿋하게 기르고 싶어했다. 러미스는 아버지의 지배에서 벗어나자마자 반항을 했다. 대학은 하버드로 갔고 그곳에서 시어도어 루스벨트와 어울렸다. 그는 학업에서는 고전했지만 레슬링, 권투, 포커에 뛰어나 명성을 얻었다. 또 학교에서 머리가 가장 긴 남성으로 유명해졌다. 많은 학생이 러미스의 머리 길이를 불쾌하게 생각했다. 2학년 때는, 졸업반 학생들이 학생 신문에 러미스가 머리를 자르지 않으면 자신들이 가위를 들고 가서 대신 잘라주겠다고 경고하기도 했다.

러미스는 틀에 박힌 교육에 흥미가 없었고 그 대신 시를 탐욕스럽게 읽고 썼다. 3학년 여름에는 시를 발표하기로 마음먹었는데, 종이로 된 책이 너무 평범해 보였는지 자작나무 껍질에 시를 쓰기로 했다. 러미스는 나무껍질들을 구해 반투명한 종이처럼 깎아서 책 한 권씩 실로 꿰매 엮었다. 러미스의 시집은 아름답고 특이한 데다 먼지처럼 가볍고 작았다. 작은 알약통만 한 크기였다. 뉴잉글랜드의 찬란한 자연을 음미하는 내용이 많았지만 가장 인기 있는 시는 러미스가 몰두했던 담배에 바치는 송시였다. "내 담배"라는 제목의 이 시는 다음과 같은 구절로 시작된다.

> 내 담배! 잊을 수 있을까
> 햇살이 내리쬐던 날, 케이트와 함께
> 느릅나무 그늘에 앉아
> 향기로운 풀을 말아 피웠던 일을……

러미스는 시 쓰는 일에 재능을 보였지만 그의 더 큰 재능은 자기를 홍보하는 일이었다. 그는 『자작나무 껍질 시』를 신문사와 잡지사에 보냈고 월트 휘트먼과 헨리 롱펠로의 손에 들어가게 하는 데도 성공했다. 두 시인 모두 이 시집을 칭찬했다. 러미스의 특이하고 작은 이 시집은 결국 수천 부가 팔렸는데 대학생이 지은 시치고는 놀라운 판매 수치였다.

이 시집을 발표한 뒤 러미스는 대학에 완전히 흥미를 잃었다. 그는 하버드를 그만두고 친구들에게 신문 기자가 되겠다고 말했다. 그러더니 생각이 180도 바뀌어 여자친구였던 의대생 도러시아 로즈와 결혼한 뒤 오하이오주에 있던 그녀 가족의 농장으로 이사했다. 마크 톰프슨이 쓴 명저 『미국의 인물: 찰스 플레처 러미스의 특이한 삶과 서남부 지역의 재발견』에 따르면, 러미스는 처가의 농장을 관리하면서 글을 쓸 기회를 찾았다. 1년이 지나지 않아 지역 신문에서 칼럼을 써달라는 제안을 받았고, 칼럼의 인기는 날로 높아져 막 출범한 『로스앤젤레스타임스』의 발행자 해리슨 그레이 오티스의 관심을 끌었다. 오티스는 러미스에게 로스앤젤레스로 이사해 자사 신문에 글을 써달라고 설득했다.

러미스는 캘리포니아주까지 걸어갔던 이유에 대해 "즐거움과 정보"를 추구했기 때문이라고 말하곤 했다. 자신이 미국에 대해 아는 것이 별로 없다고 생각했고 부끄러웠던 터에 국토를 걸어서 횡단하는 방법이 그 해결책이라고 여겼다. 또 오래 걷는 일은 그에게도 잘 맞았다. 잠시도 가만있지 못하고 궁금해하는 데다 육체적 도전을 좋아했기 때문이다. 그는 미국 동부 해안 지역의 부르주아 계층에서 탈출하는 것이 기뻤다. 미국의 서부는 다듬어지지 않고 독창적인 곳, 순간순간 자신을 새롭게 만들 수 있는 곳처럼 보였다. 머리를 길게 길러도 아무도 가위를 들고 쫓아오지 않을 곳. 러미스는 로스앤젤레스까지의 걷기를 "내 도보여행"이라 불렀고 꼭 필요하다고 생각했다. 이 경험은 그가 일생에서 덤벼들었던 많은 도전 가운데 첫 번째 도전이었다.

러미스의 도보여행은 퍼포먼스이기도 했다. 시를 자작나무 껍질에 쓴 일과 마찬가지인 영리한 포장 작업이었던 것이다. 그는 걸어서 캘리포니아에 도착하면 일반 교통편으로 갔을 때보다 더 주목받으리라는 것을 알고 있었다. 오하이오주를 떠나기 전에 그는 지역 신문에 자신의 여행기를 실어달라고 설득했고 주간 편지 형식으로 이 칼럼을 썼다. 첫 번째 칼럼에는 "러미스의 두 다리는 신시내티와 로스앤젤레스 간의 거리를 어떻게 측정하는가. 이미 63마일을 지나왔고 고작 3137마일밖에 남지 않았다"는 과장된 제목이 붙었다. 러미스는 하루에 30마일씩 걷는 단순한 도전에 대해, 그리고 걸으면서 보고 경험한 것들에 대해 묘사했다. 총으로 사냥한 짐승과 낚시로 잡은 물고기, 만난 사람들, 수많은 통증과 고통, 진짜 카우보이를 처음으로 만났을 때의 흥분 등이 칼럼에 담겼다. 또 국토의 한복판을 가로지르면서 매료된 서남부 지역과 아메리카 원주민 문화도 그렸다.

여행은 몹시 고생스러웠다. 미주리주에서는 부랑자에게 돈을 뺏기고 뉴멕시코주의 산맥에서는 눈을 헤치고 걸어가야 했다. 애리조나주에서는 바위에서 떨어져 팔이 부러지는 사고를 당해 나뭇가지들과 천 조각으로 직접 뼈를 고정시켜야 했다(나중에 그는 한 손으로 담배 마는 법을 익혔기 때문에 이 재앙에서 살아남았다고 말했다). 먹거나 마실 게 거의 없었던 적도 있고, 여행 대부분의 기간엔 완전히 혼자였다. 콜로라도주에서는 버려진 그레이하운드 한 마리를 입양해 섀도라는 이름을 붙였다. 그는 섀도와 동행해서 좋았지만 몇 달 뒤 개가 광견병에 걸리는 바람에 하는 수 없이 총을 쏘아서 죽였다.

갖가지 어려움에도 이 여행은 그의 일생에서 최고의 시간을 선사했다. 변경에서 자신의 기지에 의지해 나아갔으며 1마일 걸을 때마다 새로운 무언가를 느끼고 목격했다. 그는 살아 있음을 느꼈다. 걷는 것이 영혼에 좋다는 확신도 들었다. 언론의 주목을 받는 것도 확실히 좋았다. 러미스의 칼럼은 전국의 신문에 실렸다. 어떤 신문들은 그의 여행을 기사로 취재했다. 그가 지나가는 모습을 보려고 인파가 몰려들기도 했다. 도시로 걸어 들어가면 때때로 수백 명이 환호를 보냈다. 그리하여 캘리포니아에 도착했을 때 그는 유명인이 되어 있었다.

13

『우리 나라의 낯선 구석구석: 서남부의 마법 세계Some Strange Corners of Our Country: The Wonderland of the Southwest』(1906)

찰스 플레처 러미스
987 L958-3

『해저 2만리[오디오 자료]20000Leagues Under the Sea [sound resource]』(2003)

쥘 베른 Verne, Jules
전자 오디오북

『투쟁의 세기: 미국의 여권 운동Century of Struggle: The Women's Rights Movement in the United States』(1968)

엘리너 플렉스너
324.373 F619

『만국 백과사전Encyclopedia of All Nations』(1861)

휴 머리
910.3 M982

로스앤젤레스에 도착했을 때 러미스는 특별히 흥분한 것 같지 않았다. 그는 이 도시를 "1만2000명쯤 되는 사람이 살고 (…) 3층짜리 건물이 여섯 개 정도 있는 따분하고 아담한 곳 혹은 그보다 좀 나은 정도의 도시"로 묘사했다. 사실 1885년의 로스앤젤레스는 러미스가 일생의 대부분을 보냈던 보스턴과는 상대가 되지 않았다. 캘리포니아주의 샌프란시스코보다 세련미가 훨씬 떨어졌고 중요하지 않은 도시로 여겨진 것이다. 러미스는 실망했지만, 『로스앤젤레스타임스』의

찰스 러미스

일자리는 그를 흥분시켰다. 도보여행 때문에 끌어올랐던 대중의 관심은 칼럼으로 옮겨갔고 그의 필명이 신문에 등장하자마자 판매 부수는 확 뛰었다.

　하지만 잠시도 가만있지 못하는 그의 성미는 곧 다시 모습을 드러냈다. 사실 러미스는 직업을 갖는 걸 좋아하지 않았다. 그는 극적인 도보여행을 그리워했고, 『로스앤젤레스타임스』의 발행인은 그를 달래기 위해 도시 밖의 사건들을 취재하라고 권했다. 당시 서남부 지방에서 아파치전쟁이 벌어지고 있어서 러미스는 취재를 위해 그 지역을 돌아다니기 시작했다. 서남부 지방과 그곳 사람들에 대한 러미스의 관심은 오랫동안 지속되었다. 그는 스페인어를 배우기로 결심하고 기회가 있을 때마다 영어와 스페인어를 섞어 말했다.

출장 기간에 한번은 몸에 마비가 왔다. 말을 타거나 라이플총을 쏘거나 담배를 말 수 있을 만큼 나아지긴 했지만 로스앤젤레스로 돌아오자 악화되어 아픈 몸을 이끌고 가까스로 출근했다. 결국 러미스는 신문사 측에 휴가를 요청하고 몸을 회복하기 위해 뉴멕시코주의 샌마테오로 이사를 갔다. 그는 자신이 준비만 되면 언제든 자리가 기다리고 있을 거라 생각했다. 하지만 『로스앤젤레스타임스』는 러미스의 방랑벽과 신뢰할 수 없는 성격에 점점 짜증이 났다. 그의 아내가 그랬던 것처럼 말이다. 결국 발행인은 그를 해고했고, 도러시아도 그와 이혼했다. 러미스는 지금까지 돈을 버는 족족 책과 공예품, 여행에 써버리고 한 푼도 저축해놓지 않았던 터라 직장을 잃자마자 고생길이 열렸다. 그리고 일단 몸이 좀 나아진 후에 프리랜서 작가와 사진작가로 일하기 시작했다. 그는 샌마테오의 부패에 관해 대담하게 글을 썼는데, 그중 하나가 신문에 게재된 뒤 그 도시를 떠나야 했다. 범죄 조직의 보스가 그를 살해할 계획이라는 이야기를 들었기 때문이다(샌마테오를 떠나고 몇 달 뒤 암살자가 그를 찾아내 다리에 총을 쏘았다).

그는 도러시아와 이혼하자마자 뉴멕시코주에서 만난 이브 더글러스라는 여성과 결혼했다. 그리고 토착민을 연구하는 민족지학자 아돌프 반델리어와 함께 페루와 과테말라로 여행을 떠났다. 그와 이브는 1893년에 로스앤젤레스로 돌아왔다. 빚을 갚을 능력이 거의 없었던 그는 어떤 일이건 마다하지 않고 미친 듯이 했다. 내키지는 않았지만 상공회의소가 후원하는 『랜드 오브 선샤인』이라는 지방 잡지의 편집자 자리도 받아들였다. 러미스는 이 잡지를 후원의 성격이 강한 고급 잡지에서 진지한 간행물로 바꿔놓았다. 그는 잡지명을 『아웃웨스트』로 바꾸고 잭 런던, 존 뮤어 같은 필자들에게 글을 기고해달라고 설득했다. 또 직접 칼럼을 쓰기도 했다. "사자 굴에서"라는 이름을 붙인 이 칼럼에서 그는 영어를 사용하는 자기주장 강한 퓨마의 목소리를 빌려 글을 썼다.

러미스는 『아웃웨스트』의 칼럼뿐 아니라 책과 시를 쓰고, 주요 스페인 문서들을 영어로 번역했다. 그는 옛 캘리포니아의 허름하고도 목가적인 분위기를 굉장히 귀하게 여겼는데, 인구가 증가하면서 이런 느낌은 급속하게 사라지고 있었다. 러미스는 이 역사를 보존하는 데 전력을 기울였다. 옛 스페인 선교단 보존을 위해 사우스웨스트 박물관과 서던캘리포니아 랜드마크 클럽을 설립하기도 했다. 또 아메리카 원주민들의 권리를 위한 로비활동에도 많은 노력을 기울여 연방 정부의 골칫거리가 되었다.

러미스는 돈을 긁어모아 아로요세코의 변두리, 이스트로스앤젤레스의 땅을 사서 집을 지었다. 버려진 전신주와 철도 침목으로 골조를 세운 이 기발한 석조 건물은 완공하는 데 10년이 걸렸다. 러미스는 이 집을 플라타너스의 집이라는 뜻의 '엘 앨리설'이라 불렀다. 러미스 가족의 이 집에는 화가와 작가들이 끊임없이 모여들었다. 러미스는 자기 집에서 여는 파티에 "소음"이라는 별명을 붙였다. 어떤 때는 스페인을 주제로 파티를 열었고 여기에는 음유시인들과 스페인 전통 음식이 함께했다. 러미스는 잘 놀 줄 모르는 손님 한 명을 고발해 모의재판을 연 적도 있었다. 다른 손님들이 피고를 심문해 무죄 판결을 내리고 파티에 합류하도록 석방시켜주었다. 엘 앨리설에서 열린 파티에서는 대개 술판이 벌어졌다.

러미스의 삶은 사서가 되는 방향과는 거리가 멀었다. 아마 제안이 오기 전까지는 사서가 될 줄 꿈에도 생각해보지 않았을 것이다. 그는 열렬한 독서가였고 가끔 도서관 위원회와 만나 캘리포니아와 서남부 지방에 관련된 책을 수집해달라고 권했다. 도서관 위원회의 몇몇 위원은 엘 앨리설에서 열리는 파티의 단골손님이었다. 하지만 러미스는 도서관 운영과 관련한 경험이 전무했을뿐더러 교육을 받은 적도 없었다. 1905년 러미스를 시 사서로 임명한다는 발표가 나자 『로스앤젤레스타임스』 편집국은 러미스가 "도서관 학교에 발을 들여놓은 적이 없는 데다 괴상한 코르덴 슈트를 입고 다닌다. 가끔 술을 마시며 욕도 하는 것으로 알려져 있다"는 이유로 사서 직무에 부적합하다고 주장했다.

당시 러미스의 사생활은 엉망진창이었다. 혼외정사만 해도 수십 번이었다. 캘리포니아에서 가장 부유한 여성인 아케이디아 밴디니드 스턴스 베이커, 소설 『서니브룩 농장의 레베카』의 저자 케이트 위긴, 비서 몇 명, 전도사 에이미 샘플 맥퍼슨, 해리슨 그레이 오티스의 어린 딸, 그를 로스앤젤레스로 처음 불러들였던 『로스앤젤레스타임스』의 발행인 등이 그의 불륜 상대라는 소문이 돌았다. 게다가 대학 시절 잠깐 연애할 때 생긴 사생아 딸이 있다는 사실도 곧 드러났다. 딸은 아버지와 함께 살기 위해 로스앤젤레스로 왔다.

러미스는 끝없이 가십을 몰고 다녔다. 그는 무모하고 극적인 성격에 돈키호테 같고 낭만적인 데다 허풍선이 기질도 좀 있었다. 술을 많이 마셨고, 심리적 문제일 수 있는 일련의 원인 모를 병에도 시달렸다. 사람들의 주목을 끄는 그의 능력은 한때 매우 정확하고 우아했지만 지금은 일부 사람에게 부자연스럽고 자기중심적으로 보일 뿐이었다. 이지도어 독와일러는 러미스의 친한 친구이자 엘 앨리설의 단골손님이었다. 시 사서 자리를 물려받으라는 독와일러의 제안은

엘 앨리설의 외관

엘 앨리설의 거실

러미스에게 자신의 파란만장한 삶을 진정시킬 기회처럼 보였을 것이다.

메리 존스는 도서관 측의 해임에 수긍하지 않았고 자신이 남성이 아니기 때문에 자리를 넘겨야 한다는 의견에 특히 반발했다. 그녀는 도서관 위원회의 요구를 묵살하고 이튿날에도 출근했다. 직원들에게는 평상시처럼 일하라고 지시하고 해임 문제에 관한 한 더 이상 이야기하고 싶지 않다고 말했다. 그날 저녁, 도서관 위원회는 러미스와 만나 그의 새 직무와 관련된 세부 사항을 협의했다. 러미스가 제안받은 급여는 존스가 받던 금액의 두 배였다. 위원회는 존스가 사직서를 들고 오길 기대하며 이 회의에 그녀를 불렀다. 그러나 존스는 사직서를 들고 오기는커녕 사직할 마음도 없었다. 그 대신 "여성이 도서관 업무들을 관리하지 않아야 도서관에 가장 득이 된다는 이유만으로는" 절대 사직할 수 없다는 성명서를 읽었다.

그러자 독와일러는 그녀가 해고되었기 때문에 사직할 필요가 없다고 대응했다. 러미스는 방 뒤쪽에 앉아 있었다. 잠시 난처한 침묵이 흐른 뒤 러미스는 자리에서 일어나 자신이 그 자리를 받아들인 건 존스가 자발적으로 떠났다고 들었기 때문이라고 말했다. 그리고 "아주 평판이 좋은 이 도서관을 계속해서 발전시키길" 기대한다고 덧붙였다. 소수 집단의 권리 보호에 열성적이어서 그랬는지 러미스는 자신의 채용을 둘러싼 분위기에 동요하지 않는 듯했다.

이튿날, 도시에서 가장 저명한 여성들의 조직 프라이데이 모닝 클럽은 회의를 열고 메리 존스를 연설자로 올렸다. 그녀는 자신을 여전히 시 사서로 생각한다며 자기 손에 있는 사무실과 도서관 금고의 열쇠들을 굳게 지킬 생각이라고 말했다. 프라이데이 모닝 클럽의 여성들은 환호를 보냈고, 존스는 도서관으로 출근했다. 러미스는 집에서 안달을 내다가 그 자리를 맡기로 한 자신의 결정을 정당화하는 칼럼을 썼다. 볼멘소리로 가득한 이 글은 『아웃웨스트』에 실렸다. "캘리포니아주의 (…) 다른 어떤 공공사업도 여성이 관리하지 않으며 그럴 거라고 기대하지도 않는다."

이틀날 1000명의 여성이 존스가 도서관장으로 재신임되고 그녀를 추방하려 시도한 위원들이 위원회에서 쫓겨나야 로스앤젤레스 도서관 대전이 끝날 거라는 내용의 진정서에 서명했다. 하지만 위원회도, 위원회의 보고를 받는 오언 매컬리어 시장도 아무런 대응을 하지 않았다. 며칠 뒤 프라이데이 모닝 클럽의 주도로 로스앤젤레스 여성들은 메리 존스를 지지하는 행진을 벌였다. 거리가 시위자로 가득 찼다. 하지만 이 일은 러미스를 단념시키지 못했다. 러미스는 녹색 코르덴 양복에 카우보이모자를 쓰고 시청으로 가서 시 사서 취임 선서를 했다. 그런 뒤 아들과 함께 송어 낚시를 하기 위해 도시를 떠났다. 존스는 도서관의 자기 사무실로 계속 출근했다. 열쇠들을 쩔렁거리며 말이다.

이 싸움에 대한 소식이 퍼져나가자 전국의 사서들은 메리 존스를 지원하기 위해 결집했다. 시위에 참석하려고 로스앤젤레스까지 온 이들도 있었다. 많은 사람이 존스의 사무실을 방문했고 꽃을 가져다주었다. 매컬리어 시장은 시가 논란으로 주목을 받자 질색하며 가능한 한 빨리 상황을 해결하길 원했다. 그는 총회를 요청했고, 페미니스트 활동가 수전 B. 앤서니와 애너 H. 쇼 목사를 포함해 수천 명의 여성이 참석했다. 그러나 토론은 소란스럽기만 할 뿐 결론을 내지 못했다. 도서관 위원회 위원들은 호명을 받으면 발언을 거부했다. 그러자 매컬리어 시장이 위원 전부를 해임하겠다고 선언했는데 그들은 이를 거부했다. 교착상태가 몇 주 동안 계속됐다. 그리하여 한동안 로스앤젤레스 공공도서관은 떠나길 거부하는 해임된 도서관장과 시장에게 굴복하지 않은 해임된 위원들에 의해 운영되었다.

도서관 대전은 무한정 계속될 수도 있었다. 메리 존스가 항복할 생각이 없음을 분명히 밝혔기 때문이다. 하지만 노발대발한 매컬리어 시장이 시 검사에게 법적인 해결책을 물었다. 당시는 성별에 근거한 고용차별을 금지하는 연방법이 등장하기 60년 전이었다. 며칠 뒤 시 검사는 사서가 제멋대로 근무했기 때문에 위원회가 어떤 이유로든 그녀를 해고할 권리가 있다는 판결을 발표했다. 존스와 그 지지자들은 분개해 항의를 계속했지만 시 검사의 판결은 흔들림 없었다. 마침내 존스는 열쇠를 반납하고 펜실베이니아주에 있는 브린모어 여자대학의 도서관장직을 받아들여 로스앤젤레스를 떠났다. 그녀의 패배는 『로스앤젤레스타임스』에 "남성과 여성 중 누가 책임자가 될지를 둘러싼 긴 싸움의 결과: 이지도어 독와일러와 '흐물흐물한' 밀러가 마침내 존스 양에 대하여 승리를 거두다"라는 제목의 기사로 요약되었다.

존스가 사무실을 비우자마자 시의 연례 보고서에 새로운 시 사서가 소개되었다. 러미스는 "캘리포니아에서 가장 유명한 독서가 (…) 전국적으로 유명한 작가 (…) 최근 나온 모든 백과사전에 이름이 실린 사람; 편집자, 탐험가, 저자, 문학 및 역사 평론가, 역사가, 사전 편찬자, 여러 중요한 지원 프로그램의 조직자 및 책임자로서 풍부한 경험을 갖춘 사람; 학자이지만 현실적인 리더"로 소개됐다. 이 소개문은 러미스가 "사서 훈련 학교 출신이 아니라는" 점은 인정했지만 "책과 사람에게서 얻은 배움, 상식, 결단력과 침착성, '일을 성사시킬 수 있는' 그의 유명함이 훨씬 더 중요하다고 생각된다"고 밝혔다.

러미스는 공식적인 근무 첫날을 위해 낚시여행에서 돌아왔다. 그는 자신의 채용을 둘러싸고 일어난 폭풍과 관련해 직원들에게 메모를 보냈다. "우리 잘못은 아니지만 여러분과 나는 전혀 난처하지 않다고는 할 수 없는 상황에 놓였습니다. 누가 사서인지, 누가 사서가 될 수 있는지, 혹은 사서가 되어야 하는지의 문제는 더 이상 우리가 알 바 아닙니다. 나는 사서입니다. 그리고 여러분과 힘을 합쳐 일하는 습관이 굳어질 만큼 충분히 오래도록 사서로 살 겁니다. (…) 이 도서관에 내가 가장 가치 있다고 생각하는 것을 바치겠습니다." 당시 러미스는 하버드에서 그를 곤경에 빠뜨렸던 물결치는 장발을 고수하고 있었다. 그는 도서관에서의 새로운 시작을 머리를 자르는 것으로 기념하기로 마음먹었다. 지역 신문들은 이 일이 마치 주요 사건이라도 되는 양 보도했다.

찰스 러미스에 대해 확신할 수 있는 한 가지는 그가 절대 평범한 방식으로 일하지 않는 사람이라는 것이다. 러미스가 로스앤젤레스로 오는 방법도, 사생활도 평범하지 않았다. 마찬가지로, 그는 평범한 사서가 되지 않았다. 자신의 관리 스타일을 "민주주의의 실험"이라 부르며 도서관 운영을 자신의 또 다른 원대한 프로젝트로 여겼다. 러미스는 도서관을 완벽하게 만드는 일에 사로잡혔다. 광범위한 틀뿐만 아니라 세부 사항에도 집착했다. 세계 최고의 도서관으로 만들겠다는 야심찬 계획에 공을 들이고 동시에 직원들의 점심 메뉴도 추천했다. (그는 "도서관 여직원들을 위해 피클과 캔디로 된 점심은 이제 그만 먹읍시다. 직원들은 제대로 된 식사를 하루 세 번 규칙적으로 먹어야 합니다"라고 선언했다.)

러미스는 도서관 이용객들의 지적 건강에 대해서도 개인적인 책임감을 느꼈다. "태울 성냥조차 아까운" 사이비 과학 서적들의 인기가 걱정스러웠던 러미스는 그 책들을 치우는 대신 독자들에게 경고를 주는 소위 "문학적 정화 시행법"을 고안했다. 대장장이를 고용해 해골에 엇갈려 가로지르는 뼈─독극물 경고 기호─모양의 쇠도장을 제작하여 문제가 되는 책의 첫 삽화에 찍었고 경고 카드를 만들어 끼워넣었다. 그는 카드에 "이 책은 우리가 도서관에 둘 수 있는 최악의 부류에 속합니다. 귀하가 이 책을 읽을 만큼 지각력이 없다는 사실이 유감스럽습니다"라고 쓰고 싶었지만 좀더 절제된 어조를 취하라는 말에 수정했다. 책갈피 모양의 이 카드에는 "최근에 이 주제를 좀더 과학적으로 다룬 책을 보려면 다음을 참고하세요"라고 적혀 있었고 사서들이 그 주제에 관해 좀더 유익한 책들을 기입할 수 있도록 되어 있었다. 러미스는 일기에 도서관에서 자신이 한 최고의 혁신들 중 하나로 책에 독극물 표시를 한 조치를 언급했다. 그는 다른 문제를 해결하는 데도 그 쇠도장을 썼다. 도서관에서 가장 귀한 참고 도서들이 도난을 많이 당했기 때문에 그는 이 책들에 "로스앤젤레스 도서관의 자산"이라는 낙인을 찍었다. 이용객들은 러미스가 도서관의 책을 훼손한다며 불평했지만 그는 고집을 꺾지 않았다. 그는 연례 보고서에 이렇게 썼다. "우리는 소에 낙인을 찍습니다, 그렇지 않습니까?" "우리의 참고 도서들이 소보다 더 가치가 없나요?"

그는 도서관을 사랑했지만 전국 회의에서 만난 다른 도서관장들과의 사이에서 이질감을 느꼈다. 러미스는 그 사람들을 "잘난 척하는 멍청이들"이라고 생각했다. 그래서 자신을 비롯한 동료 사서들을 위해 피난처가 되길 기대하며 단체 하나를 만들었다. "책의 미소"라는 이름의 이 단체는 "그럼에도 불구하고 인간인 사서들"이라고도 불렸다. 창립회원 중 한 명이 테사 켈소였는데, 그녀도 러미스처럼 현 상태를 경멸했다. 이 단체의 슬로건은 "힘을 내요, 미국도서관협회여!"였고 공식 음료는 살구 브랜디였다. 회원마다 별명이 있었는데, 러미스의 별명은 "냉혹한 현실"이었다.

러미스가 며칠씩 도서관에서 사라지는 데 대해서는 처음부터 불만의 목소리가 나왔다. 그는 낚시를 자주 갔고 다른 프로젝트들—책 쓰는 일부터 사우스웨스트 박물관, 아메리카 원주민 문제에 대한 지속적인 관심 등—을 처리하는 데 시간을 썼다. 그러나 그는 도서관을 비우긴 했지만 엘 앨리설에서 일한 적이 많았고 때로는 하루에 14~15시간씩 도서관 업무를 처리했다. 집에서 일하는 쪽이 그에게 맞았던 것이다. 러미스는 관습에 얽매이지 않는 관리자였지만 사서 일에 열정이 대단했고 그가 도서관을 위해 했던 많은 일은 도서관을 오늘날의 모습으로 만드는 데 기여했다. 그가 취임했을 당시 도서관은 훌륭한 도서 대출 기관이었다. 러미스는 이런 도서관을 학자들을 위한 진지한 연구센터로 만드는 작업을 추진했고 사진 컬렉션, 캘리포니아 역사 컬렉션, 스페인 역사 컬렉션을 구축했다. 또 자필 서명 컬렉션이 훌륭한 자산이 될 거라고 여겨 "자필 서명" 편지지를 디자인한 뒤 당시의 모든 저명한 인물—옛 친구 시어도어 루스벨트부터 윌리엄 제닝스 브라이언, 프레더릭 레밍턴까지—에게 편지를 보내 서명과 코멘트 같은, 뭔가 사소한 거라도 끼적거려달라고 요청했다. 러미스가 접촉한 대부분의 사람이 서명을 보내왔고 많은 경우 정성 들인 그림까지 곁들였다. 1910년 도서관을 떠날 때 러미스는 세계에서 가장 중요한 화가, 작가, 정치인, 과학자의 서명 760개를 수집했으며 여기에는 스케치와 메모가 곁들여진 편지도 많았다.

러미스가 취임했을 당시에는 선반에 책을 꽂아 분류하는 체계가 다소 비논리적이었다. 예를 들어 철학부에 손금 보기, 닭싸움, 간통, 자전거 경주, 하녀에 관한 책들이 꽂혀 있었다. 러미스는 주제별 도서 분류를 새롭게 손봤다. 그가 세운 목표는 누구라도 선반에서 10분 만에 찾을 수 있는 체계를 고안하는 것이었다. 그에게는 도서관을 완전히 접근 가능한 곳—"그리스어 교수나 예술 애호가 못지않게 화가의 도제, 공부하고 싶어하는 노동자 소년, 전차 차장까지 아우르는 학자들을 위한 작업실"—으로 만들고자 하는 야심이 있었다. 당시에는 이런 수용적인 태도가 흔치 않았다. 러미스는 그 전까지 도서관을 이용할 생각을 하지 않았던 사람들을 끌어들이는 운동을 펼쳤다. 학교와 상점, 공장에 다음과 같은 공지를 붙였다.

독서에 관심이 있나요? 배움에 관심이 있나요? 로스앤젤레스 공공 도서관은 그런 당신을 위해 존재합니다.

그는 사람들에게 도서관을 겁내지 말라고 강조했다.

[도서관]에는 책뿐 아니라 당신이 책을 찾고 이용할 수 있도록 도와줄 사람들이 있습니다. 원하는 자료를 참고 도서실 사서에게 이야기

해보세요. 그 자료를 찾지 못했다면(그리고 그와 관련해 기분 좋은 서비스를 받지 못했다면) 제게 엽서를 보내주세요. (…) 더 많이 배울수록 당신의 봉급은 올라갈 것입니다. 사서 찰스 F. 러미스 올림

또 철도회사들에 "어떤 사람이라도 결코 책 없이는 살 수 없으니" 직원들에게 도서관을 이용하도록 촉구해달라는 편지를 보냈다.

더 많은 사람을 끌어모으려는 이런 노력은 큰 성공을 거두어 도서관은 곧 더 넓은 공간을 물색해야 했다. 1904년에 로스앤젤레스 시민 대부분이 도서관 건축 제안서에 찬성표를 던졌지만 시는 이 계획을 추진하려는 어떤 노력도 하지 않았다. 1906년 러미스는 호머 로플린 빌딩의 꼭대기 층을 임대하는 계약을 맺었다. 이 건물은 벙커힐의 부유한 주민들을 가파른 언덕 아래의 중심 상업지구로 실어 나르는 케이블카 에인절스 플라이트의 정거장 건너편에 있었다. 호머 로플린 빌딩의 도서관 공간은 시청보다 두 배나 더 넓어서 당시 도서관이 소장했던 12만3000권의 책을 수용할 수 있었다. 또 흡연구역과 옥상 정원을 위한 공간은 러미스를 기쁘게 했다. 그는 "(옥상정원이) 테라코타 찻잔에 꽃을 심은 장난감 정원이 아니라 진짜 정원이 될 것이다"라고 썼다. "아마 세계 모든 도서관을 통틀어 이런 시설은 유일무이할 것이다."

하지만 불과 2년이 채 되지 않아 호머 로플린 빌딩보다 더 넓은 공간이 필요해졌다. 도서관은 기하급수적으로 성장했다. 이제 소장 도서 규모는 미국의 공공도서관 중 열여섯 번째로 커졌다. 도서관이 성장한 시기는 로스앤젤레스시의 성장과 맞물렸다. 1900년 로스앤젤레스는 미국에서 서른여섯 번째로 큰 도시였지만 1905년에는

열일곱 번째로 성장했다. 1908년에 러미스는 도심의 한 건물 3층을 임대하는 계약서에 서명했다. 호머 로플린 빌딩의 도서관 공간보다 3배 더 넓은 곳이었다. 이 건물의 주 세입자는 백화점이었다. 그래서 도서관 이용객들은 엘리베이터를 타고 백화점 매장을 통과해 올라가야 했고 도중에 쇼핑객들이 타고 내렸다. 임대료도 터무니없이 비싼 데다 조건도 굉장히 나빴다. 그러나 누군가 이 공간을 임대하는 것을 두고 의문을 제기하면 러미스는 대놓고 무시하곤 했다. 그는 좋은 입지의 좋은 건물이라는 사실에 만족했다. 게다가 옥상에서 바라보는 아름다운 경관을 맘에 들어했다.

러미스가 참지 못했던 한 가지는 이용객들 중 누구라도 길을 잃고 도서관을 헤매고 다닐지도 모른다는 생각이었다. 그가 내놓은 해결책은 적극적으로 도움을 주도록 직원들을 훈련시키는 것이었다. 그는 직원들에게 "누군가가 당신을 깨울 때까지 기다리지 마세요"라고 지시했다. "도움이 될 기회를 먼저 찾으세요!" 이를 위해 러미스는 독서·학습·연구부를 신설했다. 이 부서에는 "낯설어하는 분위기를 풍기며 도서관에 들어와 어디로 가야 할지 모르는 듯 보이는" 어떤 사람에게라도 "덤벼들라"는―러미스가 선택한 동사였다―임무를 부여받은 2명의 상근 직원이 있었다. 신설 부서의 책임자로는 옛친구 C. J. K. 존스 박사를 채용했다. 유니테리언교 목사 출신인 존스 박사는 도서관 위원회 위원이기도 했고 오렌지, 레몬, 자몽 재배와 관련된 책 200권 이상을 소장했다. 1918년에 『캘리포니아 시트로그래프 매거진』에 실린 프로필에 따르면 존스 박사는 주 전체에서 감귤류 농사와 관련한 가장 훌륭한 장서들을 보유하고 있었다. 러미스는 존스가 이 부서를 이끌 "탁월한 자격"을 갖췄다고 말하면서 높은 급여와 "인간 백과사전"이라는 직함을 주었지만 정작 그가 채용된 자격 요건에 대해서는 구체적으로 언급하지 않았다. 존스는 도서관을 돌아다니며 이용객들이 던지는 어떤 질문에도 대답해줄 "걸어 다니는 안내 데스크"가 될 예정이었다.

존스는 입꼬리가 내려가게 꾹 다물고 하얀 턱수염을 말끔하게 손질한 덩치 큰 사내였고 거만한 분위기를 풍겼다. 질문을 받으면 이마를 톡톡 두드리는 버릇이 있었다. 꼭 뇌의 저장고를 흔들어 답이 흘러나오게 해야 하는 것처럼. 도서관 이용객들이 존스를 어떻게 느꼈는지에 관해서는 기록이 없지만 직원들은 그를 싫어했다. 직원들은 존스의 허영심과 선임 사서보다 거의 두 배나 높은 그의 급여에 분개했다. 존스는 자신이 인기가 없다는 낌새를 알아차렸다. 그는 러미스에게 자기 책상 위에 가끔 레몬과 망치가 놓여 있다고 불평했고 이 일을 모욕으로 받아들였다. 직원들과 인간 백과사전 사이의 불화는 기사로 나기도 했다. 『로스앤젤레스타임스』는 높은 급여를 받는 존스 박사가 도서관의 옥상 정원에서 제라늄에 물을 주며 대부분의 시간을 보낸다고 추측하면서 "로스앤젤레스 공공도서관은 무수한 스캔들의 온상인가?"라고 비판했다.

『로스앤젤레스타임스』가 도서관 인력으로서 존스 박사의 유능함에 대해 의문을 제기한 지 얼마 지나지 않아 그가 모든 도서관 직원에게 요구되는 공무원 시험을 치르지 않은 채 채용되었다는 사실이 밝혀졌다. 시 행정국이 존스에게 시험을 보지 않으면 해고될 수 있다고 통보하자 그는 화를 내며 자신의 지적 성취가 실력을 말해주고 있다고 주장했다. 하지만 시 당국이 뜻을 굽히지 않아 존스는 마침내 시험에 응했다. 결과는 낙방이었다. 그가 틀린 문제 중에는 "어린이 시집 세 권의 이름을 대고 설명하라" "현행 저작권법에 관해 간단히 설명하라" "'아서왕의 전설'은 무엇을 의미하는가?" 등이 포함되었다. 채점자에 따르면 존스 박사는 "동화와 관련된 질문에 대해 만족스런 답을 쓰지 못했다고 한다". 동화 세 편을 나열하라는 질문에는 쥘 베른의 『해저 2만리』를 써넣었다. 존스 박사의 시험 점수는 신문 1면을 장식했다. 『로스앤젤레스헤럴드』는 "몸값 높은 연구 책임자가 시험에 떨어졌다"라는 헤드라인을 붙였다.

존스의 낙방과 직원들 사이에서의 나쁜 평판은 러미스에게도 악영향을 미쳤다. 러미스는 존스를 옹호하며 그가 굉장히 폭넓은 지식을 보유하고 있어서 어떤 시험으로도 적절한 평가를 하기 어렵다고 해명했다. 러미스가 왜 그렇게 존스를 보호하려 했는지는 이해하기 어렵다. 그에게는 존스의 지나친 자긍심과 나르시시즘이 보이지 않는 듯했다. 존스는 두 번

"인간 백과사전"이라 불리는 C. J. K. 존스

째 시도에서 시험을 통과해 인간 백과사전 자리를 보전할 수 있었지만 그의 명성은 두번 다시 회복되지 않았고 지방 언론은 그를 조롱하는 데 재미가 들린 듯했다. 『로스앤젤레스타임스』는 "20세기가 밝아오는 지금, 인류는 (…) 시간의 기슭을 만들고 (…) 씻어내린wash out(낙제하다라는 뜻이 있다—옮긴이) 이 사건에 크게 기뻐할 만하다. C. J. K. 존스 박사는……"

러미스는 많은 일을 똑똑하게 처리했다. 그에게는 관심을 끄는 재주와 불가능하다고 생각되는 일을 성사시키는 비범한 재능이 있었다. 용감하고 진취적이었다. 순전히 자기 확신만으로 사람들을 끌어들였고 마음을 끄는 매력도 있었다. 러미스는 극적인 사건과 도전, 혼란을 즐겼다. 도서관에서 일을 시작할 당시 러미스의 사생활은 아수라장이었고 엘 앨리설의 풍경은 서커스 같았다. 엘 앨리설은 작고 거친 집이었다. 러미스와 아내, 아이들, 사생아 딸이 그 집에서 살았고 음유시인 무리와 특별한 일정 없이 시도 때도 없이 찾아오는 파티 참석자들이 득실댔다. 1907년에 음유시인 중 한 명이 러미스의 가정부를 살해하는 사건이 일어났는데도 파티는 일주일에 두세 번씩 계속되었다. 떠나지 않고 계속 남아 있는 손님들로 한 파티는 어물쩍 다른 파티로 이어져 계속됐다. 1909년의 어느 날, 러미스의 아내 이브가 50건에 가까운 혼외정사를 자세히 기록해놓은 남편의 일기를 발견했다. 화가 머리끝까지 치민 이브는 투르베세와 키스를 데리고 샌프란시스코로 떠나버렸다. 아들 퀴무는 러미스와 함께 남았다. 러미스는 아이들을 사랑했다. 특히 장남 아마도가 여섯 살 때 폐렴으로 세상을 떠난 뒤부터 아이들에게 집착했다. 아기들 곁에 있는 걸 너무 좋아해서 종종 임신부들에게 엘 앨리설에 오래 묵으라고 청하기도 했다. 이 여성들은 아기를 낳은 뒤 한동안 그 집에 머물렀다. 투르베세와 키스가 이브와 함께 샌프란시스코로 떠나자 러미스는 큰 충격으로 슬픔에 빠졌다. 이브가 제기한 이혼 소송과 러미스가 저지른 불륜의 세세한 내용이 지방 언론을 휩쓸었다. 러미스는 로스앤젤레스에 도착한 이래 언론의 가장 큰 관심을 받았다. 그가 이 도시에 발을 들여놓은 날부터 언론의 주목을 받지 않았던 날이 없었던 것을 감안해도 주목할 만한 점이다.

러미스는 똑똑했지만 자기 보호 본능이 없었다. 『로스앤젤레스타임스』에서 일할 때와 마찬가지로—해고당하자 엄청나게 놀랐던 것처럼—그는 자신의 행동이나 자신을 둘러싼 떠들썩한 논쟁거리가 도서관에서의 자리를 위태롭게 할 수 있다는 생각을 미처 하지 못했다. 황소고집에 자아도취에 빠졌고 저돌적인 사람들이 으레 그렇듯 일부러 다른 사람들을 의식하지 않았다. 햄버거 백화점 건물에 얻은 새 공간을 자랑스러워했지만 불리한 임대 계약에 서명하면 비난받으리라는 생각도 못 했다. 위원회는 그가 도서관의 소장품을 늘리고 신규 이용객들을 대거 끌어들였다는 점은 인정했지만 그의 잘못도 마찬가지로 지적했다. 예를 들어 러미스는 1907년에 80일 가까이 도서관을 비웠고 본인의 담뱃값을 판공비로 청구했다. 필요한 시험을 거치지 않고 존스 박사를 채용한 일은 부주의했다. 존스 박사에 대한 러미스의 신뢰도 보답받지 못했다. 그가 도서관을 자주 비운다는 사실을 공개적으로 처음 알린 사람이 존스 박사였기 때문이다. 존스는 도서관이 잘못 관리되고 있다며 직원이 제기한 소송에서 이 사실을 증언했다.

러미스가 도서관 위원회에 제출한 보고서들은 수치를 집계한 지루한 내용이 아니었다. 일화는 많고 산만했으며 도서관의 상태와 도시, 삶에 관한 발언으로 가득했다. 그가 방문한 전국의 다른 시립 도서관들에 대한 길고 상세한 설명도 종종 담겨 있었다. 러미스는 보고서 쓰기를 굉장히 즐겼다. 보고서를 "선반들의 전투" "봉지가 열렸을 때의 콩들" "우리는 왜 여기에 있는가?"와 같은 제목의 단락으로 나눴고 때로는 120페이지를 훌쩍 넘기기도 했다. 전국의 도서관장들에게 러미스의 보고서는 전설이 되었고 직원들과 돌려 읽겠다며 사본을 요청하는 일도 잦았다. 아마 러미스는 보고서 때문에 미국에서 가장 유명한 사서가 되었을 것이다.

하지만 로스앤젤레스의 도서관 위원들은 러미스의 보고서를 5년간 읽고 나자 더 이상 매력을 느끼지 못했고 장황하고 현란하다며 질책했다. 러미스는 위원들의 비판을 무시하면서 옹졸한 정치 공작이라고 생각했다. 실제로 도서관위원회는 정치적이었다. 신임 위원 중에는 도서관 대전에서 메리 존스를 적극적으로 지지했던 셀리 톨허스트라는 여성도 있었다. 러미스는 위원회를 불가피한 골칫거리로 취급했다. 그는 시장에게 "어떤 좋은 사람들은 훌륭한 공공도서관의 책임과 기능을 이해하지 못합니다"라며 "도서관은 그 무엇도 방해할 수 없는 훌륭한 기관입니다. (…) 비열한 술수만 제외하고 말이죠"라고 불평했다.

러미스는 로스앤젤레스 공공도서관을 오랫동안 변하지 않도록 바꿔놓았다. 민주적이면서 세련된 곳, 알차고 접근이 쉬우며 이름난 곳으로 만들었다. 하지만 그와 동시에 사람들의 마음을 상하게 하고 돈을 지나치게 많이 썼다. 게다가 개인적인 역경들이 너무 알려졌다.

마침내 도서관 위원회의 친구들마저 그를 저버렸고 1910년 말에 러미스는 도서관을 떠나라는 압력을 받았다. 과거에 러미스가 자신에게 미칠 피해를 감수하면서까지 옹호했던 인간 백과사전 C. J. K. 존스는 러미스가 사임하겠다고 발표하자마자 그 자리에 지원했다.

　도서관에서의 해고로 러미스는 기분이 상했다. 나중에 그는 이지도어 독와일러에게 "내가 상냥한 여성 문헌정보학과 졸업자가 아니란 걸 기억하실 겁니다"라고 썼다. "나는 학자이고 개척자이며 두 주먹을 불끈 쥔 남성입니다. 나는 계집애 같은 도서관의 뿌리를 만져 2년 내에 우리 모두가 자랑스러워하는 기개 넘치는 기관, 남성적인 도서관을 만들었습니다." 그러나 그는 친구들에게 도서관을 떠나서 행복한 척했다. 도서관 일에 싫증났고 이 일이 "내 모든 것을 빨아들인 데다" 책을 쓰는 데 바칠 수 있던 6년을 "낭비"했다고 말했다. 해고된 뒤 일기에는 "기분이 꽤 좋다"고 썼다. "조금 있으면 집을 짓고 바깥에서 운동을 할 수 있을 것이다. (…) 그리고 쓰던 책을 끝마치고 새 책과 기사들을 쓸 수 있을 것이다. (…) 절실하게 필요한 사명을 복구할 수도 있을 것이다. (…) 또 올봄에는 몇 년 만에 처음으로 잠자리에서 일어나 송어를 잡으러 갈 수 있을 것 같다. (…) 도서관의 어떤 일에도 신경 쓸 필요가 없고 내 마음대로 할 수 있게 되면 좋을 것 같다." 러미스는 자기계발 프로그램에 착수했다. 술과 담배, 욕을 끊고, 여느 때처럼 엉망이던 생활에 질서를 잡으려 노력했다. 가진 돈은 없었고 이혼도 마무리지어야 했다. 집필을 약속한 몇 권의 책도 있었다. 러미스는 두 명의 연인이 어떻게든 엘 앨리설에서 그와 함께 살 수 있도록 하기도 했다.

도서관에서의 시간이 끝나면서 그의 삶은 내리막길을 걸었다. 예전에 3000마일을 걸어 미국을 횡단하고 중앙아메리카의 정글과 서남부의 부족 마을들로 그를 데려갔던 허세와 자신감은 다시는 보이지 않았다. 에너지와 호기심이 가득한 모든 여행은 그의 삶을 독특하고 고무적으로 만들었었다. 1911년에 과테말라로 고고학 연구 여행을 떠난 러미스는 현지에서 열병에 걸려 눈이 완전히 멀고 말았다. 하지만 교대로 일하는 비서들에 의지해 가까스로 글쓰기를 계속했고 비서 일부와 돌아가며 사귀기도 했다. 심지어 사진도 계속 찍었다. 아들 퀴무에게 풍경을 묘사하게 하고 카메라를 작동시킬 때도 도움을 받아 사진을 찍었는데, 친구들 중에는 그가 정말로 앞이 안 보이는지 의심하는 사람도 있었다. 러미스의 허풍을 다년간 듣다보니 그를 믿지 않게 되었던 것이다. 실제로 1912년에 러미스는 시력이 기적적으로 회복되었다고 밝혔다. 그래서 많은 친구가 지금까지 러미스가 눈이 안 보이는 척했던 거라고 더욱 확신했다.

러미스가 스스로 만들어낸 거창하고 허세스러운 삶은 쪼그라들기 시작했다. 자신이 설립한 사우스웨스트 박물관에서 쫓겨났고 예전에는 쉬웠던 글쓰기는 진전 없이 지지부진했다. 그가 작업하고 싶어했던 책들은 세상에 나오지 못했다. 『로스앤젤레스타임스』에 칼럼을 쓰기 시작했지만 신문사 측은 금방 칼럼난을 없애버렸다. 1915년에는 약간 좋은 소식이 찾아왔다. 스페인 왕이 과거 러미스가 미국 문화에 기여한 스페인의 공헌을 기리기 위해 했던 모든 활동을 인정해 기사 작위를 내린 것이다. 어떤 면에서 이 작위는 러미스에게 평생 업적에 대한 가치를 인정받는다는 의미였고, 그는 여생 동안 기사 휘장을 목에 두르고 다녔다. 하지만 유감스럽게도 기사 작위가 생활을 안정시키는 데는 별 도움이 되지 못했다. 러미스는 거의 파산 상태였다. 그는 이지도어 독와일러에게 공무원직을 구하도록 도와달라고 간청했다. 어떤 부서의 무슨 일이라도 기꺼이 할 것이고 육체노동이라면 오히려 좋겠다고 말했다. 글을 써서 곧 수입이 들어올 거라고 확신하지만 그동안은 먹고살아야 한다고도 했다. 그러나 독와일러에게서는 아무런 답이 없었다.

러미스는 어떻게든 근근이 살아갔다. 엘 앨리설에서 가끔 파티를 열었고 한 번 더 결혼했다. 그토록 사랑했던 서남부의 아도비점토 마을로도 한 번 더 여행을 갔다. 그는 여행 일지에 그곳의 몽환적인 풍경, 붉은 산들과 자연 그대로의 계곡, 우르렁거리는 영양떼, 평평한 지평선을 따라 질주하는 구름에 관해 썼다. 국토를 걸어서 횡단하는 젊은이였던 1884년에 처음 본 풍경이었다. 달처럼 인간의 발길이 닿지 않은 원래의 모습 그대로이기도 했다. 울적한 기분에 잠긴 그는 이 풍경이 다시는 순수해지지 않을 것임을 알고 있는 듯했다. 하지만 그 마지막 여행을 하던 순간에 뉴맥시코주가 여전히 아주 오래전의 훼손되지 않은 모습처럼 느껴졌고, 그는 다시 두려움을 모르고 더 이상 지치지도, 외롭지도 않으며 대부분의 사람이 불가능하거나 미친 짓이라고 생각하는 야심으로 가득 차 이를 완수하고자 하는 젊은이로 돌아갔다. 로스앤젤레스로 돌아온 그는 감염된 벌레에 물린 자국이라 생각했던 응어리가 암이라는 진단을 받았다. 러미스는 죽어가면서 두 권의 책을 더 썼다.『야생마 페가수스』라는 시집과『우리의 잃어버린 연애의 꽃』이라는 수필집이었다. 그는『야생마 페가수스』의 초판이 엘 앨리설로 배달되고,『우리의 잃어버린 연애의 꽃』이 출판 허락을 받았다는 사실을 알게 될 때까지 살았다. 아마 그는 한 번 더 세상을 질주하는 자신을 상상했을 것이다. 하지만 1928년 11월 25일 늦은 저녁, 찰스 플래처 러미스는 저세상 사람이 되었다. 현재 로스앤젤레스 공공도서관은 그가 작성한 도서관 보고서들, 일기, 아파치 전쟁 취재 기사, 『자작나무 껍질 시』, 스페인 선교단, 푸에블로 인디언, 모키 인디언, 멕시코 역사에 관해 쓴 책들, 나라를 횡단하는 도보여행 중에 썼던 칼럼 모음집 『서남부에서, 1884년 9월 20일부터 1885년 3월 14일까지』를 소장하고 있다.

14

『와사와사: 북극 지방의 자취와 보물 이야기Wasa-Wasa: A Tale of Trails and Treasure in the Far North』(1951)

> 해리 맥피
> 971.05 M144

『지도 전문 사서: 입문서Map Librarianship: An Introduction』(1987)

> 메리 리 라즈가드
> 025.176 L334

『쓰레기 보물 속에 파묻히다: 강박적 수집, 저장, 비축 치료 가이드Buried in Treasures: Help for Compulsive Acquiring, Saving, and Hoarding』(2014)

> 시리즈: 효과적인 치료
> 데이비드 F. 톨린
> 616.8522 T649

『계보학 즐기기Genealogy, and Enjoying It』(1982)

> 루비 로버츠 콜먼
> 929.01 C692-1

도서관의 가장 아래층에 있는 역사부는 에스컬레이터 바닥부터 새 부속건물 전체에 걸쳐 어떤 부서보다 더 넓은 공간을 차지한다. 역사부의 선임 사서 글렌 크리슨은 도서관이 매력적인 여성들을 만나기 좋은 곳일 거라 생각하며 1979년 즉흥적으로 도서관 학교에 입학했다. 바로 그해에 랜드연구소는 도서관들이 곧 한물가서 쓸모없어질 것이라고 발표했다. 현재 크리슨은 중앙도서관의 최장기 근속 사서다. 그는 금발 빛을 띤 백발과 흐트러진 앞머리, 덥수룩한 수염,

느낌표 같은 몸매를 가지고 있다. 크리슨은 근엄하며 냉소적으로 보이고 싶어하는데, 실제로는 마음이 약하고 감성적이라는 사실을 숨기기 위해서일 것이다. 그는 도서관에 펄이라는 우아한 부인이 담당하던 전화교환대가 있던 시절, 기송관을 이용해 부서에서 부서로 자료를 이동시키던 시절, 사서들을 "부인" "양", 그리고 드물기는 하지만 "군"이라고 부르던 시절, 사서 톰 오언스가 매일 5마일을 걸어 출퇴근하던 시절, "햄버거 하나를 단 세 입에 먹어치우던" 테드 이타키라는 직원과 점심을 먹던 시절의 향수에 젖곤 한다. 그러나 화재가 난 뒤 절망에 맥을 못 추던 시절은 덜 그립다. 그때 크리슨은 스프링가에 있는 임시 도서관에서 일하고 있었는데, 선반에 주사기 바늘 하나 들어갈 틈 없이 책을 꽂았다. 시간이 지나면서 크리슨은 스스로 일종의 도서관이 되었다. 그는 흥미로운 도서관 이용객들에 관한 이야기가 끝없이 술술 흘러나오는 저장소 같은 사람이었다. 예를 들어 그가 이야기해준 이용객 중에는 신경쇠약에 걸려 로스앤젤레스에 오게 된 위스콘신주 출신의 전직 수학 교사가 있었다. 그 사람은 역사부에 거의 매일 죽치고 앉아 책을 읽거나 쓰레기통에 대고 머리를 잘랐다. 때로는 사서들에게 "나는 한겨울에 러신에서 시보이건까지 걸어갔어. 고추랑 젖꼭지가 꽁꽁 얼어버렸지"라고 말한 뒤 다시 머리를 자르거나 책으로 눈길을 돌렸다. 날마다 도서관을 찾던 80대의 쌍둥이 노인—크리슨과 동료들은 두 사람을 헤클과 제클이라고 불렀다—은 헤로도토스와 투키디데스를 읽으며 시간을 보냈고, 7년 동안 크리슨에게 매일 똑같은 농담을 던졌다. 어떤 사람은 자신이 브루나이의 술탄이라고 주장하면서(실제로는 아니었다) 존 F. 케네디가 암살당한 바로 그 순간에 뇌출혈이 왔다고 우겼다. 우리가 함께 보낸 몇 달간 크리슨은 내게 고무 인간, 사슴뿔 인간, 초시계 인간, 스탬피, 허시바 장군과 그의 조수인 낙심 대령, 그리고 금을 캐는 복장을 하고 항상『쓰레기 보물 속에 파묻히다』잡지를 요청해서 크리슨이 광부라는 별명을 붙인 사람에 대해 이야기해주었다. 크리슨이 들려주는 도서관 이용객들의 이야기는 어이없었지만 대개 그의 애정이 어려 있었다. 우리가 만난 첫날에는 어느 날 대출대에 찾아와 자신이 1912년부터 대서양에서 살다가 물개로 변해 로스앤젤레스 항구까지 헤엄쳐 왔다는 매력적인 옷차림의 여성에 관해 이야기했는데, 전혀 비웃는 투가 아니었다.

크리슨이 중앙도서관에서 일하는 동안 화재가 일어났고 11명의 사서가 목숨을 잃은 AIDS 위기가 찾아왔다. 건물은 재개관했고 어딜 가나 이용할 수 있는 인터넷에 적응하던 시간도 있었다. 그는 당시에 한 이혼이 화재 후 우울증에 어느 정도 영향을 미쳤다고 생각한다. 딸 카티아가 사서가 된 일도 빼놓을 수 없다. 두 사람은 로스앤젤레스 도서관 시스템에서 2대가 함께 일하는 많은 사람 중 하나다. 크리슨은 역사학자 윌 듀랜트와 아리엘 듀랜트 부부가 책을 찾도록 도운 적도 있다. 또 고문과 점성술 관련 책을 찾던 리처드 라미레즈를 응대했다(라미레즈는 나이트 스토커라고 알려진 연쇄살인범으로 로스앤젤레스에서 13건의 살인을 저질러 사형을 선고받았다. 크리슨은 "그 사람은 진짜 오싹했어요"라고 회상했다). 체스 명인 보비 피셔도 무거운 갈색 여행 가방을 들고 자주 역사부를 찾았지만 대개 혼자 있다가 갔다. 크리슨은 가끔 넌지시 퇴직 의사를 내비치기도 했지만 LA 다저스의 경기 말고는 도서관 대출대 외의 다른 곳에 있는 그의 모습이 잘 상상이 되지 않는다. "도서관이 재개관했을 때 우리 책들을 다시

볼 수 있어서 진짜 행복했어요"와 같은 말을 할 때 그는 뼛속까지 사서처럼 보였다.

어느 토요일 아침, 크리슨이 전화를 걸어와 내가 만나면 좋을 것 같은 사람이 있다고 했다. 도서관에 도착했을 때 역사부는 나른한 분위기였다. 몇 사람이 책상에 앉아 책을 획획 넘기고 있었고, 열람실 구석의 테이블에서는 한 여성이 발톱에 매니큐어를 바르고 있었다. 나는 도서관 안내 데스크 쪽으로 걸어가 "폐기"라고 표시된 카트를 지나갔다. 오늘 폐기된 책에는 빌리 카터의 전기, 『메인주 프랭클린 카운티의 필수 기록』, 그리고 『와사와사』라는 제목의 민화집이 포함되어 있었다. 스웨덴어를 번역한 『와사와사』는 잔뜩 얼룩이 지고 너덜너덜해져 있었다. 역사부는 다소 혼합된 부서다. 도서관의 모든 역사 자료뿐 아니라 인기 높은 계보학부, 규모로 볼 때 미국에서 5위 안에 드는 지도 컬렉션까지 망라해 소장한다. 지도 컬렉션은 도서관이 설립되면서 구축된 이래 기하급수적으로 성장해왔다. 상당한 양의 자료가 빠진 것은 제2차 세계대전 때 육군 지도 및 도표 보관소 역할을 했던 육군 지도실이 문을 닫았을 때뿐이었다.

크리슨은 지도부를 책임지고 있는 선임 사서다. 그날 아침 내가 크리슨을 찾았을 때 그는 가장 귀중한 지도들이 보관된 플랫파일 근처에서 세 사람과 서 있었다. 그중 한 명—덥수룩한 흰색 콧수염을 기른 안짱다리의 활기찬 남성으로, 자신을 브라이언 해처라고 소개했다—은 서던캘리포니아 자동차 클럽이 인쇄한 지도를 전문적으로 수집하는 지도 수집가였다. 그날 아침 해처는 도서관에 기증할 갖가지 지도로 가득 찬 상자 3개를 들고 왔다. 기부가 내키지 않지만 아내가 지도 수집품들을 정리하지 않으면 자기가 직접 하겠노라고 으름장을 놓았다고 했다.

해처 옆에는 두꺼운 안경을 쓰고 보청기를 낀 젊은 남성이 서 있었다. 상냥한 얼굴에 주의가 산만해 보였다. 크리슨이 그 젊은이를 가리키며 "C. J.예요. 제가 작가님이 만났으면 한다고 했던 사람이죠"라고 소개했다. 나머지 한 사람은 C. J.의 아버지 존 문이었다. 존은 내게 아들이 청각장애와 자폐증을 앓고 있으며 지도에 푹 빠져 엄청난 지식을 보유하게 됐다고 설명했다. 지도에 대한 C. J.의 관심은 일찍부터 시작되었다. 다섯 살 때 크리스마스 소원으로 딱 하나, 『토머스 가이드』만을 말할 정도였다. 『토머스 가이드』는 스프링으로 제본된 메트로폴리탄 지역의 구역별 지도책으로, 택시 운전사와 부동산 중개인들이 좋아하는 책이었다. 그렇다고 C. J.가 아무 『토머스 가이드』나 원한 건 아니었다. 그는 1974년에 나온 샌버너디노판을 갖고 싶어했다. 열한 살 때 그는 이미 『토머스 가이드』에 관한 한 세계적 전문가들 중 한 명이었을 것이다. 존이 내게 이런 이야기를 하는 동안 C. J.는 지도 선반들을 살펴보고 있다가 갑자기 내게 집 주소를 물었다. 내가 알려주자 그는 잠깐 눈을 감고 있다가 우리 집이 로스앤젤레스 『토머스 가이드』의 몇 페이지에 있는지 말했다. 크리슨이 선반에서 『토머스 가이드』를 찾아냈고 우리는 그냥 확인차 페이지를 넘겨봤다. 내가 사는 거리가 정말로 그 페이지의 한가운데에 있었다.

C. J.와 해처는 지도 수집가 웹사이트에서 알게 된 사이로, 바로 그날 만날 예정이었다. 직접 얼굴을 보는 건 처음이었다. 도서관의 역사부가 자연스레 약속 장소로 정해졌다. C. J.는 도서관의 단골 고객이었다. 그와 아버지는 적어도 한 달에 한 번 집에서 중앙도서관

까지 한 시간을 달렸다. "이곳은 아들의 천국이에요." 존이 머리 위로 한 팔을 휘저으며 말했다. "아들의 세상이죠."

지난해에 C. J.는 크리슨을 도와 페더스 컬렉션이라 불리는 지도 및 지도책들의 색인 작업을 했다. 존 페더스는 구개열이 있는 수줍음 많은 병원 영양사였는데, 사람들과 어울리는 것을 꺼렸다. 50대에 들어서야 마침내 월터 켈러라는 나이 많은 남성과 알게 되어 행복을 느꼈고, 로스앤젤레스 외딴 구석의 마운트 워싱턴에 있는 켈러의 집으로 이사했다. 집 바로 옆에는 자기인식협회 본부가 있었다. 페더스가 여가 시간에 한 일은 지도 수집이었다. 부지 지도, 그림 지도, 지형학 연구를 모았고, 도시 설계도와 여행 가이드, 스테이트팜, 랜드맥널리, 해그스트롬 같은 업체가 발간한 도로 지도들, 운동 지도, 구역 지도, 지질 조사서도 수집했다. 첫 4판까지 포함해 『토머스 가이

도서관이 소장한 많은 지도 중 하나를 펼쳐 든 글렌 크리슨

드』거의 전부를 모았을 뿐 아니라 경쟁서인 『레니 아틀라스』도 전질을 손에 넣었다. 흔한 지도들뿐 아니라 1891년부터 1903년까지의 특별한 지도책들, 1592년에 발간된 유럽 지도 등 희귀한 것도 많았다. 켈러의 집은 작았지만—92제곱미터도 되지 않았다—페더스는 호텔 비누, 식당 성냥갑 수집품과 함께 약 10만 장의 지도를 이 집에 쑤셔넣었다.

2012년에 페더스는 향년 56세로 세상을 떠났다. 켈러는 그 전에 페더스보다 먼저 죽었고 그의 친척들에게 집의 소유권이 넘어갔다. 친척들은 집을 철거해서 팔기로 결정하고 매슈 그린버그라는 중개업자를 통해 시장에 내놓았다. 켈러와 페더스는 작은 집에서 조용히 살았다. 그린버그는 처음 그 집을 보러 갈 때 삶의 흔한 퇴적물을 보게 될 줄 알았다. 신발과 재킷, 방치된 화분, 핀으로 꽂아놓은 사진, 깨진 접시들이 있는 검소하고 슬픈 풍경을 보겠거니 생각했다. 하지만 켈러의 작은 집은 터져나갈 것만 같았다. 페더스가 수집한 지도들이 바닥이고 상자 안이고 구석구석 한 치의 틈도 없이 꽉 차 있었다. 부엌 수납장 안에 무더기로 들어 있고 심지어 오븐 안에도 잔뜩 쌓여 있었다. 전축은 『토머스 가이드』가 들어갈 공간을 마련하려고 내부 장치를 다 치워버린 상태였다. 그린버그는 어떻게 해야 할지 몰랐고 이 지도들이 쓰레기인지, 귀한 것인지도 감이 오지 않았지만 대형 쓰레기통을 요청하지는 않았다. 대신 그는 도서관에 전화를 걸어 글렌 크리슨과 통화했다. "와서 이걸 보셔야 합니다." 그린버그가 말했다. "지도가 집 안 가득 차 있어요."

그날 밤 크리슨은 흥분으로 잠을 이루지 못했고, 동이 트자 동료 사서 10명과 함께 빈 상자 몇 개를 들고 그 집으로 향했다. 그날 그들은 200상자가 넘는 자료를 포장했다. 중앙도서관의 지도 컬렉션 규모가 두 배로 커지는 순간이었다. 페러스 컬렉션의 규모는 믿기 어려울 정도로 어마어마해서 풋볼 경기장 2개에 맞먹는 선반을 차지할 정도였다. 문제는 이 엄청난 발견물이 순서 없이 뒤죽박죽인 상태로 도서관에 도착했다는 것이다. '쉽게 찾을 수 있어야 한다'가 절대명제인 도서관에서는 큰 죄악이었다. 지도에 색인을 붙이는 일은 한 치의 오차도 허용되지 않는 지루하고 시간이 많이 드는—까다롭고 눈이 피로한—작업이다. 각 지도를 발행한 회사 이름, 지도 이름, 발행 연도, 묘사된 장소, 분류할 때 주의해야 하는 모든 특징으로 색인을 붙여야 한다. 우리가 만난 날까지 C. J.는 200장의 지도에 색인을 달았다. 그는 도서관에 오면 점심시간도 없이 7시간 동안 색인 작업을 하고 싶어했지만 그의 아버지는 적어도 샌드위치 정도는 먹어야 한다고 고집했다. C. J.가 빨리 일을 시작하고 싶어서 안달을 내자 크리슨은 그를 데리고 잠긴 문을 지나 아직 색인 작업 전인 지도들을 보관해놓은 서고로 갔다. 두 사람이 돌아오길 기다리는 동안 존은 자기 가족이 도서관과 특별한 인연이 있다고 불쑥 말을 꺼냈다.

"어떻게요?" 내가 물었다.

"1986년에 이 도서관에 불이 난 건 알고 계시죠?" 존이 대답했다. "C. J.의 할아버지가 화재 진압을 도운 소방관 중 한 명이었어요. 정문 옆에 그 소방관들을 기리는 명판이 있어요. 그 명판에서 제 아버지 이름을 보실 수 있어요. 하워드 슬라벤 대장이에요."

뜻밖의 고백에 깜짝 놀라 서 있는데 크리슨이 돌아왔다. 그는 서재에서 C. J.가 한 지도책의 페이지 사이에서 발견한 지도를 들고 있었다. 진지한 지도광이자 그림 지도에 특별한 애착이 있는 크리슨은 테이블 위에 지도를 펼친 뒤 몸을 수그리고 자세히 살폈다. 작은 소리로 몇 차례 "우와"라고 중얼거리던 그는 마침내 몸을 일으키더니 지도를 톡톡 두드리며 말했다. "지금이 그 순간이에요…… 그 드문 순간이요……." 그는 머리를 절레절레 흔들었다. "처음 보는 거예요. 전에는 여기에 눈이 가지 않았거든요." 그의 앞에 놓여 있는 것은 대공황이 기승을 부리던 시절 로스앤젤레스에서 열린 1932년도 하계 올림픽 지도였다. 이 올림픽은 위대한 육상 선수 베이브 디드릭슨 자하리아스를 세상에 처음 알렸다. 크림색이 도는 노란색 지도에는 도로들이 가는 선으로 그려져 있고 로즈볼, 그리피스 공원, 마린 스타디움 같은 시내의 올림픽 경기장들이 빨간색 정사각형으로 표시되어 있었다. 올림픽을 보러 온 관광객들이 무질서하게 뻗어 있는 드넓은 로스앤젤레스에서 길을 찾을 수 있도록 제작된 지도 같아 보였다. 지도 맨 위에는 격려와 함께 "혼란을 피하시오"라는 문구가 위엄 있게 가로지르고 있었다. 이 지도에는 스냅사진처럼 순간을 동결시키는 힘이 있었다. 만약 C. J.가 발견하지 못했더라면 거리 지도책들의 페이지 사이에 영영 끼어 있었을지도 모른다. 하지만 이 지도는 구조되었고, 로스앤젤레스 공공도서관 페더스 지도 컬렉션의 한 부분으로 색인이 작성되어 목록에 올라갈 것이다. 항상 도서관이 맞추려고 애쓰는 더 큰 퍼즐, 우리가 누구인지에 대한 끝없이 순환되는 이야기의 조각 하나가 더 맞춰진 것이다.

15

옛 로스앤젤레스 공공도서관이 불타서
사라졌네
그 시내의 도서관
그리고 그와 함께
내 젊음의 커다란 부분도
사라졌다네
……
그 경이로운 곳
로스앤젤레스 공공도서관

> 찰스 부코스키, 「불타는 꿈The Burning of the Dream」
> 『70대의 스튜Septuagenarian Stew』(1990)
>
> 찰스 부코스키
> 818 B932-1

소방국은 화재가 진압되자마자 수사를 시작했다. 소방국 방화전담반 3명이 이 사건에 배치되었고 주류·담배·화기 및 폭발물 단속국 요원들이 합류했다. 방화범이 범행 장소를 다시 찾을 경우에 대비해 수사관 몇 명이 도서관에서 잠복근무를 했다. 나머지 수사관들은 주변을 조사하고 제보 전화를 받았으며 단서를 추적해 증거를 샅샅이 뒤졌다.

로스앤젤레스시는 광고판과 라디오 광고로 범인 수색을 알렸다.

수십만 명의 시 공무원은 급여 봉투에서 범인과 관련된 정보 제공 시 3만 달러의 보상금을 주겠다는 쪽지를 발견했다. 전화나 이메일로 제보를 한 사람은 400명이 넘었지만, 그중 많은 것이 쓸데없는 내용이었다. 반복적으로 들어온 제보 하나는 리비아와 미국 사이의 불안한 관계 때문에 리비아 첩보원들이 불을 질렀을 수 있다는 것이었다. 다른 제보들은 더 구체적이었다.

알려드립니다. 귀 도서관을 불태운 방화범은 엑스 포르노 시네마의 시오도어 V입니다. 매사추세츠주의 마피아 최고 보스죠. 마약 두목이기도 해서 로스앤젤레스에서 마약을 밀매하고 있습니다!

담당자 귀하, 도서관 방화와 관련해서 [⋯(이름 삭제됨)]을 조사해보세요. 정신적 문제가 있는 사람입니다. 이 사안과 관련해서는 정신과 의사에게 물어보세요. 곧바로 미친 사람이라고 진단할 겁니다.

담당자 귀하, 이 사람, 리처드 W가 귀 도서관에 불을 질렀을 수 있습니다. 자기가 신의 경지에 이르렀다고 생각하는 놈이에요. 양자리 태생인데, 오토바이 폭주족과 어울려다니며 강간을 저지른 건 다들 알고 있는 사실이고 누군가를 살해했을 수도 있어요. 작년에 저는 놈에게 지옥에나 떨어지고 제 옆에 얼씬하지 말라고 경고했어요. 그런데도 자기 추종자가 되라면서 저를 계속 괴롭혔어요. 편견이 심한 인간이거든요. 제가 동양인이라서 그러는 거예요. 놈은 제가 마녀라면서 3개월밖에 못 산다고 했어요. 그놈이 책을 빌린다면 신의 실현이나 불교, 선종, 마법과 관련된 책일 거예요. 아마 어떤 책이든 반납하고 싶지 않았겠죠. 그래서 책을 더 빌릴 수 없으니 도서관을 태워버린 거예요.

수사관들은 로스앤젤레스의 유명한 심령술사 게리 보먼이 이 사건에 대해 언급한 사실을 알게 되었다. 자신이 7만5000년 동안 살았고 남아메리카의 정글에서 마법의 소형 말떼와 함께 지냈다고 주장했던 보먼은 당시 로스앤젤레스에 거주하고 있었다. 그의 정신적 인도자는 사도 요한이었다. 사도 요한이 보먼의 몸을 빌려 말할 때면 어울리지 않게 강한 오스트레일리아 억양이 나왔다. 라디오 청취자들은 보먼을 인정했다. 그의 라디오 쇼 「평범한 라디오를 벗어나」는 광범위한 청취자를 확보했다. 그는 사도 요한과 접신한 상태에서 도서관 화재에 관해 언급했다.

질문자: 도서관 화재에 연루된 사람들의 이름을 대거나 밝힐 수 있나요?

보먼: 우리는 그런 일을 할 의향이 없다.

질문자: 도서관을 불태우려는 시도가 또 있을까요?

보먼: 그렇다. 6개월 내에 도서관(옛 시설)을 태우려는 시도가 또 있을 것이다.

청취자들: (숨이 턱 막히며) 이유가 뭐죠?!

보먼: 범인들이 어리석으니까. 사실 그들이 범행을 저지른 동기는 화가 났기 때문이다. 그래서 다른 사람들에게 가치 있는 것을 빼앗으려 한 것이다. 자신들이 박탈당했다고 느끼고 있으니까. 이해하겠는가? 그래서 공격하려 한다. 6개월 내에 다시 공격을 시도할

거다.

방화는 수사가 지독하게 힘든 범죄다. 엄청난 대형 화재라도 성냥 한 개비에서 시작될 수 있다. 빈약한 증거밖에 없고 그 증거조차 불에 타버렸을 가능성이 높다. 게다가 불이 연기를 천천히 피웠을 수도 있다. 무언가가 잘못됐다는 낌새를 채기 전에 방화범이 달아날 시간이 충분한 것이다. 불이 처음 시작될 때는 반짝이는 불꽃이나 실처럼 피어오르는 연기같이 별게 아닐 수 있다. 그러나 불이 완전히 타오르기 시작하면 방화범은 이미 멀리 달아났을 수 있다. 범행에 사용된 도구가 사라져버리고 범행 자체를 거의 눈에 띄지 않게 저지를 수 있다. 이보다 더 완벽한 범죄는 상상하기 어렵다. 모든 주요 형사 범죄 가운데 방화는 기소에 성공하는 경우가 가장 드물다. 유죄 판결률이 1퍼센트도 채 되지 않는 것이다. 즉 방화범은 범죄를 저지르고도 처벌받지 않을 가능성이 99퍼센트에 달한다.

도서관 화재 수사가 특히 더 어려웠던 건 공공장소에서 일어났기 때문이다. 책을 빌리지 않는 이상 도서관에서 보낸 시간은 기록에 남지 않고 그 사람이 누구인지도 모른다. 중앙도서관 화재는 개관 후 한 시간 뒤에 시작되었다. 건물에는 이용객이 200명이나 되었고 그 전에 얼마나 많은 사람이 들어왔다 나갔는지 알 길이 없었다. 도서관은 누구에게나 개방되어 있다. 이 말은 모든 사람이 용의자가 될 수 있다는 뜻이다. 수사관들은 탐색 범위를 좁힐 수 없었다.

방화조사반은 도서관 직원들이 그날 아침에 튀는 행동을 했던 사람을 기억하기를 기대했다. 그러면 적어도 어디에서부터 수사를 시작해야 할지 알 수 있을 것이기 때문이다. 한 선임 사서는 그날 아침 금발의 낯선 젊은이가 직원 작업실에 들어와 커피를 가져갔다고 말했다. 직원 작업실은 출입이 쉬운 곳이지만 분명 공공 공간은 아니어서 사서는 그를 쫓아냈다. 다른 부서에서는 한 젊은이—아마도 아까와 같은 사람—가 제한구역에 들어가는 모습이 목격됐다. 근무 중이던 사서가 나무라자 남자는 자신이 새로 온 직원이어서 서고를 둘러보고 있다고 해명했다. 사서는 멋쩍게 그를 환영한 뒤 하던 일로 되돌아갔다. 비슷한 시간에 직원만 출입이 가능한 역사부 서고에서 젊은 남자가 목격되었다. 역사부 사서가 그에게 직원인지 묻자 그는 어떤 신문을 찾고 있다고 대답했다. 남자는 10분 동안 미적거리다가 갑자기 몸을 돌려 나갔다. 도서관이 문을 열기 전 직원들이 이용하는 호프가 쪽 입구에서 직원 배지가 없는 한 젊은이가 침입을 시도한 일도 있었다. 근무 중이던 경비가 그를 저지하고 아직 일반인은 들어갈 수 없다고 설명했지만 남자는 전화기를 찾고 있다며 다시 안으로 들어가려 했다. 경비가 팔을 붙들고 못 들어간다고 재차 말하자 젊은이는 화를 내면서 팔을 비틀어 뺀 뒤 휙 돌아서서 가버렸다.

도서관에서 그런 무단침입은 흔하지는 않지만 그렇다고 딱히 주목할 만한 일은 아니었다. 그 젊은이는 나가달라고 할 때마다 다 따랐기 때문에 누구도 이 일에 신경을 쓰거나 이름을 물어보거나 도와줄 다른 경비를 부르지 않았다. 각각의 사건이 금세 일단락되어서 그다지 큰 인상을 남기지도 않았다. 모든 직원은 그 젊은이가 보통 체격에 금발을 뒤로 빗어 넘겨 옆머리가 부드럽게 흘러내리는 헤어스타일이라고 기억했다. 화재 경보가 울린 뒤 다급하게 도서관을 빠져나가던 이 젊은이에게 부딪혀 넘어졌던 여성이 묘사했던 모습과 흡사했다. 이를 바탕으로 몽타주를 그리기 시작했다. 양미간이 넓은 돌출된 눈, 두꺼운 코, 팔자수염, 파라 포셋이 「미녀 삼총사」에서 했던 헤어스타일의 짧은 버전 머리 모양을 한 20대 남성의 얼굴이 마침내 완성되었다.

해리 피크는 1986년 4월 29일 이후에 과연 어디에 있었을까? 내가 말할 수 있는 건 그가 이곳저곳에서 잡일을 하고, 친구들과 어울리며 배역을 따기 위해 오디션을 보고 꿈에 잠기며 평소처럼 느긋하게 하루를 보냈다는 것이다. 당시엔 샌프란시스코에서 레너드 마티넷이라는 변호사의 심부름도 하고 있었다. 그때는 해리와 데미트리 히오텔레스가 더 이상 커플이 아니었지만 두 사람은 친구로 남았다. 히오텔레스는 리무진 서비스를 운영하면서 가끔 해리를 운전사로 고용했다. 해리가 관련되면 어떤 일에서처럼 이 경우도 대가를 치렀다. 한번은 해리가 리무진 중 하나의 오일을 교체하자고 했다. 그는 엔진에서 폐오일을 뺀 뒤 새 오일을 넣기 전에 담배를 한 대 피우려고 자리를 떴다. 아마 담배를 한 대 더 피웠거나 산책을 했을 것이다. 아무튼 그는 몇 시간 동안 돌아오지 않았다. 그사이에 다른 운전사가 오일이 없다는 사실을 모른 채 리무진을 몰았다. 엔진은 4마일도 가지 않아 폭발했다. 히오텔레스는 이 이야기를 들려주면서 깊은 한숨을 내쉬었다. "그냥 해리가 해리가 돼서 그런 멍청한 짓을 한 거예요."

화재가 났던 날, 히오텔레스가 셰러턴 호텔의 발레 데스크에서 친구와 잡담을 나누고 있는데 전화가 울렸다. 잔뜩 들뜬 목소리의 해리였다. 해리는 히오텔레스에게 그날 아침 자기가 어디에 있었는지 맞혀보라고 했다. 히오텔레스는 해리가 잭 니컬슨이나 닉 놀테 같은 사람과 한잔 하러 간 이야기를 하겠거니 하고 기다렸다. 그런데 해리는 자신이 방금 도서관 화재 현장에 있었다고 소리쳤다. 불이 엄청나게 거셌고 너무 뜨거워서 어느 잘생긴 소방관이 자신을 건물 밖으로 데리고 나와야 했다고 떠들었다. 그럴싸했지만 말이 안 되는 이야기였다. 히오텔레스는 도서관에 있는 해리가 도저히 상상이 되지 않았기 때문이다. 해리가 책을 읽는 모습을 본 기억이 없었다. 해리는 대중의 관심을 받는 어떤 사건에라도 자신을 끼워넣길 좋아했다. 그래서 히오텔레스는 해리가 한참 이야기를 하게 놔둔 뒤 으레 그랬듯 머릿속에서 지워버렸다.

히오텔레스가 이야기를 끝까지 들어준 것은 해리 안의 무언가를 건드렸다. 아마 그는 누군가가 자기 이야기를 들어주는 것에서 기쁨을 느끼고 어두운 드라마의 한 인물이 되는 데 흥분했을 것이다. 그날 밤 해리는 샌타페이스프링스로 돌아가 고등학교 때 친구들과 술을 마시며 얼큰하게 취했고 친구들에게 도서관 화재에 관해 떠들었다. 이번에는 이야기가 좀더 거창해졌다. 그는 자기가 불길 속에 있는데 어느 잘생긴 소방관이 그를 밖으로 데리고 나왔다고 말한 뒤 자기가 불을 질렀다고 즉흥적으로 덧붙였다. 술자리에서 취중에 한 말이라 쉽게 잊어버릴 소리였고 친구들도 믿지 않았지만 해리는 사실이라고 우겼다. 로스앤젤레스로 돌아온 그는 룸메이트들에게 또 다른 버전을 떠벌렸다. 그날 도서관에서 마티넷의 로펌을 위해 조사를 하고 있었고 불이 난 뒤 어떤 나이든 부인이 창문으로 빠져나가는 걸 도와주었다고 했다. 그런 뒤 잘생긴 소방관이 그를 건물 밖으로 데리고 나왔다고 덧붙였다.

해리는 매번 조금씩 이야기를 뜯어고치면서 계속 이 사건을 떠벌렸다. 마치 재킷을 만들면서 이쪽을 조금 줄이고 저쪽 봉제선을 뜯어 늘린 다음 한 걸음 물러서서 어떻게 해야 가장 잘 맞을지 생각하는 재봉사 같았다. 데니스 바인스에게는 그날 아침 도서관에 간 이유가 공무원직에 지원하는 방법을 알아보기 위해서였다고 했다. 바인스는 그 전에 해리가 도서관 이야기를 하는 걸 들은 적이 없었다. 원래 그가 떠들썩한 사건의 한가운데에 자신을 두길 좋아하는 사람인지라 바인스는 해리가 허풍을 떨고 있다고 생각했다. 해리에게 사실 확인을 하는 습관이 있었던 바인스는 도서관에 관해 세부적으로 물어봤다. 입구가 어디 있는지와 같은 간단한 질문이었는데, 해리가 대답을 못 하자 바인스는 그가 거짓말을 하고 있다고 확신했다. 시내에서 소방차를 보고 자신이 현장에 있었다고 말하면 재미있을 거라 생각한 게 틀림없었다.

당시 수사관이던 테리 데팍은 얼마 전 내게 도서관 화재는 유독 속 터지는 사건이었다고 말했다. 모든 단서가 흐지부지되었고, 수사관들은 어떤 유용한 증거나 목격자도 손에 넣지 못했다. 방화를 저지른 동기도 알지 못했다. 하지만 데팍은 누가 불을 냈든 간에 "방화광 쪽"이라는 가정으로 마음이 기울었다. 커피메이커에 불쑥 접근한 젊은이에 대한 사서들의 묘사는 용의자의 모습일 뿐이었고 사실상 도움이 되지 않았다. 사서들이 확신을 가지고 말할 수 있는 건 불이 난 아침에 누군가가 자기 자리가 아닌 곳에서 목격되었다는 사실뿐이었다.

불이 난 지 한 달 뒤 멀리사 킴이라는 여성이 전화를 걸어 자기 오빠의 룸메이트가 몽타주 속 남성과 닮았다고 제보했다. 또 그 룸메이트인 해리 피크가 자기 오빠에게 불이 난 시각에 도서관에 있었다고 말했다는 것도 알려주었다. 해리가 최근에 샌타모니카 소방국에 지원했지만 시험에서 떨어졌다는 이야기도 했다. 흥미를 느낀 데팍은 당시 사건 조사를 돕고 있던 은퇴한 수사관 조 나폴리타노에게 이 제보를 전달했다. 언뜻 보기에 해리 피크는 유력한 용의자 같지 않았다. 그와 도서관은 연결 고리가 없었다. 해리는 그저 로스앤젤레스를 휘젓고 다니는 수천 명의 젊은 남성, 이 직업 저 직업을 전전하고 이 아파트 저 아파트로 옮겨다니며 사는, 약간 무기력하고 꿈에 젖어 있으며 끊임없는 희망과 햇살에 기운을 내는 젊은이 중 한 명으로만 보였다. 하지만 나폴리타노는 해리가 누군가에게 자기가 그날 도서관에 있었다고 말했다는 사실뿐 아니라 소방관직에 지원했다는 점에 구미가 당겼다. 글렌데일의 악명 높은 존 레너드 오르처럼 방화를 저지르는 소방관은 실제로 존재한다. 이 사실은 소방업계를 당혹케 하는 고질적인 문제다. 1990년대에 전국 자원봉사 소방위원회가 발표한 보고서 「불을 지르는 소방관들: 소방국 내의 방화범」에 따르면 매년 약 100명의 소방관 방화범이 체포된다. 해리는 소방관이 아니었지만 이 제보는 그가 소방관에 관심을 보였고 시험에 떨어지는 바람에 뭔가 보복을 하고 싶은 충동을 느꼈음을 암시했다. 17~25세의 백인 남성이라는 전형적인 소방관 방화범의 프로필과도 들어맞았다.

방화조사반은 해리를 감시하기로 결정했다. 해리는 자신이 감시당하고 있다는 것을 눈치 챘다. 집 밖에서 차 안에 앉아 있는 수사관들을 발견한 해리는 당황하는 대신 그들과 잡담을 하고 커피와 도넛을 가져다주었다. 이 상황은 그에게 비현실적으로 와닿았을 것이다.

자신이 주인공인 이상한 영화의 한 장면처럼 느껴졌을 수도 있다. 그의 장기인, 매력을 발휘해 모면할 수 있는 일로 보였을 것이다.

멀리사 킴이 제보 전화를 하고 열흘 뒤, 그녀의 어머니가 나폴리타노에게 전화를 걸었다. 그녀는 먼저 3만 달러의 포상금을 아직 받을 수 있는지 물었다. 그렇다는 대답을 듣자, 최근에 아들 집에 갔다가 해리 피크를 봤는데 다른 사람처럼 보이려는 듯 머리를 자르고 콧수염을 깎았더라고 알려주었다. 그리고 그녀가 방문한 이튿날 해리에게 전화가 걸려와 "나는 방화범이 아니에요. 불이 났던 날 도서관에 있었던 것도 맞고 몽타주와 닮기도 했지만 그게 내가 불을 질렀다는 뜻은 아니잖아요"라고 소리를 질렀다는 말도 덧붙였다.

나폴리타노는 피크에게 사건에 관해 물어볼 때가 왔다고 생각했다. 그는 당사자를 만나 자세히 물어보기 위해 테리 데팍과 함께 할리우드에 있는 해리의 집으로 갔다. 해리는 긴장된다고, 용의자처럼 보일까봐 걱정된다고 말했다. 불이 났던 날 어디에 있었는지 묻자 해리는 도서관에 있었다고 대답했다. 마티넷의 심부름을 하느라 시내에 갔다가 아침 먹을 장소를 찾고 있었는데 도서관이 눈에 들어왔고 아름다운 건물이라 들어가보기로 마음먹었다는 것이다. 도서관에 찬탄하며 30분쯤 돌아다녔는데, 10시와 11시 사이에 연기 냄새가 나고 누군가가 "불이야"라고 외치는 소리가 들렸다. 해리는 허겁지겁 나가려다 나이든 여성과 부딪쳤다. 그래서 발을 멈추고 그녀를 부축해 일으킨 뒤 보도까지 모시고 갔다. 밖에 나갔더니 낯익은 고등법원 판사가 보였고 두 사람은 함께 서서 불타는 건물을 지켜봤다.

설명을 끝낸 뒤 해리는 데팍과 나폴리타노에게 불을 지른 사람은 분명 그렇게 큰 불을 낼 생각이 없었을 거라고 말했다. 수사관들은 그의 진술을 받아 적고 사실과 일치하지 않는 점들을 기록했다. 경보가 울린 뒤 적어도 30분 동안은 연기가 나지 않았기 때문에 처음 불이 시작되었을 때는 아무도 연기 냄새를 맡지 못했다. 또 건물이 다 비워질 때까지 불길이 보이지 않았기 때문에 "불이야"라고 소리친 사람도 없었다. 데팍은 해리에게 최근에 머리와 콧수염을 깎았냐고 물었다. 해리는 선뜻 대답하지 못하고 머뭇거렸다. 해리는 평소 멋을 부리고 자기 외모가 어떻게 보일지에 호들갑을 떠는 사람이었다. 금발에 특별한 자부심도 있었다. 그런데 그는 수사관들에게 기억이 나지 않는다고만 대답했다.

16

『할리우드 바빌론Hollywood Babylon』(1975)

　케네스 앵거
　812.09 A587

『건물 그리는 법How to Draw Buildings』(2006)

　팸 비전트
　X 741 B368

『시대 최고의 공학적 승리와 인간 활동의 역사상 가장 놀라운 성취를 기념하며: 파나마 운하의 건설, 샌디에이고 파나마-캘리포니아 박람회가 문을 활짝 열고 세상을 초대하다In Commemoration of the Greatest Engineering Triumph of the Ages and Most Wonderful Accomplishment of Human Endeavor in All History: The Building of the Panama Canal, the San Diego Panama-California Exposition Opens Wide Its Portals and Invites the World』(1915)

　2절판, 917.941 S218-4

『신의 북, 그리고 인디언에게 구전되는 전설들: 하틀리 알렉산더의 시들God's Drum and Other Cycles from Indian Lore: Poems by Hartley Alexander』(1927)

　하틀리 버 알렉산더
　811 A376

찰스 러미스가 도서관에서 쫓겨난 뒤 인간 백과사전 존스 박사가 그 자리를 차지하려고 열을 올렸지만 뜻을 이루진 못했다. 위원회는 그 대신 미주리주 출신의 조용하고 상냥한 얼굴의 사서 퍼드 라이트를 지명했다. 라이트는 러미스가 남긴 잔해를 깔끔하게 정리한 뒤 8개월 만에 캔자스시티의 도서관에서 일하기 위해 사직했다. 라이트의 후임은 뉴욕의 애스터 도서관장이던 에버렛 로빈스 페리였다. 페리는 20년 넘게 이 자리를 지켰다. 페리는 눈길을 끄는 이마와 꿰뚫어 보는 듯한 눈빛을 가진 자그마한 사내였다. 페리에게 평상복이란 단추 세 개짜리 정장과 넥타이를 의미했다. 격정적인 러미스와는 정반대로 차분한 성격이었다. 위원회는 페리를 면접한 뒤 "사무적이다. 상대방의 말을 주의 깊게 듣고 말은 별로 하지 않는다. 옛 뉴잉글랜드의 화강암 같은 사람이다. 상상력이나 창의적 정신이 없다"고 기록했다. 위원회는 페리가 친구를 사귀는 "재능이 없고" 내면의 정서적 생활이 거의 없는 사람 같다고 생각했지만 훌륭한 시 사서가 될 거라고 느꼈다. 실제로 페리는 오로지 도서관을 위한 열정을 보였는데 자신과 열정을 공유할 수 있는지 여부에 따라 그 사람을 판단했다. 로스앤젤레스 도서관의 직원들은 그를 몹시 좋아해서 아버지 페리라고 불렀다.

당시 로스앤젤레스는 약동하고 번성하고 있었다. 성장 속도가 어찌나 빠른지 시시각각 현재의 모습을 지우고 새로 그렸다. 1903년에는 서던캘리포니아의 석유 산업이 폭발적으로 성장했으며 곧 전국에서 선두를 달렸다. 또 1919년에 D. W. 그리피스의 영화 「옛 캘리포니아에서」가 제작되면서 영화 산업이 발돋움해 급속도로 성장했다. 도시는 석유 채굴 인부, 신인 여배우, 이민자, 사기꾼, 타이피스트, 카우보이, 시나리오 작가, 항만 노동자, 목축업을 하는 사람들이 뒤죽박죽 섞여 있었다. 모두 이 도시로 흘러들어와 한구석에서 생계를 꾸려나가거나 허덕이며 경쟁에 가담했다. 도시가 급속도로 팽창했기 때문에 사람들은 더욱 불안감을 느꼈다. 도시에는 변질의 느낌이 감돌았다. 화창함과 활력이 너무 높이 솟구쳐서 어떤 기이함, 통제할 수 없이 한쪽으로 기우는 무언가가 저변에 흘렀다. 반짝반짝 윤이 나고 빛나는 할리우드조차 마약 중독과 알코올 중독, 성 추문, 살인으로 내부가 얼룩져 있었고 절망감과 고독이 접합되었다. 1920년에 여배우 메리 픽퍼드의 남동생 잭과 결혼했던 지그필드 폴리스 뮤지컬 쇼 출신의 올리브 토머스가 남편의 매독 치료약을 과다 복용해 숨지는 사건이 일어났다. 1921년에는 배우 패티 아버클이 야망 있는 여배우 버지니아 래프를 강간한 뒤 살해한 혐의로 체포되었는데, 래프는 살해 당시 술에 취한 채 모르핀을 맞은 상태였다. 이듬해에는 감독 윌리엄 데즈먼드 테일러가 등에 총을 맞고 숨진 채 발견되었다.

많은 사람이 저마다 기대에 부풀어 빈손으로 로스앤젤레스에 왔고 뭐든 공짜를 찾았다. 도서관은 이 신출내기들을 흡수했다. 로스앤젤레스 공공도서관 시스템의 도서 대출 부수는 2배로 늘었다가 다시 3배로 뛰었다. 1921년에는 300만 권이 넘는 책이 대출되었다. 한 시간에 약 1000권이 대출된 셈이다. 평균적으로 하루에 1만 명이 도서관을 드나들었다. 사서들은 연간 20만 건의 문의에 답했다. 열람실 좌석이 꽉 차는 바람에 이용객들이 서서 책을 볼 수밖에 없는 경우도 종종 생겼다. 도서관 이용객들은 도시의 인구 구성만큼이나 다양했다. 『로스앤젤레스타임스』는 "꼬마 요정들을 위한 즐거운 시간"이라고 불린 동화 구연 시간을 보도하며 "부잣집의 사랑받는 아이들이 누더기를 걸친 부랑아들과 어울렸다. (…) 유모를 대동한 호사스러운 응석받이들은 꾀죄죄한 아기를 돌보는 러시아, 이탈리아 출신의 어린 소녀들과 책을 읽으러 왔다. 점심시간이면 가는 세로줄 무늬 양복에 나비넥타이를 한 비즈니스맨들이 벽에 서로 팔꿈치가 닿을 만큼 바싹 붙어 서서 잡지와 책들을 획획 넘겼다"고 썼다.

볼품없는 사막에서 마법처럼 탄생한 이 참신하고 새로운 고장에 자기계발과 재발명의 열풍이 불었다. 도서관은 그 열풍의 일부였다. 도서관이 새로운 자아를 만들기 위한 도구를 제공했기 때문이다. 1925년 해리 피전은 사상 두 번째로 혼자 세계일주 항해에 성공했는데, 피전은 보트 설계도와 항해 지식의 대부분을 로스앤젤레스 공공도서관에서 빌린 책들로부터 얻었다. 그의 보트 아일랜더호에는 도서관 항해사라는 별명이 붙여졌다.

그즈음은 로스앤젤레스에서 도서관이 운영된 지 거의 40년이 지나가고 있었고, 도서관은 주변 도시와 세계를 반영하며 영향을 끼쳤다. 금주법이 시행되기 전, 그러니까 주류 금지가 불가피해 보였던 시기에는 집에서 술을 제조하는 방법에 관한 책이 모두 대출되었고 대부분 반납되지 않았다(이 책들에 대한 수요 급증은 아마 "도서관의 주류 관련 도서들이 폐기될지도 모른다"는 『로스앤젤레스타임스』의 기사 때문이었을 것이다. 이 기사는 금주법이 제정되면 가정 양조 안내서들이 전부 폐기될 것이라고 보도했다). 그 후 전쟁이 일어났고, 도서관에까지 영향을 미쳤다. 1917년 미국도서관협회가 도서관 전쟁위원회를 결성해 에버렛 페리를 서남부 분과장으로 임명했다. 위원회는 60만 권의 책을 모아 해외의 미군 부대로 보냈다. 그 외에도 미국도서관협회는 전국적인 전시 프로그램을 계획했다. 협회는 "적화 망상과 싸우겠다"고 맹세하고 도서관 이용객들이 비애국적인 사상을 가까이하지 않도록 하기 위해 볼셰비즘의 위험에 관한 워크숍들을 계획했다. 이런 노력의 일환으로 페리는 사서들에게 "독일 문화를 칭송하는" 책은 뭐든 찾아서 없애라고 지시했다. 한 사서는 일부 독일 역사서에 "영어를 죽여라"라는 글귀가 휘갈겨져 있다고 보고했다. 미국도서관협회는 로스앤젤레스 도서관의 전시 프로그램들, 특히 도시의 많은 이민자에게 영어를 읽고 도서관 단체에 참여하도록 독려함으로써 그들이 "미국화"될 수 있도록 도운 점을 칭찬했다. 협회는 회보에서 도서관이 개최한 어떤 행사를 축하했는데, "교양 높은 한 유대인 여성이 대규모 유대인 단체에게 영문학[에 대해] 이야기했다. (…) 그리고 이 유대인들은 지금 미국과 영국 문학의 최고 작품들을 읽느라 바쁘다!"고 보도했다. 무슨 까닭에서인지 이 기사는 로스앤젤레스시의 독서 습관에 관해 기상천외하다고 할 만한 특이한 사항들을 나열하며 끝을 맺었다. 가령 로스앤젤레스의 중국인들은 그리스 문학을 유달리 좋아하고 이 도시의 소방관들은 토끼에 관한 책을 좋아한다고 썼다.

그 무렵 로스앤젤레스 중앙도서관 ─그리고 전국의 도서관 ─은 미국의 풍경에서 빼놓을 수 없는 특징이자 시민들의 연결점, 일상생활의 한 정거장이 되었다. 모든 사람이 도서관을 거쳐갔다. 이런 장소, 이런 교차로에서 심지어 잃어버렸던 누군가를 찾을 수도 있었다. 사랑하는 사람과 헤어진 이들은 그 사람이 보길 바라며 도서관의 책에 메시지를 남겼다. 마치 도서관은 공공 방송국 혹은 빗발치게 전화를 하면 바라던 답을 주기라도 하는 기관처럼 보였다. 페이지의 여백들은 도서관이라는 망망대해에 던져넣는 간청들로 얼룩졌다. 1914년에 로스앤젤레스 도서관에 있던 한 책의 페이지에는 "사랑하는 제니, 대체 어디 있는 거요?"라고 쓰여 있었다. "당신을 찾아 세 도시를 뒤지고 광고까지 냈지만 헛수고였다오. 당신이 책을 좋아한다는 걸 알고 있소. 그래서 당신이 보길 바라며 내가 찾을 수 있는 모든 도서관의 책에 이 간청을 쓰고 있소. 제발 옛 주소로 편지를 보내주오."

이렇게 증식하고 확장되고 있는 흥분 상태의 고장이 정말로 로스앤젤레스인지 아무도 선뜻 확신하지 못했다. 이 도시는 중서부와 동부의 옛 도시들과 전혀 비슷해 보이지 않았고 그 형태도 단단한 중심으로부터 생겨난 것이 아닌 원심력에 의해 형성된 것처럼 혼란스러웠다. 신도시가 옛 목장들과 뒤섞이고 시내에는 아직 오렌지 과수원이 남아 있었다. 미국의 주요 도시이자 서부 해안에서 가장 큰 도시였지만 유일하게 독립된 중앙도서관 건물이 없는 도시이기도 했다. 1914년에 에버렛 페리는 임대료가 비싼 햄버거 건물에서 근처의 좀더 싼 건물로 도서관을 옮길 준비를 했다. 도서관은 약국, 식료품점과 한 건물을 써야 했다. 어색했다. 1921년에 도서관 건축을 위한 채권 발행 문제가 시민 투표에 부쳐졌다. 도서관 건축을 지지하는 캠페인은 도시의 전형적인 자산이 없는 굴욕, 이곳이 정말 도시라고 믿으려 애쓰는 시민들의 아픔을 강조했다. 한 팸플릿에서는 "성장하라, 로스앤젤레스여!" "자체적인 공공도서관을 소유하고 진보적인 도시로 자리 잡자!"라고 촉구했다. 또 다른 팸플릿은 "납세자님들, 1년에 50센트를 내고 로스앤젤레스의 이름에서 이 오명을 씻어냅시다!"라는 문구가 쓰여 있었다. 초만원인 열람실을 담은 단편영화는 이 시기에 상영되었다. 채권 발행을 지지하는 한 전단지에는 직설적인 선언이 담겼다.

우리에게 제대로 된 도서관의 보금자리가 필요한 수많은 이유

자존심 있는 모든 도시에는 도서관 보금자리가 있다. 문화와 정신이 발달했다는 가장 명확한 증거, 훌륭한 도서관 시설을 갖춘 샌프란 시스코와 시애틀에 비하면 우리는 일개 마을 같아 보인다. 사람들이 "로스앤젤레스는 일류 공공도서관을 관리할 정도로 발전하지 못했다"고 말할 만도 하다. 우리는 부끄러움과 굴욕으로 고개를 떨군다.

지역 역사학자 루서 잉거솔은 도서관 건물 건축을 지지하는 열정 적인 서한을 발표했다. "우리의 공개 망신"이라는 제목의 이 서한은 로스앤젤레스의 열악한 도서관이 시민 모두에게 "참을 수 없는 학대"를 가하고 있다며 이를 없애자고 대중에게 하소연했다. 그는 도서 관 직원들이 "대구, 양파, 햄버거 스테이크, 림버거 치즈로 둘러싸인" 곳에 끼어 있다는 말로 동정을 드러냈다.

채권 발행 안건은 71퍼센트의 찬성표를 얻어 통과되었다. 하지 만 채권 발행으로 도서관 건축 기금을 250만 달러밖에 모으지 못했 다. 쥐꼬리만 한 금액이었다. 뉴욕 공공도서관 건물의 건축 예산은 900만 달러였던 반면 로스앤젤레스는 채권 발행으로 도서관 부지로 제시된 땅을 매입하기도 힘들었다. 1923년에 나머지 토지 대금을 지 불하기 위한 두 번째 발의안이 투표에 상정되었다. 시는 발의안을 지 원하는 구호를 뽑는 대회를 열었다. 출품작에는 "헤이 디들 디들/고 양이와 바이올린/소가 달을 뛰어넘네/하지만 도서관은 뛰어넘지 못 해/그래서 우리 유권자들이 서둘러 움직여야 돼/도서관에 충분한 여 유가 생기는 걸 보기 위해" 같은 구호도 있었다. 이 대회에서 1등으 로 뽑힌 작품은 "도서관은 당신의 것입니다/계속 지켜보세요/2번 항 목에서 '예스'에 투표하세요"라는 단순한 선언문이었다. 법안은 통과 되었고 마침내 로스앤젤레스는 자체 도서관 건축에 착수할 수 있는 자금을 확보했다.

로스앤젤레스의 많은 건물과 마찬가지로 도서관은 재창조되었다. 도심의 지형 대부분이 울퉁불퉁하고, 언덕들로 굴곡이 심했기 때문이다. 언덕들은 한때 명소로서 자랑스럽게 여겨졌지만 도시가 발전하기 시작하자 힘들게 올라가야 하는 데다 건물을 짓기 힘든 까닭에 도시의 성장을 방해하는 골칫거리 취급을 받았다. 대형 건축물을 세우기에는 지나치게 가팔랐기 때문이다. 이런 울퉁불퉁한 지형 때문에 할리우드와 와츠 같은 평평한 지역이 도심보다 훨씬 더 빠른 속도로 성장했다. 개발자들은 언덕 때문에 쩔쩔맸다. 1912년에는 한 건설협회가 태평양에서 도심까지 파이프라인을 깔고 바닷물을 끌어와 언덕을 무너뜨리자고 제안했다. 유압책으로 언덕을 들어올린 뒤 뒤집어엎거나, 굴착기를 대대적으로 동원해 조금씩 깎아내자는 제안도 있었다.

도서관 부지로 선정된 땅은 5번가, 6번가에 인접한 플라워가와 그랜드대로 사이 구역에 있었다. 벙커힐 등성이의 남쪽 옆구리에 위치한 이 땅은 심한 급경사여서 노멀힐이라는 이름으로 불렸다. 도서관만 한 크기의 건축물이 들어서기에는 너무 가팔랐기 때문에 그랜드대로 쪽과 부드럽게 이어질 만큼 평평해질 때까지 굴착기로 흙을 긁어냈다(결국 도심의 다른 언덕들도 흙을 긁어내거나 평평하게 다졌다. 벙커힐은 60피트 낮아졌다).

유력한 도서관 설계자 후보에 오른 사람은 뉴욕의 건축가 버트럼 굿휴였다. 그는 1915년 샌디에이고에서 열린 파나마-캘리포니아 박람회장을 설계해 캘리포니아에서 주목을 받은 건축가였다. 박람회장은 흙손으로 바른 치장벽토 벽, 테라코타 지붕, 화려한 장식에 햇빛이 잘 드는 일련의 건물들로 이뤄졌다. 이 설계는 굉장한 인기를 끌어서 서던캘리포니아와 그 너머까지 스페인 복고풍 건축이 출현하는 계기가 되었다.

굿휴는 소녀처럼 고운 피부에 날씬하고 서글서글한 사람으로 노르스름한 머리카락을 솟구친 파도처럼 세웠고, 곧 비극에 직면할 것 같은 분위기를 풍겼다. 그는 코네티컷주에서 태어나 열다섯 살 때 뉴욕의 한 건축회사의 견습생으로 들어갔다. 건축뿐 아니라 책 디자인과 활판술에도 재능이 뛰어나 세계에서 가장 인기 있는 서체 중 하나인 첼트넘체를 고안하기도 했다. 『뉴욕타임스』는 이 서체를 수십년 동안 헤드라인을 쓰는 데 활용했다. 굿휴는 일중독자여서 하루에 14시간을 제도대 앞에서 보냈다. 생각이 많고 신경이 예민했으며 이유를 모르는 통증과 설명할 수 없는 고통, 만연한 불안감에도 시달렸다. 그는 위대한 예술을 접했을 때 터져나오는 황홀감과 깊은 우울감 사이에서 시소 타기를 했다. 친구들은 그가 변덕스럽고 시적인 사람이라고 여겼다. 여가 시간에는 상상의 도시들을 담은 복잡한 스케치를 즐겨 그렸다.

굿휴가 초기에 지은 건물들은 지붕선이 뾰족하고 정교한 석조 격자세공의 신고딕 양식의 교회와 주택이었다. 그러다 1892년에 멕시코와 스페인을 방문해 선명한 색상과 생동감 넘치는 건축에 푹 빠져 스타일이 바뀌기 시작했다. 1902년에는 이집트와 아라비아반도를 여행하면서 이슬람 건축물의 돔과 타일 작업에 마음을 빼앗겼다. 굿휴는 20세기로 접어들 무렵 처음으로 캘리포니아를 방문했는데, 뉴욕으로 돌아와서 친구들에게 캘리포니아에 매료되어 다시 돌아가고 싶은 마음이 간절하다고 말했다. 하지만 그는 로스앤젤레스를 이상한 곳으로 느끼기도 했다. 한 편지에서 그는 로스앤젤레스를 "골든웨스트 토박이들은 사실상 아무도 살지 않고 캔자스주, 네브래스카주, 아이오와주에서 온 영화배우와 이주민들의 이질적인 무리가 머무는 고통스러울 정도로 큰 도시"라고 묘사했다.

굿휴는 파나마-캘리포니아 박람회장 작업을 끝낸 지 얼마 지나지 않아 처음으로 비행기를 탔다. 그때 하늘에서 내려다본 풍경이 그를 바꿔놓았다. 멀리 보이는 풍경에서 돋보이는 대담하고 단순한 형태의 힘과 1마일 위에서도 매우 깊이 있어 보이는 것에 놀랐던 것이다. 그 비행은 건물에 대한 그의 생각을 바꿔놓았다. 굿휴가 다음으로 의뢰받은 건물은 네브래스카 주정부 청사였다. 낮고 넓은 석조 기단에 탑 같은 고층 건물을 올린 이 청사의 설계는 이전 작품들보다 훨씬 더 간소하고 기하학적이었다. 이 건물은 네브래스카의 대초원에 기계 시대의 기념비, 석회석 등대처럼 우뚝 솟아 있었고, 특히 하늘에서 보면 강력한 존재감을 발휘했다.

또한 굿휴는 건물이 일종의 책, "읽을" 수 있는 개체가 되어야 한다고 생각하기 시작했다. 그는 건물의 형태, 미술, 장식적 표면, 새겨놓은 글, 심지어 조경까지 전부 건물의 목적을 반영하는 하나의 통일된 주제로 연결되길 원했다. 그러면 건물에 몰입해 그 자체를 경험하게 될 것이고 건물의 모든 구성 요소는 협력하여 스스로가 무엇인지에 관해 이야기를 들려줄 것이다.

이런 유형의 특이한 설계와 장식은 종교적 건축물에서 전형적으로 볼 수 있지만 세속적 건물에는 드물었다. 굿휴는 이 과제가 복잡하다는 것을 알고 있었다. 그저 건물의 형태만 설계하기보다는 건물 내부, 주변의 땅, 건물 안에 걸릴 미술품까지 검토해야 했다. 굿휴는 그런 건물을 짓기 위해 팀이 필요하다는 것을 깨달았다. 건축가가 건물을 설계하고, 작가는 서사의 주제를 개발하며, 조각가가 삼차원 장식품을 제작하면, 화가가 색과 표면을 책임진다. 그리고 모든 팀원은 동일한 콘셉트에 따라 작업한다. 굿휴는 네브래스카 주정부 청사를 지을 때 이 개념을 처음 탐구했다. 그의 팀은 이름난 조각가 리 로리, 화가 힐드레스 메이어, 그리고 하틀리 버 알렉산더라는 철학 교수로 구성되었다. 알렉산더는 교수일 뿐 아니라 시인이자 아메리카 원주민 문화와 정치사상을 연구하는 학자이기도 했는데, 이 프로젝트에서 자신의 역할을 설명하기 위해 "도상학자"라는 용어를 고안했다.

네브래스카 주정부 청사는 완공되는 데 10년이 걸렸다. 시각적, 개념적 상징주의를 내외부에 모두 적용하겠다는 굿휴의 생각은 건물의 본질을 이뤘다. 이 건물은 엄청난 성공작으로 평가받았고 전 세계의 공공 건축들에 영향을 미쳤다.

1922년 로스앤젤레스 도서관의 설계자로 선정되기 전까지 굿휴는 수십 개의 유명한 건물을 설계했다. 상을 받고 수십 건의 중요한 주문을 받았다. 행복한 결혼생활도 하고 있었다. 굿휴는 두 아이를 애지중지했고 그와 아내는 인기가 많았다. 사람들은 부부를 파티와 저녁 식사에 초대했다. 하지만 굿휴는 종종 우울한 기분에 빠졌고 죽음과 노년에 대한 생각에 사로잡혀 아내를 화나게 했다. 이런 음울한 기분을 잠시 잊게 해주는 게 일이었다. 굿휴에게 도서관 설계는 가장 큰 공사는 아니었지만 그는 이 작업에 들떴고 전에는 경험하지 못한 자유로움 비슷한 기분을 느끼며 일에 접근했다. 굿휴는 도서관 설계를 통해 자신이 시각적 세계에서 배우고 사랑한 모든 것을 역사, 책, 철학, 설계, 열망, 창의성 등 그가 가장 중요하게 여기는 것들의 기념비에 융합할 수 있다고 생각했다.

그는 스페인 복고풍의 비현실성과 좀더 현대적인 실루엣을 결합시킬 생각으로 밑그림을 그리기 시작했다. 지식의 영광에 바치는 헌사가 될 건물을 상상했다. 요컨대 이 도서관 건물은 문명의 위대한 지적 작업을 찬양하는 인문주의의 대성당이 될 것이다. 상인방 하나하나가 이야기를 들려주고 모든 벽이 메시지를 전하는 곳. 그는 로리와 알렉산더에게 설계팀에 합류해달라고 부탁했다. 굿휴는 자신이 네브래스카 주정부 청사보다 훨씬 더 심오한 뭔가를 만들고 있다고 느꼈다. 자신이 그동안 훈련받은 모든 관례와 모든 스타일의 정통성을 버리고 있는 듯했다. 자신이 하고 있는 일을 어떻게 설명해야할지도 잘 몰랐다. 건축가 친구에게 보낸 편지에서 그는 "내 고딕 양식은 더 이상 역사적으로 맞지 않다네"라고 썼다. "내 고전 양식은 결코 고전적이지 않지. (⋯) 로스앤젤레스에서 나는 도시와 똑같이 이상한 양식의, 혹은 양식이 없는 공공도서관을 짓고 있네"라고도했다. 이 건물은 그에게 특별히 중요한 의미가 되었다. 그는 에버렛 페리에게 "저는 이 건물의 성공에 개인적으로 깊은 관심이 생겼습니다"라고 말했다. "이 도시가 자랑스러워할 일을 하겠다고 약속드리겠습니다." 굿휴는 훗날 도서관에서 시간을 보내는 자신의 모습을 상상했을 것이다. 그는 캘리포니아를 사랑했고 1920년에 샌타바버라 근처에 자기 집을 지었다.

굿휴가 완성한 첫 밑그림에서 도서관은 낮은 반구형 지붕에 눌린

땅딸막한 건물로 거대하고 뭉툭한 기단 위에 앉아 있었다. 설계도 승인을 맡은 시 예술위원회는 이 밑그림이 부적절하고 "인상적이지 않다"고 일축했다. 한 신문 기사는 "발표된 설계도에 따르면 시는 보잘것없는 도서관을 얻게 될 것이다"라고 혹평했다. 굿휴는 발끈했지만 도면 작업을 다시 하는 데 동의했다. 그가 내놓은 마지막 버전에서는 도서관이 완전히 다른 무언가로 바뀌어 있었다. 첫 밑그림의 장식적인 아치형 창문들이 이제 여러 개의 직사각형 판유리로 간결해졌다. 땅딸막하던 기단을 네모지고 홀쭉하게 깎아내고 계단식 비탈로 나누어, 또렷하고 각진 형태가 4면의 입구와 함께 입체파 그림처럼 조합됐다. 납작한 반구형 지붕이 사라지고 건물 꼭대기에 거대하고 섬세한 피라미드 모양의 탑이 생겼다. 탑은 수천 개의 반짝이는 컬러 타일로 덮이고 횃불 든 사람의 손 모양 장식이 꼭대기에 놓였다. 담황색 치장벽토가 발린 건물 외관은 사상가, 신, 영웅, 작가들을 표현한 리 로리의 건축 조각품들로 장식되었다. 또 하틀리 버 알렉산더가 정한 주제 "배움의 빛"을 표현한 문구들이 건물 전체에 새겨졌다. 예를 들어 플라톤의 "아름다움에 대한 사랑이 세상을 밝힌다", 프랑스 지식인 블레즈 파스칼의 "생각은 인간이 가진 위대함이다", 그리고 알렉산더가 직접 쓴 문구이자 공공도서관의 정신을 구현한 듯한 "책은 모두를 초대한다. 누구도 제한하지 않는다" 등을 써넣었다. 이 건물은 혀끝에 맴맴 돌지만 설명하기 힘든 맛과 비슷한 느낌을 주었다. 고전적이고 대칭적이지만 이국적인, 페르시아나 이집트 같은 느낌도 있었다. 환상적이고도 공구 상자처럼 깔끔했다.

1924년은 변화와 징후로 가득 찬 해였다. 투탕카멘의 무덤 발굴과 「랩소디 인 블루」의 초연은 예술과 디자인계를 흥분시켰다. 굿휴의 건물은 이집트 같은 느낌과 거슈윈의 재즈에서 보이는 서정성을 통합했다. 시 예술위원회가 새 도면을 마음에 들어했기 때문에 굿휴는 뉴욕으로 돌아가 최종 설계 작업에 열성적으로 매달렸다. 그는 도서관이 기억에 남는 장소 그 이상이 되길 바랐다. 흥미진진하고 도전적인 곳이 되길 원했다. 로스앤젤레스 사람들이 "놀라서 어리둥절"하기를 바랐다. 4월 중순이 되자 작업은 거의 끝났다. 그는 쉰다섯 살 생일을 앞두고 있었고 가장 최근에 완공된 건물 미국국립과학아카데미의 새 본부 개관식이 열리는 워싱턴 D. C.에서 생일을 보낼 계획이었다. 우울한 성향의 사람이었지만 굿휴는 로스앤젤레스 공공도서관에서 자신이 이룬 성취에 몹시 흥분했다. 그는 아마 그 어느 때보다 행복했을 것이다.

하지만 4월 23일, 버트럼 그로브너 굿휴는 심각한 심장마비로 갑자기 세상을 떠났다. 전조도 없이 찾아온 죽음에 주변의 모든 사람이 충격에 빠졌다. 도시에서 도서관이 갖는 중요성과 이 공사에 쏟아진 관심에 비하면 그의 죽음은 의아할 정도로 로스앤젤레스 신문에서 거의 다뤄지지 않았다. 『로스앤젤레스타임스』에는 '도서관 건축가의 죽음을 애도한다'라는 제목의 한 단짜리 기사가 실렸다.

17

『읽고 쓸 줄 아는 세계를 향하여Toward a Literate World』(1938)

프랭크 찰스 로바크
379.2 L366

『읽는 법 가르치기: 문맹 퇴치 캠페인 안내서Teaching the World to Read: A Handbook for Literacy Campaigns』(1947)

프랭크 찰스 로바크
379.2 L366-2

『문맹 퇴치를 향하여: 각자 한 사람씩 가르치는 기법Toward World Literacy: The Each One Teach One Way』(1960)

프랭크 찰스 로바크
379.2 L366-4

『문맹자의 사도: 프랭크 C. 로바크의 인생Apostle to the Illiterates: Chapters in the Life of Frank C. Laubach』(1966)

데이비드 E. 메이슨
379.2 L366Ma

나는 문해교육센터의 한 회화 수업을 참관했다. 교사의 이름은 노르웨이식으로 지은 것 같았다. 학생들은 자기소개를 하면서 교실을 돌아다녔는데, 한국인, 중국인, 멕시코인, 에콰도르인, 타이완인, 엘살바도르인, 타이인이었다. 수업은 영어에서 가장 긴 단어에 대한 논쟁으로 활기차게 시작되었다. 교사 요르겐 올손은 "국교 폐지 조례 반대론antidisestablishmentarianism"이 가장 긴 영어 단어라고 했지만 나는 그게 맞는지 확신이 들지 않아 논쟁에서 졌다. 하지만 긴 단어를 대는 일에서라면 모두가 그럴 수 있을 것이다. 올손이 이 단어를 재미나게 길게 늘이며 말하자 타이 여성을 제외하고는 모두 웃기 시작했고, 이어 몇 분 동안 이 단어를 발음하며 연습했다. 그런 뒤 올손은 다음 수업으로 넘어갔다. 이번에는 화이트보드에 커다란 대문자로 '헷갈리는 단어들'이라고 썼다. 올손이 제시한 첫 번째 보기는 끔찍한 3인조 "latter" "later" "ladder"였다. "ladder"는 쉽게 이해되었지만 "latter"와 "later"를 구분하는 것은 장난이 아니어서 차이점과 예제를 들은 뒤에도 다들 쩔쩔맸다. 올손은 나중에 이 단어들을 복습하겠다고 말했고, 우리는 다음으로 헷갈리는 단어들인 "confident" "confidante" "confessor"를 공부했다.

이렇게 혼동되는 단어들을 공부하는 사이에 학생들은 내게 자기 직업에 대해 이야기해주었다. 가정주부도 있었고 접시닦이, 컴퓨터 수리공, 건축가, 학생, 손톱 관리사도 있었다. 젊은 사람은 한 명, 꽤 나이든 사람도 몇 명 있었지만 대부분은 중년층이었다. 이 수업은 학생들이 학교에 가는 날 열리기 때문에 열여덟 살 이하는 없었다. 사람들은 친절하고 서로 편하게 대했다. 교실에서 서로 친한 일부 짝꿍들은 공통적으로 아는 단어가 몇 개뿐인 경우도 있었지만, 이웃이나 동료처럼 친하고 편안해했다. 교실 밖에서 잘 만나지 않을 텐데도 말이다. 올손이 큰 소리로 연습을 시키자 학생들은 남의 눈을 의식하지 않고 터무니없는 실수를 하며 발음을 틀렸다. 엄청나게 더듬거려도 다른 학생들이 응원을 보내준 덕분에 굉장히 감동적인 장면이 연출되었다. 회화 교실은 구체적인 수업안이 있지만 말을 더듬거나 사투리가 심해도 문제가 되지 않는 공간에서 따로 말하기 연습을 시킨다. "주말 어떻게 보냈어요, 티나?" 타이완의 건축가가 손톱 관리사에게 물었다. 그는 "주말"이란 단어를 조심스럽게 천천히 발음하며 격식 있게 말했다. 엘살바도르에서 온 손톱 관리사는 그를 향해 활짝 웃더니 "괜찮았어요"라고 대답했다. 그리고 킬킬 웃으면서 덧붙였다. "더 자세하게 말할 줄 몰라서 '괜찮았어요'라고만 말한 거예요."

올손이 칠판을 톡톡 두드리더니 말했다. "여길 보세요, 여러분이 시도해봤으면 하는 새 단어 몇 개를 써두었어요. 들어보세요. '샤드 Shard' '임플리시트Implicit' '컨벌시브Convulsive.' 한 번 더. '샤드' '임플리시트' '컨벌시브.'" 교실 안에 절망적인 표정이 번져나갔다.

회화 수업 참석자들과 마찬가지로 도서관에서 읽기, 쓰기를 배우는 학생들의 약 70퍼센트가 영어를 모국어로 쓰지 않는 사람들이다. 나머지는 영어가 모국어이지만 읽기가 3학년 수준밖에 안 되거나 읽는 걸 전혀 배우지 않은 사람들이다. 중앙도서관의 문해교육센터가 로스앤젤레스 도서관 시스템에서 가장 크지만 분관 20곳에도 이런 센터가 있다. 도서관은 이 센터들을 운영하고 있으며 약 600명에 달하는 자원봉사자가 이를 돕고 있다.

중앙도서관의 회화 수업은 문해교육센터 회의실에서 진행되었다. 치열교정 의사의 진료실처럼 살균된 듯한, 아무 특색도 없는 단조로운 베이지색 방이었다. 나는 회화 수업 학생들이 "convulsive"와 씨름하는 동안 회의실을 나와 소파 몇 개와 책상 몇 개, 그리고 근무 중인 강사 몇 명이 있는 중앙 구역으로 건너갔다. 그러곤 카를로스 누네스라는 강사 옆에 앉았다. 그는 회화 수업 몇 반을 맡고 나머지 시간에는 도움을 필요로 하는 사람과 일대일로 만났다. 매주 고정적으로 개인 교습을 받는 학생도 몇 명 있었다. 누네스는 원래 콜센터에서 근무했지만 등을 다쳐서 장애인이 되었다. 집에서 느긋하게 지내려고 애써봤지만 미칠 정도로 지루했던 그는 QVC에서 강박적으로 쇼핑을 하기 시작했다. 먹기도 많이 먹었다. 그러다 집 밖으로 나가야겠다고 마음먹었다. 그는 자원봉사자가 되겠노라 결심하고 즉흥적으로 도서관에 전화를 걸어 센터 강사직에 지원했다. 이제 그에게는 프랑스, 러시아, 베네수엘라, 브라질, 중국, 심지어 갈라파고스 제도에서 온 제자들이 있다("믿기나요?" 그가 갈라파고스 대목에서 감탄하며 눈썹을 찡긋하면서 물었다). 누네스는 사람들이 전화 요금 고지서와 학교 공지, 납세신고서를 이해하도록 도왔고, 읽을 줄 모르는 사람들에게 편지를 읽어주었다. 때때로 답장 쓰는 것도 도왔다. 그는 빅토르라는 젊은이와 일주일에 두 시간 함께 일했는데, 빅토르는 멕시코에서 태어났지만 로스앤젤레스에서 자랐고 미국 시민권을 신청하고 싶어했다. 누네스는『시민과 시민권 툴킷』, 몇 권의 읽기 가이드, 잡지『브라이드』최근 호가 놓인 작은 책상에 앉아 이 모든 일을 했다.

빅토르가 그날 오후에 오기로 되어 있었기 때문에 누네스는 그를 위해 준비한 시민권 관련 자료를 책상에 쌓아놓았다. 누네스가 자료들을 가지런히 간추리고 있을 때 숱 많은 긴 머리의 젊은 여성이 들어와 서명을 하고 그에게 다가왔다. 그녀는 어니스트 헤밍웨이에 관한 연구 보고서를 쓰고 있는데 자신이 찾은 자료에 나오는 문장 하나를 이해하지 못하겠다고 했다. 원순음이 섞이고 음악 같은 억양으로 보아 카리브해 지역 출신 같았다. 그녀는 문제의 페이지를 복사해놓은 종이를 꺼냈다. 그것을 읽은 누네스가 설명을 했고 그녀는 급히 받아썼다. 그녀가 떠난 뒤 나이든 아시아 남성이 누네스를 찾아와 소시지 롤이 무슨 뜻인지 물었다. 누네스는 당황해서 어쩔 줄 몰라했다. 몇 분 뒤 펩 보이즈 재킷을 입은 멀쑥한 근육질의 젊은이가 누네스의 책상에 앉았다. 누네스는 그가 빅토르라고 소개했다. 빅토르는 내게 인사를 하고는 누네스에게 지난번 수업 뒤로 계속 연습을 해서 자료에 숙달된 것 같다고 말했다.

누네스가 빅토르에게 질문을 던지기 시작했다. "수전 B. 앤서니는 무슨 일을 했지? 1900년대에 일어난 전쟁의 이름은? 최고 법률이 뭐야?" 질문들이 꽤 어려웠다. 방금 전 누네스는 내게 빅토르가 직장에서의 사고로 기억상실증을 앓아서 답을 기억하는 데 가끔 어려움을 겪는다고 설명했다. 하지만 오늘은 거의 모든 문제를 맞혔다. 답이 바로 생각나지 않을 때는 야구 글러브를 부드럽게 만들 때처럼 주먹으로 한쪽 손바닥을 탁탁 치면서 기억하려 애썼다. 질문을 모두 마친 뒤 누네스가 칭찬을 하자 빅토르는 한 번 더 했으면 좋겠다고 말했다. 누네스가 다시 물었다. "수전 B. 앤서니는 무슨 일을 했지? 1900년대에 일어난 전쟁의 이름은? 최고 법률이 뭐야?"

18

『피시본: 로마의 궁전과 정원Fishbourne: A Roman Palace and Its Garden』(1971)

배리 W. 컨리프
시리즈: 고대의 새로운 측면들
942.25 C972

『주술적 신인神人 융합Occult Theocrasy』(1968)

이디스 스타 밀러 패짓 퀸버러
366 Q3

『루시 게이하트Lucy Gayheart』(1935)

윌라 캐더

『우주 개 라이카: 우주 공간의 첫 영웅Laika the Space Dog: First Hero in Outer Space』(2015)

제니 위트록
X 636 W832

굿휴의 죽음이 준 충격에서 벗어난 뒤 그의 동료 칼턴 윈즐로는 로스앤젤레스시에 자신이 설계를 마무리할 수 있으며 일정대로 공사를 진행하겠다고 말했다. 굿휴의 팀원들은 엄청난 충격을 받은 상태였다. 로리와 굿휴는 30년 지기 친구였다. 로리는 도서관 프로젝트로 복귀하기 전에 굿휴의 묘를 꾸몄다. 묘에는 "그는 건드리는 것마다 아름답게 만들었다"라는 라틴어 비문과 함께 그 밑으로 굿휴가 설계한 주요 건축물들을 축소하여 만든 조각품이 장식되었다(굿휴의 묘는 그가 처음 설계한 교회인 뉴욕의 중보기도 교회 안에 있다). 로리는 로스앤젤레스 공공도서관의 정면에도 굿휴의 모습을 담기로 했다. 굿휴는 요하네스 구텐베르크와 인쇄기를 영국에 처음 들여온 윌리엄 캑스턴 같은 활판술 및 인쇄업계의 다른 권위자들과 함께 동남쪽 입구 장식에 자리 잡았다. 막 도면을 그리기 시작하려는 듯 제도대 앞에 앉아 몸을 앞으로 숙이고 눈을 내리간 모습이었다.

1925년 5월 3일에 도서관 건축의 주춧돌이 놓였다. 거대한 원형 홀의 콘크리트를 타설하는 데는 21시간이나 걸렸다. 당시에 이 공사는 시 역사상 가장 큰 규모의 콘크리트 타설 작업이었다. 지구와 태양계를 청동과 유리로 표현한 원형 홀의 거대한 샹들리에는 무게가 1톤이나 나가고 다루기 힘들어서 탑에 권양기를 설치해 위로 올렸다가 청소할 때는 내렸다. 건물 내부의 일부는 무늬 없는 치장벽토를 발랐고, 다른 부분들은 장식품과 미술품으로 채웠는데 이 작품들을 완성하는 데도 또 몇 년이 걸렸다. (난간에도, 벽감에도 조각품들이 있었고 천장에서도 조각품들이 내려다보였다.) 중앙 계단 옆에는 검정 대리석으로 된 거대한 스핑크스 두 개가 서 있다. 한 벽감에는 도서관의 상징 '배움의 빛'이라는 횃불 조각품이 놓여 있었는데, 피라미드 모양의 탑 꼭대기에는 훨씬 더 큰 복제품이 있었다. 다른 벽감에는 무색의 눈과 도도한 표정의 여신을 실물 크기로 형상화한 문명의 여신상이 서 있었다. 15개의 열람실과 수 마일에 이르는 개방형 선반이 배치되어 있었지만 책들 대부분은 건물 안쪽, 7층 높이의 콘크리트 서고 4개에 보관되었다. 콘크리트 서고의 선반들은 화재와 지진에 강하다고 각광받았던 강철 격자로 만들어졌다.

굿휴는 방문객들이 그저 멋진 건물 안에 있다는 느낌 이상을 받길 원했다. 방문객들이 지성과 이야기의 힘에 대한 삼차원적 명상 안에 있다고 느끼길 원했다. 정원에도 굿휴의 설계가 들어갔다. 그는 정원에 심을 올리브나무, 사이프러스, 가막살나무, 목련을 요청했다. 모두 로마의 정원에서 전형적으로 발견되는 나무들이었고, 그는 이 정원이 사람들에게 지적 몰입의 경험을 이어가게 할 것이라고 생각했다. 나무 사이에 다양한 조각품이 서 있었고, 위대한 작가들의 이미지로 장식된 분수 '서기들의 샘'도 있었다.

1926년 6월에 건물이 완공되고 1926년 7월 15일 드디어 로스앤젤레스 공공도서관이 공식적으로 새 문을 열었다. 건물에 대한 초기 반응은 찬사가 가득하면서도 복합적이었다. 평론가 머렐 게이지는 『아트랜드 뉴스』에 "이 건물은 상당한 충격으로 다가온다. 모든 창조적 예술품과 마찬가지로 혼란을 준다. 만족스러우면서도 얼떨떨한 인상을 남긴다. 이 건물은 기존에 용인되던 건축 질서를 따르지 않지만 스페인과 동방, 현대 유럽의 선율이 교향곡 안에서 각각의 전통 음악과 민요처럼 섞이면서 진정한 미국적 질서를 이뤄냈다. 이를 통해 우리는 꿈에도 생각지 못한 새로운 경지에까지 오른다"고 썼다. 다른 작가는 새 도서관 건물을 "어린아이의 눈처럼 솔직하고 열려 있으며 정직하다. 사람을 똑바로 쳐다보고, 두려움이나 부끄러움이 없다. 어떤 설명이나 변명도 할 필요가 없다"라고 묘사했다.

개관식은 멋진 구경거리였다. 의상을 갖춰 입은 1000명이 넘는 아이들이 피리 부는 사나이 복장의 남자를 따라 건물 주위를 행진했다. 방문객들이 떼를 지어 몰려들었다. 도서관이 단순히 시의 새로운 자산이 아니라 시민의 성취, 공동체의 소망을 실현한 것처럼 한껏 들

중앙도서관의 원형 홀에 매달려 있는 지구 모양의 샹들리에

뜬 분위기였다. 개관식 날 배포된 "동화책 속으로 걸어가는 것처럼" 팸플릿은 흥분된 어조를 담고 있었다. "요정 나라 마법의 성! 풍부하고 아름다운 색감, 윤곽선의 절묘한 조화. 목가적인 배경. 영원한 시각적 기쁨…… 방문객의 마음은 시인, 예언자, 철학자, 예술가, 과학자들이 전하는 메시지에 동화된다…… 동화 속 건물은 현실로 다가온다…… 이곳은 우리의 가장 오래되고 가장 좋은 친구, 책들의 집이다." 도서관 설계에서 삼각형과 횃불 이미지가 불길함을 나타낸다고 주장했던 소수의 사람만이 유일하게 새 건물에 거부감을 나타냈다. 이 사람들은 굿휴가 사탄의 상징을 사용한 것으로 보아 악마 숭배자이거나 프리메이슨 단원임이 틀림없으며 도서관은 주술의 사당이라고 주장했다. 이런 우려는 무시당했으나 '방심하지 않는 시민'이라는 웹사이트에서는 오늘날에도 계속 이런 주장을 하고 있다.

도서관위원회 위원장은 오라 모넷이라는 변호사였다. 모넷의 가족은 1906년 그의 아버지가 1억3100만 달러 가치의 금맥을 발견하면서 부자가 되었다. 평소에 모넷은 컨트리클럽의 멤버 같은, 예의를 갖춘 상냥하고 내성적인 사람이었지만 새 도서관에 아주 깊은 감동을 받은 나머지 개관식에서 꼭 방언처럼 들리는 연설을 했다. 나중에 연설문이 공개되었는데, 시 같은 형식이었다.

> 삶의 연주자와 배우들이 다음 주제를 공연합니다
> 삶의 숨겨진 신비이자 가장 심오한 진실들이죠.
> 인간의 비극적 실존
> 간절한 소망의 욕구
> 희망과 허영
> 명백한 운명
> 과거가 된 시대들
> 역사의 개요
> 지칠 줄 모르는 삶의 여행자들
> 땅과 바다의 노역자들
> 그 무엇도 이 길을 다시 지나갈 수 없습니다
> 그리고 이 주제들은 위대한 책의 목차처럼 읽힙니다. 그 책은 최고의 극작가 신이 쓴 "삶의 책"입니다. 이 장엄한 연극, 영감을 주는 삶의 책을 공부하는 이용객, 독자, 학생, 학자들에게 로스앤젤레스 공공도서관은 더없이 기쁜 기회가 될 것입니다.

개관일 이후에는 사람들이 밀려들었다. 정신적 문제가 있는 사람들도 왔다. 책 도둑들은 살금살금 돌아다니며 책을 훔쳤다. 몇몇 대담한 사기꾼은 정교한 계획을 구체화하기 위해 도서관을 이용했다. 여행사 직원 행세를 하면서 도서관의 책에 삽입된 이국적인 장소의 사진들을 오려내 브로슈어를 만들어 실제로는 없는 여행 상품을 광고한 사기극도 벌어졌다. 도서관에서 발생하는 범죄들은 놀라울 정도였다. 1926년의 한 신문 사설은 "도서관에 책 도둑뿐 아니라 다른 범죄자들도 우글거린다. 이들은 책을 읽지도, 빌리지도 않고 이야기를 나누거나 범죄 계획을 짜거나 약속을 정해 모르핀을 팔기 위해 도서관에 온다"고 불평했다. 그해 말 도서관 보안팀은 "책을 훼손한 사람" 57명, 책에 낙서한 사람 105명, 불량 행동을 한 사람 73명, 위조자 23명, 책을 숨겼다가 붙잡힌 사람 8명, 납기일을 조작한 사람 10명을 체포했다고 보도했다. 범죄자 중 63명이 기소되었고, 6명이 "뇌 질환이 있는 것으로 판정받아" 정신과로 보내졌다.

건물이 완전히 마무리된 건 아니었다. 원형 홀은 휑뎅그렁했고 화가 딘 콘월이 벽화를 완성하는 데는 6년이 걸렸다. 존 싱어 사전트의 런던 화실에서 일했던 콘월은 쇼맨십이 강한 사람으로, 미인대회 참가자를 모델로 쓰는가 하면 거대한 비계에 매달려 그림을 그리면서 군중을 홀리기도 했다. 그가 사용한 810제곱미터의 캔버스는 그런 벽화로는 당시에 최고 크기였다.

에버렛 페리는 수많은 조각상과 조각품, 붙박이 설비, 분수들로 가득한 주요 건축물의 관리자 역할을 맡았다. 문헌정보학과에서 배운 적 없는 일이었다. 때로 그는 이 시설들을 걱정했다. 1930년 페리는 조각가 리 로리에게 조언을 구하는 편지를 썼다. 편지는 "친애하는 로리 씨, 스핑크스상과 문명의 여신상 관리, 청소에 관해 설명해 주실 것이 있는지요?"라는 말로 시작되었다. "저는 무엇을 해야 할지 전혀 모르겠습니다. 하지만 물을 사용하면 안 될 것 같다는 생각은 드는군요."(로리는 문명의 여신상은 마른 천으로 가끔 먼지를 털어주면 된다고 답장을 보냈다.)

한편, 페리는 여전히 도서관의 평소 업무들도 감독해야 했다. 찰스 러미스는 사서들에게 이용객들에게 적극적으로 덤벼들라고 지시했지만 페리는 부드러운 태도를 요구했다. "모든 요청을 존중하세요. 미소를 잊지 마세요. 고상한 척하지 마세요"라는 식이었다. 페리는 연체료 납부를 잊은 사람들에게 보낼 새 공지도 고안했다. 공지에는 그의 품위 있는 어조가 담겨 있었다. "친애하는 […]씨, 귀하의 대출증에 […]의 벌금이 부과되었습니다. 아마 잊으신 것으로 보입니다. 며칠 내에 (…) 방문하셔서 이 사항을 처리해주시겠습니까? 로스앤젤레스 공공도서관 드림." 벌금은 책을 더럽힌 경우 1센트부터 책을 연체했을 때 5센트까지 가혹하지 않은 금액이었다. 하지만 책에 잉크로 그림을 그리거나 잘근잘근 씹었을 경우—"책을 씹다"는 페리가 정한 위반 행위 목록에 실제로 있는 항목이었다—에는 새 책 비용을 물어야 했다. 도서관의 책을 소지하는 동안 디프테리아나 발진열 같은 전염병에 걸린 경우 도서관에 알려야 했다. 그리고 책을 소독한 뒤 다시 대출해야 했는데 이때의 비용은 도서관이 부담했다.

도서관 개관이라는 영광스러운 순간 이후 3년이 지났을 무렵 주식 시장이 무너지고 대공황이 닥쳤다. 대공황은 로스앤젤레스가 강한 자부심에 한껏 고양되어 있을 때 찾아왔다. 도시는 전속력으로 성장하면서 도로를 건설하고 집을 짓고 고층 건물을 올리고 있었다. 로스앤젤레스의 대들보 산업—영화, 석유, 항공—들은 도시에 신선함과 젊음의 광채를 불어넣는 건강한 청년 산업이었고 이들은 병든 경제에 면역성을 지닌 것처럼 보였다. 하지만 병은 점점 퍼져서 로스앤젤레스까지 도달해 기업과 공장, 은행을 쓰러뜨렸다. 다년간의 가뭄과 깊이갈이로 말미암아 농지가 바스러져버린 중서부 지방에서 수만 명의 이주자가 로스앤젤레스로 몰려들었다. 멀리 떨어진 뉴욕의 하늘까지 어둡게 만들었던 건조한 잿빛 구름이 오클라호마와 캔자스의 농지를 망가뜨리자 이들은 캘리포니아로 향했던 것이다.

도서관들은 대공황 시기에 하나의 안식처였다. 따뜻하고 건조하고 유용하며 자유로운 곳. 도서관은 그 황량한 시대에 사람들이 함께 있을 수 있는 공간을 제공했다. 도서관에서는 번영의 느낌을 받을 수 있었다. 모든 것이 빈약하고 황폐하게 느껴지던 시기에 도서관에는 풍요로움이 존재했고 그중 무엇이라도 공짜로 집에 들고 갈 수 있었다. 혹은 열람실에 앉아 전부 흡수할 수 있었다. 아니면 뭔가 깜짝 놀랄 만한 일이 일어날 수도 있었다. 가령 1938년의 어느 날 시인 칼 샌드버그가 아동 구연동화 시간에 들러 기타를 연주하고 폴 버니언에 대해 이야기한 사건 같은 것 말이다. 하지만 도서관이 무엇을 제공하더라도 당시는 슬픔과 절망의 시기였다. 1932년 그믐날에는 찰스 멍거라는 남자가 자살하기 위해 도서관 연못에 몸을 던졌다.

주식 시장이 붕괴된 뒤 도서 대출은 60퍼센트 증가했고 이용객 수는 거의 두 배가 늘었다. 『로스앤젤레스타임스』에 따르면, 많은 이용객이 "싸구려 여인숙에서 쏟아져 나왔다". 한편 세수가 줄어들면서 도서관 예산은 거의 25퍼센트나 깎였다. 페리는 예산이 더 많고 이용객은 더 적었던 시절과 마찬가지로 효율적인 도서관을 만들겠다고 다짐했다. 그는 직원들에게 "심령술에 관한 책, 교량에 관한 책, 천박한 유머, 고상을 떠는 시집, 점성술, 수비학, 손금, 점에 관한 [책들]" 등 불필요해 보이는 책들을 추려내라고 지시했다. 그리고 추천 도서 목록을 발표했다. 이 목록은 시대의 불안과 걱정거리를 보여준다. 1928년에 작성된 "지난 10년간 나타난 문학 속 유대인"이라는 도서 목록에는 『너희 이방인들이여, 나는 여성이자 유대인이다』 『브로드웨이에서의 20년』 같은 책이 올라갔다. 또 1931년 "실업의 딜레마"라는 제목으로 페리가 추천한 책 목록에는 『해고와 해고 방지』 『실업보험에 무슨 문제가 있나?』 『책임감 있는 음주』가 포함되었다. 1932년의 목록에는 『자본주의는 운이 다했는가?』와 전쟁 관련 책들이 총망라되어 있었다. 사람들은 도서관에서 많은 것을 원했다. 사람들은 도서관이 자신을 위해 문제를 해결해주길 바랐다. 도서관이 삶을 바로잡아주고 그 방법을 가르쳐주길 바랐다.

많은 미국인이 실직 상태이던 시절, CBS 라디오 방송국은 다양한 직업에 관한 라디오극 시리즈 「일터의 미국인들」을 시작했다. 대항 프로그램 편성의 특이한 사례였다. 장난감 제작자, 다이너마이트 사용자, 칠면조 농장의 일꾼, 파인애플 재배인에 관한 방송이 나갔고, 사서를 다룬 회도 있었다. 극이 시작되자 헬렌이라는 젊은 여성이 부모와 삼촌에게 사서가 될 생각을 알렸다.

어머니: 헬렌, 사서가 되고 싶다니 한심하구나. 그런 건 반찬값이라도 좀 보태려는 나이든 여자들이 하는 일이잖아.

헬렌: 그게 문제예요. 그건 엄마 생각이죠. 엄마는 사서에 대해 아무

것도 모르시잖아요. 전 책을 사랑해요. 그리고 다른 사람들이 책을 사랑하도록 돕고 싶어요.

아버지: (어머니에게) 애가 허구한 날 책에 코를 박고 있도록 놔뒀으니 이런 일이 일어나지. 여자애들이 책에서 굳이 배우려고 애쓸 게 뭐 있어.

헬렌: 아빠, 어떻게 그렇게 고리타분한 말을 할 수가 있어요! 전 사서가 되고 싶어요. 진심으로요. 네드 삼촌은 어떻게 생각하세요?

네드: (다정하고 부드럽게) 저기, 딸이 사서가 되고 싶다고 한다면 허락해야 돼요. 알다시피 시대가 변했잖아요. 내가 볼 때 요즘 사서가 되려면 올바르고 현대적인 데다 똑똑한 여성이어야 해요.

도서관 대전에서 찰스 러미스가 메리 존스를 끌어내린 1905년부터 로스앤젤레스 공공도서관의 책임자는 남성이었다. 당시에는 미국의 모든 사서 가운데 약 80퍼센트가 남성이었다. 앤드루 카네기의 노력 덕분에 몇 년 안에 이 직업의 성비 균형이 바뀌어 남성 사서의 수가 20퍼센트로 떨어졌다. 많은 여성이 일반 사서와 사무원으로 채용되었지만 경영진까지는 진급하지 못했다. 하지만 에버렛 페리 수하의 부관장은 앨시어 워런이라는 여성이었다. 워런은 여성 사서들 사이에서 예외적인 존재로, 전에 샌디에이고 도서관 시스템의 수장 자리를 맡은 적이 있었다. 그녀는 시카고의 부유한 지식인 집안 출신으로 할아버지는 연방 판사였다. 워런은 고향에서 도서관 일을 시작했는데, 도시에서 가장 가난한 동네에 있는 분관에서 일하기로 선택했다. 샌디에이고에서 도서관 시스템을 운영하는 동안에는 심각한 우울증에 시달리던 어머니를 돌봤다. 1925년에 어머니의 병이 극도로 악화되자 워런은 샌디에이고 도서관에 휴직을 신청하기로 했다. 그녀는 패서디나 근처에 있는 2세대용 주택을 사서 한쪽에서 생활을 하고 다른 한쪽에는 어머니와 간병사를 들였다. 하지만 워런의 명성이 너무 높아서 소문이 퍼져나갔고 그녀가 로스앤젤레스 지역에 산다는 이야기를 들은 에버렛 페리가 그녀를 끈질기게 설득해 마침내 이인자로 앉혔다.

워런은 턱의 모양새가 두드러지고 덩치가 큰 여성으로, 헝클어진 곱슬머리를 둥그렇게 말아 올린 똥머리를 하고 다녔다. 유머감각이 뛰어났고, 사람들은 그녀와 함께 있는 걸 좋아했다. 워런은 종종 자신이 노처녀라고 이야기했지만 사실 로스앤젤레스 공공도서관에서 일하기 시작한 직후 어린이실 부장인 글래디스 잉글리시라는 여성과 사랑에 빠졌다. 1931년 워런과 잉글리시는 함께 살기 시작해 1956년 잉글리시가 세상을 떠날 때까지 떨어지지 않았다.

에버렛 페리의 임기는 로스앤젤레스 공공도서관이 임대 공간에 비집고 들어가 작은 조직으로 운영되던 마지막 시절에 시작되었다. 도서관이 서남부의 먼지 속 변방이었던 초기 로스앤젤레스의 유적이던 시절이었다. 로스앤젤레스는 책이 연상되는 도시가 아니었다. 오히려 골짜기와 언덕의 땅따먹기 놀이에서 어떻게 성공할지 호시탐탐 노리는 개척자들이 시끌벅적하게 모여드는 도시였다. 그 시절 도시와 도서관은 극적인 변화를 겪었다. 페리는 도서관의 과거와 미래의 연결 고리였다. 그는 버트럼 굿휴를 지지했기 때문에 오늘날 도서관의 모습에 책임이 있었다. 도서관이 최초의 영구적인 보금자리로 자리잡고 엄청난 흥분이 가신 뒤 페리는 대공황이 가한 첫 번째 충격을 헤치고 나가야 했다. 그는 그 시절의 끔찍한 격변 속에서도 차분하고 견고했지만 카리스마 넘치는 리더는 아니었다. 그보다 뛰어난 선임자들이 있었다. 예를 들어 찰스 러미스는 빛이 나고 불꽃을 탁탁 튀기며 사람들을 열광시키는 존재였다. 에버렛 페리는 도서관 위원회가 첫 면접을 봤을 때 기록한 그대로였다. "사무적이고" "말을 별로 하지 않는" 화강암 같은 남자. 하지만 그는 도서관을 사랑했고 직원과 이용객들도 그를 사랑했다. 1933년 8월, 페리에게 심장마비가 찾아왔다. 처음에는 회복된 듯 보였지만 3개월 후에 결국 세상을 떠났고 도서관 직원들은 엄청난 충격에 빠졌다. 페리는 자신의 후임으로 앨시어 워런이 임명된 사실을 알았다면 매우 기뻐했을 것이다.

워런은 역대 도서관 운영자 중에서 가장 열렬한 독서가였다. 그녀는 사서들의 가장 큰 책무가 열심히 책을 읽는 것이라고 믿었다. 어쩌면 사서들이 각자 다루는 책들을 잘 알게 하기 위해 이런 생각을 했을 수도 있지만 워런은 정서와 철학에 바탕을 두고 이 지시를 내렸다. 그녀는 사서들이 독서 행위 자체를 좋아하길 바랐다. 그러면 아마 이용객들에게도 끝없는 독서열 같은 자극을 줄 수 있을 것이었다. 1935년 워런은 도서관협회에서 "사서들은 술꾼이 술을 마시는 것처럼, 새가 노래하는 것처럼, 고양이가 잠을 자는 것처럼, 혹은 개가 산책을 가자는 말에 반응하는 것처럼 책을 읽어야 한다. 사서로서의 양심이나 훈련 때문이 아니다. 그들은 본능적으로 세상의 다른 어떤 일보다 책 읽는 것을 택할 것이기 때문이다"라고 연설했다. 워런은 사람들이 책 읽을 시간을 마련하도록 독려하기 위해 평생 동안 작은 정보지—"앨시어의 독서 성공법"—를 발간했다. 책을 읽을 기회를 얻을 수만 있다면 거짓말도 괜찮다고 했다. 정보지에는 "저녁에 양어머니 여동생의 친한 친구와 함께 저녁을 먹으러 가기로 했다면 전화를 걸어서 지독한 감기에 걸려 사람들에게 옮길까봐 겁난다고 말하라"는 조언도 있었다. "그냥 집에 머물면서 『루시 게이하트』를 보아뱀처럼 한입에 꿀꺽 먹어치워라." 그녀는 독서 전도사였다. 대중의 손에 책을 쥐여줄 새로운 방법을 끊임없이 찾았다. 예를 들어 3학년 이상이 되어야 아이들에게 대출증을 발급해주는 조항이 제약이 심하다고 판단해 자신의 이름을 쓸 수 있는 아이라면 누구든 도서관 회원이 될 수 있도록 바꿨다.

워런은 도서관에 많은 것을 끊임없이 원하는 대중과 빈약한 예산을 물려받았다. 1933년 로스앤젤레스는 미국에서 다섯 번째로 큰 도시였지만 로스앤젤레스 공공도서관은 국내 어떤 도서관보다 많은 책을 대여했다. 경비 절감을 위해 워런은 고통스러운 조치들을 취했다. 도서관 개방 시간을 단축하고 사직한 직원의 자리에 새로운 인력도 충원하지 않았다. 병원과 쇼핑센터에 설치된 작은 책 대여소 일부를 폐쇄했고 새 책 구매도 제한했다. 테스 켈소가 설립한 도서관 학교도 문을 닫아야 했다.

하지만 형편이 될 때는 서비스를 확장했다. 그녀는 부모들이 아이들에게 특정 영화를 보여줘도 되는지 물어볼 수 있는 상담 전화를 개설했다(직원들은 "이 영화는 신경이 과민한 아이에게는 적합하지 않습니다" 같은 항목이 포함된 자체적인 등급 체계를 개발했다). 중앙 안내 데스크도 확장했고 전화를 통한 참고정보 서비스도 추가했다. 참고정보 서비스는 엄청나게 인기가 높았고 도서관의 누구도 예상하지 못한 방식으로 활용되었다. 또 십자말풀이를 맞추도록 도와달라는 사람이

외쪽에서 오른쪽으로 시 사서 메리 존스, 메리 포이, 해리엇 워들리, 앨시어 워런

너무 많아서 워런은 마침내 사서들에게 그런 요구에 답하는 것을 금지시켰다. 십자말풀이가 아닌 다른 문제에 대응할 시간이 거의 없었기 때문이다. 1937년에 도서관은 참고정보부 연구의 일환으로 사람들이 전화로 물어오는 질문 목록을 정리했는데, 다음과 같은 질문들이 포함되어 있었다.

로미오의 외모

1929년 미국에서 생산된 우유의 양

문학적 가치가 있는 흑인 노예의 글

인간의 불임에 대한 통계

로스앤젤레스에 있는 라디오의 개수

정신박약자 보호시설에서 하는 일의 유형

글렌데일에 사는 유대인 가족의 수

하와이의 매장 풍습

인간의 평균 수명

눈으로 영생을 볼 수 있는지 여부

1940년 4월의 어느 무더운 토요일 오후, 앨시어 워런은 혼자 사무실에 앉아 도서관 100주년이 되는 해에 시 사서가 열어보길 바라며 "1972년 12월 7일의 로스앤젤레스 시 사서"에게 보내는 편지를 타이핑했다. 타임캡슐처럼 미래의 후임자에게 메시지를 남기면 재미있을 것 같았다. 편지는 "32년 뒤 당신이 앉아 있을 이 사무실에서 지금 제가 안고 있는 골칫거리와 희망을 알게 된다면 재미있을 겁니다"라는 글귀로 시작되었다. "32년 묵은 이 문제들은 분명 재미있을 거예요." 워런은 만약 이 편지가 개봉될 때 자기가 살아 있다면 여든다섯 살일 것이고 그때쯤이면 거의 불멸의 인간처럼 보일 게 틀림없다고 이야기했다. 그리고 덕망 높은 에버렛 페리에게서 도서관을 물려받는 일이 얼마나 힘들었는지 썼다. "단단한 태고의 떡갈나무" 같은 페리에 비하면 자신은 "무르고 흔들리는 포플러"처럼 느껴졌다고 했다. 또 도서관의 예산이 풍족했던 1920년대에 비해 1940년인 지금은 주식 시장 붕괴의 냉혹한 충격으로 직원들의 봉급을 세 번이나 깎고 새 책을 주문할 여유도 거의 없다고 했다. 편지는 즐거움과 아픔을 오갔다. 그리고 제한된 예산 때문에 자신이 직원들과 대중에게 실망을 안겨줄 수밖에 없는 운명이라는 데 대한 냉철한 인식으로 가득했다. 도서관에서 대중은 기대하는 것보다 얻어가는 것이 적었고 직원들은 그녀의 예상보다 더 많은 피해를 입었다. 워런은 사소한 일들—샌피드로 분관에 있는 난로에 새 온도조절기를 구입할지 결정하거나 화장실 종이수건 구입 비용을 예산에서 마련하는 문제—에 너무 많은 시간을 쓴 것을 후회했다. 당시 그녀의 바람은 만족감과 자부심에 찬 사서들이 일하는 도서관 유토피아를 만들고 싶다는 것뿐이었다.

편지에는 낙관적인 내용도 담겨 있었다. 워런은 도서관이 오랫동안 살아남을 것이라고 믿었던 게 분명하다. 그녀는 "당신의 일과 당신을 응원합니다!"라는 말로 편지를 끝맺었다. 이 편지는 지정된 날짜까지 시 사서의 사무실에 보관되다가 와이먼 존스에게 전달 되었다.

1941년에 미국이 제2차 세계대전에 참전하면서 도서관도 전쟁에 발을 맞췄다. 폭격으로 건물이 흔들릴 경우에 대비해 원형 홀 천장에 매달려 있던 1톤짜리 샹들리에를 바닥으로 내렸고 1944년까지 계속 바닥에 놔두었다. 또 도심 건물들의 야간 소등 조치에 따라 해질 무렵에 도서관 문을 닫는다고 발표했다. 하지만 많은 전시 노동자가 밤에 도서관을 이용하고 싶다고 요청했기 때문에 원래의 개장 시간으로 돌아갔고 심지어 심야 개장 시간까지 마련했다. 워런은 시의 소등 정책을 지키기 위해 도서관 창문에 방화관제용 커튼을 달았다. 시내 전체의 도서관들은 응급 구조 수업을 열고 전쟁 채권을 판매했다. 또 새로 설치한 방위 안내 데스크에서 정부가 발행한 전단지를 나누어주었다. 중앙도서관은 독일과 이탈리아의 특허 정보를 포함하여 세계적 과학 자료들을 특히 대규모로 소장했는데 웨스트코스트에서 그 정도 컬렉션을 보유한 도서관은 얼마 없었다. 육군과 해군은 추축국의 무기고에 무엇이 있는지 알아보기 위해 이 자료들을 자주 찾았다.

미군이 해외로 파견되자 참고정보 사서들은 새로운 유형의 전화를 받기 시작했다. 당시 군인들은 배치된 장소를 정확히 말하는 것이 금지되어 있었다. 그래서 가족들에게 자신이 어디에 있는지 슬쩍 귀띔해주려고 집에 보내는 편지에 종종 단서를 흘렸다. 그러면 가족들은 단서 해독에 도움을 받기 위해 도서관에 전화를 걸었다. 한 사서는 "우리는 '남자들이 머리를 똑바로 빗어 넘기고 다니는 지역이 어딘가요?' 혹은 '사람들이 코걸이를 하는 곳이 어딘가요?' '여성들이 품이 넉넉한 치마에 흰색 앞치마를 두르고 다니는 나라가 어딘가요?' 같은 질문을 받았다"고 회상했다.

그해 말 워런은 육군 독서실, 군 병원, 훈련소에 보낼 책을 모으는 전국적 운동 '승리의 책' 캠페인을 운영하기 위해 4개월간 휴가를 신청했다. 그녀는 각 주에 이 운동의 책임자를 임명하고 사람들이 수집소에 책을 들고 오도록 독려하기 위한 보도자료를 배포하고 라디오 광고들을 조율했다. 또 집집마다 찾아다니며 책을 구할 보이스카우트와 걸스카우트 대원을 모집했다. 1942년 3월에 이 캠페인은 600만 권이 넘는 책을 모아 국내와 해외의 군대에 보냈다. 유럽의 도서관이 불타기 시작하던 때와 정확히 같은 시기였다. 그해 루스벨트 대통령은 미국도서관협회 연차대회의 기조연설에서 "책은 불로 죽일 수 없습니다"라고 선언했다. "사람은 죽습니다. 하지만 책은 죽지 않습니다."

전쟁이 끝나자 현대적인 로스앤젤레스가 모습을 드러냈다. 콩밭과 오렌지 과수원을 갈아엎고 방 3개짜리 단층집들이 지어졌다. 귀국 병사들의 물결에 뒤이어 항공기 공장, 전자제품 공장, 석유 채굴장 근방으로 가려는 사람이 몰려들었다. 해리 피크의 가족이 미주리주의 농지를 떠나 새로운 기회를 찾기 위해 서부 캘리포니아주로 떠난 시기가 바로 이때였다. 로스앤젤레스는 터져나갈 듯 사람들로 가득 차면서 호황을 맞았고 점점 더 확장되며 뻗어나갔다. 며칠만 떠났다 와도 동네를 못 알아볼 지경이었다. 성장 속도는 그 정도로 빨랐다. 도서관이 따라잡지 못할 속도였다. 바로 얼마 전까지만 해도 토마토나무밖에 없던 지역들이 새로운 공동체를 꾸려 분관을 요구했다. 하지만 도서관을 지을 만한 자금은 없었다.

워런은 대공황과 전쟁, 그리고 전후 초기의 격동기 동안 도서관을 이끌었다. 그러다 1947년 드디어 휴식을 취하기로 마음먹었다. 에버렛 페리가 그녀를 도서관으로 꾀어 들이기 전부터 계획했던 휴식이었다. 워런은 축복과 축하 속에서 도서관을 떠났다. 도서관을 자주 찾던 올더스 헉슬리를 포함해 이용객들로부터 그녀에게 감사 인사를 하는 편지 수백 통이 날아들었다. 헉슬리는 편지에 "이 기회를 빌려 도서관 서비스가 얼마나 훌륭했는지, 관장님이 구축한 도서 선정 방식이 얼마나 적절했는지 말하고 싶습니다"라고 썼다.

워런의 후임은 귀가 크고 숱이 많은 금발의 해럴드 해밀이라는 젊은 남성으로, 「딜른보안관」에 나온 제임스 아네스와 육촌지간이었다. 과거 캔자스시티 도서관 시스템의 수장으로 일한 적 있는 해밀은 모더니스트였다. 당시는 진보적 성향의 인물이 도서관을 운영하기에 딱 좋은 시기였다. 새로운 기술이 등장하고 이를 도서관에 적용할 방법들이 계속 고안되었기 때문이다. 해밀은 혁신을 받아들였다. 그는 대출되는 책의 사진을 마이크로카메라로 찍어두는 "사진 대출 시스템"을 도입했다. 또 로스앤젤레스 공공도서관 시스템에서 처음으로 시청각부를 신설해 마이크로필름과 마이크로피시를 도서관 소장품에 추가했다.

1957년 10월, 러시아의 스푸트니크 1호가 처음으로 지구 궤도를 도는 데 성공했다. 11월에는 개 '라이카'를 태운 스푸트니크 2호가 우주로 발사되었고, 같은 해 독일의 천문학자가 행성과 항성에 대한 신뢰성 있는 목록을 발표했다. 그해 노벨 물리학상과 화학상 수상자 5명 중 4명이 미국이 아닌 나라에서 배출되었다. 미국인들은 자국이 수학과 과학에서 뒤처지고 있다는 데 겁을 먹어 전국적으로 교육, 특히 수학과 과학 분야에 총력을 기울였다. 이듬해 로스앤젤레스 공공도서관에서 지난 수십 년보다 더 많은 책이 대출되고 시의 유권자들이 새 분관 28개를 짓기 위한 600만 달러의 채권 발행을 지지한 일은 우연이 아닐 것이다.

1957년에는 누가 도서관을 애용했을까? 당시의 한 보고서에는 "직업 화가와 디자이너들의 이용이 증가했다. (…) 해외부: 난민 프로그램이 수많은 라트비아인, 리투아니아인, 유대인, 독일인, 러시아인을 끌어들였다"라는 대목이 나온다. 도시의 발전 양상이 도서관의 과학부 이용객들의 구성에서 분명하게 드러났던 것이다. 이제 아무도 감귤류나 아보카도 농사에 관한 책을 요청하지 않았다. 금 시굴 방법과 관련된 책들은 1930년대에 불티나게 대출됐지만 지금은 선반에서 빈둥거렸다. 대신 이용객들은 우라늄 시굴, 컴퓨터 제조법, 새로운 제품을 발명하고 특허를 받는 방법에 관한 안내서들을 원했다. 그해의 추천 도서 목록은 원자력 관련 서적들이 차지했다. 과학부의 보고서는 "요즘은 전문가뿐 아니라 일반인들도 과학에 관심을 갖는다"고 언급했다. 하지만 1960년에는 사서들이 "안도감에 대한 숭배"라고 부른 책들, 즉 긍정심리학, 신비학, 마법, 정신 요법 이론, 노스트라다무스와 관련된 책에 대한 관심이 과학서적의 인기와 맞먹었다.

어린이실은 굿휴 빌딩이 지어진 이후부터 중앙도서관에서 독립된 부서로 운영되었지만 1968년까지 10대를 위한 부서는 없었다. 1960년대까지는 12세부터 19세까지가 인생에서 뚜렷이 구별되는, 하나의 시기라는 개념이 거의 없었기 때문이다. 1968년에 도서관은 드디어 10대들의 존재를 인식했고 그리하여 청소년실이 신설되었다. 청소년실에서는 책들을 제공할 뿐 아니라 청소년을 도서관으로 끌어들이고, 도서관을 단순한 책 보관소가 아닌 문화센터처럼 느끼길 바라며 여러 행사—포크송 부르기 모임, 유도 교실, 록 콘서트—를 주관했다. 얼마 후 노래 부르기 모임은 청소년들의 삶 속에서 좀 덜 순수한 부분에 자리를 내주게 되는데, 청소년실은 성생활, 자살, 마약 중독, 갱단, 가출에 관한 프로그램들을 제공하기 시작했다.

19

『완전 초보를 위한 10대 아이 돌보기 가이드The Complete Idiot's Guide to Parenting a Teenager』(1996)

> 케이트 켈리
> 370.16 K29

『당신의 10대 아이와 좋은 관계를 맺는 방법Su hijo adolescente: Cómo comprenderlo y relacionarse con él』(1989)

> 로이스 얀 다비츠
> S 372.1 D265

『10대들의 행성: 오늘날의 젊은이들Il Pianeta Degli Adolescenti: I Giovani D'oggi Spiegati Agli Adulti』(1998)

> 귀도 L. 부르바티
> I 370.16 B946

『멀리 있는 사랑하는 아빠에게[녹화 영상]Dear Distant Dad [videorecording]』(1992)

> VID 301.57 D2855

영화「플레전트빌」은 교외의 어떤 마을을 다룬 1950년대 텔레비전 시트콤에 갇혀버린 남매에 관한 이야기다. 이 마을은 겉으로는 완벽해 보이지만 사실은 성차별주의와 인종차별주의, 억압적 순응주의가 지배하는 곳이다. 1998년에 개봉된 이 영화는 1993년부터 1996년까지 로스앤젤레스 도서관위원회 위원장을 지낸 게리 로스가 각본을 쓰고 감독과 공동제작자를 겸했다.「플레전트빌」 개봉 당시에 로스는 이 영화의 첫 상영회를 자선 행사로 기획했는데, 즉 청소년실을 새로 단장할 비용을 마련하기 위함이었다. 그 전에 음악부가 쓰던 2층의 한쪽 모퉁이를 커다랗고 둥근 공동 책상, 눈에 확 띄는 그래픽, 빈백 의자, 수많은 구석과 틈을 갖춘 공간으로 꾸몄다. 도서관의 다른 어떤 곳과도 혼동되지 않을 공간이었다. 틴스케이프 Teen'scape(청소년 전용 공간―옮긴이)라는 이름이 붙은 이 새로운 청소년실은 2000년 3월에 파티와 함께 문을 열었다. 파티에는 「뱀파이어 해결사」에서 사서 역을 맡았던 앤서니 스튜어트 헤드가 참석했다.

내가 최근 틴스케이프를 방문했을 때 근무 중이던 사서는 메리 매코이라는 호리호리하고 차분한 여성이었다. 매코이는 캣아이 안경을 쓰고 삐죽삐죽하게 자른 헤어스타일을 했다. 사서가 되기 전에는 펑크록 밴드에서 연주를 했다고 했다. 펑크록계의 손실이 도서관에는 이득이 된 셈이다. 매코이는 청소년들을 좋아해서 이 부서에 마음이 끌렸고 청소년들도 그녀를 좋아했다. 매코이는 10대들과 친구가 될 만큼 쿨한 성격이었지만 절대 호락호락한 사람은 아니었다. 그녀는 "저는 뭐든 그냥 넘어가지 않아요"라고 말했다. "예를 들면 오늘 아침에 여기에서 아이들을 봤거든요. 학교에 가는 날이라 아이들에게 왜 등교하지 않았냐고 부드럽게 물어봤죠." 알고 보니 학교에선 총기 사고에 대비한 대피 훈련을 하고 있었고 아이들은 도서관에서 시간을 죽이고 있던 것이었다. 만약 아이들이 수업을 빼먹었다면 매코이는 단호하게 학교로 보냈을 것이다.

청소년실 사서라는 말은 약간 부적절한 명칭이다. 이 부서의 사서들은 자신을 비공식 조언자, 시간제 군기반장, 숙제 선생님이라고 생각한다. 이들은 집에서 거의 보살핌을 받지 못하는 많은 아이에게 부모 역할을 한다. 틴스케이프의 한 사서는 "걔들은 내 아이들이에요"라고 말했다. 도서관 벽 바깥에서 아이들을 돌보고자 하는 욕구도 강하다. 그러나 매코이는 "그건 아슬아슬한 짓이에요"라고 말했다. "대부분의 경우는 그러지 말아야 해요. 하지만 때로는 양심에 따라 행동하죠. 한번은 밀입국자인 여자아이가 온 적이 있는데 정말로 도움이 필요했어요. 그 아이를 도우려고 청소년실 사서 전부가 조금씩 돈을 내서 버스 정기 승차권과 작은 물건들을 사줬죠."

그때 검정 아이라이너를 하늘로 날아갈 듯 그린 여자아이가 치토스 봉지를 들고 데스크로 다가왔다. 아이는 걱정스러운 표정으로 "책을 만지지만 않으면 여기에서 과자를 먹어도 되나요?"라고 물었다. 매코이는 먹는 건 금지되어 있다고 대답했다. 아이는 한숨을 쉬더니 치토스 봉지를 흔들며 만화책 선반 쪽으로 걸어갔다. 어떤 아이들은 한 번에 20권, 30권씩 만화책을 빌려간다. 만화책 선반은 벽 하나를 전부 차지하고 있었고 그 끝에는 삽화 포스터가 붙여진 게시판이 세워져 있었다. 포스터에는 "첫 번째 직업을 찾고 있니? 뭘 입을까: 기본 캐주얼, 회의실 복장, 일반적인 넥타이 매는 법"이라고 쓰여 있었다.

예전에 청소년실은 컴퓨터를 하러 오는 10대들로 채워졌다. 지금은 많은 청소년이 집에 컴퓨터를 갖추고 있거나 스마트폰으로 온라인에 접속한다. 청소년들은 여전히 틴스케이프에 오지만 요즘은 무료 프린터를 사용하거나 그저 부모와 떨어진 어딘가에서 시간을 보내고 싶어서 온다. 청소년실에는 3만 권의 책, 수십 개의 보드게임, 『기타 히로』 최신판, 그리고 청소년들이 있다. 10대들이 모이기 때문에 거친 장난도 꽤 많이 일어난다. 매코이는 자신이 가장 자주 하는 말 두 가지가 "애야, 말조심하렴"과 "얘들아, 빈백 의자에서 그렇게 바짝 붙어 앉지 마"라는 것을 알게 되었다. 최근에는 아이들이 빈백 의자에서 바짝 붙어 앉는 일이 매코이의 바람과는 달리 더 자주 일어났고 그녀는 몸이 닿은 사람들이 항상 개의치 않는 건 아니라고 느꼈다. 그래서 아이들에게 건전한 관계를 확인하는 법을 알려주는 워크숍을 준비했다. 내가 방문했던 오후에 워크숍이 예정되어 있었고 '폭력보다 평화'라는 사회복지 기관이 진행할 계획이었다.

그때 틴스케이프의 또 다른 사서 테레사 웹스터가 교대 근무를 하기 위해 도착했다. 그녀는 매코이와 업무 확인을 했다. 매코이는 테레사에게 오늘 워크숍이 열린다고 상기시켰다. 테레사가 고개를 끄덕이더니 말했다. "있잖아, 우리는 아이들에게 정치에 관해 이야기해줄 사람도 데려와야 돼. 어떤 애가 방금 나한테 공화당원이 뭔지 묻지 뭐야." 웹스터와 매코이는 어이가 없어서 고개를 절레절레 흔들더니 웃음을 터뜨렸다.

그때 '폭력보다 평화'의 자원봉사자 3명이 이젤과 현수막, 엄청난 양의 인쇄물을 들고 들어왔다. 매코이가 돌아다니며 아이들에게 워크숍이 곧 열릴 거라고 알렸다. 워크숍은 텔레비전이 있는 구역에서 진행되었다. 작은 링 귀걸이를 하고 말랐지만 강단 있어 보이는 남자아이가 막 통에서 비디오 컨트롤러를 꺼내려고 했다. 그 아이는 매코이가 텔레비전을 이용하려면 워크숍이 끝날 때까지 기다려야 한다고 말하자 넋이 나간 표정을 지었다. 그리고 이 소식을 도저히 못 받아들이겠다는 듯 그 자리에 얼어붙었다. "그러니까……" 잠시 후 아이가 간신히 입을 뗐다. "안 된다는 말이죠……." 매코이가 굉장히 안타까워하며 고개를 끄덕이자 아이는 마침내 컨트롤러를 집어넣고 그 자리를 떠났다. 근처 빈백 의자에 여자아이 몇 명이 자리를 잡았다. 한 여자아이는 남자친구와 껴안고 계속 꽥꽥 소리를 지르며 장난스럽게 팔을 때렸다. 거의 방 밖이라고 할 만한 먼 구석에는 외로운 형체 하나가 생각에 잠겨 구부정하게 앉아 있었다. 후드를 꽉 조이게 끌어당겨 쓰고 있어서 얼굴이 잘 보이지 않았다. 남자아이인지, 여자아이인지도 분간이 안 갔다. 자원봉사자들이 돌아다니면서 아이들에게 인사를 한 뒤 「10대의 파워 핸들과 조종 핸들」이라는 제목의 교재를 나눠주었다. 메리 매코이는 근처에서 서성거렸다.

한 자원봉사자가 앞으로 나와 자기소개를 한 뒤 불건전한 관계의 예가 생각나는 사람이 있는지 물으며 워크숍을 시작했다. 남자친구와 껴안고 있던 여자아이가 장난을 멈추고 소리쳤다. "리애나와 크리스 브라운이요!"

"꼭 스타일 필요는 없잖아." 빈백 의자에서 그녀 옆에 앉아 있던 여자아이가 혐오스럽다는 듯 투덜댔다.

"난 리애나 좋아해요!" 다른 누군가가 말했다.

"좋아요, 좋아. 좋은 예를 들었어요." 자원봉사자가 칭찬했다. "다른 사람은요?"

이번에는 방 뒤쪽에서 작은 여자아이가 대답했다. "음…… 성이 나서 때리는 사람?" 방 곳곳에서 "으응, 응"이라는 반응이 나왔다. 자원봉사자와 아이들은 몇 분간 이야기를 나누고 자료를 검토한 뒤 기분을 울적하게 만드는 시 한 편을 읽었다. "데이비드는 내게 꽃을 가져다줘"라는 이 시는 한 여자가 폭력적인 남자를 위해 변명해주는 내용이었다. 방 안의 분위기가 가라앉았다. 아이들은 아까보다 똑바로 일어나 앉아 있었고 소곤대지도, 껴안지도, 익살을 떨지도 않았다.

워크숍이 진행되는 동안 살금살금 방을 나온 나는 떠나기 전에 데스크에 한 번 더 들렀다. 데스크에 있던 사서는 내게 러셀 개리건이라고 자기소개를 한 뒤 지난 17년 동안 틴스케이프에서 일했다고 말했다. 이 일을 즐기는지 묻자 "음, 제 영웅은 알베르트 슈바이처예요. 박사는 '모든 진정한 삶은 얼굴을 맞대고 이뤄진다'고 말했죠. 저는 여기서 일할 때 그 말을 자주 떠올린답니다"라고 대답했다.

그날 도서관을 떠나려다가 나는 한 군데 더 들르기로 마음먹었다. 내가 향한 곳은 짙은 색의 목재, 잔잔한 벽화, 쥐똥나무 생울타리 정도 높이의 서가들로 꾸며진 아동부였다. 나는 5학년 학급을 인솔하면서 주문을 외듯 단조롭게 "목소리를 낮추세요"라는 말을 반복하는 교사 뒤로 걸어 들어갔다. 커다란 목재 안내 데스크 왼쪽에서 동화구연이 진행되고 있었다. 한 사서가 24명쯤 되는 아이와 12명의 어른을 이끌고 "알파벳송"을 부르며 무용을 하고 있었다. 계속 빙빙 도느라 소용돌이가 만들어졌다. "침착하게 마음껏 즐기자"가 프린트된 우주복을 입은 여자아이가 배트맨 셔츠를 입은 작은 남자아이를 껴안았다. 발레복 치마를 입은 아이는 물구나무서기를 하려고 끙끙대고 있었고, 모호크족처럼 머리를 자른 남자아이가 아장아장 걸어다니다가 그 여자아이를 빤히 쳐다봤다. "알파벳송"이 끝나자 사서는 "머리, 어깨, 무릎, 발" 노래를 부르기 시작했다. 아이들은 "발, 바닥, 귀, 코"나 "손, 손, 손, 손" 이런 식으로 노래를 자기 마음대로 해석했다. 어린이실 부장 매들린 브라이언트는 내게 예전에는 미취학 아동을 위한 동화구연 시간에 기껏해야 3, 4명만 왔지만 지난 몇 년 동안 어린아이가 있는 가정이 로스앤젤레스 도심으로 이사를 오면서 지금은 보통 30명이 참석한다고 설명했다. 최근에는 실험 삼아 영아 동화구연 시간을 꾸려왔는데 굉장한 인기를 끌어 심각한 유모차 교통난이 일어날 정도라고 했다.

내가 들어갔을 때 어린이실 차장 다이앤 올리보포스너는 안내 데스크 뒤에 앉아 있었는데, 눈이 촉촉했고 편지 같아 보이는 종이로 부채질을 하고 있었다.

"우리 부서가", 그녀는 목이 메어 말했다. "우리 부서가 모 윌렘스에게서 편지를 받았어요! 모 윌렘스요! 믿기나요? 『비둘기에게 버스 운전은 맡기지 마세요!』는 내가 제일 좋아하는 책 중 하나라고요. 오, 눈물이 날 것 같아요."

그때 네 살쯤 되어 보이는 어린 여자아이가 데스크로 오더니 아무렇게나 휘갈긴 낙서가 가득한 종이 한 장을 올리보포스너에게 건넸다. "린다 선생님께 쓴 거예요." 아이가 종이를 흔들며 말했다. 올리보포스너는 종이를 받고는 그림을 아주 잘 그렸다고 칭찬했다. 아이는 잠깐 동안 카펫 위에서 꾸물거리더니 종알댔다. "그걸 린다 선생님께 전해줄 수 있나요? 린다 선생님을 아세요? 린다 선생님은 어디 있어요? 지금 크레용 좀 빌릴 수 있어요? 공룡들 아세요? 알파벳 좀 말해줄래요? 여기 도서관에 무서운 동화책들이 있나요? 유령 나오는 거 말고요, 그냥 무서운 거요."

20

『헬터 스켈터: 맨슨 살인 사건의 진실Helter Skelter: The True Story of the Manson Murders』(1974)

빈센트 버글리오시
364.9794 M289Bu

『권고 표준 기준, 고온 환경에 대한 직업상 노출: 개정된 기준Criteria for a ecommended Standard, Occupational Exposure to Hot Environments: Revised Criteria』(1986)

613.6 C9345

『미국의 폭동Riots, U.S.A., 1765-1965』(1966)

윌러드 A. 힙스
320.158 H434

『말과 이미지: 헝가리 영화의 역사Word and Image: History of the Hungarian Cinema』
(1968)

이슈트반 네메슈퀴르티
791.939 N433

1966년, 중앙도서관에서 사서들이 작업실에서 쓰던 커피메이커가 금지되었다. 도서관의 약한 배선이 커피메이커가 잡아먹는 전력량―믹서기보다는 많고 토스터보다는 적다―을 감당하지 못했기 때문이다. 이 금지령은 건물의 취약한 전기 시스템을 고려해 취해진 많은 조치 가운데 하나였다. 서고의 75와트짜리 전구들은 보통 오븐과 냉장고에 쓰이는 40와트짜리로 바뀌었다. 그러나 이 작은 전구에서 나오는 빛은 어스름하고 희미해 직원들이 선반에서 책을 찾기가 거의 불가능했다. 그래서 손전등과 광부 모자가 인기를 끌었다.

1960년대 중반, 막 중년에 들어선 중앙도서관은 노후된 건물처럼 여기저기 성한 데가 없었다. 도서관이 위치한 지역구의 시의회 의원 길버트 린지는 도서관을 "고물"이라 불렀고, 『캘리포니아』지는 "기능상 완전 실패한" "건축계의 신여성"으로 묘사했다. 1926년의 동화 같던 건물은 허름하고 불량했다. 화려한 마호가니 판은 일부를 덧칠했고 멋진 청동 독서등은 형광등이 달린 소박한 장치로 교체되었다. 1993년에 도서관재단이 출간한 「배움의 빛: 삽화로 살펴보는 로스앤젤레스 공공도서관의 역사」에 따르면, 도서관 내부에는 서류 캐비닛과 책상이 사방에 놓여 있었고 조각가 리 로리의 아름다운 조각상과 조각품은 그것들에 치여 있곤 했다. 건물을 관리하는 사람도 없는 것처럼 보였다. 건물에 대한 결정도 마구잡이로 이뤄졌다. 업무 관리자는 줄리언 엘즈워스 건지의 벽화 「아이반호」가 따분하다며 회반죽을 칠하라고 지시했다.(다행히도 간신히 누군가가 벽화들을 보존해달라는 탄원에 나섰다). 책은 서가 공간을 흘러넘쳤고, 선반에 꽂히지 못한 책들은 계단과 구석에 처박혔다. 1930년대 공공사업촉진국의 프로젝트였던 프레스코화 「들소 사냥」은 빗물에 훼손되어 덧칠을 했다. 일부 벽화는 너무 더러워서 거무스름한 추상화 같았고 그림 속 인물들은 꼭 바위처럼 보였다(두텁게 앉은 더께가 테프론 보호막 역할을 한 덕분에 이후 불 속에서 결과적으로 그림들을 보호했다). 건물 입구 여섯 개 중에서는 두 개만 제 기능을 했다. 호프가 쪽 입구의 화려한 청동 문들은 비상시에도 열리는 장치를 갖춘 산업용 문으로 교체되었다. 건물 외관의 담황색 치장벽토 곳곳에는 물때와 낙서를 덮기 위해 덕지덕지 땜질한 흔적이 남아 있었다.

외관만 마모된 것이 아니었다. 건물의 기반 구조도 툭하면 말썽을 부리고 고장이 났다. 서고는 어두웠고 물까지 새서 비라도 내리면 많은 책이 젖어버렸다. 날씨가 추울 때는 보일러가 너무 혹사당해 엔지니어가 하루에 세 번 물을 부어 폭발을 막아야 했다. 더울 때의 상황은 더 나빴다. 도서관은 벽이 은행 금고처럼 두껍고 창문이 거의 없는 데다 그나마도 일부 창문은 책 도난을 방지하기 위해 철사를 엮어 달아놓았다. 냉방 시설도 없고 통풍이나 맞바람은 상상조차 할 수 없었다. 온도가 올라가면, 시끄럽고 낡은 스탠드형 선풍기 대대가 뜨거운 공기를 밀어냈다. 이 선풍기들은 전기 콘센트들을 거의 다 차지해버렸다. 당시 도서관에서는 잡지와 신문들을 마이크로필름에 스캔하는 작업이 한창이었는데, 선풍기를 사용할 때면 스캐너에 쓸 콘센트가 없어서 작업을 전부 중단해야 했다.

하지만 선풍기를 아무리 세게 돌려도 건물 안의 열기를 이기지 못했다. 관리부는 온도가 섭씨 35도를 넘으면, 즉 건물 내부의 온도가 섭씨 35도에 이르면 도서관 문을 닫기로 결정했다. 섭씨 34도 이하일 때는 평소처럼 운영했다. 심지어 폭염이 기승을 부리는 와중에도 라디에이터가 멋대로 작동되었다. 이런 일은 자주 일어났다. 라디에이터들은 자동온도조절장치와 상관없이 자기만의 주관을 가진 듯 보였다. 이용객들은 땀을 뻘뻘 흘렸고 사서들도 고생을 했다. 사서들은 이런 고생을 기록해두었다가 공식적으로 항의하기 위해 부서의 온도를 계속 적어두었다. 어느 끔찍한 6월, 역사부의 기록에는 다음의 구절들이 남겨졌다.

6/3 온도 섭씨 25도. 역사부. 건물이 지극히 뜨겁다

6/5 온도 섭씨 27도.건물이 여전히 지극히 뜨겁다. 이용객들이 불평을 한다

6/6 온도 섭씨 28도. 극도로 습하고 불쾌한데 난방이 가동되었다.

6/10 온도 섭씨 27.5도. 사람을 무기력하게 만드는 계속되는 더위

6/18 온도 섭씨 32도. 더위 폭발.

6/18 온도 섭씨 32.8도. 말도 안 되는 상황

6/19 온도 섭씨 31.5도. 무시무시하다

6/20 온도 섭씨 31도. 못 견디겠다

6/21 온도 섭씨 40도. 이런 환경에서 일해야 한다니 정말 말도 안 된다. (…) 끔찍한 더위로 지옥이 되었다! (…) 이건 진짜 말도 안 된다

6/22 자동온도조절장치가 도난당했나보다

유감스럽게도, 도시의 분위기가 새로운 무언가를 추구하던 바로 그때 도서관은 늙어가고 있었다. 새 동네, 새 건물, 새 도로가 기세를 떨치는 동안 오래된 것들은 방치되고 버려져 내리막길을 걸었다. 전후 여러 해 동안 도심지역은 점점 초라해지고 인구가 줄어들었다. 도심은 더 이상 세련된 곳이 아니었다. 고급 상점들은 도심을 떠나 베벌리힐스와 오렌지 카운티, 브렌트우드의 새 쇼핑센터들로 옮겨가고 도심에는 케케묵은 작은 상점과 조용한 점포들이 뒤죽박죽 섞여 오후 5시가 지나면 꽤 으스스했다. 수십 년 동안 로스앤젤레스에서는 지진을 우려해 건물을 13층 이상 높이로 짓지 못하게 규제해왔다. 다른 도시에 높은 스카이라인과 독특한 고층 건물들이 속속 들어서는 동안 로스앤젤레스의 도심은 여전히 땅에 들러붙어 있었다. 1957년이 되어서야 마침내 고층 건물 금지령이 해제되었다. 하지만

처음에는 별다른 변화가 없었다. 로스앤젤레스의 도심은 비슷한 크기의 다른 도시에 비해 여전히 발육이 멈춘 상태였다. 개발자 로버트 머과이어의 말처럼, 로스앤젤레스는 "어쩔 수 없이 그저 10층짜리 높이의" 도시가 될 운명이었다.

서던캘리포니아의 1960년대는 불안한 시대였다. 백인들은 도심 가까이에 있는 쇠잔한 동네에 흑인들의 발을 묶어놓고 샌퍼넌도와 동쪽 골짜기 지역으로 서둘러 떠났다. 흑인들은 사실상 빈민가에 머무는 것 말고는 다른 선택권이 없었다. 뻔뻔하게도 백인이 사는 동네를 온전하게 보존하기 위해 로스앤젤레스에서는 피부색에 따라 구역이 배정되었다. 그러다 1963년, 획기적인 럼퍼드 공정주택거래법이 통과되었다. 이 법은 인종 평등을 위한 가장 중요한 발전 중 하나로 평가된다. 하지만 생각지도 못한 집단—특히 존 버치 협회와 『로스앤젤레스타임스』—이 럼퍼드 법을 뒤집는 1964년도 법안을 통과시키기 위해 힘을 모았다. 이 법안은 2 대 1로 가결되었다. 시민권 운동과 진보의 탈을 쓴 캘리포니아의 자아상이 철퇴를 맞는 순간이었다. 그리하여 도시는 불평등한 두 부분으로 쪼개졌다. 백인 로스앤젤레스의 안락과 흑인 로스앤젤레스의 비관주의 및 박탈. 심지어 도서관도 인종적 적대감이 펼쳐지는 무대가 되었다. 사서들은 도서관 곳곳의 아무 책에나 쪽지가 끼워져 있는 것을 발견하기 시작했다. 쪽지는 여객선의 탑승권과 비슷하게 디자인되어 있었는데 "후미 안정판이 달린 캐딜락 같은 배"를 타고 "깜둥이 항로"로 나아간다고 쓰여 있었다. 거기에 덧붙여 수박밭(흑인 무리를 상징한다—옮긴이), 헤로인, "액자에 넣은 엘리너 루스벨트의 사진"이 특별 제공되는 아프리카 여행을 천박한 표현으로 소개했다. 결정적으로 맨 아래에 "KKK

단, P. O. Box 2345, 오벌랜드, 미주리주"라는 문구가 있었다.

로스앤젤레스의 경찰 대부분은 백인이었고 그들은 가난한 흑인 동네에서 종종 공격적이고 잔혹하게 굴었다. 1965년의 어느 날 저녁, 한 백인 경찰관이 시내 동남쪽의 와츠라는 동네를 순찰하다가 음주운전이 의심되는 한 흑인 운전자를 멈춰 세웠다. 차가 멈춰 선 뒤 대치 상황이 벌어지다가 결국 폭력과 분노가 폭발했다. 폭동은 엿새간 계속되었고 주 방위군이 동원된 뒤에야 겨우 그쳤다. 이 과정에서 34명이 목숨을 잃고 1000명이 넘는 사람이 다쳤다. 도시의 46제곱마일이 폐허가 되었다. 와츠 사태 이후 다른 유형의 폭력 사건들이 발작적으로 일어났다. 맨슨 패밀리 살인 사건, 음악가 샘 쿡이 총에 맞아 숨진 사건, 로버트 케네디 암살 사건…… 이 사건들은 모두 도시의 본질적인 무언가가 손상되고 저주받았다는 신호처럼 보였다.

도서관은 도심의 우울한 정적 속에서 조용히 무너져갔다. 와츠 사태 이후 상처에 시달리던 시절, 도시 중심부에는 사람이 줄어들고 변두리 지역으로 몰려들었다. 폭동으로 사라진 많은 낙관적 확신 가운데 하나는 책이 좋은 것이고 진실한 것이라는 믿음, 도서관 서고에서 모든 문제에 대한 답을 찾을 수 있다는 믿음이었다. 이제 삶은 이해 가능한 범위를 넘어서 불가해한 무언가로 요동치는 것처럼 보이기 시작했다. 도서관 마호가니 벽에 칠해진 회색 페인트는 맨슨 살인 사건이나 와츠에서 일어난 불행과 실존적으로 대등하지는 않았다. 그러나 셋 모두 허물어지는 것들로 이뤄진 괴로운 공간에 함께 존재하는 것만은 분명해 보였다.

1966년 그린 리포트라는 도시 연구 보고서에서 굿휴 빌딩 해체와 함께 현재 건물의 내부를 개방형으로 증축하고 주차 공간을 넉넉하게 갖춘, 지금보다 두 배는 더 큰 건물로 교체하라고 조언했다. 그러나 보고서가 제안한 도서관은 전통적 도서관보다는 책 창고에 가까웠고 도심 중심부가 아닌 한적한 곳에 위치해 있었다. 그럼에도 이 제안을 마음에 들어하는 사람들이 나타났다. 시 사서 해럴드 해밀이 이 제안을 지지했고 시 의원 길버트 린지도 마찬가지였다. 린지는 시가 "열악한 빈민굴의 땅을 찾아 크고 아름다운 도서관을 세워야 한다"고 주장했다.

로스앤젤레스는 항상 영원한 미래를 향해 움직이고 있는 것처럼 보였다. 이 도시는 추억을 간직하기도 전에 없애버렸다. 1966년 로스앤젤레스에는 체계적인 건축보존단체가 없었다. 완전한 신상 도시 로스앤젤레스에 역사적 건물들이 있다는 생각은 많은 사람에게 농담처럼 느껴졌다. 하지만 이 도시에는 의미 있는 건물이 많았다. 도서관 같은 일부 건물은 근사한 혈통을 보유했다. 각자의 시대를 완벽하게 포착하고 도시의 본질적인 모습과 느낌을 드러내는 고유한 지역 건축의 모범 건물도 많았다. 하지만 오래된 건물들은 대개 역사적으로나 건축적으로나 도시에 가치 있게 여겨지지 않았다. 오히려 건물 아래 땅의 개발 가능성에 더 많은 관심이 쏠렸다. 오래된 건물들은 별다른 논쟁도 없이 허물어졌다. 현대화에 대한 조급증이 많은 건물을 쓰러뜨렸다. 로스앤젤레스의 사라진 걸작들로는 20세기 초 지어졌던 할리우드 호텔, 1928년에 지어진 이국적인 가든 오브 알라 호텔, 메리 픽퍼드가 살던 고전적 튜더 양식의 대저택 픽페어, 윌리엄 랜돌프 허스트가 연인 매리언 데이비스를 위해 지은 비치하우스 등이 있다. 도서관 건너편에는 검은색과 황금색 외관의 건물이 있었는데 옥상 꼭대기에 네온 불빛이 반짝이는 유정탑이 장식되어 있었다. 이 화려한 아르데코 양식의 건물에는 리치필드 석유회사의 본사가 입주해 있었다. 리치필드가 애틀랜틱 정유회사와 합병해 ARCO가 되면서 경영진은 아르데코 양식의 건물이 자신들이 원하는 세련된 국제적 이미지와 맞지 않는다고 판단했다. 그리하여 이 영광스러운 옛 건물은 곧 해체되었고 도시에서 서른두 번째로 높은 건물이라는 사실 외엔 아무 특색이 없는 고층 건물이 들어섰다. 레이 브래드버리는 "새로운 리치필드 타워는 미래의 장례식을 치르고 있다"고 평가했다. "그 건물이 개선되려면 지진이 나서 없어지는 수밖에 없다."

굿휴 빌딩—너무 작고, 너무 낡고, 너무 장식적이고, 너무 기이한—은 바턴 펠프스, 존 웰본, 마거릿 바크 등을 비롯한 건축가 집단이 이 건물을 구하려는 이들을 모으기 전까지 운이 다한 것처럼 보였다. 이들은 상황이 급박하다는 것을 알고 있었기 때문에 헌신적인 단체를 결성했다. 공식적으로 '미국 건축가 협회 서던캘리포니아 지부의 도서관 연구팀'이라 불린 이 단체는 건축가 프랭크 게리가 기부한 사무실에 모여 도서관 건물을 지지하는 주장을 펼쳤다. 문화유산위원회는 숙고 끝에 도서관을 역사문화기념물 제46호로 지정했다.

도서관의 딱한 상태에도 불구하고 사람들의 발길은 끊이지 않았다. 열람실은 이용객으로 가득 찼고 데스크에서 대출하기 위해 늘어선 줄은 로비까지 구불구불 이어졌다. 1960년대 시카고의 인구는 로스앤젤레스보다 많았지만 반대로 도서관의 경우 로스앤젤레스 쪽이 훨씬 더 활기찼다. 로스앤젤레스의 도서관은 1인당 4.2권의 책이 대출된 반면 시카고는 2.7권이었다. 아마도 젊은 도시의 젊은 도서관이라 그랬겠지만 로스앤젤레스는 항상 새로운 무언가를 시도했다. 혁신위원회는 차에 탄 채로 책을 반납하는 시스템이나 탁아소 운영 등 도서관을 좀더 쉽게 이용할 수 있고 대중에게 필요한 곳으로 만들 방법을 찾기 위해 정기적으로 회의를 했다. 도서관 내에 두 개의 서로 다른 모임 장소를 만들자는 제안도 나왔다. 하나는 시사 관련 자료들과 주식 시세 표시기를 갖춘 "투데이 센터", 다른 하나는 "정치 활동가, 동성애자 해방운동, 새로운 지역, 제3세계 단체, 급진적 과학자들"에게 대안 자료를 제공하는 공간으로 만들자는 내용이었다. 누군가는 이 공간에 낙서판과 소파, 편안한 의자를 두어 오랜 시간을 보낼 수 있게 하고 즉흥적인 시 낭송회도 열자고 제안했다. 또 24시간 문을 열자는 의견도 포함되었다.

인터넷과 전자 매체는 수십 년이 지나서야 등장했지만 1960년대에도 사서들은 도서 대출이라는 전통적 역할이 도서관의 주된 목표는 아니라고 생각했던 듯하다. 한 혁신 보고서는 대중이 도서관의 역할을 협소하게 생각하도록 해서는 안 된다는 선견지명이 담긴 조언을 했다. 도서관은 "책을 모아놓은 보관소임과 동시에 정보센터로서의 기능을 하는 방향으로 점점 움직이고" 있었기 때문이다.

이용객들의 충성도에 중요한 역할을 한다고 여겨졌던 기능은 뛰어난 참고정보 데스크였다. 중앙도서관의 참고정보부는 서던캘리포니아 응답네트워크SCAN라 불렸으며 주변 지역뿐 아니라 전국적으로도 인기가 있었다. 동부 해안 지역의 도서관은 동부 표준시로 오후 5시 이후 문을 닫았는데 그사이 궁금증이 생기면 주민들은 SCAN과

3시간 동안 연결될 수 있었기 때문이다. SCAN의 사서들은 각자 받은 문의들을 기록해두었는데, 꼭 연극의 시놉시스 같았다. 각각의 문의는 "이러지 말고 그냥 도서관에 전화해보자!"라는 말로 결론이 난 삶의 한 단편처럼 보였다.

"넥타이가 욕조에 빠졌어요"를 스웨덴어로 어떻게 말하는지 알고 싶어함. 그는 대본을 쓰고 있었음.

술고래인 남편을 위해 간질환에 관한 책을 요청함.

"곰이 북극에서 기침을 했다"라는 표현의 원출처를 알고 싶어함(답을 알려주지 못함).

라디오나 텔레비전에서 국가가 연주될 때 기립해야 하는지 물어봄. 강제성 없이 자연스럽게 하면 된다고 설명함. 예를 들어 목욕을 하거나, 식사를 하고 있거나, 카드놀이를 할 때는 일어설 필요가 없음.

히브리어로 글을 쓰고 있는 한 고객이 시온$_{Zion}$과 고추$_{penis}$를 뜻하는 단어로 말장난을 하고 싶어했음. 우리는 penis에 해당되는 단어를 찾지 못했지만 성교$_{capsulate}$라는 단어가 mtsayen이라는 것을 찾았고 그 것은 고객이 tsion으로 말장난을 하는 데 도움을 주었음.

헝가리의 비밀경찰을 연기해야 하는 한 배우가 헝가리어 단어들의 발음을 듣길 원했음. 헝가리어를 할 줄 아는 사서를 찾아 고객과 대화를 나누도록 함.

페리 메이슨의 비서 델라 스트리트가 거리 이름을 딴 것인지, 그리고 델라 스트리트라는 거리가 진짜 있는지 물어봄.

아버지의 묘비명 작성을 도와달라고 요청함.

1973년에 도서관은 폐관 시간보다 한참 뒤인 밤 9시부터 새벽 1시까지 운영되는 야간 전화 참고봉사 서비스를 추가했다. 전화를 걸면 거의 모든 질문에 답할 수 있는 사서와 연결되었다. 이 서비스의 슬로건은 "다투지 말고 내기에서 이기세요"였다. 로스앤젤레스 사람들은 늦은 저녁에 일곱 난쟁이의 정확한 이름 같은 사소한 문제를 두고 곧잘 내기를 하는 것 같았다. 이 서비스의 전화기는 3분마다 한 번씩 울렸고 1년에 약 3만5000건에 이르는 문의가 들어왔다. 야간 서비스는 "히피와 그 밖의 야행성 인간들"의 구미에 들어맞는 짓이라고 생각하는 보수 집단들의 좋은 먹잇감이었다. 하지만 도서관은 끈질기게 버텼고 이 서비스는 1976년 말까지 평일 밤마다 운영되었다.

21

『알리바이The Alibi』(1916)

조지 앨런 잉글랜드
M

『인종 및 계층 갈등을 중심으로 한 윤리의 재발견The Rediscovery of Morals, with
Special Reference to Race and Class Conflict』(1947)

헨리 C. 링크
323.3 L756

『악마가 이기다: 에덴동산에서 개화기에 이르기까지 거짓말의 역사The Devil
Wins: A History of Lying from the Garden of Eden to the Enlightenment』(2015)

댈러스 G. 데너리
177.3 D392

『가필드가 살이 쪘어Garfield Gains Weight』(1981)

짐 데이비스
740.914 D262-1

해리는 도서관 화재 수사의 초점이 자신한테로 집중되자 알리바이
를 몇 번이고 다시 썼다. 새로 쓸 때마다 그 전의 이야기에서 약간 방
향을 틀었다. 마치 선택의 갈림길이 나타날 때마다 다른 길로 가는
『내 맘대로 골라라 골라맨』을 읽는 것 같았다. 주류·담배·화기 및
폭발물 단속국 요원 토머스 마커와 면담을 했을 때는 불이 났던 날
시내에 있다가 도서관에 들어가려고 했는데 입구에서 경비가 아직
문을 열지 않았다며 막았다고 진술했다. 그날 늦게 화재 소식을 들

감옥에서 풀려난 뒤의 해리 피크

기 전까지는 도서관에 불이 난 사실을 몰랐다고 했다. 그런데 면담
후 몇 시간이 지나자 해리는 마커에게 전화를 걸어 잘못 이야기했다
고 말했다. 그러면서 사실 자기는 중앙도서관에 간 적이 한 번도 없
다고 말을 바꿨다. 나흘 뒤 마커와 마이크 마타사라는 다른 요원이
다시 해리를 면담했다. 두 사람은 이야기가 슬쩍 바뀌는 걸 막으려고
해리에게 맹세를 시켰다. 하지만 이야기는 또 바뀌었다. 해리는 그날
아침에 구경을 하기 위해 시내에 갔다고 말했다. 그러다 레너드 마티
넷에게 전화 걸 일이 있어서 전화기를 찾아야 했고 차를 몰고 돌아
다니다 오래된 아름다운 건물, 즉 도서관 안에 전화기가 있겠다 싶어
근처에 차를 세웠다. 해리가 안으로 들어가려고 하는데 흑인 경비—
그는 경비의 인종을 굳이 언급했다—가 건물 문이 닫혔다고 말했다.
해리가 몇 걸음 더 안쪽으로 발을 떼자 경비가 막았고, 나가려고 돌아서다가 나이든 여성과 부딪쳤다. 그는 여성이 일어서도록 도운 뒤 문밖까지 모시고 나갔다. 해리는 그녀가 자신에게 고맙다고 했다고 기억했다.

해리는 그날 아침을 어떻게 보냈는지 자세히 설명한 뒤 마커에게 불이 나서 대단히 유감스러우며 방화범을 꼭 잡길 바란다고 말했다. 마커의 일이 얼마나 중요한지 잘 알고 있고 최근에 자기도 샌타모니카 소방국에 지원했지만 필기시험에서 떨어졌다는 말도 했다. 마커는 목격자들에게 보여주기 위해 해리의 폴라로이드 사진을 찍었다. 해리는 매력적이고 친절했으며 협조적이었다. 사진을 찍은 뒤 그는 거짓말탐지기 조사를 받으면 좋겠다고 말했다. 자신이 한 이야기가 진실이라고 확인되길 열렬히 원하는 것처럼 보였다.

며칠 뒤 해리가 마커에게 전화를 걸어 거짓말탐지기 조사를 미루고 싶다며 지금까지 한 모든 이야기는 지어낸 것이라고 털어놓았다. 왜 거짓말을 했는지는 설명하지 않았다. 사실은—그가 말한 것은 적어도 그 순간에는 사실이었다—그날 도서관 근처에는 얼씬도 하지 않았고 평생 도서관에는 들어가본 적도 없다고 했다. 화재가 일어난 날 아침에 그는 도서관에서 수 마일 떨어진 101번 고속도로를 타고 샌타페이스프링스로 가고 있었다. 운전을 하면서 뉴스를 듣다가 도서관에 불이 났다는 걸 알게 되었다. 도심을 지날 때 피어오르는 연기도 봤다. 마커는 호의를 가지고 해리의 이야기를 들은 뒤 "내가 알기론 해리는 배우 지망생이고 (…) 자기 인생이 더 재미있고 흥미진진해 보이도록 불이 난 도서관에 있었다는 이야기를 꾸며냈다"고 기록했다.

마침내 해리는 1986년 10월 27일, 거짓말탐지기 조사를 받는 데

동의했다. 조사관은 그에게 일반적인 질문들을 던졌다. 불이 났던 날 도서관에 있었는지, 어떤 식으로든 화재에 가담했는지, 불을 낸 사람을 알고 있는지와 같은 질문들이었다. 해리는 모든 질문에 아니라고 대답했다. 조사가 끝난 뒤 마이크 마타사가 해리를 집까지 데려다주었고 가는 길에 두 사람은 잡담을 나눴다. 해리는 요즘 살이 너무 많이 쪄서 자기처럼 보이지 않는다고 불평했다. 최근에 코카인을 끊었더니 시도 때도 없이 배가 고파서 말처럼 먹어낸 게 문제라고 했다. 마타사는 도서관 경비에게 해리의 폴라로이드 사진을 보여주었을 때 전화기를 사용하겠다고 요구한 남자의 살찐 모습 같다고 말했던 사실이 기억나 해리의 이 말을 마음에 새겨두었다. 사서들에게 사진을 보여주었을 때도 같은 말을 했다. 사서들은 남자의 모습이 익숙하긴 하지만 그때 그 무단침입자가 폴라로이드 속 남자보다 머리가 더 길고 말랐다고 기억했다.

잠시 뒤 거짓말탐지기 조사 결과가 방화조사팀으로 넘겨졌다. 조사관은 생리학적 기준으로 미루어 해리가 "관련된 질문에 답할 때 속이려는 시도를 한다"고 결론 내렸다. 이런 결과가 나오자 조사관들은 뿔뿔이 흩어져 결정적인 무언가―뜨뜻미지근하던 수사를 열띠게 진척시킬 한 가닥의 단서나 동기―를 찾아 해리의 친구와 룸메이트들, 고용주들, 부모를 면담했다. 그날 해리의 행방에 대한 진술들은 전혀 일관성이 없었다. 일부 세부적인 내용―전화기가 필요했다거나 잘생긴 소방관―은 겹쳤지만 여러 진술이 상당히 동떨어져 있었다. 해리가 도서관에 있었다; 도서관에 없었다, 해리는 도서관에 익숙하다; 도서관에 간 적이 없다, 해리가 그날 연기 냄새 같은 걸 맡았다; 냄새를 맡지 못했다로 말들이 엇갈렸다. 마치 만화경으로 무언가를 들여다보는데 그 조각들이 부서졌다가 스르르 재배열되는 걸 보는 듯했다. 면담한 사람들의 의견 중 유일하게 일치된 것은 해리가 거짓말쟁이라는 점이었다. 한 친구는 조사관들에게 "해리는 명확하게 대답하는 걸 어려워해요. 이야기를 꾸며내는 것과 진실의 차이를 모르죠"라고 말했다. 예전 룸메이트는 과거 기억을 더듬으며 자기가 해리를 쫓아냈던 건 그가 거짓말을 하지 않고는 못 배기는 사람이기 때문이라고 말했다. "진짜 짜증 났죠." 그가 말했다. "해리는 거짓말을 억제하지 못하는 사람이에요. 우리는 더 이상 그걸 참을 수가 없었어요. 하지만 좋은 사람이긴 하죠."

해리의 문제는 한 가지 거짓말만 하지 않는다는 데 있었다. 한 이야기의 너무 많은 버전을 내놓는 바람에 하나를 믿으면 다른 하나는 믿을 수 없었던 것이다. 해리는 끊임없이 거짓말을 생산해냈는데, 그때마다 전에 했던 또 다른 거짓말과 어긋났다. 사람들이 무언가를 부정하는 말을 할 때 진실이건 아니건 적어도 내부적으로는 일관성이 있고 보통 한쪽 방향으로 나아가는 것과는 달랐다. 해리의 말을 들으면 헷갈리고 믿기가 거의 불가능했다. 기껏해야 그의 말의 한 시점만 믿을 수 있었고 그 진실성을 해석하는 데 익숙해지면 해리는 또 다른 말을 해서 당신이 믿고 있는 이야기까지 물거품으로 만들었다. 무슨 이유에서인지 나는 해리 피크와 그의 섣부른 열망, 그리고 명성에 대한 그의 순수한 갈증에 애징 비슷한 감정을 느꼈는데, 해리의 이야기에서 일관성이 느껴지거나 그가 어떤 사람인지 혹은 무슨 생각을 하는지 짐작할 수 있는 순간은 한 번도 없었다.

조사관들은 해리의 아버지가 일하는 록히드를 찾아갔다. 그는 아들이 빈 건물에는 불을 지를 수도 있겠지만 예술과 골동품을 사랑하기 때문에 도서관을 불태우는 짓은 못 할 거라고 말했다. 그리고 아들은 삶에서 진정으로 무엇을 하고 싶어하는지 아는 좋은 아이라고 했다. 사실 해리는 얼마 전 아버지에게 샌타모니카 소방국의 입학시험을 통과해 발령 대기자 명단에 올랐다고 이야기한 상태였다.

이제 도서관 화재는 오래된 미제 사건처럼 느껴지기 시작했다. 로스앤젤레스의 신문에 실리는 기사들은 싫증난 어투로 "지속적인 수사" "계속 진행되는 조사" 같은 판에 박힌 문구들을 드러내며 의기소침해했다. 조사관들에게 심증이 가는 용의자는 해리뿐이었지만, 그의 혐의를 입증할 증거들은 꼭 수은 같았다. 종잡을 수 없고 이리저리 바뀌는 데다 일관성도 없었다. 3월에 조사관들은 새로운 접근 방법을 시도해보기로 했다. 폴라로이드 사진에 대한 도서관 직원들의 반응은 살이 쪘다는 해리의 말과 마찬가지로 조사관들에게 깊은 인상을 남긴 터였다. 그래서 그들은 해리의 운전면허증 사진을 찾아냈다. 그가 더 마르고 긴 머리에 콧수염을 길렀던 2년 전에 찍은 사진이었다. 사진 속 얼굴은 불이 났던 날의 모습, 그러니까 그가 머리를 자르고 콧수염을 밀고 코카인을 끊어서 체중이 늘어나기 전의 모습과 더 가까웠다.

화재가 일어난 날 수상한 사람을 봤다고 보고한 8명의 도서관 직원에게 이 운전면허증 사진을 추가한 여러 사진을 보여주었다. 6명이 해리의 운전면허증 사진을 선택했다. 나머지 두 사람은 사진에서 아무도 알아보지 못했다. 8명 중에서 6명이 긍정적으로 식별했다는 것은 해리와 다시 면담을 할 타당한 근거로 충분했다.

해리의 이야기는 또 달라졌다. 그는 조사관들에게 자기는 평생 중앙도서관에 가본 적이 없고 불이 났던 날 아침에 친구 2명과 어울렸다며 친구들의 이름을 댔다. 그러고는 이들이 자기 알리바이를 확인해줄 것이라고 했다. 그날 해리는 오전 10시에 로스앤젤레스를 떠나 혼자 샌타페이스프링스로 운전을 했다고 주장했다. 부모님 집에 갔더니 아무도 없었고 그는 곧 집 안으로 들어갔다. 어느 시점에 그는 부모님의 집 전화로 레너드 마티넷에게 전화를 걸었다. 해리는 이 사실을 자신만만해하며 마타사에게 자기가 마티넷에게 전화한 증거를 전화국에 확인해봐도 된다고 했다.

며칠 뒤 제너럴 텔레폰사는 4월 29일 샌타페이스프링스에 있는 해리 본가의 전화 통화 내역을 제공했다. 그 전화로 마티넷의 로펌에 건 적도, 마티넷에게서 전화가 온 내역도 없었다.

며칠 뒤 조사관들이 다시 해리를 면담했고 이번에는 이야기가 180도 바뀌었다. 해리는 화재가 난 아침에 친구 두 명과 시간을 보냈다고 설명했는데, 전에 말했던 친구들과 다른 사람이었다. 그는 잠깐 이 친구들과 어울리다 헤어진 뒤 상점과 작은 업체들이 너저분하게 모여 있는 웨스트 할리우드의 프랑스 시장으로 향했다고 했다. 발에 무사마귀가 나서 그 시장에 가게가 있는 발 치료사 스티븐 윌키와 만나기로 약속이 되어 있었기 때문이다.

윌키는 해리의 사마귀를 치료한 뒤 가게 문을 닫았고 두 사람은 시장에 있는 카페 프렌치 쿼터에서 브런치를 먹었다. 그 자리엔 곧 배질 클라크가 합류했고 세 사람은 느긋하게 식사를 즐겼다. 카페에 있을 때 웨이터가 테이블을 치우면서 도서관에 불이 났다는 이야기를 했다고 했다. 해리가 아는 도서관이라곤 마티넷의 심부름으로 여러 번 갔던 로스앤젤레스 법률 도서관뿐이었다. 그는 웨이터가 말한 곳이 법률 도서관인 줄 알고 마티넷에게 전화를 해서 알려주어야겠다고 생각했다. 이것이 해리가 내놓은 4월 29일 아침 자신의 행방의 마지막 버전이었다. 그는 수사관들에게 앞서 말했던 건 전부 농담이었다고 했다.

해리 피크의 알리바이들을 정확히 기억하기란 쉽지 않다. 어떤 것은 완전히 새롭고 다른 변명과 무관한 반면 어떤 것은 앞서 한 이야기들을 비틀고 편집한 내용이었다. 조사관들이 정리해보니 해리는 그날 아침을 어떻게 보냈는지에 관해 일곱 개의 서로 다른 진술을 했다. 건물 안에 있다가 불을 피해 극적으로 달아났다는 이야기부터 도서관 밖에서 불구경을 했다, 차를 몰고 있었다, 샌타페이스프링스에 있었다, 그리고 마지막으로 그가 가끔 묵었던 미국 정교회의 신부 니컬러스 스티븐 월키와 배질 클라크와 함께 프랑스 시장에 있었다까지. 그는 어느 누구에게나 공평한 거짓말쟁이여서 친구들뿐 아니라 조사관들 앞에서도 이야기를 바꿔댔다. 단지 법률적 결과를 피하기 위해서 말을 꾸며낸 게 아니었다. 그는 습관적으로 누구에게나 거짓말을 했다. 그리고 이야기를 요리조리 바꾸는 짓을 절대 그만두지 않았다. 체포된 지 몇 달 뒤에는 전 애인 데미트리 히오텔레스에게 그날 도서관 화장실에서 모르는 사람과 섹스를 하다가 무심코 쓰레기통에 담배를 떨어뜨렸는데 불이 났다고 말했다. 이번 버전은 그가 화재에 직접적으로 연루되었음을 보여주는 데다 논리적이라는 특징까지 있었다. 불이 우연히 일어난 사고였고 해리가 창피한 짓을 감추기 위해 거짓말을 했다고 볼 수 있었기 때문이다. 하지만 이 이야기도 명백한 거짓말이었다. 불이 화장실까지 번지지 않았기 때문이다.

불이 난 정황과 그의 말은 맞아떨어지지도 않는데 왜 해리는 자기가 범죄를 저질렀다고 말하고 싶어했던 걸까? 이건 수수께끼로 남아 있다. 때때로 나는 해리가 진실을 기억이나 할 수 있는지, 혹은 진실을 듣는다면 인정할지 궁금해졌다.

해리의 운전면허증 사진에서 긍정적인 반응을 얻어낸 방화조사팀은 그가 불을 냈다고 확신했다. 조사관들은 해리에 대한 추론을 15개 항목으로 상세히 정리했다. 먼저 해리가 제시한 다양한 알리바이의 불일치, 외모를 바꾼 일, 그의 사진을 선택한 도서관 직원들, 그가 거짓말탐지기를 통과하지 못한 사실을 언급했다. 게다가 해리는 그날 현장에 없었다면 알 수 없는 사건 일부를 명확히 알고 있었다. 예를 들어 해리는 어떤 여성과 부딪쳤다는 이야기를 여러 번 했다. 이 에피소드는 어떤 뉴스에서도 보도된 적이 없지만 실제로 일어났던 일이고 해당 여성과 근무 중이던 경비가 확인해준 사실이었다. 여성이 넘어질 때 해리가 그 자리에 없었다면 이 일을 알 리가 없었다.

조사관들은 최종적으로 범행 동기를 포함한 포괄적 추측을 제시했다. 이들은 해리가 그날 도서관에 두 번 갔다고 짐작했다. 오전 7시 30분쯤 처음 도서관에 도착했고 건물이 아직 열리지 않은 시간이라 경비가 그를 돌려보냈다. 해리는 그 뒤 10시쯤 도서관을 다시 찾아와 한 시간 정도 머물렀다. 도서관 직원들이 2층의 부적절한 장소에서 수상한 금발 남자를 본 것은 이때였다. 조사관들은 처음에 경비가 팔을 붙잡고 건물 안에 못 들어가게 막은 데 화가 나 해리가 불을 질렀다고 생각했다. 복수를 위해 건물을 태워버리려고 돌아왔다는 것이다.

해리 피크는 1987년 2월 27일 금요일 늦은 오후, 상당한 근거로 점철된 영장에 의해 자택에서 체포된 뒤 심문을 위해 할리우드에 있는 구치소로 연행되었다. 피크는 충격을 받아 화를 내고 눈물을 글썽였다. 몇 달 동안 철저한 조사를 받았는데도 자신이 진짜 용의자이고 정말로 체포될 수 있다는 생각은 못 한 것 같았다.

해리를 금요일 오후에 체포한 것은 의도된 일이었다. 금요일 오후는 보통 뉴스의 사각지대였고 검사들은 가능한 한 관심을 피하고 싶어했다. 검사들은 정식 기소를 하기 전에, 심지어 해리가 변호사를 구하기도 전에 그가 자백하길 바랐다. 해리를 72시간 동안 구금할 수 있었지만 그 뒤에는 정식 기소를 하거나 풀어주어야 했다. 조사관들이 해리가 자백하길 바란 건 사실 그들의 주장이 정황에만 의지했기 때문이었다. 해리가 불을 질렀는지는 고사하고 그 시간에 정말로 도서관에 있었는지에 대해서도 명확한 증거가 없었다. 보석금은 25만 달러로 책정되었는데, 조사관들은 해리가 이 돈을 마련하기 어려우리라는 것을 알고 있었다.

그러나 침묵은 오래가지 않았다. 먼저 톰 브래들리 시장이 소방국에 축하의 말을 보냈다. 해리가 공식 기소되지도 않은 데다 브래들리 시장도 해리의 유죄를 증명할 논거가 엉성하다는 걸 아마 알고 있었을 것이다. 그 때문에 시장의 행동은 현명하지 않은 성급한 처사처럼 보였다. 뿐만 아니라 지방 기자들은 정보를 얻기 위해 라디오 채널을 모니터링하다가 소방국 관계자 두 명이 이번 체포 건에 대해 이야기하는 것을 들었다. 이 소식은 곧바로 세상에 알려졌다. 『로스앤젤레스타임스』는 "그의 친구들은 허풍이 방화 용의자를 가두었다고 했다"라는 제목으로 기사를 내고 해리를 파트타임 배우이자 "심부름꾼"으로 소개했다. 해리의 마지막 알리바이에 등장한 인물이자 그가 가장 절실하게 매달린 클라크 스미스 신부는 친구를 모호하게 변호했다. 그는 『로스앤젤레스타임스』에 해리가 몽타주와 별로 닮지 않았고 특히 그는 목숨이 달린 일이라 해도 콧수염을 기르지 않는다고 말했다. 해리가 몽타주와 닮았는지는 보는 사람에 따라 다르겠지만 해리가 수염을 기를 수 있는지는 사실에 입각한 문제였다. 최근에 나는 데미트리 히오텔레스에게서 해리의 사진 몇 장을 빌려왔는데 대부분의 사진에서 그는 수염을 덥수룩하게 기르고 있었다.

스미스 신부는 해리가 그날 프렌치 쿼터에서 자신과 함께 있었기 때문에 불을 지를 수 없었다고 말하지 않았다. 그저 해리의 끝없이 뱅뱅 꼬인 자백과 부인에 화가 치밀어 오르게 만드는 난해한 논리를 하나 더 제공했을 뿐이었다. 신부는 해리를 아는 사람이라면 그가 자신의 행방에 대해 앞뒤가 안 맞는 진술을 한다는 수사관의 말을 듣고 웃었을 것이라고 했다. 그는 기자에게 "해리라는 사람에 대해 아셔야 합니다"라고 말하고는 "해리는 항상 앞뒤가 안 맞는 말을 한단 말입니다"라고 덧붙였다.

22

『인간 정보 검색Human Information Retrieval』(2010)

줄리언 워너
010.78 W282

『식품 안전을 생각하는 주부의 태도와 실천[마이크로폼]Food Safety Homemakers' Attitudes and Practices[microform]』(1977)

주디스 리 존스
NH 614.3 J77

『트레베키스탄의 죄수들: 위험에 빠진 10년Prisoner of Trebekistan: A Decade in Jeopardy!』(2006)

밥 해리스
809.2954 J54Ha

『몰티즈를 처음 기르는 사람을 위한 가이드A New Owner's Guide to Maltese』(1997)

비키 애보트
636.765 M261Ab

감각차단탱크sensory deprivation tank(미국의 심리학자 존 릴리가 고안한 장치로, 체온과 비슷한 소금물을 채우고 빛과 소리를 차단해 감각을 박탈하는 수조—옮긴이)에 반대하는 사람들은 도서관의 인포나우 부서에서 월요일 아침을 보내봐야 한다. 이곳에서는 전화기들이 뚜우뚜우 거슬리는 전자 기기의 신호음을 내며 하루 종일 울리는 데다 5명의 참고 정보 사서들이 서로 동떨어진 주제 사이를 훅훅 오가며 답변을 하기 때문에 그 사이에 앉아 소리만 들어도 뇌가 후들거릴 지경이다.

인포나우의 관리자 롤런도 파스퀴넬리는 "월요일 아침은 바쁘답니다"라고 설명했다. "미안합니다만, 잠깐만 기다리세요." 그가 전화기의 버튼을 누르고 말했다. "안녕하세요, 인포나우입니다. 무엇을 도와드릴까요?"

"저는 다섯 살 때부터 사서가 되고 싶었어요." 사서 티나 프린센털이 말했다. "잠깐만 기다리세요. 인포나우입니다, 무엇을 도와드릴까요? 네, 네…… '카바나보이가 뭐냐?'고 물으셨나요?"

"전화를 걸었던 사람이 또 거는 경우가 많아요." 프린센털 옆에 앉아 있던 데이비드 브레너가 알려주었다. "주기적으로 전화를 걸어 신화와 공상과학소설, 제1차 세계대전 같은 것에 관해 물어보는 나이든 신사분도 계시죠. 그분은 몇몇 여배우와 연예인에 대해서도 항상 물어보세요. 그 사람들이 어떻게 지내는지 아냐고 하면서요. 실제로 줄리엣 루이스와 푸시 라이엇의 여성 멤버들에 관해 물어보세요."

브레너 옆에 있던 사서 해리 놀스는 "아, 「차이나 비치」에 나온 여배우 데이나 딜레이니의 최근 근황을 알려고 몇 달에 한 번씩 전화를 거는 남자도 있어요"라고 거들었다.

프린센털이 전화를 끊더니 종이에 무언가를 썼다. "저는 사람들이 전화를 거는 용건에 가끔씩 놀라요." 그녀가 연필로 책상을 톡톡 두드리며 말했다. "한번은 어떤 고객이 유통기한이 없는 콩 통조림을 먹어도 괜찮은지 물어보려고 전화를 했지 뭐예요. 그러니까 제 말은, 제가 상품의 유통기한을 확인할 때 이용하는 스틸 테이스티라는 웹사이트가 있긴 하지만 그분이 콩 통조림을 먹는 건 제 책임이 아니라는 뜻이에요."

나는 사서 모두가 아는 게 많아 보인다고 말했다.

그러자 브레너가 "저는 「제퍼디!」에 출연 신청을 했어요"라고 말했다.

"저는 예선을 통과했죠." 놀스였다.

"아까 그 질문은 제가 일을 시작한 첫 주에 받았던 거예요!" 프린 센털이 여전히 콩에 관해 생각하고 있다가 말을 이었다. "저는 콩의 평균 유통기한을 말해주긴 했지만 그분이 그걸 먹지 않길 바랐죠."

"네, 오늘 모든 분관이 문을 엽니다." 브레너가 전화기에 대고 말했다.

"안녕하세요, 네, 대출증은 3년마다 만료됩니다." 놀스가 돌돌 말린 전화선을 가지고 장난을 치다가 도로 톡 풀어놓으면서 대답했다.

"지난주에는 한 여성분이 전화를 해서 베이비샤워에 줄 축하 카드를 어떻게 써야 하는지 물었어요." 프린센털이 말했다. "제 말은, 그건 딱히 찾아볼 만한 문제가 아니잖아요. 저는 그냥 '행운을 빌어'는 어떨까요? 아니면 '축하해'는요?라고만 대답했어요. 당장 머리에 떠오르는 대로 말했죠. 자료를 찾아보진 않고요. 그분은 그 대답에 만족하는 듯했어요." 그런 뒤 그녀는 이런 말을 덧붙였다. "세상에는 외로운 사람이 참 많아요."

"우리는 가능하면 부서 내에서 문의를 처리해요." 파스퀴넬리가 말했다. 그는 중앙도서관에서 35년 동안 사서로 일해왔다. 그의 책상에는 서류와 책, 파일과 소책자들이 중간 규모의 산맥을 이루고 있었다. "하지만 필요할 때는 다른 부서에 의뢰해요. 누군가가 전화해서 '메릴린 먼로가 언제 죽었는지 알고 싶어요'라고 물으면 우리 부서 내에서 처리할 수 있죠. 하지만 사인이 자살인지 물어보면 문학부로 문의를 전달해요."

그때 프린센털이 전화를 끊더니 고개를 절레절레 흔들었다. "왜 여기로 전화해서 '메뚜기와 귀뚜라미 중 누가 더 나빠요?'라고 물어보는 걸까요?" 그녀는 특별히 누구에게랄 것 없이 혼잣말을 하고는 숨을 깊게 들이마시더니 다시 천천히 내쉬었다.

잠시 동안 전화벨 소리가 멈췄다. 공기가 가늘게 떨렸다. 그리고 전화기들이 다시 울렸다.

"인포나우입니다…… 물론이죠…… 네, 그러니까 그게 영국 책이 죠?" 프린센털이 물었다. "아, 아이스하키팀 킹스 말씀이군요. 영국 왕이 아니라." 그녀는 컴퓨터에 뭔가를 입력했다. "네, 스포츠부에 책 몇 권이 있어요. 예술과 레크리에이션 구역에요."

"어떤 사람들은 단축 다이얼로 전화를 거는 게 분명해요." 브레너가 전화를 끊으며 하소연했다. "이 여성분은, 우리가 '퍼'라고 부르는 사람인데, 철자와 문법을 도와달라고 노상 전화를 해요. 자기가 시인이래요. 어떤 때에는 편집에 대해 물어보느라 한 시간에 스물다섯 번이나 전화를 하죠."

"모든 사람이 인터넷에 접속할 수 있거나 사용법을 아는 것은 아니에요." 놀스가 말했다. "네, 인포나우입니다." 잠시 침묵. "제목을 다시 말해주시겠어요? 생활을 바꾸는 청소의 마법이요? 아, 정리정돈의 마법이요. 확인해볼게요. 잠깐만요."

"다운로드를 하는데 에러 메시지가 떴다고요?" 파스퀴넬리가 전화기에 대고 물었다. "잠깐만 기다리세요."

"부고장에 관한 질문도 많이 들어와요." 놀스가 말했다. "에티켓에 대한 질문도 많고요. 그리고 부고장 에티켓에 대한 질문도 많죠. 안녕하세요, 인포나우입니다. 무엇을 도와드릴까요…… 아, 예. 물론이죠. 철자를 말씀해주시겠어요? C-e-l-e-s-t-e, 성이 N이랑 G예요? 그냥 N-g요? 알겠어요, 잠시만요."

"딜런이 작가의 이름이라고 하셨나요, 성이라고 하셨나요?" 브레너가 컴퓨터 화면을 보며 물었다. "네, 좋아요, 잠깐만요. 알아볼게요."

"친구들은 제가 사서니까 만물박사라고 생각해요." 프린센털이 말했다. "함께 올림픽 중계를 보고 있다가 갑자기 '티나, 올림픽에서 스노보드는 점수를 어떻게 매기는 거야?'라고 물어보죠. 아니면 난데없이 '티나, 앵무새들은 수명이 얼마야?'라고 물어보기도 하고요."

"책 이름이 몰티즈를 처음 기르는 사람을 위한 가이드인가요?" 놀스가 컴퓨터 화면으로 몸을 기울이며 물었다. 그러고는 전화를 건 사람의 이야기를 잠시 동안 들었다. "그러니까 고객님이 몰티즈를 처음 키우게 되어 안내서를 찾고 계시다는 말이죠?" 잠시 침묵. 그는 전화기를 턱 밑에 끼우고 단어 몇 개를 타이핑하더니 화면에 떠오른 결과를 보고 미소를 지었다. "좋아요, 운이 좋으시네요." 그가 상대에게 말했다. "도서관에 둘 다 있어요."

23

『노동조합화: 사서의 관점Unionization: The Viewpoint of Librarians』(1975)

시어도어 루이스 가이턴
331.881102 G992

『주차 1956: 노외주차장, 로스앤젤레스 도심Parking 1956: Inventory of Off Street Parking, Downtown Los Angeles』(1956)

388.3794 P2475-9

『리하르트 노이트라: 디온 노이트라의 에세이 '리하르트 노이트라와 보낸 시절의 추억'과 함께Richard Neutra: Mit Einem Essay von Dion Neutra, Erinnerungen an meine Zeit mit Richard Neutra』(1992)

만프레트 자크
G 720.934 N497Sa

『캘리포니아의 가장 치명적인 지진들: 역사California's Deadliest Earthquakes: A History』(2017)

에이브러햄 호프먼
551.2209794 H699

굿휴 빌딩을 개조할지, 새로운 건물로 교체할지를 둘러싼 줄다리기는 거의 15년 동안 이어졌다. 이 줄다리기에는 실패한 채권 발행, 타당성 조사 보고서, 대책위원회, 중앙도서관을 없애고 분관들만 남기자는 제안을 포함한 다수의 제안서, 연구 모임, 탄원, 공청회, 그리고 추가적인 공청회가 포함되었다. 계획안을 제시하라며 시가 고용한 논란의 건축가 찰스 루크먼의 지도 아래 여러 해가 흘러갔다. 그는 새로운 건물을 세우자고 권한 뒤 자신을 건축가로 추천했다. 재개발 논쟁과 나란히 진행되던 가장 첨예한 다툼 하나는 도서관의 주차 문제였다. 도서관 근처에는 주차 공간이 몇 개밖에 없었기 때문이다. 직원 대부분은 몇 구역 떨어진 곳에 주차한 뒤 굉장히 위험하다고 알려진 동네들을 걸어왔다. 사서들은 편의 제고를 요구하기 시작했다. 이들이 내놓은 제안은 도서관의 서쪽 잔디와 정원을 포장해 직원 주차장으로 만들자는 것이었다.

로스앤젤레스의 사서들—그리고 전국의 사서 대부분—은 조직화가 잘되어 있고 의견 표명을 분명히 하며 자부심 강한 사람들이었다. 이들은 1967년에 사서조합이라는 노조를 결성했고, 1968년에 미국 주, 군, 시 공무원 연합에 가입했다. 내가 만난 사서들 중 많은 사람이 정치활동이나 사회복지 활동을 한 이력이 있었고 활동가 성향이었다. 평화봉사단에 참여하려다 결국 도서관 학교에 들어간 사람도 몇 명 만났다. 어떤 사서는 삼림감시원이 될 생각이었는데 책에 마음이 끌렸다고 했다. 또 어떤 사서는 노조 소식지에 글을 쓰면서 자신을 "사서-사제"로, 고용 계약서를 "사서의 선서"로 지칭했다.

중앙도서관의 사서들은 서로를 동료 이상으로 여겼다. 가족 같은 직장이라는 개념이 좀 진부해 보일 수 있지만 도서관은 정말 그런 직장처럼 느껴졌다. 친밀감과 애정, 소문과 갈등, 오랜 근속 기간, 모든 면에서 그랬다. 직원들은 낮이고 밤이고 이용객들을 상대하면서 서고에서 일하는 게 어떤 것인지 행정부(일반적으로)와 도서관 위원회(거의 항상)는 이해하지 못한다고 말했다. 현장에서 책들을 선반에 꽂고 이용객을 상대해본 적이 없는 시 사서는 특히 무시당하는 경향이 있었다. 존 서보가 시 사서로 채용되었을 때 그가 대출 데스크부터 시작해 도서관의 각종 직무를 거친 사람이란 사실을 안 많은 사서가 반색을 했다. 그리고 도서관이 어떤 곳인지 체감하지 못하는 단순 관리자와 구별되는 "진짜 도서관인"이라며 좋아했다.

직원들은 사서조합에 의견을 전달했고, 조합은 그 의견을 적극적으로 표출했다. 해고 조치에 대해서는 "불복"하고 병가파업과 동맹파업, 시위를 준비했다. 한번은 예산 삭감에 대한 조합의 의견을 확실하게 보여주기 위해 도서관 위원회 회의장에 살아 있는 칠면조를 푼 적도 있었다. 1969년 2월에는 주차 문제가 뜨겁게 대두되었다. 사서들은 정원을 포장해 주차장을 만들자며 병가파업을 벌였다. 그러나 정원은 굿휴의 설계에서 빼놓을 수 없는 부분이었고 바턴 펠프스의 건축 역사학자 단체는 정원을 보존하는 데 전력을 기울였다. 직원들의 불만은 거세졌다. 도서관 경영진이 결정을 못 하고 우왕좌왕하며 교착상태에 빠지는 동안 주차장은 설치 쪽으로 기울기 시작했다.

그즈음 캘리포니아의 유명 건축가 리하르트 노이트라의 사업 파트너 건축가 로버트 알렉산더는 정원을 훼손하려는 시도에 항의하기로 했다. 그는 서기들의 샘 근처에 놓인 바위에 쇠사슬로 몸을 묶고 포장 계획을 철회할 때까지 자리에서 꼼짝하지 않겠노라고 선언했다. 바턴 펠프스와 마거릿 바크의 단체는 정원을 보존하기 위한 발의를 냈지만 기각되었다. 팀은 마지막으로 근처의 땅에 주차장을 확장하자는 대안을 제시했다. 바턴 펠프스에 따르면 도서관 위원회는 이 제안에 아무 대답도 하지 않았다고 한다. 그리하여 사서들이 이겼고 새 주차장 조성은 승인되었다. 로버트 알렉산더는 바위의 쇠사슬에서 몸을 풀었다. 몇 주 내로 서쪽 잔디밭과 정원에 시설물과 조각들, 분수, 식물이 철거되고 아스팔트가 깔렸다. 그 뒤 정원의 많은 조각품이 어떻게 되었는지는 아무도 모른다. 가장 중요한 서기들의 샘—역사상 위대한 작가들을 기리는 굿휴의 기념비—은 지금도 행방이 묘연하다. 정원에 있던 중요한 조각품 몇 점이 수년 동안 개인의 집에서 발견되었고, 도서관의 눅눅한 지하 구석에 처박아둔 조각품도 있다. 그 외의 많은 조각품은 행방불명 상태다.

정원을 포장한 지 얼마 지나지 않아 시 사서 해밀이 사직하고 학계로 돌아가겠다는 뜻을 밝혔다. 전국적으로 시 사서를 찾는 작업이 시작되었고 와이먼 존스가 채용되었다. 골칫거리가 가득하고 수습에 대한 합의조차 없는 이 건물을 존스는 그대로 물려받았다. 그러나 그는 시 사서로서 계획하는 사람이라기보다 건축가로 알려져 있었다. 굿휴 빌딩을 불도저로 밀고 싶은 마음은 해밀보다 더 강한 사람이었다. 하지만 시 예술위원회가 도서관과 그 구내를 예술작품으로 지정한다고 발표하면서 그의 계획은 뜻밖의 벽에 부딪혔다. 그 뒤 오래지 않아 도서관은 국가사적지로 지정되었다.

1971년 겨울, 리히터 규모 6.7의 실마 지진이 로스앤젤레스 분지를 뒤흔들었다. 이 지진으로 64명이 목숨을 잃고 고속도로 다리부터 로어 밴 노먼 댐, 실마의 재향군인병원에 이르기까지 그 일대가 전부 붕괴되었다. 도서관 아래에도 여진이 찾아와 건물을 세차게 흔들면서 10만 권 이상의 책이 선반에서 튕겨져 나갔다. 책들을 다시 꽂는 것만도 엄청난 작업이어서 시는 자원봉사자들의 도움을 호소했다. 시장은 로널드 레이건 주지사에게 긴급 자금을 요청했고 리처드 닉슨 대통령에게는 중앙도서관의 복구와 심각한 피해로 문을 닫은 분관 두 곳의 보수 작업을 도와달라고 청했다. 같은 해에 로스앤젤레스 도서관은 개관 100주년을 맞았다.

24

『인터넷 하는 할머니Babushka v seti[Grandma on the Internet]』(2012)

나탈리아 슐리에바
Ru 510.78 S562

『제시카 알바의 어니스트 라이프The Honest Life: Living Naturally and True to You』
(2013)

제시카 알바
613 A32

『노숙인들의 일상적 활동 패턴 보고서Daily Activity Patterns of the Homeless: A
Review』(1988)

셰인 라이히
362.509794 R347

『쑹메이링: 중국의 영원한 퍼스트레이디Madame Chiang Kai-shek: China's Eternal
First Lady』(2006)

로라 타이슨 리
92 C5325Li

1871년 로스앤젤레스 공공도서관의 한 방문객은 도서관이 미래에
여행 가방 크기로 압축되는 내용의 글을 발표했다. 도서관이 물리적
으로, 항상 구체적인 형체로서 존재한다는 점을 감안하면—어마어
마한 양의 종이와 제본, 거대하고 육중한 부피의 책들—당시의 그런
상상은 분명 화성 착륙만큼이나 터무니없어 보였을 것이다. 그런데
컴퓨터와 인터넷의 발명으로 이 상상은 정확하게 실현되었다. 도서
관에는 온라인에 올라가지 않은 자료도 많지만 소장 자료의 대부분

을 호주머니에 들어갈 만한 크기로 줄여 작은 상자에 담는다는 생각은 얼마 전부터 현실이 되었다. 인터넷 시대가 다가오는 것을 체감한 도서관들은 관내에 공용 컴퓨터들을 설치하고 무료 와이파이를 제공했다. 현재 중앙도서관을 비롯하여 전국의 많은 도서관에는 누구라도 도서 대출과 똑같은 방식으로 랩톱이나 태블릿 컴퓨터를 빌릴 수 있는 단말기가 설치되어 있다.

중앙도서관의 컴퓨터센터는 실용적인 워크스테이션과 55대의 데스크톱 컴퓨터가 줄지어 놓여 있는 크고 길쭉한 방이다. 단조롭고 평범한 모습이며, 거의 모든 컴퓨터가 항상 사용 중이다. 외관만 보면 텔레마케팅을 하는 콜센터라고 착각할 수도 있다. 매일 오전 10시가 되기 전부터 도서관에 들어가려고 기다리는 사람 중에는, 문이 열리면 서로 밀치며 후다닥 로비를 지나 에스컬레이터를 타고 컴퓨터센터로 내려가는 이가 많다. 55대의 컴퓨터석이 꽉 차면 바로 대기 명단이 작성되고 투덜거리는 소리가 한가득 들려온다. 하지만 대부분의 이용객은 툴툴거리기만 하지 않고 당번 사서에게 최소한 "안녕하세요"라며 인사를 중얼거린다. 별로 말을 하지 않거나 아침 인사 같은 체면치레를 하기엔 상처가 많아 보이는 사람도 마찬가지다. 얼마 전 컴퓨터센터를 찾았을 때 근무 중이던 사서 바이올라 카스트로는 이용객들에 대해 이렇게 말했다. "그 사람들은 아주 착하게 보이려고 애써요." 어깨가 딱 벌어진 차분한 흑인 여성인 카스트로는 말쑥한 옷차림을 하고 있어 은행에서 일하는 사람처럼 보였다. 함께 근무하는 또 다른 사서 옐 질레트는 솔직하고 쾌활해 보이는 인상이며, 얼굴 여기저기에 달아놓은 피어싱들이 말을 할 때마다 조금씩 꼼지락거렸다.

카스트로는 도서관에서 17년 동안 일해왔다고 했다. "변호사 보조원이 되려고 준비를 다 해놨는데, 결국 여기로 오게 됐네요." 그녀가 한숨 섞인 웃음을 내뱉으며 말했다.

"여기에서 일하는 게 좋아요." 질레트가 말했다. "그 전에는 글렌데일에서 노숙인 쉼터를 운영했어요. 도서관은 분명 쉼터보다는 차분한 곳이에요." 그녀는 싱긋 웃더니 덧붙였다. "아내랑 아이가 셋이나 되니 극적인 사건들은 집에서 겪는 걸로도 충분하죠."

그날 아침 컴퓨터센터에는 학생으로 보이는 몇 명과 산뜻한 차림의 중년 남성 한 명이 있었다. 하지만 대부분의 이용객은 노숙인이거나 힘든 생활을 하는 사람들 같았다. "착한 사람들이에요." 질레트가 말했다. "하지만 지금이 특히 좋을 때예요. 사회보장연금이 나오기 전 며칠, 돈이 바닥났을 땐 좀 힘들어져요. 그래도 이용객들이 거칠어지면……" 그녀는 입구 근처에서 다리를 쩍 벌리고 경찰관 자세를 하고 있는 경비를 가리켰다. 그는 벨트를 치켜올리더니 질레트가 자신을 가리키는 걸 보고 미소를 지었다. "지금 우리에게는 풀타임으로 일하는 경비가 있어요." 그녀가 말을 이었다. "우리는 그저 규칙을 지키려고 노력합니다. 극단적으로 가지 않고요. 하지만 어떤 규칙들은 사람들이 정말로 싫어하죠."

어떤 규칙이 인기 없는지 물었더니 "가령 여기에서 춤을 추거나 노래를 불러선 안 된다는 규칙 같은 거요. 유감스럽게도 많은 이용객이 노래 부르는 걸 좋아한답니다"라는 대답이 돌아왔다.

나직한 소리가 웅웅거리는 이 컴퓨터센터는 어두침침하고, 시큼한 냄새, 체취, 썩어가는 옷에 밴 먼지 냄새로 후끈하다. 하지만 몰두하고 있는 기분 좋은 느낌, 55명의 사람이 도서관을 떠나 각자 항해하는 세계로 들어가면서 현실을 어느 정도 벗어난 느낌도 감돈다. 나는 방을 한 바퀴 돌며 각 컴퓨터의 화면을 훑어봤다. 카드놀이, 셀린 디옹의 핫한 기사가 실린 웹사이트, 「고인돌 가족」, 야구 게임, 구직 사이트, 페이스북, 온라인 체스 게임. 한 사람이 내게 인사를 하더니 이력서를 쓰고 있다고 말했다. 바이올라 카스트로는 어떤 사람들은 포르노를 보는데, 금지된 아동 포르노물이 아니면 그냥 놔둔다고 말했다. 이 말을 듣자 최근에 알게 된 1980년의 한 사서 세미나가 떠올랐다. "중앙도서관에서의 성"이라는 제목의 그 세미나에서는 성 관련 자료들에 대한 도서관의 정책을 검토했다. 이 자료들에는 누드 댄스, 스트립쇼, 미인대회("스포츠" 카테고리로 정리됨), 키스대회 등의 주제를 다룬 책과 잡지가 포함되어 있었다. 그때는 훗날 사람들이 도서관에 앉아 상상할 수 있는 혹은 상상조차 못 한 많은 섹스를 접할 수 있으리라곤 예상하지 못했다.

그렇게 컴퓨터센터를 돌아다니고 있는데 구석 자리의 한 남성이 별안간 "맙소사!" 하고 고함을 질렀다. 그러자 컴퓨터 앞에 앉아 있던 나머지 사람들이 걱정스럽게 고개를 돌렸다. 나도 그쪽을 바라봤다. 하지만 카스트로가 손사래를 치며 말했다. "별일 아니에요, 괜찮아요, 괜찮아. 저분은 만날 그래요." 다들 진정되자 우리는 잡담을 나눴다. 그녀는 자기 아이들이 세 살이 되자마자 대출증을 만들어주었다고 했다. 그때 아디다스 땀복을 입은 초조한 표정의 젊은 남성이 데스크로 다가와서 인쇄가 잘 안 된다고 말했다. 카스트로는 그와 함께 기계로 갔다. 그리고 프린터를 두 번 쾅쾅 두드리고 몇 가지를 건드렸더니 다시 작동되었다. 카스트로가 데스크로 되돌아와 속삭였다. "저분 좀 당황했어요. 제시카 알바의 알몸 사진을 인쇄하고 있었는데 종이가 걸렸지 뭐예요."

그 사이에 경비가 천천히 걸어와 말했다. "그쯤은 아무것도 아니에요. 진짜 극적인 사건을 보고 싶나요? 그러면 할리우드 분관으로 오세요. 요전 날 한 부인이 도우미 늑대를 데려왔더라고요."

질레트와 내가 동시에 물었다. "늑대라고요?" 경비가 어깨를 으쓱하며 대답했다. "음, 어쩌면 개였는지도 몰라요. 그런데 늑대만큼 컸어요, 진짜예요."

나는 엘리베이터를 타고 내려가면서 기분이 좋아졌다. 나는 이 엘리베이터를 좋아했다. 엘리베이터 벽지가 예전의 카드식 도서 무늬였기 때문이다. 얼룩이 지고 모서리가 접힌 2x5인치짜리 직사각형 카드 말이다. 타자기의 키를 힘주어 누르지 않고 타이핑을 해서 글자가 검은색에서 회색으로 옅어졌다가 다시 검은색으로 돌아가 있는 카드들. 엘리베이터를 디자인한 데이비드 번은 여기에 쓸 카드들을 선택하며 분명 즐거워했을 거다. 나는 『개에 관한 모든 것』 『고양이에 관한 모든 것』 『세련된 뜨개질의 모든 것』 『마차 경주의 모든 것』 『성애 예술의 모든 것』에 몸을 기댔다.

나는 도서관의 보안 책임자 데이비드 아기레를 만나러 갔다. 가슴이 케틀드럼 같고 웃을 때면 눈가에 주름이 잔뜩 잡히는 아기레 대장은 내게 진심 어린 악수를 건넸다. 그는 예전에 로스앤젤레스 동물원의 보안 책임자로 일했으나 2006년에 도서관으로 왔다고 했다. 현재 자신에게 보고하는 46명의 경비를 두고 있는데 그중 26명은 중앙도서관에, 나머지는 분관에 배정되어 있다. "도서관의 보안 문제는 이거예요." 함께 건물 안을 걸으며 아기레 대장이 말했다. "도서관 이용자는 80퍼센트가 남자인데 사서들은 80퍼센트가 여자죠. 이 점을 염두에 두어야 한답니다."

아기레 대장에 따르면, 중앙도서관에서는 매주 약 100건의 사건이 보고되고, 그중에는 그가 소위 "재산 분쟁"이라고 부르는 사건이 많은 부분을 차지한다. 재산 분쟁의 중심지는 계보학부다. 사람들이 고모할머니 샐리를 추적하는 데 정신이 팔려서 자기 소지품에 주의를 기울이지 않기 때문이다. 또 다른 분쟁 다발 지역은 컴퓨터센터다. 아기레에 따르면 이곳에서는 "시간 분쟁"이 자주 일어난다. 누군가 한 컴퓨터당 2시간이라는 제한 시간이 지났는데도 엉덩이를 떼지 않아서 다른 사람에게 피해를 줄 때 일어나는 분쟁이다. 종교부에서는 지나치게 큰 소리로 기도하는 사람들에 대한 불평이 많이 접수된다. 아기레는 한 시간에 한 번씩 건물을 순찰하면서 화장실과 자전거 거치대, 정원에 특히 더 신경을 쓴다. 보통은 사소한 문제를 접하지만 때로는 깜짝 놀랄 만한 일을 발견하기도 한다. 몇 년 전 제퍼슨 분관의 한 경비원은 지붕에 누군가 살고 있다는 걸 알았고, 웨스트우드 분관의 지붕에서는 메릴린 먼로에게 바치는 정교한 사당이 발견되기도 했다. 아기레가 중앙도서관을 순찰하면서 시체를 발견한 건 지난 6년 동안 세 차례였다. 사인은 대개 심장마비나 뇌졸중이었다. "5년 전에 어떤 남자분이 종교&철학부에 잠깐 머물다가 사망한 일이 있었어요." 아기레가 말했다. "행색으로 봐선 한 푼도 없어 보였는데 몸을 수색해보니 주머니 속에 현금 2만 달러가 들어 있었죠."

경비들 중 한 명은 도서관에서 자신의 직무는 경비라기보다 심리학자나 신부에 더 가까운 것 같다고 말했다. 도서관 경비들은 로스앤젤레스의 경찰관들이며, 도서관은 경찰국의 서비스를 이용하는 대가로 매년 500만 달러가 넘는 돈을 지불한다. 도서관 경비들의 능률성은 사람들에게 신랄한 비판을 받았다. NBC의 한 계열사는 도서관에서 석 달 동안 잠복 취재를 한 뒤 "경찰관 대부분이 근무 중에 순찰을 도는 대신 휴대전화로 문자를 보내거나 잡담을 나누기 일쑤였고" 그 결과 중앙도서관을 포함하여 다른 도서관 두 곳에 "섹스와 약물 복용이 만연하다"고 주장했다. 이 폭로성 뉴스는 시리즈로 방송되었다. 세상을 떠들썩하게 한 이 소식에는 오류가 있었다. 언급된 사건 대부분이 도서관 밖, 시 경찰이 관할하는 구역에서 일어났기 때문이다. 텔레비전 뉴스가 올바로 짚은 한 가지는 노숙인이나 정신장애를 가진 사람들이 모이면 발생하는 복잡한 문제들을 도서관이 성실히 관리해야 한다는 사실이었다. 도서관에서 함께 이야기를 나눈 일부 사서는 기자들이 존 서보를 맹공격하려 애쓴다고 느꼈다고 말했다. 하지만 서보는 그 보도에 당황하지 않았다. 내가 그에 관해 묻자 그는 "공공도서관이 가장 아름다운 이유는 누구에게나 열려 있고 무료이기 때문입니다"라는 이메일을 보냈다. "그런 약속을 했기 때문에 도서관들은 매일 상당히 힘든 과제에 직면합니다. 물론 도서관만 겪는 일은 아닙니다. 지역사회 전체에 걸친 중요하고 복잡한 문제들이니까요. 그리고 우리는 노숙인들에게 도움이 되고 건강 불균형 문제를 다루는 프로그램들을 실시해 변화를 이끌어내고 있습니다."

날마다 많은 노숙인이 도서관을 찾아오고, 많은 사람이 정원과 건물 옆에서 시간을 보낸다. 우려할 만한 행위는 전혀 하지 않는데도 불안정해 보이는 사람들도 있다. 그들에게선 격앙되고 불안한 분위기가 느껴진다. 예전에 정원에서―건물이 아니라―담배를 피우고 약을 하는 사람들을 봤는데, 어린아이를 데리고 있었다면 가까이에 있기가 불편했을 것이다. 나는 도시 곳곳에서, 공원에서, 보도에서, 버스 정류장에서 술을 마시고 공공연하게 약을 하는 사람들을 봤다. 사회가 안고 있는 모든 문제를 도서관도 안고 있나. 사회와 도서관의 경계는 느슨하기 때문이다. 사회에서 좋은 것은 도서관에도 들어온다. 나쁜 것도 마찬가지다. 사회 문제가 도서관에서 확장되는 경우도 종종 있다. 노숙인과 약물 복용, 정신질환 문제는 로스앤젤레스의 어떤 공공장소에서도 볼 수 있다. 한 가지 차이점은, 거리에서 정신질환자를 보면 길 건너편으로 피할 수 있다는 것이다. 도서관에서는 더 좁고 친밀한 환경을 공유한다. 함께 앉는 책상, 함께 나눠 보는 책들, 함께 쓰는 화장실, 도서관의 이런 공용성은 도서관의 본질을 이룬다.

모든 사람에게 도서관을 개방한다는 건 굉장히 힘든 문제다. 많은 사람은 도서관에서 지저분하고 불안정한 사람과 좁은 구역에 같이 있어야 할 수도 있고 따라서 불편을 느낄 수 있다. 하지만 도서관이 모든 사람에게 개방되지 않는다면 우리가 기대하는 기관의 역할은 할 수 없다. 몇 년 전엔 도서관의 미래를 다룬 국제회의에 참석한 적이 있는데, 모든 참석자―독일, 짐바브웨, 타이완, 콜롬비아, 그리고 세계 곳곳에서 온 사서들―가 노숙인과 관련된 도서관 문제에 대해 굉장히 분통 터지고 까다로우며 승산 없다고 생각했다. 일반인들은 도서관에 왔다 갔다 할 수 있지만 사서들은 하루 종일 도서관 안에 있어야 한다. 그리고 까다롭고 폭력적인 사람들을 거의 매일 상대해야 한다. 이 문제는 도서관이 감당할 수 있는 범위를 넘어선다. 사회가 풀어야 하는 문제인 것이다. 도서관이 할 수 있는 일은 최선을 다해 관리하는 것뿐이다. NBC의 취재와 관련하여 레딧이라는 웹사이트에서는 토론이 벌어졌는데, 도서관이 도시에서 제일 곤경에 처한 사람들을 끌어들이는 장소가 된 것에 대해 아무도 탓하지 않았다. 의견을 낸 사람 대다수는 오히려 경찰의 강력한 대응과 무관심을 탓했다. 어떤 사람은 NBC 보도를 언급하면서 "이런 '폭로성' 보도는 노숙인이 문제라는 관점을 부각시킵니다. 도서관이 이와 관련해 어떻게 해야 하는지는 잘 모르겠습니다"라고 말했다. 또 다른 토론자는 "모두에게 알려드릴 소식이 있습니다. 이런 일이 도서관에서만 일어나는 건 아닙니다. 로스앤젤레스에 오신 것을 환영합니다"라고 했다.

아기레는 건물을 돌아다니며 지나치는 모든 사람에게 힘차게 인사를 건넸다. 뭔지 모를 시커먼 물건을 덜컹거리는 카트에 잔뜩 싣고 느릿느릿 걸어가고 있는 남자들에게도 마찬가지였다. "저는 사람들과 일하는 걸 좋아해요." 벤치에서 자고 있는 남자 앞을 지나갈 때 아기레가 말했다. 그리고 남자를 가볍게 두드리자 그가 일어나 앉았다. 아기레는 "이봐요, 주무시면 안 돼요"라고 주의를 준 뒤 다시 나를 쳐다봤다. "그게 누구인지는 상관없어요. 시장이든, 잠깐 머물다 가는 사람이든요. 누구에게라도 2분이면 공감할 수 있어요, 그렇지 않나요?" 도서관에서 일하는 건 전반적으로 평화롭지만, 몇 년 전에는 어떤 흥분한 남자가 주사기로 경찰관을 찌르는 사건도 일어났다. 남자는 HIV/AIDS 감염자였기 때문에 살인 미수로 기소되었다. 피해 경찰관은 병에 걸리지는 않았지만 여러 해 동안 검사를 받아야 했다.

아기레가 업무 중에 싫어하는 일 하나는 사람들에게 냄새가 난다고 말해야 할 때다. 도서관에는 그 말을 해야 하는 때를 판단하는 규칙이 있다. 아기레는 아무리 딱한 처지의 사람에게라도 그 말이 얼마나 모욕적으로 들릴지 알고 있다고 했다. "안타까운 일이에요. 하지만 가끔씩 그 말을 해야 하죠." 아기레가 얼굴을 찡그리며 말했다. "다른 이용객들의 편의를 위해서요." 우리는 에스컬레이터를 타고 역사부로 내려가서 걸었다. 글렌 크리슨이 데스크에 앉아 있다가 우리를 보고 고개를 끄덕였다. 계보학 코너에 있던 한 여성이 크래커를 먹고 있어서 아기레가 다가가 말했다. "여기에서 음식을 드시면 안 됩니다, 부인."

"어머, 아니에요." 여성이 말했다. "그냥 간식이에요."

"간식도 안 됩니다."

여성은 깜짝 놀라서 말했다. "간식은 먹어도 되는 줄 알았어요!"

우리는 늘어선 서가를 따라 역사부를 순찰하면서 몰래 부적절한 짓을 하는 사람이 없는지 확인하고 몇몇 사람에게 소지품을 주의하라고 일러주었다. 크게 눈길을 끄는 일은 없었다. 그런데 우리가 문 쪽을 향해 갈 때 호리호리하고 까무잡잡한 남자가 잔뜩 흥분한 상태로 아기레를 붙잡더니 남자 화장실에서 누군가가 자고 있다고 말했다.

"네, 감사합니다. 우리가 알아볼게요." 아기레가 대답했다.

남자가 몸을 떨기 시작했다. "사실은 남자 두 명이 있어요. 동성애자예요!" 그의 목소리가 높아졌다. "제가 증인을 설게요. 백인 문화와 히스패닉 문화! 백인 남자와 멕시코인이었어요!" 아기레가 열람실 안을 훑어봤다. 다른 이용객들이 소란스런 소리에 동요하고 있었다. "로비로 나가서 얘기합시다." 아기레는 그르릉거리는 소리로 말했다. 남자는 아기레를 따라 나왔지만 우리가 발을 멈추자마자 고함을 지르기 시작했다. 아기레가 무전기를 꺼내 선임 보안 담당 스탠 몰든을 불렀다. "스탠." 그가 무전기에 대고 말했다. "누굴 데리고 나가야 하니 역사부로 오게." 그런 뒤 아기레는 남자를 향해 돌아서서 인종 전쟁과 동성애 얘기에서 화제를 돌리려고 애를 썼다. 몰든이 에스컬레이터 위에 모습을 드러냈다. 아기레는 눈짓으로 지휘하면서 남자가 눈치 채지 못하게 에스컬레이터 쪽으로 그를 돌려세웠다. 마치 발레를 하는 것 같았다. 몰든이 에스컬레이터 아래에 도착해 피루엣을 완성시켰고 남자는 몰든과 함께 에스컬레이터를 타고 올라갔다.

"별일 아니에요." 아기레가 설명했다. "자주 오는 사람이에요. 오늘은 도서관을 이용하지 못할 거고, 내일은 다시 와서 얌전하게 굴 거예요. 특히 비가 오면요. 사람들은 비가 올 때 밖으로 외출해야 한다면 이곳에 있고 싶어하거든요."

아래층 순찰을 끝낸 우리는 1층으로 다시 올라갔다. 데스크에 있던 경비가 당일 보고서를 아기레에게 건네주었다. 보고서에는 역사부에서 남자를 내보낸 일, 책을 대출하려고 기다리던 부부가 싸운 일과 경비대 사무실 주방의 싱크대가 막힌 일 등 6개의 보안 사건이 기록되어 있었다. "4층에서 남자 한 명을 내보냈어요." 데스크에 서 있던 다른 경비가 아기레에게 보고했다. "아주 느린 걸음으로 돌아다니고 있더라고요. 뭔가 수상하다고 생각했죠."

아기레는 회의를 하기 위해 자리를 뜨고 나는 스탠 몰든과 함께 다시 순찰을 시작했다. 몰든은 키가 크고 호리호리한 사람으로, 익살맞게 에둘러서 말하는 유머감각이 있었다. 그날 일찍 나는 어떤 남자가 보안 데스크의 몰든에게 다가가 잃어버린 지갑을 5분 동안 묘사하면서 허둥대며 떠드는 모습을 봤다. 몰든은 남자가 떠드는 동안 무표정하게 쳐다보고 있다가 데스크 아래로 손을 넣어 두툼한 갈색 지갑을 탁 꺼냈다. "이건가요?" 몰든이 묻는 사이 남자가 지갑에 달려들었다. 몰든이 말했다. "어쩌다 지갑을 잃어버렸는지는 모르겠지만, 여기에는 주방 싱크대 빼곤 다 있답니다."

몰든은 텍사스 태생이지만, 비치보이스의 노래를 듣고부터 서던캘리포니아에서 살겠다고 마음먹었고 로스앤젤레스로 떠날 수 있게 되자마자 그 결심을 실행에 옮겼다. 알토 색소폰과 소프라노 색소폰 연주 솜씨로 유명했던 그는 직원 파티에서도 가끔 연주를 한다고 말했다. 하지만 그가 제일 열정을 쏟는 건 유튜브 영상을 보면서 독학한 저글링이었다. 몰든은 이 도시에 와서 처음 20년은 시청 경비로, 그 뒤 10년은 도서관에서 근무하며 총 30년을 일했다. "그 30년 내내 봤던 노숙인들이 있어요." 그가 말했다. "슬픈 일이죠. 난 그 사람들에 대해 빠삭하게 알게 됐어요." 몇 년 전에는 어느 노숙인 여성이 다른 사람에게 거리에서 잔다고 이야기하는 걸 듣고 호텔에서 며칠 지낼 돈을 주기로 마음먹은 적도 있었다. "저는 미혼이에요. 여윳돈이 좀 있죠." 그가 말했다. "믿거나 말거나지만 그 여자를 7년쯤 뒤에 다시 봤어요. 그때보다 잘 지내고 있다면서 돈을 갚고 싶다고 하더라고요." 그는 놀라서 고개를 저으며 거절했다. 우리는 예술&음악부를 돌았다. 데스크에서 한 나이든 여성이 사서에게 이야기를 하고 있었다. "우리 집 부엌에 새끼 고양이 아홉 마리가 있어요. 고양이 좋아하세요?" 사서가 몰든을 힐끗 쳐다보더니 손을 흔들었다. 그러고는 다시 여성을 보며 도서관에서는 애완동물을 기를 수 없다고 말했다. 여성은 혐오스럽다는 듯 콧방귀를 뀌었다. "왜요? 고양이가 사람들보다 훨씬 깨끗하고 깔끔한데!"

"저는 도서관에서 자랐어요." 몰든이 내게 말했다. "책 읽는 걸 좋아하죠. 올해 목표가 책 100권을 읽는 거예요. 지금 막 첫 권을 시작했어요. 장제스 부인의 전기요."

그때 우리 쪽으로 걸어오던 한 남성이 몰든에게 눈짓을 보내더니 물었다. "내 딸의 페이스북에서 누군가를 차단하는 방법을 아세요?" 몰든은 고개를 절레절레 흔들었지만 몇 가지 유익한 조언을 해주었고 우리는 예술&음악부를 떠나 경영부로 발길을 돌렸다. "여기엔 멍청한 사람이 많아요." 그가 말했다. "좋은 사람도 많고요. 그리고 상당수의 사람이 우리가 만물박사라고 생각해요."

몰든은 2년 뒤면 은퇴할 자격이 주어진다. 가족도 없고 얽매인 데도 없지만 한 가지 계획이 있다. 얼마 전 그는 스리랑카에서 온 남자와 친구가 되었고 그에게서 스리랑카에 관해 많은 것을 듣고 알게 되었다. 남자는 아내와 함께 자기 나라로 돌아갔지만 몰든과 계속 연락하면서 스리자야와르데네푸라코테에 있는 자기 집과 동네 사진을 보내왔다. 몰든은 스리랑카에 대해 조사했고 그 결과 알게 된 것들이 마음에 들었다. 은퇴하면 스리랑카로 옮겨갈 계획이다. "그곳에서는 아주 잘살 수 있어요." 그가 말했다. "물가가 굉장히 싸요. 게다가 아름답죠." 내가 지구 건너편의 딴 나라로 가는 건 엄청난 변화 같다고 말하자 몰든은 어깨를 으쓱하더니 대답했다. "하지만 사진을 봤으니까요. 책도 읽었고요."

25

『트럼프의 부동산 전략: 소액 투자자를 위한 억만장자 수업[전자 정보]Trump Strategies for Real Estate: Billionaire Lessons for the Small Investor[electronic resource]』(2011)

조지 H. 로스
E-Audiobook

『공중권과 지하 터널길 지역권 사례 연구Case Studies in Air Rights and Subsurface Tunnel Road Easements』(0000)

미국 부동산 감정인 협회American Institute of Real Estate Appraisers
333.01 A512-7

『아이 러브 유 필립 모리스I Love You Phillip Morris: A True Story of Life, Love, & Prison Breaks』(2003)

스티브 맥비커
364.92 R967Mc

1973년에 1500명이 넘는 도서관 직원이 중앙도서관의 위험한 근무 환경에 항의하는 진정서에 서명했다. 진정서가 경영진에 제출된 직후 로스앤젤레스 소방국이 도서관 건물의 화재 법규 위반 사례 26건을 언급했다. 바턴 펠프스는 내게 건물이 낡아빠졌다는 건 알고 있었지만 위반 사항 일부는 의심이 갔다고 말했다. "누군가가 비상구에 항상 수레와 상자들을 놓았어요. 그러고 나면 웬일인지 소방국에 전화가 갔죠." 그가 설명했다. "일부러 그러는 것 같았어요. 건물을 해체

해야 한다고 주장하려고요." 해체 찬성파와 보존파가 건물 수리 방식을 놓고 대치 중이었지만 어느 쪽도 뜻을 굽히지 않았고 각자 서로의 의도를 의심했다.

어느 날 아침 부동산 개발업자 로버트 매과이어가 ARCO 사무실에서 열리는 회의에 참석했다가 창가에 서서 도서관을 내려다봤다. 건물은 엉망진창이 되어가고 있었다. 그 순간 매과이어는 도서관을 손보기 위해 자신이 할 수 있는 일을 해야겠다고 결심했다. 얼마 전 그는 내게 ARCO에서 본 풍경을 이렇게 묘사했다. "5번가의 끔찍하고 커다란 벽하며 (…) 위쪽 거리로 올라가는 끔찍하게 좁은 계단하며, 정말 형편없었어요. 주정뱅이들이 너나없이 계단에 오줌을 누고 있었죠." 나는 그가 주차장에 대해서 어떻게 생각했는지 궁금했다. "오, 맙소사." 그가 끙하고 신음 소리를 내며 대답했다. "간단히 말해, 정말 끔찍한 주차장이 딸린, 흥미롭지만 추저분한 건물이었어요. 하지만 그래도 그 건물을 보호하는 게 중요하다는 생각이 들었죠."

매과이어는 로스앤젤레스에서 가장 성공한 부동산 개발업자 중 한 명이다. 그가 진행한 큰 프로젝트 다수가 시내에 있었다. 도서관이 원래 모습을 유지하는 데 중요한 역할을 했던 건축 보존론자들과 그 외 많은 사람처럼 매과이어도 로스앤젤레스가 진정한 도심처럼 느껴지는 도심을 개발하고 싶어했다. 하지만 도시 한가운데에 황폐한 도서관이 있다면 도움이 되지 않을 것이다. 그는 새 건물을 짓는 게 업인 사람이었지만 굿휴 빌딩을 사랑했기에 건물을 보존하고 새 생명을 주는 마음으로 전념했다. 또 그는 당시 로스앤젤레스의 주요 기업이자 자선활동을 펼치던 ARCO가 원래 건물의 보존에 찬성하는 입장임을 알고 있었다. ARCO의 회장 로드릭 쿡은 도서관 대신 고층 건물이 들어서서 시야를 가리길 원치 않았고 CEO인 로버트 앤더슨도 오래된 건물 애호가였다.

발목을 잡는 문제는 돈이었다. 낡은 도서관을 허물고 땅을 팔아서 그 돈으로 다른 곳에 새 건물을 짓는 쪽이 경제적으로 더 유리했다. 1980년대에 도심이 상업지역으로서 활기를 되찾기 시작하면서 도서관 부지의 값어치는 시시각각 높아졌다. 땅이 팔리면 저렴한 땅을 구입해 새 도서관을 짓는 비용이 전부 충당될 것이었다. 허름한 도서관 건물을 수리하고 확장하려면 1억5000만 달러에 가까운 비용이 드는데, 채권과 복잡한 자금 조달로 일부는 충당할 수 있겠지만 부족할 게 분명했다.

당시 동부 해안 지역 사람들은 건축 규제 허용치보다 더 높은 건물을 세우기 위해 허가를 얻을 새로운 방법을 고안하기 시작했다. 어느 도시든 건물 건축엔 고도 제한을 둔다. 모든 건물이 법적으로 허가된 높이만큼 지어지진 않지만, 각 건물은 공중 공간에 대해 허가된 건물 높이만큼의 권리를 갖고 있다. 1960년대 초 시카고의 한 개발자가 이 공중 공간 개념을 처음 제안했다. 일단 선례가 세워지자 공중 공간은 판매 가능한 상품이 되었다. 예를 들어 당신에게 굿휴 빌딩처럼 7층밖에 안 되는 건물이 있는데 건축법상 60층 높이까지 올릴 수 있다면 허가된 기준보다 더 높은 건물을 짓고 싶어하는 이웃의 건축 공사에 나머지 53층에 대한 "권리"를 팔 수 있다. 공중 공간권은 소송 문제도 극복할 수 있기 때문에 도시 개발에서 흔히 활용하는 도구가 되고 있었다. 하지만 로스앤젤레스에서는 아직 아무도 시도한 적이 없었다.

도서관의 공중 공간권 판매를 조율하는 데는 8년이 걸렸다.

1986년에 권리 이전이 승인되었고 그러자 매과이어의 표현대로 프로젝트는 "미친 듯이 진행되었다". 매과이어의 회사는 도서관의 공중 공간권을 2820만 달러에 사들였다. 그는 이 공중 공간권을 이용해 도서관 맞은편에 높다랗게 솟은 고층 건물 두 개를 지을 계획이었는데, 그중 하나는 웨스트코스트 지역에서 가장 높은 건물이 될 것이었다. 그는 또 옛 정원이 복원되길 바라며 지하에 거대한 주차장을 짓기 위해 예전 정원 자리의 땅도 구입했다. 건물을 개조하고 도서관 규모를 두 배 이상 늘릴 새 별관을 설계하기 위해 건축가 노먼 파이퍼도 채용되었다. 당시 굿휴 빌딩에는 건축 당시 계획한 소장 규모보다 5배나 많은 책이 들어차 있었다. 새 별관이 지어지면 드디어 그 책들을 수용할 공간이 생길 것이었다. 원래 건물은 닦아서 윤을 내고 굿휴의 의도대로 복구가 가능한 부분은 그렇게 하기로 했다. 옛 건물의 해체를 찬성하던 사람들도 굿휴 빌딩이 계속 남을 것이라는 사실을 모두 받아들였다.

지하와 공중 공간의 판매로 도서관의 복구와 확장에 필요한 자금 3분의 2를 모았다. 담배회사 필립 모리스가 나머지 3분의 1을 내겠다고 제안했다. 유서 깊은 건물에 투자해 건전한 세금 공제를 받으려는 의도였다. 시 위원회는 이 제안을 받아들일 뻔했지만, 재고 결과 공공도서관이 담배회사에서 자금을 조달하는 건 모양새가 좋지 않다고 판단했다. 나머지 자금은 다른 곳에서 끌어와야 했다.

26

『검찰청에서 듣는 범죄 실화True Stories of Crime from the District Attorney's Office』(1924)

아서 트레인
364.973 T768-1

『톰 브래들리의 불가능한 꿈: 교육 다큐멘터리Tom Bradley's Impossible Dream: The Educational Documentary』(2014)

DVD 92 B811To

『소송을 찬양하며In Praise of Litigation』(2017)

알렉산드라 D. 라 하브
347.90973 L183

『입 다물어!: 명예훼손과 중상모략에 대한 비전문가 가이드. 이념적, 인종적, 종교적 중상모략 분석을 포함한 비방을 흥미진진하게 탐구하다Hold Your Tongue!: The Layman's Guide to Libel and Slander. A Fascinating Exploration of the Realm of Defamation, Including an Analysis of Ideological, Racial, and Religious Libels』(1950)

모리스 L. 어니스트
347.5 E71a

로버트 시헨은 헬스 에인절의 회장, 코카인 파이프로 여성을 괴롭힌 혐의를 받은 가수 릭 제임스, 존 벨루시에게 치사량의 약물을 투여해 기소된 여성 등의 흥미로운 고객들을 보유한 로스앤젤레스의 형사 전문 변호사다. 시헨은 강한 턱과 강렬한 눈빛의 소유자로 자기비하로 상대를 무장해제시킨다. 그가 해리 피크를 처음에 어떻게 만나게 되었는지 자세히는 모르지만, 두 사람의 인연은 1983년까지 거슬러 올라간다. 당시 시헨은 한 살인 사건 재판의 피고 측 증인을 찾기 위해 조사관들을 시켰는데 그 조사관이 찾은 사람이 해리였다. 물론 해리가 배심원들에게 말을 건네고 자신이 배우라고 밝히는 바람에 증언은 물거품이 되고 말았지만 시헨은 그의 솔직함이 마음에 들었다. 시헨은 해리에게 일거리가 필요하다는 사실을 알고 가끔 심부름을 시키곤 했는데, 시간이 지나면서 연락이 끊겼다. 그래서 해리가 전화를 걸어와 방화 사건의 변호를 요청했을 때 적잖이 놀랐다. 시헨은 나와 점심을 먹으며 "저는 시 당국이 해리의 유죄를 증명할 증거를 하나도 확보하지 못했다는 걸 알게 됐어요. 그래서 그 사건을 맡기로 했죠"라고 회상했다 "우리 변호사끼리 플램보노flam-bono라고 부르는 경우죠." 그는 이 말을 하고 웃다가 내가 농담을 알아들었는지 보려고 기다렸다. 내가 무슨 말인지 이해를 못 하자 그는 침착하게 설명했다. "무료로 사건을 맡는다는 뜻이에요. 그 사건으로 세간의 이목이 쏟아질 걸 예상하고요. 플램보이언트Flamboyant(화려한)와 프로보노pro bono(무료)가 합쳐진 말이에요. 플램보노, 이해하셨나요?"

시헨은 도서관 화재와 관련해 해리의 이름을 처음 듣고 어안이 벙벙할 정도로 놀랐다고 했다. "솔직히 말하면 뉴스에서 그 이름을 듣고 고속도로에서 이탈할 뻔했다니까요. 방화를 저지를 사람 같지 않았거든요." 처음부터 시헨은 시가 무리수를 둔다고 생각했다. 불이 난 지 거의 1년이 지난 데다 대중이 누군가가 체포되길 간절히 바랐기 때문이다. 그는 해리가 그날 아침의 행방을 설명하지 못한다거나 알리바이를 카드처럼 계속 뒤섞고 있다는 사실은 전혀 신경 쓰지 않았다. "해리는 그냥 약간 또라이예요." 시헨이 샌드위치를 내려놓으며 말했다. "주목받는 걸 좋아하죠. 유명해지길 원했고요."

해리는 사흘 동안 구치소에 있다가 풀려났다. 해리의 가족은 몹시 원통해했다. "내 인생에서 그렇게 울어본 적은 없어요." 해리의 누나 브렌다가 말했다. "사람들이 동생을 별 볼일 없는 후레자식 게이처럼 보는 것 같았어요. 맞아요, 해리가 바보 같은 소리를 잘 하긴 했어요. 하지만 그렇다고 해리가 그런 짓을 했다는 것은 아니잖아요." 도서관에 화재가 일어나기 직전에 브렌다의 집에도 불이 나서 해리가 체포될 당시 그녀는 호텔에 거주하고 있었다. 브렌다의 집에 난 불은 전기 문제 때문이었지만 그녀는 누군가가 두 화재를 연관 지을까봐 걱정했다. 그 사건이 해리에게 불리하게 작용될까봐 겁이 난 그녀는 만일을 위해 동생에게서 거리를 두었다.

석방을 위한 서류 작업이 끝났는데도 구치소 교도관들은 해리를 분명한 사유 없이 2시간 동안 기다리게 하다 풀어주었다. 시헨은 교도관들이 앙심을 품은 것이라 생각했다. 도시의 모든 사람과 마찬가지로 교도관들도 화재에 대해 누군가를 탓하고 싶었고 지금은 해리가 그 대상이었다. 교도소 문 앞에는 기자와 카메라맨들이 밀치락달치락하면서 기다리고 있었다. 해리는 풀이 죽거나 후회하는 기색 없이 활짝 웃으며 걸어 나왔다. 어쩌면 그는 불안해서 웃었던 건지도 모른다. 혹은 이유가 뭐든 간에 주목받는 데 대한 기쁨으로 나온 반사작용이었을 수도 있다. 어쩌면 카메라를 보고 배우 지망생의 본능으로 미소 짓지 않을 수 없었던 건지도 모른다. 아무튼 해리의 체포를 다룬 기사마다 어김없이 그 미소가 실렸고, 그 때문에 해리는 부끄러움을 모르는 뻔뻔한 사람처럼 보이게 되었다. 마치 죄를 짓고도 교묘하게 처벌을 피한 사람 같았다.

지역 신문들은 탐욕스럽게 이 사건에 덤벼들었다. 특히 해리가 몇몇 친구에게 범죄를 자백했다는 말이 알려진 뒤 더 그랬다. 시헨은 공항에 폭탄을 설치하겠다고 농담을 하지만 그렇게 하지 않는 사람들과 해리가 마찬가지라며 방어했다. 해리의 행동이 바보 같긴 하지만 악의는 없다는 것이었다. 그는 『로스앤젤레스타임스』에 "해리는 농담하는 걸 좋아해요"라고 설명했다. "해리는 해서는 안 될 농담 몇 마디를 한 거예요. 유머감각이 남들과 다르거든요." 그는 또 해리가 주변의 기분을 맞춰주는 사람이라 자신이 방화범이라고 말해 친구들이 즐거워했다면 그렇게 했을 것이라고도 덧붙였다. 시헨은 수사관들을 "최고로 일을 잘하는 일류들"이라고 치켜세우면서도 이번에는 잘못 짚었다고 말했다.

시헨에 따르면, 1986년 4월 29일 해리의 하루는 오전 9시에 레너드 마티넷의 심부름으로 시내의 법정에 서류를 가져다주면서 시작되었다. 그 뒤 10시에 할리우드에 예약되어 있던 발 치료를 받으러 갔다가 스미스 신부, 발치료사 스티븐 윌키와 함께 브런치를 먹었다. 그리고 식사를 마치자마자 샌타페이스프링스의 부모님 집으로 차를 몰아 오전 11시에 도착했다. 잘 정리되긴 했지만 불가능할 정도로 빡빡한 일정 같았다. 로스앤젤레스에서 시간을 보내본 사람이라면 시내에서 심부름을 한 뒤 불과 한 시간 만에 할리우드에 가는 경우가 드물고, 또 할리우드에서 브런치를 먹고 교통체증에 시달리며 20마일이나 떨어져 있는 샌타페이스프링스까지 한 시간 만에 가는 경우도 극히 드물다는 걸 알 것이다.

결과적으로 해리의 일정이 신뢰성을 갖는지는 문제가 되지 않았다. 1987년 3월 3일, 이 사건에 배정된 지방검사보 스티븐 케이가 기자회견을 열고 해리가 기소되지 않을 것이라고 발표했다. 케이는 "용의자가 중앙도서관 방화에 책임이 있다고 믿을 만한 강력하고 상당한 근거가 있지만 현 시점에 형사소추를 정당화하기에는 법정에서 채택될 수 있는 증거가 불충분하다"고 밝혔다.

이 발표에 화재 조사관들은 화가 치밀어 올랐다. 이번 사건의 수사에 어마어마한 시간을 쏟은 방화조사관 딘 캐시는 케이의 발표가 있은 뒤 기자들에게 이렇게 주장했다. "우리는 아직 피크가 불을 지른 범인이라고 믿습니다. 한 치의 의심도 없습니다. 저는 죄를 지은 사람이 석방되었다고 생각합니다." 기자들이 큰 소리로 질문을 던지자 캐시는 말을 이었다. "몹시 실망스럽습니다. 우리는 이 사람을 조사하는 데 500시간을 썼습니다. (…) 조사관들도 힘들 것이고, 로스앤젤레스 시민들도 우리가 왜 이 사람을 붙잡지 못하는지 의아해할 겁니다."

케이는 "사건은 아직 종결되지 않았습니다"라고 말하며 더 많은 증거가 나타나면 해리가 기소될 것임을 암시했다. 하지만 해리가 풀려난 뒤에 수사는 제자리걸음이었다. 새로운 증인은 나타나지 않았고 어떤 물적 증거도 발견되지 않았다. 해리를 범죄와 연결시킬 명확한 근거, 그리고 화재 원인에 대한 확실한 증거도 없었다. 해리를 기소하는 데 가장 유력한 근거는 여러 친구에게 했던 자백이었지만 자백한 횟수보다 자백을 뒤집은 횟수가 더 많았다. 케이는 또 해리의 자백이 형사법정에서는 채택되지 않을 수 있다는 점도 인정했다. 해리가 방화범이라고 확신했던 조사관들은 사건을 새롭게 들여다보고 다른 용의자를 찾을 수 없었다. 해리가 명백히 범인이라고 믿었기 때문이다. 케이가 해리를 기소하지 않겠다고 발표하자 수사는 가속도가 떨어져 결국 멈추고 말았다.

많은 조사관은 케이가 다른 전략적 이유로 이 사건을 더 이상 쫓지 않는 것 같다며 의심했다. 당시 로스앤젤레스시 지방검사는 맥마틴 유치원의 소유주와 직원들을 상대로 한 성학대 소송을 한창 진행 중이었다. 이 소송은 미국 역사상 가장 길고 많은 비용이 든 형사 재판으로 확대되었다. 검사 쪽 주장은 와해되기 시작했고 결국 배심원들은 아무 확신도 얻지 못한 채 집으로 돌아가야 했다. 검찰청에서는 또 다시 유명한 사건에서 패소하는 걸 절대 원하지 않았다. 도서관 화재 사건은 시의 모든 사람이 주목하고 있었고 유력한 범인인 해리에게 불리한 증거들도 허술해서 패소 위험성이 너무 컸다.

해리는 구치소에서 나와 자신의 삶으로 돌아갔다. 일자리를 찾아 나섰지만 운은 없었다. 데브라는 해리의 평판이 나빠져 아무도 채용하지 않으려 했다고 말했다. "사람들은 '아, 당신이 도서관 화재의 그 인물이군요?'라고 말했어요. 그리고 그걸로 끝이었죠." 그러다 갑자기 이 사건이 다시 뉴스에 거론되었다. 1988년 1월, 해리가 기자회견장에 나타난 것이다. 예전에 그에게 가끔 심부름을 시키던 레너드 마티넷과 함께. 이제 마티넷이 그의 변호인이었다. 마티넷은 모여든 기자들에게 "정부 요원들이 자백을 강요하기 위해 완전히 무고한 개인을 구타하고 감금할 수 있었다는 것이 도저히 믿기지 않습니다. 게슈타포들이나 하는 짓이에요"라고 호소한 뒤 그 때문에 해리 피크가 로스앤젤레스시를 상대로 민사소송을 제기한다고 밝혔다. 마티넷은 해리가 구치소에서 지낸 사흘 동안 "등과 목에 의학적 치료가 필요한 연부조직 손상 (…) 정신적 상처와 충격, 신경계 손상"에 시달렸고 "일자리를 구하지 못해 수입 그리고 그 능력에 지속적인 손실을 입었다. (…) 그리고 앞으로도 한동안 일을 구하지 못할 것으로 예상된다"고 주장했다. 해리는 불법 체포와 명예훼손, 과실, 정신적 고통, 폭행과 구타로 시를 고소했다. 청구액은 1500만 달러였다. 해리는 또 방화조사관 딘 캐시가 기자들에게 그가 유죄라고 비방했다며 고소하고 500만 달러의 손해배상금을 청구했다. 해리는 항상 돈에 쪼들렸기 때문에 자신에게 2000만 달러를 안겨줄 민사소송에 구미가 당겼을 것이다. 하지만 장담하건대 해리의 마음에 가장 들었던 부분은 소장에 포함되는 "체포 당시 원고는 파트타임 배우였다"라는 문구였을 것이다.

나는 일이 이렇게 전개된 것에 당혹감을 느꼈다. 물론 해리는 체포로 충격을 받았고 구치소에서 거친 대우에 시달렸을 것이다. 하지만 해리가 시를 고소하겠다는 의지를 가진 부류의 사람처럼 보이지는 않았다. 해리다워 보이는 유일한 대목은 고소가 그가 용의자였을 때 받았던 관심을 되돌려줄 하나의 방법이라는 점뿐이었다. 그렇다 해도 나는 이 민사소송에서 보이지 않는 손을 느꼈다. 해리는 심부름 일을 하면서 변호사를 많이 알고 지냈다. 그중 누군가가 민사소송을 종용한 게 아닐까? 형사 사건이 기각된 뒤 로버트 시헨은 이 일에서 손을 뗐다. 나는 레너드 마티넷이 해리에게 소송을 하라고 독려했는지 궁금했다. 마티넷은 이 이야기에 조연으로 등장했다가 사라졌다가 했지만 나는 그에 대해 아는 바가 거의 없었고 내가 찾아본 모든 곳에서도 정보를 얻을 수 없었다. 마티넷의 행방을 수소문하려 노력했지만 내가 발견한 건 연결이 되지 않는 전화번호와 그의 이름으로 된 팜스프링의 회사 번호뿐이었다. 이 번호로 여러 번 전화를 걸었지만 아무도 받지 않았고, 부재중 응답 메시지는 전화를 받지 않는다는 말만 되풀이했다.

해리를 수사했던 방화조사팀, 특히 딘 캐시는 민사소송 소식에 격분했다. 캐시는 노조가 자신에게 걸린 개인 고소를 처리해주겠다는 확인을 받을 때까지 식은땀을 흘렸다. 소방관들은 단지 해리에게서 자신들과 시를 방어하는 데 그치지 않고 자신들이 존경하는 시 검사 빅토리아 체이니를 찾아갔다. 현재 체이니는 상소법원의 연방 대법원 판사이지만 1988년 당시에는 시 검사실의 민사책임부에서 종종 소방국 직원들과 함께 일하고 있었다. 체이니는 내게 조사관들이 해리가 방화범이라고 굳게 확신하는 데 놀랐다고 말했다. 그녀는 조사관들의 자료를 검토한 뒤 새로운 전술을 제시했다. 형사 사건의 복원을 기다리는 대신 해리가 시를 고소한 것처럼 시도 해리를 민사법원에 고소하라는 제안이었다. 형사법원에서는 평결이 만장일치여야 하고 합리적 의심을 넘어서는 증거로 주장을 증명해야 하지만 민사법원에서는 더 우월한 증거로만 입증하면 될뿐더러 평결도 다수결로 결정된다. 체이니는 해리의 유죄를 입증할 논거가 형사법정의 엄중한 검토에서는 무력할 수 있지만 좀더 부드러운 민사법정의 판단에서는 충분할 것이라 생각했다.

소방국은 민사소송 계약을 맺었고 체이니는 소송을 진행하기 시작했다. 시는 1500만 달러라는 해리의 요구와 맞먹는 금액과 추가로 몇백만 달러를 더 요구하기로 했다. 해리가 소송을 제기한 지 몇 주 뒤 로스앤젤레스시는 불탄 도서관의 도서 교체 비용, 훼손된 도서의 보수 비용, 불을 끄는 데 사용된 물 값, 건물이 입은 피해 복구 비용, 진화 작업 도중 다친 소방관들에 대한 산재 보상 비용을 배상하라며 맞고소를 했다. 해리 피크에게는 2360만 달러의 손해배상금이 청구되었다.

27

『책과 문서의 보존The Conservation of Books and Documents』(1957)

W. H. 랭웰
025.7 L287

『맥도널 더글러스 이야기The McDonnell Douglas Story』(1979)

더글러스 J. 잉겔스
338.78 M136IN

『물에 훼손된 책, 문서, 마이크로필름과 자기매체의 구조: 사례사, 댈하우지대학 법학 도서관, 1985년 8월; 사례사, 버지니아주 로어노크 홍수, 1985년 11월 Salvage of Water Damaged Books, Documents, Micrographic and Magnetic Media: A Case History, Dalhousie Univ. Law Library, Aug. 1985; A Case History, Roanoke Virginia Flood, Nov. 1985』(1986)

에릭 G. 런드퀴스트
025.8 L962

냉동된 지 2년이 지난 책들은 해동, 건조, 훈증소독을 하고 분류하여 깨끗이 닦고 보수한다. 그리고 다시 제본할 준비를 한다. 로스앤젤레스 남쪽에 사업부를 둔 항공우주 제조업체 맥도널 더글러스는 일차적으로 작업할 2만 권의 책을 건조해보겠다고 제안했다. 맥도널의 엔지니어들은 물에 젖은 종이의 성질을 연구한 뒤 자사의 우주 시뮬레이션실을 이용해 책을 해동하고 건조하기로 결정했다. 이들은 책들을 엄선하여 알루미늄 트레이 위에 책등이 아래로 가도록 놓고 딱

딱한 알루미늄 판으로 납작하게 눌렀다. 이렇게 얇게 누른 책들을 6층 높이로 쌓은 뒤 전체를 고무줄로 단단하게 고정시키고 서로 다른 대기와 기상 상태에서 위성을 시험하는 데 사용되는 폭 4피트의 진공실에 넣었다. 그리고 진공실의 온도를 섭씨 38도로 높이고 닷새 동안 책들을 그 안에 두었다가 지상 14만 피트 높이의 기압과 동일해질 때까지 방의 기압을 낮추었다. 이렇게 간격을 두고 기압과 온도를 큰 폭으로 올렸다 내렸다. 이 과정에 따라 일차로 작업한 소수의 책에서 약 2200리터의 물이 나왔다.

시는 책들을 살릴 자금을 마련하려고 부산하게 움직였다. 그리하여 에릭 런드퀴스트의 회사, 도큐먼트 리프로세서, 에어덱스라는 회사로 나누어 계약을 했다. 도큐먼트 리프로세서에는 맥도널 더글러스와 비슷한 다섯 개의 진공실이 있어 강력한 진공압력 기술을 사용해 승화 과정을 거쳐 물기를 제거했다. 런드퀴스트는 진공실들을 이용해 25만 파운드에 가까운 물을 빼낼 것으로 추정했다. NASA와 협력한 에어덱스는 책들을 방 안에 두고 25초마다 내부 공기를 제거함으로써 책에서 증발된 수증기를 배출했다. 두 시스템 모두 젖은 상태에 따라 책 한 권을 말리는 데 일주일 가까이 걸렸다. 책 복원가들은 책들의 수분 함량이 10퍼센트에서 100퍼센트에 이른다고 추정했다. 어떤 책들은 물과 종이의 비율이 같다는 의미였다. 복원가들은 젖은 책을 말리는 데 진공건조가 제습보다 나은지를 두고 논쟁을 벌이곤 했다. 에릭 런드퀴스트는 자사가 건조시킨 책들에 "DR"이라는 스탬프를 찍어놓았다. 자사의 방식이 에어덱스보다 낫다고 확신했기 때문에 프로젝트가 끝난 후 두 방식을 비교해보고 싶었던 것이다. 그는 내게 자신이 건조시킨 책들 중 하나를 찾아서 에어덱스가 작업한 책과 비교해보라고 부추겼다. "우리가 건조시킨 책들은 납작해요." 그가 자랑했다. "한 번도 젖지 않았던 책처럼 보인다니까요."

건조 작업을 끝낸 책들은 시내를 가로질러 복원 책임자 샐리 뷰캐넌에게 보내졌다. 뷰캐넌은 직원들에게 각 책에 대해 점검 사항을 꼼꼼히 확인하라고 지시했다. 여기에는 다음과 같은 항목들이 포함되었다.

페이지들이 심하게 구겨졌는가?

본문 부분이 불룩한가? "직각이 되지 않고" 비뚤어졌는가?

책 바깥과 안쪽의 접합 부분이 튼튼한가?

책등이 망가지지 않았는가?

면지가 튼튼한가?

책을 펴거나 덮을 때 본문 부분이 납작한가?

뷰캐넌은 도서관 직원에게 책들이 복원되어 목록 작업을 한 뒤 선반에 다시 꽂히려면 36개월이 걸릴 거라고 말했다. 와이먼 존스와 엘리자베스 테오만에게는 "직원들은 전반적으로 구할 수 있는 책들에 만족했습니다"라고 썼다. "양호해 보이는 책이 많습니다. 하지만 이런 책들은 분명 그다지 많이 젖지 않은 책들, 아래쪽 가장자리에서 1인치나 2인치 정도 위까지만 물이 스민 것들이에요…… 그런데 표지에 흰곰팡이가 왕성하게 핀 흔적이 있는 책도 많습니다." 뷰캐넌은 일부 책은 가망이 없다고 말했다. 심하게 불타거나, 페이지들이 서로 들러붙거나, 절 전체가 사라진 책들이었다. 이런 책들은 살릴 수 없었다.

중앙도서관의 소장품을 복원하는 작업은 지금까지 시도된 최대 규모의 도서 건조 프로젝트였다. 약 70만 권의 책—약 7만 5000평방 피트의 자료—이 물에 젖거나 연기에 그을리거나 많은 경우 두 가지 피해를 다 입었다. 그때까지 최대 규모의 도서 건조 프로젝트는 책 10만 권 규모에 불과했다. 가압실이 몇 달 동안 가동되었고 그 결과, 건조 과정을 거친 책들 중 20퍼센트가 바로 선반에 꽂혀도 되는 양호한 상태로 복원되었다. 약 35퍼센트의 책은 건조는 잘 되었지만 제본을 다시 해야 했고, 75퍼센트의 책에는 광범위한 세척이나 훈증 소독이 필요했다. 젖었을 때 미끌거리고 끈적끈적해지는 유광지로 된 모든 책은 완전히 망가졌다.

1988년 6월 3일—그린 리포트가 굿휴 빌딩을 철거하자고 제안한 지 20년도 더 넘은 때—에는 건물의 복구 작업과 새 별관 공사가 착공되었다. 공사가 끝날 때까지 도서관은 스프링가의 임시 공간에서 운영되었다. 누구도 좋아하지 않는 곳이었지만 중앙도서관의 공사가 마침내 진행되고 있었기 때문에 당분간은 참을 만하게 느껴졌다.

파이퍼는 새 별관이 굿휴 빌딩을 보완할 수 있도록 설계했지만 원래 건물과 똑같이 유서 깊게 보이려 하지는 않았다. 시는 별관을 짓기 위해 기존 건물의 남쪽에 있는 땅을 사들였다. 별관은 굿휴 빌딩의 남쪽 벽과 맞닿게 지어질 예정이었기 때문이다. 파이퍼의 설계는 8층짜리 아트리움에 초점을 맞추었다. 별관의 덩치가 크긴 했지만 기존 건물의 높이에 도전하지는 않았다. 여덟 개의 층 가운데 중 네 개 층이 지하였기 때문이다. 주제별로 나뉜 부서 대부분은 새 별관을 사용할 예정이었다. 이제 책들은 서가를 벗어나 바람이 잘 통하고 스프링클러 설비가 갖춰진 새 별관으로 들어가고 방문객들은 에스컬레이터를 타고 8층을 오르내릴 것이었다. 두 건물을 지나가다보면 특이한 극장 사이를 건너가다가 폭포로 떨어지는 것 같은 기분이들었다.

28

『분당 33번의 혁명: 빌리 홀리데이부터 그린 데이에 이르기까지 민중가요의 역사33 Revolutions Per Minute: A History of Protest Songs, from Billie Holiday to Green Day』(2011)
　도리언 린스키
　784.491 L989

『여우 던지기: 그리고 그 외의 잊힌 위험한 스포츠와 취미, 게임들Fox Tossing: And Other Forgotten and Dangerous Sports, Pastimes, and Games』(2015)
　에드워드 브룩히칭
　796.009 B872

「관통하다: 그루브 중심의 실내악Passing Through: Groove-Oriented Chamber Music, Vol. 3」(2016)
　게르노트 볼프강
　CD Classical Chamber

『쉽게 배울 수 있는 뜨개질: 모든 사이즈에 맞는 옷을 만들기 위한 기본 테크닉과 따라하기 쉬운 방법들Knitting Without Tears: Basic Techniques and Easy-to-Follow Directions for Garments to Fit All Sizes』(1971)
　엘리자베스 지머만
　746.21 Z73

도서관에는 의외의 것이 많다. 도서관 안에 무엇이 있을지 생각했을 때 전혀 떠오르지 않는 것들이다. 예를 들어 로스앤젤레스 도서관은 식당 메뉴판을 대량 소장하고 있다. 사서 댄 스트롤과 빌리 코너가 이 컬렉션을 모으기 시작했는데 1940년부터 메뉴판들을 수집한 안과의사 팔로스 베르데스가 대부분을 기증했다. 이 안과의사는 데이트 일기를 쓰는 데 메뉴판들을 이용했다. 해당 식당의 메뉴 뒤쪽에 어떤 여자친구와 갔는지 적어둔 것이다. 메뉴판 컬렉션 외에도 도서관에는 특이한 소장품이 있다. 예술&음악부 서가에서는 1941년부터 1956년까지 로스앤젤레스에서 번창했던 성인인형극장 턴어바웃 시어터 컴퍼니가 기증한 의상들과 소품, 커다랗고 무서운 인형들을 볼 수 있다. 또 장서표, 과일상자의 상표, 악보 표지, 영화 포스터, 미국의 소싸움과 관련된 최대 규모의 자료들도 모아놓았다. 물론 러미스가 수집한 서명들도 있다. L. A. 레지스탕스가 기증한 반전 포스터와 팸플릿들은 디지털화 작업 책임자인 선임 사서 소치틀 올리바가 목록 작업을 끝내면 곧바로 도서관의 단명 자료 컬렉션에 추가될 것이다. 도서관에는 너무나 많은 책과 물건이 있어서 한 사람이 그 모두를 아는 게 가능할지 이따금 궁금해졌다. 나는 누구도 그럴 수는 없노라고 생각하고 싶었다. 도서관은 어느 한 사람의 지성으로는 감당하지 못할 만큼 크고 광대해서 모든 소장 자료의 완전한 색인을 작성하려면 많은 사람의 협력이 필요하다고 생각하고 싶었다.

내가 도서관에서 기대하지 않았던 한 가지가 음악이었다. 도서관에 음악과 관련된 책뿐만 아니라 CD와 카세트들이 있다는 건 알고 있었지만 악보도 소장되어 있다는 건 몰랐다. 어느 날 오후, 나는 예술&음악부의 선임 사서 실라 내시와 시간을 보내고 있었다. 그때까지 방문했던 예술&음악부는 내가 예상했던 그대로였다. 특대형 화집의 페이지를 살살 넘기거나 첼로 이론이나 민중가요, 혹은 잡지 『비드 앤드 버튼』의 최근 호를 어디서 찾을 수 있는지 물어보려고 데스크 앞에 줄 서 있는 사람들로 채워진, 졸릴 정도로 조용한 곳. "예술과 음악"이라는 정의는 폭넓어서 공예, 스포츠, 게임, 원예, 우표 수

집, 춤까지 두루 아우른다. 이렇게 광범위한 분야를 다루기 때문에 혼란이 생겼던 이 부서는 얼마 전 부서 이름을 예술·음악·레크리에이션부로 바꾸었다.

내시와 그녀의 남편 로이 스톤은 둘이 합쳐 79년 동안 로스앤젤레스 도서관에서 일했다(내가 부부를 인터뷰한 지 얼마 지나지 않아 두 사람 다 퇴직했다). 화재가 진압된 직후 글렌 크리슨과 스톤이 도서관에 들어가 찾았던 것이 바로 내시의 가방이었다. 그러다 두 사람은 특허실이 녹아버린 것을 발견했었다. 스톤은 선임 사서이면서 동시에 다년간 사서 조합의 조합장을 맡았다. 스톤은 언젠가 내게 시내의 분관에서 일할 때 지역 마약상들이 찾아와 소득신고서 작성을 도와달라고 요청하곤 했었다는 이야기를 털어놓았다. 그는 개인적인 판단을 피하며 포용적이고 기본적으로 친절한 정부 기관, 지식의 창구가 되는 것이 사서의 역할이라고 생각했다.

내시는 전화기로 디지 딘이 태어난 해를 알고 싶어하는 누군가를 돕고 있었다. 나를 보고는 "구글 검색을 해보면 되는데"라고 입모양으로 말한 뒤 어깨를 으쓱하며 전화기의 송화구를 가리켰다. 그녀의 책상에는 『할리우드 리포트』 몇 부, 미국 대통령들의 집을 다룬 책, 작은 인형들과 장식품의 뜨개질 법을 설명한 『윔지컴 울리』, 경마 잡지, 체스 잡지, 영국판 『보그』의 최신판이 마구잡이로 쌓여 있었다.

내시가 전화기 너머의 남자에게 디지 딘의 생일을 알려준 뒤 우리는 다시 서가로 돌아가서 걸었다. 그러다 커다란 파일 캐비닛 옆에서 발을 멈췄다. 내시가 서랍 하나를 열었다. 그 안에는 수십 장의 관현악 악보, 여덟 개의 오선을 활보하는 까만 음표들이 들어 있었다. 예술&음악부는 2000장이 넘는 관현악 악보를 소장했고 각 악보에는 갖가지 악기를 위한 관현악곡이 쓰여 있었다. 악보는 책만큼이나 두꺼웠다. 도서관이 악보를 처음 소장한 시기는 1934년, 로스앤젤레스 필하모닉의 창단자 윌리엄 앤드루스 클라크 주니어가 자신이 수집한 752장의 악보를 음악부에 유증했을 때부터다. 그리고 1948년에 도서관이 관현악 악보 대여 도서관을 사들이면서 소장 악보 수가 확 늘었고 이후 꾸준히 증가했다. 도서관은 낱장 악보도 무수하게 소장했다. 낱장 악보의 주 기증자는 작곡가 메러디스 윌슨이었다. 윌슨은 자신의 뮤지컬 「뮤직맨」이 브로드웨이에서 공연되고 1962년에 영화로 만들어져 큰 성공을 거둔 직후인 1960년대 중반에 자신이 소장하고 있던 악보들을 기증했다.

악보들은 값이 비싸다. 악보 하나당 가격은 300달러에서 900달러에 이른다. 관현악단은 연주자마다 각자의 악보가 있어야 하기 때문에 각 연주자에게 악보를 제공하려면 감당할 수 없는 비용이 들고, 특히 작은 규모의 관현악단일 경우 부담이 더 크다. 로스앤젤레스에는 로스앤젤레스 닥터스 심포니 오케스트라, 발랄라이카 오케스트라, 오렌지 카운티 기타 오케스트라, 이너시티 청소년 오케스트라 등 수십 개에 이르는 관현악단과 음악 그룹이 있다. 또 이 도시에서는 미국의 다른 어떤 도시보다 더 많은 뮤지션이 활동 중이다. 게다가 악보를 대출해주는 몇 안 되는 도서관 중 하나가 로스앤젤레스에 있다. 이 두 사실이 공존하는 것은 우연이 아닐 것이다.

내시는 악보 대여와 반납을 모니터링하며 이를 비밀에 부친다. 클래식 음악계는 좁고 경쟁이 치열하기 때문이다. 데저트 심포니는 이번 겨울 시즌에 연주할 곡 목록을 아르메니아 자선협회 오케스트라가 알길 원하지 않는다. 필리피노 아메리칸 오케스트라는 뉴밸리

심포니 오케스트라가 자신들의 계획을 모르길 바라면서도 브람스의 「독일 레퀴엠」이라는 동일한 프로그램의 티켓을 파는 데 총력을 기울이고 싶어하지도 않는다. 내시는 신중한 사람이어서 어떤 실내악단이 이고르 스트라빈스키의 「현악 4중주를 위한 세 개의 소품」의 악보를 막 빌려갔다면, 아주 교묘하게 다른 실내악단이 그 작품을 멀리하게 만들 것이다. 그녀는 참을성이 강한 사람이기도 하다. 음악가들은 도서관에 악보를 반납해야 하는 날짜가 언제인지 잘 기억하지 못하는 듯하기 때문이다. 음악 컬렉션의 일부 고객은 1만2000달러에 이르는 연체료가 쌓였다. "음, 그분들은 굉장히 예술적이에요." 내시가 림스키코르사코프 악보 더미의 귀퉁이를 반듯하게 맞추며 말했다. "그 사람들은 물건을 제자리에 두는 법을 모르는 것 같다니까요."

29

『소송 안내서, 민사Manual of Procedures, Civil』(1979)

캘리포니아 시법원 서기 협회Association of Municipal Court Clerks of California
347.9 A849

『니트로글리세린과 니트로글리세린 폭약Nitroglycerine and Nitroglycerine Explosives』(1928)

포키온 P. 나오움
시리즈: 전 세계적인 화학적 변화 시리즈 1권
662.2 N194

『불이 보내는 메시지의 미스터리The Mystery of the Fiery Message』(1983)

캐럴 팔리
X

『이상한 신들: 새로운 종교와 컬트 논쟁Odd Gods: New Religions & the Cult Controversy』(2001)

제임스 R. 루이스 편집
291.0973 O225

1988년 7월 8일, 빅토리아 체이니가 변호하는 로스앤젤레스시는 고등법원 사건 번호 672658의 소송에서 해리 피크의 증인 심문을 진행했다. 이 소송은 해리 피크가 시를 상대로 낸 소송과 로스앤젤레스시가 해리 피크를 상대로 낸 소송을 결합한 것이었다. 최근 체이니 판사가 내게 이 소송에 관한 이야기를 들려주었다. 그녀는 시가 해리를 맹렬하게 공격하긴 했지만 자신은 해리에게 매우 호감이 갔다고 말했다. 해리는 젊고 잘생긴 남자였다. 그에게는 순진하다고 할 만한 무언가가 있었다. 세속적이거나 냉담하지도 않았다. 하지만 약간 비극적인 느낌도 있었다. "해리는 길을 잃은 사람처럼 보였어요." 우리가 연방항소법원에 있는 체이니의 사무실에 앉아 있을 때 그녀는 말했다. "그는 불우한 어린 시절을 보냈어요. 이 직업, 저 직업을 전전했고요, 무언가를 필사적으로 찾고 있는 것처럼 보였죠." 체이니는 검정 사제복에 보석이 박힌 십자가를 걸고 종종 해리와 동행하던 스미스 신부를 신뢰하지 않았다. 그녀는 스미스 신부가 의지할 곳 없는 사람들을 자신의 종교에 어떻게 끌어들였는지 알고 있었고, 신부가 해리에게 아버지 같은 존재가 되었을 거라고 생각했다.

새롭게 시작된 증인 심문에서 해리의 증언은 형사고발을 당했을 당시 주장했던 내용과 다른, 하나의 시간표를 고수하기 시작했다. 이제 해리는 시내 구경을 가고 서류를 배달했다고 했던 과거 진술이 사실이 아니라고 주장했다. 그는 4월 29일 이른 아침 시간을 룸메이트들과 집에서 보냈고 발에 난 무사마귀 치료를 받기 위해 오전 10시에 윌키 신부의 가게로 갔다고 말했다. 치료는 한 시간 가까이 걸렸고 그 뒤 윌키 신부, 스미스 신부와 함께 점심을 먹었다. 웨이터가 테이블을 치우면서 도서관에 불이 났다는 말을 했다. 해리가 화재 소식을 처음 들은 것은 이때였다. 해리는 그날 밤 화재에 관해 떠들었던 말이 친구들을 즐겁게 해주기 위한 농담이었다고 했다. 화재에 대해 지껄였던 모든 내용을 꾸며냈다는 것이다. 나이든 부인을 도운 일도, 잘생긴 소방관이 자신을 도서관 밖으로 데려다준 일도 마찬가지였다. "저는 당시 친구들의 관심을 한 몸에 받았어요." 그는 불을 질렀다고 거짓말한 이유를 이렇게 설명했다. 그리고 "그런 말을 했다고 체포될 줄은 상상도 못 했어요"라면서 자신에게 죄가 있다면 오로지 세상 물정 모르고 순진했던 것뿐이라고 주장했다.

그다음으로 체이니는 윌키 신부를 증인 심문했다. 신부는 선서를 한 뒤 직업이 발 치료사이며 클라크 신부와 함께 작은 독립 신도단인 미국 정교회를 운영한다고 밝혔다. 클라크 신부는 윌키 신부의 발 치료소 운영을 돕고 운전기사 노릇도 했다. 윌키 신부는 건강이 좋지 않아서 운전이 금지되어 있었기 때문이다. 윌키는 1984년에 무사마귀를 치료하려고 찾아온 해리 피크를 처음 만났고 지금은 그를 친구로 생각한다고 진술했다.

체이니는 화재 당일에 관해 좀더 자세히 물었다. 윌키는 해리와 본질적으로 똑같이 장황하게 대답했다. 10시쯤에 해리를 만났고 무사마귀 치료를 끝낸 뒤 가볍게 점심을 먹었다는 얘기였다. 그러다 갑자기 윌키가 몸을 앞으로 수그렸다. 체이니가 질문을 멈췄다. "잠깐만요, 신부님. 어디 편찮으신가요?" 그녀가 물었다. "가슴을 부여잡고 계셔서요."

윌키가 가슴을 움켜쥐더니 더듬더듬 대답했다. "네, 조금요." 그러고는 또 잠깐 멈췄다가 말했다. "몇 분 전에 니트로글리세린 알약을 먹었어요…… 5분 전쯤에요. 그 약이 도움이 되거든요. 저는…… 저는…… 증언을 마무리하고 싶어요, 부탁합니다." 체이니가 휴정이 필요한지 묻자 그는 고개를 저으며 쉬는 건 원치 않는다고 대답했다. 그리고 휴식을 취하게 되면 몇 시간 동안 잠들어버릴까봐 겁이 난다고 덧붙였다. 윌키는 "해봅시다…… 계속해봅시다, 부탁이에요"라고 하더니 정신을 가다듬고 프랑스 시장에서의 점심 식사에 대해 더 자세히 풀어놓았다. 윌키는 웨이터가 "도서관에 누가 불을 질렀다"고 알려주었다고 증언했다. 당시의 증인 심문서를 읽어보니 그 구절이 눈에 들어왔다. 웨이터가 세 사람에게 화재에 관해 이야기한 시점에는 어떤 뉴스도 불을 "질렀다"고 묘사하지 않았기 때문이다. 그때는 불길이 활활 타오르고 있던 때여서 화재 뉴스들은 도서관을 구할 수 있을지, 없을지를 중점적으로 다뤘던 것이다.

시는 해리가 화재에 책임이 있다고 믿는 근거를 제시했다. 해리의 알리바이에 일관성이 없는 점, 여러 사람이 범인 확인용 사진들에서 그를 알아본 점, 그리고 해리의 유죄를 가리키는 "재판에 회부할 만한 쟁점이자 중요한 사실"도 있었다. 체이니는 도서관 화재가 로스앤젤레스의 납세자들에게 지운 부담을 한 번 더 항목별로 밝혔다. 화재 진압과 책 보호에 사용된 톱밥 및 구조용 시트에 62만5000달러가 들었고, 300만 갤런의 물에 대한 "정확한 비용이 확인되었다". 100만 권이 넘는 책을 교체하고 손보는 데 든 비용, 건물이 입은 손상의 수리비, 부상당한 소방관들의 치료비도 있었다. 시가 제기한 소송에서의 핵심은 화재의 원인이 "자연적이지 않다"는 데 있었다. 방화였는지, 아니었는지는 논의되지 않았다. 조사관들이 이 화재를 방화라고 선언했고 그 평가는 사실로 받아들여졌다. 조사관들은 "모든 우연적, 자연적, 기계적 발화원의 가능성을 제거했다. (…) 다시 말해, 불은 사람의 손에 들린 불꽃에서 시작되었다"고 진술했다.

중앙도서관 사건으로 인해 나는 혼란에 빠졌다. 열심히 애써봐도, 해리가 불을 질렀다는 전적인 확신이 들지 않았다. 해리는 젊은 백인 독신 남성이라는 방화범의 일반적인 프로필에는 들어맞는다. 하지만 무언가를 불태우고 싶은 심리적 충동에 시달린 대부분의 방화범은 어린 시절부터 그런 충동을 보인다. 내가 아는 한, 그리고 어떤 기록을 보더라도 해리는 불을 지른 적이 없었다. 소방국의 일자리에 지원했으니—혹은 그렇게 이야기했으니—아마 다른 사람들보다 불에 대한 관심이 높았을 수는 있다. 하지만 소방국에 취직하기 위해 지원하는 사람은 많고 그들 중 대부분은 방화광이 아니다. 해리는 줄곧 배우가 될 거라고만 했으나 소방관이라는 직업에 관심을 보인 것도 어떤 면에서 이해가 갔다. 소방관은 극적이고 영웅적인 데다 사회적 지위도 있는 직업이지 않은가. 빈 건물에 불지르는 해리를 상상할 수 있다는 그 아버지의 말은, 그저 아들이 충동적으로 중요하지 않은 건물에 무책임한 짓을 할 수는 있겠지만 생명으로 가득 찬 아름답고 중요한 건물에 피해를 줄 사람은 아니라는 생각을 서툴게 표현한 듯싶었다.

시는 해리가 불을 지른 동기를 알아냈다고 주장했다. 조사관들은 그가 나쁜 의도를 품고 도서관에 간 건 아니지만 경비에게 쫓겨나자 욱해서 홧김에 불을 질렀다고 생각했다. 어느 정도 논리적인 의견이었다. 하지만 해리와 경비의 실랑이는 그런 도발을 일으키기에는 사소해 보였고 해리가 그 정도의 가벼운 질책에 그토록 강하게 반응하는 부류 같지도 않았다. 그런데 과거 해리는 면담을 할 때 도서관 입구에서 그를 멈춰 세운 경비가 흑인이라고 언급했다. 별 생각 없이 나온 말이었을까, 아니면 뭔가 더 많은 의미가 담겨 있을까? 2015년의 조사에 따르면 해리가 살던 샌타페이스프링스에서 흑인은 4퍼센트에 못 미쳤다. 해리가 성장하던 시절에는 아마 더 적었을 것이다. 그 외에 해리가 인종차별주의자라는 암시는 어디에도 없었지만 나는 그가 경비의 인종을 재차 언급한 것에 주목했다.

만약 해리가 화가 났다면 도서관의 어느 구석진 곳으로 쉽게 숨어들어 성냥불을 붙일 수도 있었을 것이다. 작은 반항의 표시일 뿐, 그 이상은 아니었을 수 있다. 뒤따라올 결과는 생각하지 않고 책에 성냥불을 갖다 댔을 수도 있다. 해리는 수사 초기에 데팍과 나폴리타노에게 불을 지른 사람은 분명 그렇게 큰 불을 낼 생각이 아니었을 거라고 말했다. 아마 해리는 도서관 같은 건물에 불을 지르는 부류는 아닐 것이다. 하지만 꼭지가 돌아버리면 성냥을 긋는 부류였을까? 나는 이런 상상을 해봤다. 해리는 경비 때문에 짜증이 났고 그 뒤 사서에게 저지를 당할 때마다 더 심한 모욕감을 느꼈다. 그는 별 생각 없이 주머니 속의 성냥갑을 만지작거렸다. 그런데 알고 보니 자기가 어느 구석진 곳, 낡은 책들과 서류더미 한가운데에 혼자 있었다. 항상 주목받을 것 같지만 실제로는 늘 시선 밖에 있는 배우 해리 피크. 스스로의 눈에 비친 자신이 날마다 조금씩 더 초라해지고 잔뜩 부풀었던 낙천주의는 흐트러졌다. 그 무엇도 꿈꾸는 대로 되지 않았고 주변 사람들과 스스로에게 떠벌렸던 것과는 딴판으로 흘러갔다. 어쩌면 그는 성냥갑에서 성냥을 뜯어내 오렌지색 머리를 획 긋는 자신을 내버려두었는지도 모른다. 그러고는 솟구치는 불꽃을 손에 들고 자신의 대담함에 짜릿함을 느꼈는지도 모른다. 항상 일을 밀어붙여 더 많은 사람이 자신을 동경하게 만들었던 어린 시절을 떠올리면서. 해리는 잠시 뒤 혹은 7시간 뒤에 무슨 일이 일어날지 생각하지 못한 채 그 순간 육체에서 분리된 상태로 행동했다. 그러다 책을 한입 집어 삼키는 불길을 보고는 일이 수습 못 할 정도가 되었다는 걸 깨달았다. 허둥지둥 휘달리는 해리의 모습이 그려졌다. 어머니가 아끼는 화병을 깼을 때 죄책감 때문이 아니라 치러야 할 대가가 무서워 후다닥 달아나는 것처럼.

체이니는 해리가 관심을 받길 원해 일부러 불을 질렀다는 의견에 더 끌렸다. 그런 면에서 해리는 절대 만족을 모르는 사람이었다. 하지만 그가 평소 관심을 끌려고 사용하던 방법은 유명인과 술을 마셨다고 떠드는 것처럼 화려한 무언가를 자랑하는 것이었다. 그는 유명한 사람, 슈퍼스타들로 채워진 자신의 삶을 보여주고 싶어했다. 공공도서관에 불을 지르는 짓에는 평소 그의 허풍에 담겨 있던 흥분이 없었다. 방화는 매력적인 일이 아니다. 도시의 모든 사람이 비난하는 대담하고 추한 범죄였다. 자신이 불을 질렀다고 말하면 뉴스의 중심이 될 수는 있겠지만 많은 사람에게 경멸받아 마땅한 인간으로 비칠 것이다. 해리는 정말 그런 유의 관심을 받고 싶었을까? 데미트리 히오텔레스가 내게 한 말처럼, "해리는 사람들을 행복하게 만드는 걸 즐겼다". 방화는 해리와 맞지 않았다. 방화는 음울하고, 너무나 현실적이었다.

하지만 해리는 사람들에게 자신이 불을 질렀다고 말했다. 조사관들에게도 거듭 자백했다. 그냥 거짓말이었다면 왜 알리바이를 몇 번이나 바꿔가며 변명을 하느라 허둥거렸을까? 왜 거짓말탐지기를 통과하지 못했을까? 1986년 4월 29일 아침에 그는 과연 어디에 있었을까? 도서관에 있지 않았다면 그날 아침에 일어난 세부적인 사건들을 어떻게 알았을까? 그리고 해리가 불을 내지 않았다면 대체 누구 짓일까?

몇 년 전 나는 『뉴요커』에서 화가 나는 기사 하나를 읽었다. 데이비드 그랜이 쓴 "모진 고난"이라는 이 기사는 1991년에 텍사스에서 토드 윌링햄이라는 남자가 집에 불을 질러 자신의 세 아이를 살해해 유죄 판결을 받은 사건을 다뤘다. 윌링햄의 혐의를 입증할 핵심 증거는 집에 불이 번지면서 남은 패턴들—방화 수사관들이 '연소 흔적'이라고 부르는 것—이었다. 마룻바닥에서 가장 새까맣고 깊게 탄 부분이 아이들의 침대 아래에 있었다. 그곳에는 저절로 불이 붙을 만한 물건이 없었기 때문에 조사관들은 누군가 의도적으로 불을 질렀다고 생각했다. 그날 밤 아이들 외에 집에 있었던 유일한 사람은 윌링햄이었다. 그는 불이 시작되었을 때 자고 있었고 아이들을 구하기 위해 할 수 있는 일은 다 했다고 주장했다. 결과적으로 윌링햄이 유죄 판결을 받은 데는 불이 침대 아래에서 시작되었다는 연소 흔적을 증거로 해석한 것이 큰 몫을 했다. 윌링햄은 사형선고를 받았고, 항소에서 전부 패한 뒤 2004년 사형에 처해졌다.

사형 집행일 직전에 가족들은 무고함을 주장하는 윌링햄에게 마음이 끌린 유명 과학자이자 화재 조사관 제럴드 허스트 박사에게 사건의 재검토를 부탁했다. 허스트 박사는 불이 정말로 방화였는지 판단하려고 애쓰면서 조사를 시작했다. 아이들의 침대 아래에서 심한 연소 자국이 발견되긴 했지만 박사는 불의 진원지가 그곳이라고 생각하지 않았다. 박사는 집을 샅샅이 재조사했다. 모든 증거에 과학 수사 기법을 적용해보니 앞 현관에서 확인된 연소촉진제는 소방관들이 집에 들어서면서 넘어뜨린 작은 숯불 그릴에 불을 붙일 때 사용되는 라이터액 깡통인 것으로 나타났다. 집 안에서는 아마 고장난 난방기나 배선에서 불이 시작되었을 것이다. 불길이 복도를 따라 빠르게 달려 아이들의 침실까지 번졌고 침대 아래에 남은 심한 연소 흔적은 불이 한동안 그곳에 머물렀다는 표시일 뿐이었다. 허스트 박사의 분석은 윌링햄이 맞은 운명을 바꾸기에는 너무 늦었지만 불의 진원지에 관한 추정의 신뢰성을 깨뜨리는 데는 성공했다.

1977년에 이미 법의학자들은 방화 수사의 원칙이 대부분 근거 없는 통념이라고 경고한 바 있다. 불탄 건물의 창문에 기름이 많이 묻어 있으면 조사관들은 연소촉진제가 사용되었기 때문에 창문에 찌꺼기를 남긴 게 분명하다고 가정했다. 하지만 현대식 건물들은 불에 타면 창문에 찌꺼기를 남기는 석유를 원료로 한 제품이 많았다. 극도로 뜨거운 불은 연소촉진제 때문에 불이 가속화된 것이고 따라서 방화라고 여겨졌지만 이제 과학자들은 불의 온도가 화재 원인이나 방화 여부와 관계없다는 것을 알고 있다. 윌링햄이 유죄 판결을 받는 데 중요한 역할을 한 연소 흔적은 오해의 소지가 많다. 불탄 자국이 불이 시작된 지점을 가리키는 건 아니며 그냥 어느 시점에 불이 그 자리에 머물렀다는 표시일 뿐이다. 가장 넓게 탄 흔적이 꼭 불이 시작되었다는 근거는 아니다.

중앙도서관 화재가 일어난 지 6년 뒤인 1992년, 화재 조사 방법에 관한 최초의 과학적 보고서가 발표되었다. 미국방화협회가 펴낸 이 보고서는 방화에 관한 많은 가정을 뒤집었다. 그러나 방화의 증거로 종종 사용되는 "소극적 시체negative corpus"라는 법리는 특별히 예외를 두었다. "소극적 시체"란 말 그대로 시체가 없다는 뜻이다. 이 법리는 어떤 사건에서 범죄가 아니라고 입증할 증거가 없으면 범죄로 가정한다. 화재에서 소극적 시체란 우발적 원인으로 불이 났을 가능성이 전부 제거된 경우 방화라는 적극적 증거가 없더라도 방화로 간주한다는 뜻이다. 불이 어떻게 시작되었는지에 대한 증거가 없으면 현장에서 치워진 라이터나 성냥첩이 점화원이라고 가정한다. 시신이 발견되면 심장마비나 뇌졸중 같은 명확한 사인이 없을 때 확증이 없더라도 살인이라고 선언하는 것과 비슷하다. 이 법리는 추적되지 않은 자연적인 원인으로 인한 사망 가능성을 무시한다.

법학자와 법의학자들은 수년 동안 소극적 시체 법리에 이의를 제기해왔다. 흔들린 아이 증후군은 소극적 시체 법리에 의존해 비극적 결과를 낳은 사례다. 흔들린 아이 증후군의 논리는 방화의 경우와 마찬가지로 역나선형으로 작용한다. 아기가 죽었는데 분명한 자연적 사인이 없어 보이면 경찰은 누군가가 아기를 심하게 흔들어 죽인 게 틀림없다고 가정한다. 이런 경우 식별할 수 있는 징후를 거의 남기지 않는다. 아기의 의문의 죽음에 대해 우리가 항상 알 수 있는 것은 아니다. 연약해서 사망했을 수 있고 밝히는 데 시간이 오래 걸리는 생물학적 사인으로 죽었을 가능성도 있다. 그러나 이 증후군은 분명한 사인이 없을 때 눈에 보이지 않는 방법으로 살해되었다고 본다. 과거에는 부모나 아기를 돌본 사람 중에 불합리한 소극적 시체 법리에 따라 영아 살해범으로 유죄 판결을 받은 경우가 많았다. 10년 전부터 의학자와 법률 분석가들은 흔들린 아이 증후군의 바탕이 되는 사고와 소극적 시체 법리의 합법성을 반박하기 시작했다. 소송에서 검사 측 증언을 했던 많은 소아과 의사와 검시관이 이제 피고 측을 위해 증언했고 흔들린 아이 증후군과 관련된 유죄 판결은 많이 뒤집혔다.

미국방화협회의 보고서는 불이 시작된 지점을 잘못 해석할 때의 위험을 강조했다. 불의 원인 지점이 모든 화재 수사의 열쇠가 되기 때문에 특히 더 주의를 기울여야 한다는 것이다. 모든 건물에는 화재를 일으킬 수 있는 물품들이 존재한다. 가령 조사관이 창고 바닥 한가운데나 가구가 드문드문 놓인 거실 중간—인화성 물질에서 멀리 떨어진 곳—에서 불이 시작되었다고 선언하면 자연히 누군가가 불을 질렀다는 결론으로 이어진다.

하지만 이런 결론에 도달하려면 불이 시작된 지점을 정확히 알아야 한다. 뒤집힌 방화 판결의 대다수는 불이 시작된 지점을 잘못 확인한 경우였다. 토드 윌링햄 사건에서는 불이 시작된 지점이 아이들의 침대라는 판단과 현관의 숯불 그릴 옆이라는 판단의 차이가 생과 사를 갈라놓았다. 1995년에 일리노이에서는 윌리엄 아모어라는 남성이 불을 질러 장모를 살해한 혐의로 기소되었다. 불길이 너무 뜨거워서 완전한 플래시오버 상태가 10분 넘게 지속돼 모두 타버렸다. 아모어는 불을 지르려고 불붙인 담배를 바닥에 일부러 떨어뜨렸다는 방화 조사팀의 진술에 근거하여 일급 살인죄와 가중처벌이 가능한 방화로 유죄 판결을 받고 45년형이 선고되었다. 그러나 이후 그의 사건은 좀더 엄격한 과학적 기법들을 활용해 다시 검토되었다. 세심하게 관리된 연구들에서는 아모어 화재 사건에서처럼 뜨거운 불길의 시작점을 찾았을 때 적중률이 6~10퍼센트라고 결론 내렸다. 시작점을 정확하게 밝히기가 거의 불가능하다는 말이다. 또 다른 연구에서는 불붙은 담배가 아파트를 폭삭 무너뜨릴 정도의 불은 낼 수 없는 것으로 결론 지어졌다. 좀더 엄격한 검토를 거치자 아모어에게 유죄 판결을 내리는 데 사용된 증거들이 힘을 잃었다. 아모어는 22년 동안 옥살이를 한 뒤 2017년에 석방되었다.

중앙도서관은 통풍이 잘 안 되는 데다 선풍기는 금방이라도 주저앉을 지경이고 전구 소켓들이 뜨겁게 달아오르곤 했다. 1제곱피트당 가연물의 양을 측정한 "화재 하중"도 극도로 높았다. 조사관들이 서고의 책장 하나의 작은 구역이 화재가 시작된 지점이라고 판단했기 때문에 화재를 발생시킬 수 있는 모든 요인이 무시되었다. 책장에는 자연적으로 불이 붙을 수 있는 것이 없었다. 그래서 조사관들은 "인간의 손에 들린 불꽃"이 유일한 원인이라는 결론을 내렸다.

하지만 중앙도서관의 불이 조사관들이 생각한 지점에서 시작되지 않았다면 어떻겠는가? 2011년에 전 소방관이자 방화조사관 폴 비버가 억울하게 유죄 판결을 받았다고 생각하는 사건을 다시 조사하는 단체 이노선스 프로젝트가 만들어졌다. 이를 본떠 방화 연구 프로젝트를 설립했는데 이 프로젝트는 이노선스 프로젝트와 같은 유형의 일을 했지만 방화 사건, 특히 누군가가 목숨을 잃은 사건에 힘을 집중했다. 비버는 자신을 "과학 수사 덕후"라고 부르길 좋아했다. 그가 방화 수사에 처음 의심을 갖게 된 건 1997년 조지 솔리오테스라는 남성이 삼중 살인 방화로 기소된 사건을 다루면서부터였다. 화학적 분석 결과 집에서 연소촉진제의 증거가 전혀 발견되지 않았는데도 조사관들은 바닥에 남은 얼룩을 연소촉진제가 쏟아진 자국이라고 지목했다. 솔리오테스는 유죄 판결을 받고 종신형이 선고되었다. 16년 뒤, 미국방화협회의 새로운 권고안을 토대로 검토한 결과 자국은 연소촉진제의 증거에서 제외되었다. 자국이 증거로 채택될 만한 과학적 근거가 없었기 때문이다. 화재 원인이 발견되지 않았고 솔리오테스는 풀려났다.

"솔리오테스 사건은 제게 화재 사건의 유죄 판결과 증언의 오류에 대해 알려주었어요." 최근 비버가 내게 말했다. "과학적으로 뒷받침되지 않는, 조사관들의 확신만으로 불이 난 지점을 증언했어요." 비버는 많은 화재 조사관의 증언이 선의의 직업적 예감에 불과하다고 믿기 시작했다. 그는 조사관들이 일부러 정보를 잘못 전하거나 매번 틀린다고 생각하지는 않았다. 진짜 문제는 그들이 잘못된 근거에 따라 해석을 하는 것이라고 봤다. 조사 결과가 과학적으로 뒷받침되지 않는다면 조사관들의 증언은 전문가의 증언이라기보다 일반적 관찰로 여겨져야 한다고 생각했다. 전문가의 증언은 반복 가능한 과학적 방법론에 근거한 분석이어야 하고 배심원들이 보기에 특별한 권위를 지닌 것이어야 한다.

비버는 방화 사건의 많은 유죄 판결이 결함 있는 조사를 바탕으로 내려진 건 아닌가, 하는 의심이 들었다. 윌링햄 화재 사건은 방화 연구 프로젝트의 사례 연구 중 하나였다. 비버와 직원들은 이후 수십 개의 다른 방화 사건을 검토했다. 방화에 관한 오래된 신조들이 아니라 과학적 방법을 사용하자 이들이 연구한 화재 사건의 3분의 2가 방화가 아닌 것으로 나타났다. 착오로 많은 유죄 판결이 내려진 것이다.

방화 오판에 관한 통계는 우려스러운 수준이다. 전국적 비율이 방화 연구 프로젝트가 연구한 사례들에서 발견한 비율과 동일하다. 재검토한 화재 사건의 약 3분의 2가 방화가 아닌 것으로 나타났다. 면죄등록부는 1989년에 재판이 열린 사건들부터 시작해 중죄 선고가 뒤집힌 사례의 통계를 수집했고 지금까지 선고가 번복된 1500건을 찾았다. 뒤늦게 무죄로 확인된 사건 중 30건이 방화와 관련되어 있었다. 10건의 화재는 죄가 없는 사람이 유죄 판결을 받았고 나머지 20건은 과학자들이 화재 원인이 고장난 난방기 같은 평범한 것임을 입증했다. 이 사례들에서 누군가는 일으킨 적도 없는 범죄에 대해 유죄 판결을 받았다.

비버는 많은 화재 조사관이 자신에 대해 방화 가능성을 미리 배제하고 조사관들의 기법에 지나치게 비판적이라 생각한다고 말했다.

그는 화재 사건에서 좋은 증거를 발견하기 어렵다는 것을 알고 있다. "화재 현장을 돌아다니는 건 매우 힘든 일이에요." 그가 말했다. "조사관들이 불이 시작된 지점을 알았다 해도 가까이 가기에는 너무 뜨겁죠. 게다가 물까지 뿌려져 있고 선반과 집기들이 무너져 잔해들로 뒤덮여 있고요. 그런 현장에서 증거를 찾으려고 하는 거예요! 증거를 찾을 거라고 기대하는 게 미친 짓이죠. 그리고 그런 잘못된 정보에 근거해 사람들이 수십 년 동안 옥살이를 한 게 사실이에요." 비버는 방화 이론의 변방에 서 있지만, 방화를 연구하는 예전의 방식이 (비버의 표현에 따르면) "헛소리"라고 확신하는 조사관들이 늘어나면서 비버와 주류와의 거리가 점차 줄어들고 있다고 말했다.

내가 중앙도서관 화재와 관련된 자료를 모아놓은 상당한 두께의 파일에는 로스앤젤레스 소방국과 미국방화협회의 보고서도 들어 있다. 보고서들은 불이 지나간 경로를 거의 분 단위로 묘사했다. 자료를 검토하는 건 실제로 도서관을 살펴보는 것과는 비교가 되지 않고 연구로 결론을 끌어내는 건 불가능하다고 비버가 경고했지만 나는 여전히 그의 의견을 알고 싶었다. 그와 처음 이야기를 나눈 이후 나는 내내 중앙도서관의 화재 조사가 어땠는지 궁금했다. 중앙도서관 화재는 미국방화협회의 최종적 가이드라인이 발표되기 6년 전인 1986년에 일어났다. 이후 그 분야는 오래된 추정에서 벗어나 미국방화협회가 조언한 과학에 근거하여 엄격한 방법들을 적용하는 방향으로 바뀌어왔다. 방화를 분석하는 전통적인 방식들—연소 흔적과 불의 온도, 콘크리트 파열, 그리고 방화를 입증할 명백한 원인이 없는지 살피는 법: 한 세대의 방화조사관에서 다음 세대로 전달되어온 가정들—이 뒤집혔다. 집에 불을 지르지 않은 것으로 밝혀진 무고한 이들을 위해 교도소의 문이 활짝 열렸다. 도서관이 불탄 뒤로 방화 조사 분야는 변화를 겪었다.

나는 비버를 설득해 중앙도서관에 관한 자료들을 읽어보게 했다. 나는 4년 넘게 이 화재의 세계, 해리 피크의 수수께끼 속에서 살고 있었고, 내가 비버의 분석을 신뢰한다면 이해에 도움이 될 가능성이 있었다. 몇 주 뒤 비버가 내게 긴 이메일을 보냈다. "보고서에 묘사된 상황에서 불이 시작된 지점을 (…) 동북쪽 서고의 2층이라는 대략적 구역보다 더 구체적으로 잡는 건 합당하지 않습니다. 더 구체적인 시작 지점을 추정하는 건 타당하지 않아요." 비버는 자신이 보기에 불이 시작된 정확한 지점을 구분해내기란 불가능하다고 했다. 특히 불이 거의 7시간이나 타오르면서 닥치는 대로 몽땅 태워버렸기 때문에 더 그랬다. 비버는 소방관들이 연기를 탐지한 동북쪽 서고의 어디에 선가 불이 시작되었다고 말하는 건 합리적이지만 발화점을 더 구체적으로 판단하는 건 현실적이지 않다고 했다. 그 넓은 구역에는 사람의 개입 없이 저절로 쉽게 불이 붙을 수 있는 물품이 많았다. 끝으로 비버는 "불이 2~3분 동안 방 전체를 휩쓴 뒤 수천 갤런의 물을 퍼붓고, 시멘트 벽에 잭 해머로 구멍을 뚫고, 책장들이 겹겹이 무너져 거대한 무더기를 이룬 곳에서 (…) 불이 시작된 지점을 정확히 찾는 건 헛수고예요. 사람들이 찾을 수 없다고 주장하는 건 아니지만, 아무튼 그들은 할 수 없습니다"라고 썼다.

비버는 조사관들이 일단 방화에 의심이 가자 이를 뒷받침할 증거를 찾기 시작했고 아마 배선이나 커피포트 같은 우발적 원인을 찾는 건 그만두었을 것이라고 덧붙였다. 조사관들은 불이 "인간의 손에 들린 불꽃"에서 시작되었다고 믿었고 이 생각을 확인하길 바랐다. "결론적으로 저는 1986년에 로스앤젤레스 도서관에서 불이 어떻게 시작되었는지 모릅니다. 하지만 [조사관들도] 몰라요.” 비버의 말을 몇몇 조사관에게 전하자 무시하는 반응을 보였다. 도서관에 났던 불이 색깔이 없어서 으스스했다고 묘사했던 전 소방대장 론 해멀은 “모든 사실을 수집한 사람만 불의 원인에 대해 말할 수 있어요”라면서 목격자의 진술을 접하지 않고 현장을 둘러보지도 않은 사람은 전문적인 의견을 갖지 못할 것이라고 덧붙였다.

나는 이메일을 받은 직후 비버에게 전화를 걸어 의견을 자세히 알려달라고 부탁했다. 우리는 화재에 대해 한참 동안 이야기를 나눴고 그는 이 사건에 대한 자신의 생각을 설명했다. 비버는 해리가 자백을 하고 알리바이가 어설펐던 이유는 그의 성격이 특이한 데다 사람이 압박을 받으면 종종 허위 자백과 허위 진술을 하기 때문이라고 생각했다. 만약 소방국이 어떤 중요한 증거를 제시했다면 지방검사는 분명 해리를 기소했을 것이라고 했다. 시가 기소를 거부했다는 사실은 소방국이 손에 쥔 증거가 추측과 추정, 그리고 관심에 도취된 사람의 완벽한 표상이 해리밖에 없었음을 반증한다. 비버는 해리를 해치고 싶어하거나 악의가 있었던 건 아니라고 말했다. 그저 잘못된 일련의 가정들과 탓하기 만만한 누군가가 있었을 뿐이다. “결국 그 사람들은 경찰이고, 경찰들은 사람을 체포하는 걸 좋아하죠.” 비버가 말했다. “세상 일이 다 그렇고 그렇잖아요.”

막 전화를 끊으려 할 때 비버가 한마디를 더 했다. “제 생각에는 그들이 엉뚱한 사람을 잡은 것 같아요.” 그러고는 심호흡을 하더니 덧붙였다. “잡아야 될 사람이 없는 것 같기도 하고요.”

30

『내일의 도서관: 심포지엄The Library of Tomorrow: A Symposium』(1939)

에밀리 밀러 댄턴
020.4 D194

『도서관 서비스의 미래: 인구학적 측면과 영향The Future of Library Service: Demographic Aspects and Implications』(1962)

프랭크 레오폴드 시크
027.073 S331

『미래의 도서관: 로스앤젤레스 공공도서관의 분관 시설 종합 계획Libraries for the Future: The Los Angeles Public Library's Branch Facilities Master Plan』(1985)

로스앤젤레스 공공도서관
027.47949 L881Lo-4

『비블리오테크: 구글 시대에 왜 도서관이 중요한가?BiblioTech: Why Libraries Matter More Than Ever in the Age of Google』(2015)

존 G. 폴프리
025.018 P159

지난겨울에 나는 중앙도서관장 에바 미트닉과 하루를 보냈다. 골라서 잡은 날이 마침 그녀가 이 자리에서 일하는 마지막 날이었다. 그녀가 참여학습부라는 새로운 부서의 책임자로 선정되었기 때문이다. 미트닉은 이 자리를 자신의 꿈의 직업이라고 불렀다. 새 부서는 자원봉사 프로그램, 여름 독서 프로그램, 새 이민자들을 대상으로 한 모든 서비스를 포함해 도서관이 대중과 연결되는 방법들을 담당할 것이다. 로스앤젤레스는 이런 유형의 서비스를 처음 만든 도서관 중 하나다. 2016년에 참여학습부를 개설한 뒤 전국의 많은 도서관이 이를 본뜬 부서를 만들었다.

미트닉은 마르고 키가 크지만 이목구비가 섬세하고 눈망울이 촉촉해서 왠지 작고 여리게 보인다. 그녀의 몸에는 사서의 피가 흐른다. 미트닉의 어머니 버지니아 월터는 수십 년 동안 로스앤젤레스 도서관 시스템에서 일했다. 버지니아는 토요일 근무를 해야 할 때 종종 에바를 데리고 갔다. 그래서 에바는 서고 사이를 돌아다니고 대출 데스크에서 까꿍 놀이를 하면서 자랐다. 미트닉은 자신을 "도서관 악동"이라고 부르는데, 자신이 알고 있는 다른 악동들 가운데 나중에 자라서 사서가 된 사람이 많다고 말했다. 그리고 그중 많은 사람이 로스앤젤레스 도서관 시스템에서 일한다. 그녀의 삶에서 도서관이 빠진 순간은 그리 많지 않다. 어머니를 따라온 아이로 토요일들을 보낸 뒤 그녀는 문헌정보학과에 재학 중이던 1987년 이곳에서 일하기 시작했다.

내가 미트닉과 시간을 보내기로 한 날은 로스앤젤레스에서는 드물게 흐리고 비가 내리는 축축한 날씨였다. 보슬보슬 내리는 비가 아니라 동전만 한 빗방울이 보도에 튕기며 세차게 떨어졌다. 흠뻑 젖은 수건을 짤 때 주르르 물이 쏟아져 내리는 것처럼. 도서관으로 차를 몰며 나는 경사진 거리를 따라 내달리거나 연석과 주차된 차에 끼어 있는 쓰레기통들을 피하며 달렸다. 땅딸막하고 커다란 쓰레기통들이 빗물을 가두고 거품이 이는 물 미끄럼틀을 만들었다. 나는 그날 도서관이 붐빌 것이라고 짐작했다. 날씨가 나쁘면 노숙인들이 열람실의 안락함을 차지하기 때문이다.

내가 도착했을 때 미트닉은 자기 사무실에서 퍽퍽해 보이는 샌드위치를 조금씩 베어 먹으며 컴퓨터로 "도전에 응하다: 공공도서관에 대한 재구상"이라는 웨비나webinar(web+seminar)를 보고 있었다. 전국에서 100명이 넘는 사서가 이 세미나에 로그인해 있었다. 아마도 퍽퍽한 샌드위치를 씹으면서…… 미트닉은 볼륨을 낮추고 샌드위치를 베어 먹는 사이사이에 뭔가를 끄적거렸다. 중앙도서관 운영은 미트닉에게 하나의 변화였다. 그녀는 도서관에서 일한 28년 동안 대부분의 시간을 관리자가 아닌 다양한 어린이실의 실무 사서로 일했다. 최근에 그녀는 어린이실에 내린 자신의 뿌리로 되돌아갔다. 현재 중앙도서관을 운영하는 것 외에도 틴스케이프와 어린이실 부장 일을 하고 있는데, 예산 삭감에 따른 인원 감축으로 남아 있는 사서들이 일을 분담해서 해야 했기 때문이다. 웨비나가 진행되는 동안 미트닉은 달력을 꺼내 하루 일정을 확인했다. 책보다 구제활동 위주의 행사가 많았다. 그날 하루는 오전 9시, 4만5000명으로 추정되는 로스앤젤레스의 노숙인 가운데 일부가 도서관 고객이 되면서 맞닥뜨린 가혹한 현실에 관한 건강부 직원들과의 회의로 시작되었다. 가령 벼룩과 이를 찾는 방법, 결핵의 징후를 추적하는 방법 등에 대해 도시 전체의 사서들에게 조언을 해주고 있었다. 회의를 하는 도중에 잠깐 나와서 아이들에게 컴퓨터 코딩 가르치는 법에 관해 사서들을 훈련시키는 옆방의 세미나를 들었다. 그런 뒤 마크 테이퍼 대강당 옆 뜰에 접시와 유리잔들을 준비하고 있는 요식업체 직원들을 체크하기 위해 복도를 달려 내려갔다. 정오엔 온라인 직업고등학교의 첫 회 졸업식이 거행될 예정이었고 졸업식 뒤에 열릴 만찬에 학생들과 그 가족이 초대되어 있었다.

웨비나와 샌드위치 식사가 끝나자마자 미트닉과 나는 도서관의 중앙 로비 바로 아래에 있는 방으로 내려갔다. 사람들의 줄이 문에서 로비까지 구불구불 이어져 거의 대출 데스크까지 와 있었다. 미트닉은 '더 소스'라는 프로그램의 시범 운영이 진행되고 있다고 설명했다. 일전에 내가 존 서보와 하루를 보낼 때 설명을 들었던 더 소스는 도서관에 도시 전체의 사회복지 기구들이 모이는 프로그램이었다. 미트닉과 서보는 한 건물에서 재향군인회의 서비스를 받은 뒤 다른 곳에서 식료품 할인 구매권을 받고, 또 다른 곳에서 주거 지원을 받는 대신 한 방에서 필요한 모든 서비스를 신청할 수 있는 더 소스 프로그램에 이점이 있다고 믿었다. 모든 일이 순조롭게 진행될 경우 서보와 미트닉은 이 프로그램을 정기적으로 열고 싶어했다. 최근 미트닉은 사람들이 책 대출이 아닌 다른 용무로 도서관에서 모이는 것을 굉장히 좋아하는 것 같다고 느꼈다. 토론 그룹과 영화 상영회 참가자가 엄청나게 많고, 최근에는 기술광들, 뚝딱거리며 무언가를 만들기 좋아하는 사람들, 공예가들이 모인 메이커 페어에 약 2000명의 사람이 모여들었기 때문이다.

더 소스는 아직 문을 열지 않았지만 길게 늘어선 줄은 사람들의 진심 어린 지지처럼 보였다. "됐어!" 미트닉이 주먹을 흔들며 말했다. "이럴 줄 알았어요! 다들 여기로 왔어요." 그녀는 사회복지 사업에서 도서관의 역할을 목청껏 지지하는 사람이지만 한계가 있었다. 미트닉은 중앙도서관 책임자로서 얻은 가장 큰 성과 하나가 "죄의 칸막이", 즉 사용자들의 프라이버시를 지켜주는 개인 열람석을 없앤 것이라고 말했다. 일부 사람들이 프라이버시 보호를 섹스나 약물의 허용으로 이해했기 때문이다. 미트닉은 "온갖 끔찍한 일이 일어났어요. 그래서 칸막이를 유지할 이유가 없다는 판단이 들었죠. 도서관에서는 누구도 사적인 업무 공간이 필요 없어요. 그래서 개인 열람실이 사라졌죠"라고 말했다.

사회복지 기관, 푸드뱅크, 정신건강 단체에서 나온 사회복지사들이 플라스틱 테이블들을 커다란 U자 형태로 설치해두어서 사람들은 뷔페에서 줄을 따라 다니는 것처럼 한 테이블에서 다른 테이블로 이동할 수 있었다. 미트닉과 나는 로스앤젤레스 노숙인 서비스 기구에서 나온 사회복지사 옆 빈자리에 앉았다. 피어싱을 하고 머리를 질끈 묶은 그는 자신을 헥터라고 소개했다. 헥터는 참가 신청서들로 불룩해진 공책 옆에 40자루쯤 되는 볼펜을 늘어놓았다. "우리가 이걸 하고 있다니", 헥터가 웃으면서 공책을 톡톡 두드리며 말했다. "이건 정말"—톡, 톡—"굉장해요!"

준비가 끝나자 미트닉은 그동안 줄을 저지하고 있던 경비 스탠 몰든에게 몸짓을 했다. 몰든은 고개를 끄덕인 뒤 옆으로 물러섰다. 그러자 문가로 줄이 몰렸고 사람들은 방 안을 구불구불 움직이기 시작했다. 미트닉을 흘깃 쳐다보니 사람들이 줄지어 서서 들어오는 모습을 보며 미소짓고 있었다. "보이세요?" 그녀가 잔뜩 흥분한 목소리로 말했다. "보이시죠?"

정보를 갈망하는 사람이 너무 많이 몰려온 바람에 나까지 임시 접수원으로 일하게 되었다. 내가 맡은 일은 사람들의 이름을 받아쓰고 기본 인적 사항과 원하는 혜택을 물어보는 것이었다. 나는 긴장이 되었다. 인정하기 싫지만 항상 노숙인들을 무서워했기 때문이다. 아니, 좀더 정확히 말하면 노숙인들 주변에서 감지되는 위협적이고 예측 불가한 분위기를 무서워했다. 이런 느낌은 몇 년 전 뉴욕의 건널

목에서 스쳐 지나가던 한 노숙인 여성이 내 가슴을 탁 때렸을 때 더심해졌다. 하지만 지금 테이블 사이를 이동하고 있는 사람들은 줄이빙하 같은 속도로 움직이는데도 조용하고 품위 있는 데다 참을성 있었다. 어떤 사람들은 깔끔했고, 어떤 사람들은 때가 덕지덕지 묻어가죽처럼 반들반들해진 누더기를 입고 있었다. 내 첫 번째 고객은 오렌지 상자만 한 토트백을 멘 여왕 같은 태도의 여성이었다. 그녀는이름을 알려준 뒤 "저는 집이 없어요"라고 말했다. "버스 정기 승차권이 필요하답니다." 그녀는 가방을 뒤지다가 나를 흘긋 쳐다보더니 자세히 관찰하고는 활짝 웃으며 말했다. "어머, 눈과 머리가 정말 예쁘지 않나요?" 그녀가 낡은 휠체어에 타고 있는 등 뒤의 남성에게로 몸을 돌렸다. 남자는 보호견 조끼를 입은 털이 희끗희끗한 개와 함께왔는데 개는 지루해하는 기색이었다. "이분을 봐요, 윌리스." 그녀가휠체어의 남성에게 나를 보라는 시늉을 하며 말했다.

나는 두 사람의 등록을 완료한 뒤 섭섭한 마음으로 다음 테이블로 이동시켰다. 다음 고객은 매끄러운 검은 피부의 잘생긴 남성이었다. 크루넥 스웨터와 슬랙스 차림의 그 남성은 치과의사처럼 청결해보였다. 그가 데이비드라고 자기 이름을 말한 뒤 나는 정해진 질문들을 던졌다. 첫 번째가 직업이었다. 선다형 답안들 가운데 "은퇴"가 있었는데, 데이비드는 그걸 보고 웃음을 터뜨렸다. 그러고는 웃음을 멈춘 뒤 "'은퇴'가 지금 제 상황을 설명하는 것 같진 않네요. 저는지금 일이 없어요. 하지만 일을 하긴 하죠. 남성 사중창단에서 노래를 하거든요. 만족감은 주지만 수입은 없어요." 나는 다음 질문을 던졌다. "당장 필요한 게 뭔가요?" 그는 "당장 급한 건 음식이에요"라고대답했다.

데이비드는 다시 웃기 시작했는데 성량이 풍부하고 낭랑한 굵은 목소리여서 듣기가 참 좋았다. 꼭 영화배우나 내레이터의 목소리 같았다. 혹시 내레이션 일을 한 적이 있는지 물어봤더니 그는 다른 사람들도 그런 말을 하긴 했지만 자신은 그 일을 해보려고 시도한 적이 없고 어떻게 하는지도 모른다고 대답했다. 데이비드의 외모와 현재 상황이 너무 어울리지 않아서 나는 그가 자신에 대해 더 말해주길 기대하며 계속 말을 걸었다. 그는 한때 직업과 집, 심지어 임대 자산으로 세컨드 하우스까지 있었지만 그의 표현에 따르면 "매우 나쁜 재정적 결정"을 내리는 바람에 가진 것을 모두 잃었다. 지난 5개월 동안은 차에서 생활했는데, 예전의 삶에서 유일하게 고수한 것이 헬스클럽 회원권이어서 샤워와 면도를 하러 갈 수 있었다고 했다. "나 자신을 놔버리고 싶지 않아요." 그가 말했다. "스스로를 지켜야죠."

데이비드 뒤로 줄을 선 사람들이 잔뜩 몰려 있어서 우리는 더 이상 이야기를 나눌 수 없었다. 데이비드가 다음 테이블로 가기 전에 나는 내 휴대전화에 인사와 짧막한 날씨 설명을 하는 그의 목소리를 녹음했다. 다음 몇 번의 접수를 받는 사이에 나는 녹음된 음성을 친구에게 보냈고 친구는 성우를 채용하는 사람에게 이것을 보냈다. 기대를 품는 건 어리석은 짓이라는 생각이 들었지만 그 방에 있으니 무슨 일이든 가능할 것 같은 느낌이 들었다. 노숙인들이 안고 있는 가늠할 수 없는 문제들이 풀릴 것 같은 느낌. 같은 목표를 공유하는 공동체가 협력하여 모든 일을 해결할 수 있을 것 같은 느낌. 나는 휴대전화에 녹음한 이 음성으로 인해 데이비드가 좋은 일자리를 얻고 지금까지 틀어진 모든 일이 잘 풀리는 상상을 했다. 녹음본을 받은 사람들은 다들 데이비드의 목소리가 굉장히 멋지다는 데 동의했지만 당시에는 아무도 그를 채용하지 않았다. 그들은 데이비드를 머릿속에 담아두겠다고 말했다. 더 소스에서의 일이 끝난 뒤 나는 두번 다시 그를 보지 못했다.

미트닉과 나는 도서관의 미래에 관해 이야기를 나눴다. 미트닉은 이상주의자였다. 그녀는 지식이 물리적인 책 속에 담겨 있을 뿐 아니라 우리 주위를 끊임없이 맴돌고 있으며, 그런 세상에 요즘 도서관도 적응 중이라고 생각했다. 혁신을 갈망하는 서보는 물론 다른 도서관 관계자와 마찬가지로 미트닉은 도서관이 단순한 자료 보관소라기보다 정보 및 지식 센터라고 생각했다. 그녀는 도서관이 계속해서 지역사회의 필수적인 부분이 될 것이라고 믿는 사서들 중 한 명이다. 어느 모로 보나 이 낙관적인 사람들의 생각이 맞는 것 같다. 2010년의 한 연구에 따르면 1년에 약 3억 명의 미국인이 전국의 1만7078개 공공도서관과 이동도서관을 이용한다고 한다. 다른 연구에서는 조사 대상의 90퍼센트 이상이 지역 도서관이 문을 닫는다면 지역사회가 피해를 볼 것이라고 대답했다. 미국은 공공도서관의 수가 맥도널드 매장의 수를 넘어서고 소매 서점보다 2배 더 많다. 많은 도시에서 도서관은 실제로 책을 훑어볼 수 있는 유일한 곳이다.

도서관은 구식이지만 30세 이하의 사람들에게 인기가 점점 더 높아지고 있다. 젊은 세대 중에서 도서관을 이용하는 사람의 수는 더 윗세대의 사람들보다 많다. 끊임없이 정보가 흘러나오는 디지털 세상에서 자라났지만 이 세대의 3분의 2가 인터넷에서 찾을 수 없는 중요한 자료가 도서관에 있다고 생각한다. 또한 더 윗세대들과 달리 30세 이하의 사람들은 사무직에 종사할 가능성이 낮다. 그래서 언제나 집 밖에서 일하기 좋은 장소를 물색한다. 많은 사람이 결국 카페나 호텔 로비, 혹은 요즘 인기를 끌고 있는 공유 작업 공간을 이용한다. 일부 사람은 도서관이 사회 최초의 공유 작업 공간이며 무료라는 뚜렷한 이점이 있다는 사실을 발견하고 있다.

인류는 언제나 책과 아이디어를 공유하는 공공장소를 만들고 싶어했다. 1949년에 유네스코는 도서관의 중요성을 유엔 의제로 확립하기 위해 공공도서관 선언을 발표했다. 이 선언문은 "도서관은 시민들이 정보에 대한 권리와 표현의 자유를 활용하기 위한 필수 조건이다. 민주주의에서는 열린 토론과 여론의 형성을 위해 정보에 대한 자유로운 접근이 필요하다"고 언명했다.

도서관 설립이 영구적으로 불가능할 때도 사람들은 도서관을 원했고 사서들은 이 요구에 부응했다. 기록된 최초의 이동도서관은 1905년 메릴랜드주 워싱턴 카운티를 돌아다니며 책을 빌려준 도서관 마차다. 고객 앞으로 도서관을 데려간다는 아이디어가 인기를 끌어 많은 도서관이 메릴랜드주의 사례를 본떠 책 마차를 도입했다. 최초의 책 마차들은 시내의 도서관으로부터 멀리 떨어진 곳에서 일하는 벌목꾼, 광부, 그 외의 노동자들에게 책을 배달하는 데 초점을 맞추었다. 1936년에 공공산업진흥국은 켄터키주의 산간지대에 말을 타고 책 배달을 하는 사서단을 조직했다. 1943년에 공공산업진흥국이 자금 지원을 중단하기 전까지 이 튼튼한 여성 사서단은 말을 타고 마을에서 마을로 돌아다니며 매달 3500권이 넘는 책과 8000권의 잡지를 배달했다.

1956년에 연방 도서관 서비스법은 약 300개의 농촌지역 이동도

하루 일을 시작할 준비를 마친 말을 탄 사서단의 사서들

서관에 자금을 지원했다. 오늘날 많은 공공도서관은 도시에서 분관
이 없는 지역에 이동도서관을 보낸다. 로스앤젤레스 공공도서관 시
스템은 현재 이동도서관을 운영하지 않지만 도시 안 다른 지역에 자
전거 3대로 책이 든 상자를 실어 나른다. 또 이동식 문해 프로그램
역할을 하는 플로리다의 베스 책버스처럼 민간이 운영하는 이동도
서관도 있다. 전 세계 80개국에 6만 개가 설치되어 있는 리틀프리 라
이브러리는 새집의 두 배 정도 되는 큰 나무 책장 안에 책들을 넣어
두고 한 권을 가져가면 다른 한 권을 갖다놓는 식으로 주민들끼리
책을 교환한다. 이 작은 도서관들은 비영리단체 리틀프리 라이브러
리 협회에 등록되어 있지만 앞마당에 작은 책장을 놓고 이웃에게 나
눠줄 책들을 채워놓고 싶은 사람이라면 누구나 설치해서 운영할 수

있다.

전 세계적으로 32만 개의 공공도서관이 전 세계 모든 나라, 수억 명의 사람을 위해 일하고 있다. 그중 대다수는 건물 안에 있으며, 그 외는 지역의 지형과 날씨에 따라 자전거, 배낭, 헬리콥터, 배, 기차, 오토바이, 황소, 당나귀, 코끼리, 낙타, 트럭, 버스 혹은 말을 이용해 책을 배달하는 이동도서관들이다. 잠비아의 시골지역에서는 책을 실은 4톤짜리 트럭이 정해진 경로를 따라 돌아다닌다. 페루의 카하마르카주에는 도서관 건물이 없어서 700명의 농부가 집에 공간을 마련해 각자 시 도서관의 한 구역에 해당되는 책들을 배치해두었다. 베이징에서는 도서관 책의 약 3분의 1이 도시 곳곳에 설치된 자판기에서 대여된다. 방콕에서는 책을 가득 실은 '어린이를 위한 도서관 기차'가 기차역 근처 야영지에 사는 노숙인 아이들에게 책을 대여한다. 노르웨이에서는 도서관이 없는 피오르의 마을에 배로 책을 배달하

콜롬비아의 당나귀 이동도서관

느데, 이 배는 겨울 내내 호르달란주, 뫼레오그롬스달주, 송노피오라네주의 해안을 따라 정박하며 책을 전해준다. 스웨덴, 핀란드, 캐나다, 베네수엘라에도 책 보트가 있다. 특정 공동체에 초점을 맞춰 이 문화에 해당되는 자료들을 전해주는 이동도서관도 있다. 노르웨이에는 북극 지방의 순록 유목민 사미인들에게 사미어로 된 자료를 가져다주는 이동도서관이 있다.

동물들은 전 세계 많은 이동도서관의 동력이다. 당나귀와 노새가 가장 흔하다. 콜롬비아의 마그달레나주에 사는 교사 루이스 소리아노는 같은 주에 있는 작은 마을들의 주민들이 도서관을 이용하지 못하는 것이 안타까워 직접 당나귀 도서관을 만들었다. 소리아노는 주말이면 당나귀 알파를 타고 안장에 책을 실은 다른 당나귀 베토와 함께 길을 나선다. 그는 한 달에 걸쳐 주를 가로지른 뒤 반대 방향으로 되밟으며 책을 회수한다. 짐바브웨의 은카이 지역에서는 당나귀가 끄는 전자통신 도서관 수레가 책과 인쇄물뿐 아니라 라디오, 전화, 팩스, 공용 인터넷 접속 장비까지 싣고 외딴 마을들을 찾아간다. 케냐에는 가리사와 와지르 지역의 유목민 마을에 책을 배달하는 낙타 도서관이 있다. 마을 주민들이 읽을거리를 구하러 찾아왔을 때 가끔 낙타들이 앉아 있으면 거친 털로 덮인 녀석들의 몸이 넓게 트인 들판과 도서관이라는 특별한 공간을 분리하는 일종의 살아 있는 둔덕 역할을 한다.

로스앤젤레스에서 내가 만난 사서들은 사양 산업에서 일하는 뚱하고 낙심한 이들이 아니라 자신들이 뭔가 중요한 일을 하고 있다는 확신으로 고양된 쾌활하고 열성적인 사람들이었다. 나는 사서들이 낙관적이라는 내 인상이 맞는지 확인하기 위해 도서관학회에 참석하기 시작했다. 2013년에 세계 최대의 도서관 회의인 미국도서관협회 학회에 간 것이 시작이었다. 그해에는 시카고의 매코믹 플레이스에서 학회가 열렸는데, 박람회장이 너무 거대해서 마치 다른 세상에 온 것 같았다.

나는 수만 명의 사서, 도서관 지지자와 함께 700개의 부스에 출품자가 7000명가량 되는 박람회장을 돌아다녔다. 행사의 인기가 하늘을 찔러서 꼭 새로운 민족국가처럼 느껴졌다. 포트콜린스, 페인즈빌, 어바인, 오시코시, 앵커리지, 오스틴, 테네시주의 작은 마을에서 사서들이 왔다. 나는 로스앤젤레스의 사서들도 참석한다는 걸 알고 있었지만 사람이 너무 많아서 아무도 보지 못했다. 사서들은 꽃무늬 블라우스나 반짝이는 리딩록스 티셔츠를 입고 책과 듀이십진법 모양의 타투를 했다. 현명한 사람들은 편한 신발을 신고 왔지만, 그러지 못한 이들은 편의를 위해 박람회장 네 모퉁이에 마련된 해피 피트 깔창 부스에 들러 신발을 손봤다. 서북쪽 코너의 해피 피트 판매원이 내 깔창을 맞춰주며 말했다. "사서들은 발이 아프답니다. 사서들처럼 하루 종일 서 있는 사람도 거의 없거든요." 나는 책 전시도 전시지만, 일반인들은 생각도 못 할 도서관에 필요한 기계 장치 및 도구에도 크게 매료되었다. MJ 인더스트리라는 회사는 깜짝 놀랄 만한 분류 시스템을 선보였고 컬러마크 책 배치 관리 시스템은 "잘못 꽂힌 책의 종말!"을 약속했다. ASI 시그니지 이노베이션이 내놓은 표지들, 자동화된 대출 키오스크, 그리고 "당신의 모바일 전략은 무엇입니까?"라는 질문을 던지는 도서관용 붑시라는 앱도 있었다. 제조업체, 주류 출판사, 그리고 기독교도용 고양이 책 같은 틈새 출판사들 사이에 『똥 아저씨의 긴 여행』(그림책, 영문판과 스페인어판), 영 리 볼루셔너리 출판사의 주력(그리고 아마도 유일한) 도서 『동성애자 대통령의 회고록: 퍼스트레이디가 입을 열다』처럼 책 한 권을 전시한 부스들이 흩어져 있었다.

시카고에 다녀오고 몇 달 뒤 넥스트 라이브러리라는 회의에 참석하기 위해 덴마크의 오르후스로 날아갔다. 1년에 두 번 열리는 이 회의는 "끊임없이 진화하는 21세기 공공도서관의 미래를 준비하고 탐구"하기 위한 국제 모임이었다. 그해의 주제는 "다시 생각하기"였다. 38개국에서 수백 명의 사서가 모였는데, 오르후스의 새 중앙도서관의 신축을 축하하려는 목적도 일부 있었다. 새 도서관 건물이 너무 참신하고 매력적이어서 떠나고 싶지 않았고 다른 사람들도 마찬가지인 듯했다. 오르후스 도서관은 콘크리트 쐐기들을 사용해 지어졌다. 내부 공간이 높고 툭 트여 있는 데다 열람실에서는 바다가 내다보였다. 책장 사이가 멀어서 평균치보다 더 쾌적하고 환한 공간이라는 느낌을 더해주었다. 라운지 같은 도서관이었다. 엎드려서 책을 읽고 싶은 사람을 위해 곳곳에 커다란 베개가 놓여 있고 완만하게 경사진 널찍한 중앙 계단은 오르후스의 아이들에게 일종의 실내 정글짐이 되었다. 우리는 새 건물에 정신을 뺏기거나 도서관 카페에서 맛좋은 커피를 들이킬 때를 제외하곤 혁신과 개입, 봉사, 학습에 관한 세션에 참석했다. 일부는 강연이었고 그 외에는 참석자들이 직접 참여하는 세션이었다. 나는 레고로 물건들을 만드는 세션에도 들어갔다. 레고가 미래의 도서관과 무슨 관련이 있는지 이해되지 않았지만, 레고 본사가 도서관에서 60마일밖에 떨어지지 않은 덴마크 빌룬에 있어서 아마 세션 기획자들이 지역 상품을 회의에 활용하고 싶었던 모양이다.

모든 세션의 요점은 도서관이 여전히 책들이 있는 공간인 동시에 점점 더 많은 일을 할 수 있다는 것이었다. 도서관이 성장할 수 있는 방식은 정말 무한했다. 회의 참석자들은 오르후스 도서관 서비스에 결혼증명서 발급이 포함되어 있는 걸 보고 탄복했다. 나이지리아의 한 사서는 자신이 근무하는 도서관에서 예술 및 기업가 정신 훈련 수업이 열린다고 말했고 내슈빌에서 온 사서는 자신의 시 도서관이 종자 교환 프로그램을 막 시작했으며 극단도 보유하고 있다고 알려주었다.

나는 만약 시 사서 테사 켈소가 오르후스 회의에 참석했다면 편안한 기분을 느꼈을지 궁금해졌다. 1880년대 로스앤젤레스 공공도서관에서 테니스 라켓과 보드게임을 구비하자고 했던 그녀의 제안은 이 회의에 잘 들어맞기 때문이다. 넥스트 라이브러리와 미국도서관협회 회의에서 많은 것을 접하면서 나는 그동안의 조사에서 알게 된 예전의 로스앤젤레스 사서들에 대해 생각해보았다. 찰스 러미스가 시카고에서 타투를 한 사서들과의 칵테일 파티에 참석했다면 '사서들은 따분하다'는 편견을 깰 수 있었을 것이다. 또 인간 백과사전 C. J. K. 존스 박사가 영국 도서관과 덴마크 왕립도서관에 새로 생긴 "상주 위키피디언"을 알았다면 자기 자리의 정당성이 입증되었다고 느꼈을지도 모른다.

오르후스에서 나는 시애틀의 시 사서를 지냈던 데버라 제이컵스를 따라다녔다. 그녀는 현재 빌&멀린다 게이츠 재단의 '세계도서관 계획'을 운영하고 있다. 재단이 이 회의에 재정적 지원을 했고 내게 참석을 적극 권한 사람이 바로 제이컵스였다. 그녀는 오르후스를 사랑해서 은퇴하면 이곳에 아파트를 빌릴 생각이라고 했다. 제이컵스는 작고 강건한 몸에 탄력 있는 밤색 머리카락과 반짝이는 미소, 신나는 웃음 소리를 지니고 있다. 또 무쇠처럼 튼튼한 체질이다. 우리가 오르후스에서 만나기 전 몇 주 동안 그녀는 나미비아, 가나, 네덜란드, 남아프리카공화국, 샌프란시스코를 여행했지만 조금도 피곤한 기색이 없었다. 빌 게이츠와 멀린다 게이츠는 오래전부터 도서관에 관심을 보였다. 공공도서관 지원은 두 사람이 자선 재단을 설립하기도 전에 처음 추진했던 자선 프로젝트였다. 그 노력은 1997년 미국의 모든 도서관이 인터넷에 연결되도록 한다는 목표로 시작되었다. 부부는 미국 내 모든 도서관의 인터넷망 설치를 지원함에 있어 역할을 다한 뒤 2002년부터 도서관 문제에 계속 관여하고 전 세계로 지원을 확장하기로 했다. 그리하여 2004년 '세계도서관 계획'이 수립되었다(2011년에 국제 프로그램과 국내 프로그램이 합쳐졌다). 이 프로젝트가 처음 추진한 활동 중 하나는 전 세계 사람들이 지역 도서관에서 인터넷을 사용할 수 있도록 돕는 것이었다. 당시 세계 인구의 65퍼센트가 인터넷을 쓰지 못해 온라인 정보를 얻을 수 없었고 디지털 세계에 대한 지식도 발전시키지 못했다. '세계도서관 계획'은 도서관에서 공용 인터넷을 무료로 쓸 수 있도록 만듦으로써 도서관을 미래 세계로 들어가는 문으로 선택했다고 볼 수 있다.

　지난 20년 동안 '세계도서관 계획'의 목표는 세계의 도서관에 인터넷망을 연결하는 것 이상으로 확대되었다. 개발도상국의 월드리더 같은 국제적 문해 단체에 보조금을 지급하고 보츠와나, 리투아니아, 베트남, 몰도바, 자메이카, 콜롬비아 등 전 세계 1만3000개 도서관에

장비 및 직원 교육 비용을 지원했다. 최근 들어 제이컵스는 사서들을 교육하고 연결시키는 쪽에 노력을 기울였고 특히 나라별로 고립되어 있는 아프리카 지역 사서들에게 더 신경을 썼다. 제이컵스는 또 "스파크 플러그 사서"라고 부르는 차세대 사서들을 육성하고 싶어한다. 그녀가 머릿속에서 그리고 있는 스파크 플러그 사서란 미래에 도서관 업계를 이끄는 사람들이다. 제이컵스는 로스앤젤레스의 시 사서 존 서보가 현재의 스파크 플러그 사서 중 한 명이라고 생각하지만 서보 뒤의 세대에 대해서도 생각하고 있다. 그녀는 내게 "우리가 가고 없을 때 나서서 일할 강한 사람들을 길러두어야 해요"라고 말했다. 그러고는 "음, '우리가 가고 없을 때'라는 말만 해도 코끝이 찡하네요"라고 덧붙였다. 우리가 통화할 당시 제이컵스는 남아프리카에서 우간다 국립도서관장이었던 거트루드 카야가 물린드와와 함께 사무실에 앉아 있었다. 물린드와는 지금 아프리카 도서관 및 정보협회 협회장이다. 수년 전에 내가 난초 도둑에 관한 책을 쓴 적이 있기 때문에 제이컵스는 물린드와가 열정적인 난초 수집가여서 국제 도서관 회의 참석차 출장을 갈 때마다 난초 몇 개를 여행 가방에 담아 집에 가져온다는 이야기를 내가 알고 싶어할 거라고 생각했다. "그게 불법인가요?"라고 묻는 물린드와의 목소리가 뒤쪽에서 들려왔다. "데버라, 불법은 아니라고 생각해요."

2014년에 빌&멀린다 게이츠 재단은 건강 및 과학 문제에 대한 노력을 강화하면서 이 분야에 해당되지 않는 프로그램에 대한 지원을 중단하기로 결정했다. 재단은 갑작스레 지원을 끊지 않고 현재 지원받고 있는 도서관과 사서들이 변화에 적응할 수 있도록 '세계도서관 계획'에 4년 반의 시간을 부여해 서서히 지원을 줄여나가게 했다.

'세계도서관 계획'은 2018년 12월 프로그램이 종료될 때까지 20년 동안 전 세계 도서관과 사서, 문해 프로그램에 100억 달러를 지원했다. 나와 제이컵스가 함께 참석한 넥스트 라이브러리 회의는 그녀가 프로그램 종료를 알리는 이메일을 보낸 직후인 2015년에 열렸다. '세계도서관 계획'과 제이컵스는 도서관 업계에서 영향력이 컸다. 회의 참석자 중 제이컵스를 모르는 사람은 없어 보였고 많은 사람이 프로젝트의 혜택을 받았다. 제이컵스는 대부분의 사람이 프로그램 종료 발표를 듣고 당황해서 허둥지둥하거나 절망하는 대신 기부금 없이도 현재 하고 있는 일을 계속하겠다는 결의를 보인 것에 기뻐하는 듯했다. "우리는 앤드루 카네기가 했던 것처럼 물리적인 도서관을 세우진 않았어요." 제이컵스가 말했다. "우리는 사서들을 격려하고 훈련시키고 연결시켰죠. 공동체가 발전하도록 도왔고요. 저는 아주 잘했다고 말하고 싶어요."

하지만 넥스트 라이브러리에서는 모든 사람이 돈에 대해 이야기했고 금액이 충분했던 적은 없었다고 말했다. 돈 문제는 도서관 업계에서 끊이지 않는 화제여서 사서가 두 명만 모여도 돈 이야기가 나오는 게 당연할 정도였다. 하지만 미국도서관협회의 참석자들과 달리 넥스트 라이브러리에서 만난 사람들은 모두 미래에 대해 흥분한 것처럼 보였다. 폴란드의 한 시청 지하에서 작은 도서관을 운영하는 사람이나 케냐에서 극도로 자금이 부족한 도서관들에게 가까스로 숨을 불어넣고 있는 사람이나 마찬가지였다. 모든 사람이 도서관에 대해 지금까지 끈질기게 버티고 성장해왔으며 분명 앞으로도 오래도록 살아남을 것이라는 중요한 인식을 공유하는 듯했다.

최근에 나는 클리블랜드를 방문해 오버드라이브의 본사를 둘러보며 미래로 가는 또 다른 문으로 들어섰다. 오버드라이브는 도서관과 학교를 위한 세계 최대의 전자책 플랫폼이다. 당신이 도서관에서 전자책을 빌리면 수백만 권에 이르는 오버드라이브 도서 컬렉션 내의 기억 장치에서 그 책을 빌렸을 확률이 크다. 1986년에 스티브 포타시가 오버드라이브를 처음 설립했을 때는 출판사와 서점에 디스켓과 CD-ROM을 판매했다. "그 분야가 점점 쇠하기 시작했어요." 포타시가 설명했다. "그리고 우리는 기술이 어디로 가고 있는지 알았죠." 몇 년 뒤 오버드라이브는 사업가들이 "피봇"이라 부르는 사업으로 방향을 전환해 거대한 전자매체 수집 업체로 변신했다. 본질적으로 이 회사는 전자책 대여라는 개념을 만들어냈다. 당시 도서관들은 물리적으로 존재하지 않는 책을 대여하는 시스템을 구축하려고 기웃거렸지만 그러려면 많은 도서관이 감당할 수 있는 수준 이상의 컴퓨팅 파워와 관리가 필요했다. 오버드라이브를 이용하면 도서관이 힘든 이면 작업을 할 필요 없이 가입 절차를 구축하고 사람들에게 자료를 제공할 수 있었다. 예를 들어 로스앤젤레스 공공도서관의 디지털 컬렉션은 클리블랜드에서 오버드라이브가 운영하는 클라우드에 들어 있다.

　　오버드라이브를 시도한 최초의 공공도서관은 클리블랜드 공공도서관이었다. 이 도서관은 2003년에 전자책 대여 서비스를 구축했다. 최근 집계에 따르면 70개국에서 4만 곳 이상의 공공도서관과 학교 도서관(그리고 학계와 기업의 일부 도서관)이 전자매체 대여에 오버드라이브를 이용하고 있다. 이 전자매체에는 전자책과 함께 이제 오디오북, 음악, 영상도 포함된다. 이 시스템을 사용하는 도서관은 급속도로 늘고 있어서 내가 본사를 방문했을 당시 회원 도서관은 3만 7000개였는데 불과 한 달 뒤 숫자를 확인하려고 전화를 걸었을 때는 8퍼센트 이상 늘어나 있었다. 처음에는 얼토당토 않은 사업처럼 보였을 수 있지만 오버드라이브는 회사를 세운 지 3년도 채 되지 않아 100만 권의 책을 대여했고 2012년에는 1억 권을 달성했다. 그리고 2017년 말에 10억 권 대여라는 목표치에 도달했다. 하루 평균 70만 권의 책이 오버드라이브를 통해 대여되는 것이다. 오버드라이브가 눈부신 성공을 거두자 몇 년 전 일본의 대기업 라쿠텐이 4억1000만 달러에 이 회사를 인수했다.

　나는 오버드라이브의 새 본사 로비에서 포타시를 만났다. 새로 지은 본사는 유리와 콘크리트로 된 강렬하고 눈에 띄는 단일 건물로, 머나먼 옛날 얼음 조각이 멋지게 깎아놓았을 깊은 계곡의 저편, 클리블랜드 시내 서쪽 풀이 무성한 언덕에 자리 잡고 있었다. 선구적인 기술업체를 설립한 많은 이와 달리 포타시는 나이가 지긋했으며, 세 명의 자식—딸 둘과 아들 한 명—과 오버드라이브에서 함께 일한다. 짙은 갈색 머리카락의 포타시는 따뜻하고 자유분방한 사람이며 회사에 대해 이야기할 때면 부모 같은 마음과 자긍심이 느껴졌다. 오버드라이브는 기본적으로 기술업체이지만 포타시는 기술자라기보다 꼭 사서 같았다. 그는 내가 언급한 로스앤젤레스의 모든 사서에 대해 상세한 삶과 이력까지 전부 알고 있었다. 예를 들면 포타시가 건물을 견학시켜주기 전 우리는 중앙도서관의 도서목록부서 책임자 페기 머피에 대해 이야기했는데, 그는 머피가 처음 도서관에서 일할 때 음란 서적들이 꽂힌 책장을 몰래 열어 책들을 섭렵한 일을 전부 알고 있었다.

오버드라이브 본사의 로비는 거대하고 천장이 높았다. 세계지도를 보여주는 10제곱피트 넓이의 스크린이 로비 중앙을 장악하고 있었는데, 매초 지도의 어딘가에서 거품이 나타나 도서관의 이름과 지금 막 대출된 책을 보여주었다. 넋을 빼놓는 스크린이었다. 그 앞에 몇 분간 서 있으면 프랑스 아를에 있는 작은 도서관에서 누군가가 기욤 뮈소의 『지금 이 순간』을, 콜로라도주 볼더에서 조앤 롤링의 『해리 포터와 저주받은 아이』를, 그리고 멕시코시티의 누군가가 과달루페 네텔의 『내가 태어난 몸』을 막 대출했다는 것을 알 수 있었다. 마치 실시간 세계 생각지도를 보고 있는 듯한 느낌이었다.

오버드라이브는 책 대여의 미래일 수 있지만 도서관의 미래와 동의어는 아니다. 도서관은 우리가 정보를 공유하기 위해 모이는, 공동체에 소속된 물리적 공간이다. 다른 어떤 곳도 이런 묘사에 들어맞지 않는다. 아마 미래에 오버드라이브는 우리의 책들을 보여주는 곳이 되고, 도서관은 마을 광장에 더 가까운, 집처럼 느껴지는 공간이 될 것이다.

31

『간결하게 설명한 민사 소송Civil Procedure in a Nutshell』(2003)

> 메리 케이 케인
> 간결하게 설명하기 시리즈
> 347.9 K16 2003

『고등학교 졸업자를 위한 의료, 의학, 과학 분야에서 좋은 직업 얻기[전자 정보]Great Careers with a High School Diploma: Health Care, Medicine, and Science [electronic resource]』(2008)

> 데버라 포터필드
> 전자책

『AIDS의 수수께끼와 해결책AIDS, the Mystery and the Solution』(1984)

> 앨런 캔트웰
> 616.97 C234

『세상의 먼지 속으로Ask the Dust』(1939)

> 존 팬트
> 서고에 보관

불이 난 지 5년 뒤인 1991년에야 중앙도서관이 굿휴 빌딩으로 돌아갈 머지않은 미래의 시기를 가늠할 수 있게 되었다. 새로운 별관이 개관할 것이고 상황은 정상으로 돌아갈 것이었다. 굿휴 빌딩은 아직 닫혀 있었지만 내부에서는 공사 인부들이 벽을 고압세척하고 검댕을 걷어내고 물건들을 정리하고 있었다. 인접한 부지에는 새 별관을 지을 공간을 마련하기 위해 거대한 구덩이가 파였다. 그랜드가와 5번가, 호프가와 플라워가로 둘러싸인 구역에는 우르릉거리는 건설 장비 소리와 날카로운 쇠붙이 소리가 울려 퍼졌다. 몇 마일 떨어진 곳에서는 도서 복원가들이 훼손된 책 한 권 한 권에 가압과 진공 처리를 하고 애지중지 손질한 뒤 책을 살리거나 혹은 도저히 가망이 없다는 판단을 내렸다. 서가로 돌아갈 준비가 된 책의 수가 점점 늘어나고 있었다. '책을 구하자' 캠페인─목표액 1000만 달러를 달성했다─이 비용을 부담한 새 책들도 도착하기 시작했다. 3월에 드디어 새 별관이 완공되었고 인테리어 작업이 시작되었다. 공사장 가림막과 축 늘어진 오렌지색 격자무늬의 테낙스 울타리에도 불구하고 점차 도서관의 형태와 위용을 띠기 시작했다. 사서들은 세 종류의 소장 도서들─불길에 훼손되지 않은 책들, 되살린 책들, 그리고 영원히 사라진 40만 권의 책을 대체하기 위해 구입한 새 책들─을 합쳐 처음부터 목록 작업을 하기 시작했다.

해리 피크를 상대로 한 시의 민사 소송과 그가 시에 낸 반대 소송은 진행이 더뎠다. 증언을 하고, 명령 신청을 내고, 프렌치 쿼터의 웨이터가 진술을 하고, 시 변호가 피해 기록을 제시했지만 그 무엇도 결정적이라고 여겨지지 않았다. 사건이 해결되는 방향으로 속도를 높이지 못하고 갈피는 점점 더 잡기 힘들어졌다. 해리는 최근 증언에서 또 말을 바꿨다. 그는 이제 무사마귀를 치료한 후가 아니라 그 전에 윌키 신부, 클라크 신부와 아침을 먹었다고 주장했다. 세 사람이 정오가 아니라 아침 10시에 카페에 있었다는 것이다. 윌키 신부도 그날 아침 11시에 다른 고객과 예약이 잡혀 있었고 그 환자가 조금 늦어서 자신과 해리, 클라크 신부는 11시에서 몇 분 지난 뒤 식당을 떠나 사무실로 올라갔다고 증언을 바꾸었다.

이 새로운 사실은 받아들이기 어려웠다. 도서관에서 첫 경보가 울린 시간은 오전 10시 52분이었고, 소방관들이 소설부에서 연기를 발견한 11시 11분까지는 단순한 허위 경보가 아닌 진짜 불이 났다는 사실이 알려지지 않았다. 따라서 도서관에 불이 났다는 사실을 가장 먼저 안 시간은 11시 11분이었다. 해리가 말한 새로운 시간대에 따르면 웨이터는 알람이 울린 지 불과 몇 분 뒤에 불이 났다고 언급한 셈이 된다. 웨이터가 경찰의 무전 내용을 듣고 있지 않는 이상 불가능한 일인 것이다. 그렇지 않고는 웨이터가 불이 났다는 소식을 그렇게 일찍 들을 수가 없었다. 진술을 바꾼 것은 해리가 유죄인지, 결백한지의 문제에 있어서 중요하지 않았다. 불이 시작되었을 때 해리가 윌키, 클라크와 함께 있었다는, 지금까지와 동일한 알리바이였기 때문이다. 중요한 건 해리가 계속 말을 바꾸는 바람에 그날의 진실이 물 위에 뜬 기름방울처럼 겉도는 것이었다. 일관된 무늬가 형성될 때마다 바로 알아볼 수 없게 형태를 바꿔 당신이 지금 보고 있다고 생각하는 것—원, 구름, 얼굴—이 형태 없는 흐릿한 소용돌이로 흩어져버린다. 해리가 왜 시간 변경이 알리바이에 도움이 된다고 생각했는지는 분명하지 않다. 그렇지만 나는 해리의 거짓말이 불수의적 충동, 거짓말의 가치를 저울질할 틈도 없이 입에서 자동적으로 튀어나오는 것이라는 생각으로 점점 기울었다.

어떤 면에서 해리는 소송에서 발을 빼고 있는 것처럼 보였다. 시 변호사의 요구에 대응이 느렸고 명령 신청도 거의 하지 않았다. 해리는 교도소에서 다친 뒤 발생한 치료비를 요구하고 있었지만 빅토리아 체이니 검사가 그를 치료한 의사와 병원의 이름을 물었을 때는 대답하지 않은 채 확인해보겠다고만 했다. 몇 달이 지나도 체이니는 대답을 듣지도, 정보를 확인할 시간을 더 달라는 요청도 받지 못했다.

아마 해리는 정신이 다른 곳에 팔렸던 것 같다. 해리에게 새 남자친구가 생겼기 때문이다. 데브라 피크에 따르면 새 남자친구는 "앨런이라는 좋은 사람"이었다. 그녀는 남자의 성을 기억하지 못했지만 부자여서 해리가 더 이상 돈 때문에 곤란을 겪지 않았다고 했다. 해리는 부모에게 숨긴 채 팜스프링스에 있는 앨런의 집으로 들어갔다. 자신을 사랑하는 누군가를 찾고 웨스트할리우드의 싸구려 아파트와 룸메이트 무리에게서 벗어난 것이 해리에게 얼마나 다행스러운 일이었을까. 아마 이런 이유에서 소송에 대한 관심은 시들해졌을 것이다. 해리는 화재에 대해 더 이상 생각하고 싶지 않았을 수도 있다. 햇살이 쏟아지는 나른한 팜스프링스의 근사한 집에서 좋은 사람과 함께 지내면서 그는 할리우드의 흠집과 야욕에 대한 관심을 잃어버렸던 게 틀림없다. 해리는 결점이 있고 자기 파괴적인 사람으로 평생 실수를 저지르며 살았지만, 어쩌면 이때 만족감 비슷한 걸 느끼기 시작했는지도 모른다.

이제 해리는 친구들에게 배우보다 더 안정적인 직업을 얻고 싶다고 말했다. 그는 자신이 선택할 수 있는 일들을 검토한 뒤 의료보조원이 되기로 마음을 정했다. 상당한 일탈처럼 보이지만 그가 갈망하던 많은 것을 가져다준 선택이었다. 해리는 이 일을 하면서 사람들이 행복을 느끼도록 해줬고 영웅적인 기분을 느낄 수 있었다. 그는 지역 학교 훈련 프로그램에 나가기 시작했다. 데브라는 이 프로그램의 이름을 기억하지 못했다. 해리는 이 일을 몹시 좋아했지만, 채혈 방법을 배울 때 몇 번이나 같은 주사기로 서로에게 실습을 해야 한다는 점엔 불만을 품었다고 데브라가 말했다.

1991년 7월, 민사 소송 관계자들이 사전 심리를 위해 모였다. 몇 달 동안 해리를 보지 못했던 빅토리아 체이니 검사는 사무실에 들어서는 그를 보고 깜짝 놀랐다. 지난번에 봤을 때보다 쪼그라들고 푸석해진 모습이었기 때문이다. 강하고 밝던 멋진 외모는 시들해지고 아름답던 머리칼마저 듬성듬성해졌다. 피부는 누르스름한 황달기를 띠었다. 해리의 변호사는 재판을 좀더 신속하게 진행하자고 요청하기 위해 회의를 소집했다고 밝혔다. 그는 의사의 진단서를 제출했는데, 해리가 심각한 간염과 간 비대 및 비장 비대에 시달리고 있고 "6개월 넘게 살 것인지 의학적으로 상당히 의심이 간다"는 내용이었다.

10년 전인 1981년, 마이클 고틀립이라는 UCLA의 한 면역학자가 후천성 면역결핍증후군이라는 증상에 대한 글을 발표했다. 고틀립의 연구는 AIDS에 대한 최초의 기록 중 하나로 여겨진다. 로스앤젤레스에서 이 질환은 폭발적이고 무자비하며 광범위하게 퍼졌다. 도시에 AIDS가 존재한다는 사실은 널리 알려졌다. 1985년에 배우 록 허드슨은 자신이 이 병에 걸렸다는 것을 인정했다. 같은 해 할리우드는 기금 모금 행사인 에이즈워크를 처음 개최했고 수천 명이 참석했다. 해리가 소송의 신속한 처리를 요청한 지 불과 몇 달 뒤 매직 존슨이 HIV 감염자임을 밝히고 LA 레이커스에서 은퇴한다고 발표했다.

가족들은 해리가 동성애자라는 생각을 편하게 받아들인 적이 없었기 때문에 그가 동성 간 성관계를 통해 병에 걸렸을 가능성도 받아들이지 못했을 것이다. 의료 기사 수업이 그의 병을 해명할 수 있는 편리한 기회가 되어주었다. 데브라는 의료 수업에 참석한 사람들이 지저분한 주사기를 공유했기 때문에 전부 HIV/AIDS에 걸렸다고 말했다. 그녀는 처음에 그중에서 죽은 사람이 해리뿐이었다고 했다가 다음번에는 모두 목숨을 잃었다고 말을 바꾸었다. 의료계 종사자가 우연히 HIV에 걸릴 가능성은 물론 있다. 하지만 드문 경우다. 2007년에 한 의학지에 실린 기사에 따르면 의료 인력이 우연히 에이즈에 감염되었다고 확정된 것은 전 세계적으로 98건, 가능성이 있는 것은 194건으로 집계되었다. 로스앤젤레스의 한 의료보조원 훈련 프로그램에서 5명 혹은 10명의 학생이 HIV/AIDS에 걸렸다면—더군다나 프로그램에서 비위생적인 실습을 해서 감염되었다면—분명 언론에서 다뤘을 것이다. 하지만 나는 그런 사건에 대한 언급을 어디에서도 발견하지 못했고 지금까지도 그 이야기가 사실이라는 증거를 찾지 못했다. 데미트리 히오텔레스에게 물어보자 그는 빙그레 웃더니 대답했다. "그 주사기 이야기요? 전 그게 헛소리란 걸 진작 알고 있었어요." 아이러니한 점은 히오텔레스와 해리가 사귀던 어느 날 해리가 집에 오더니 일종의 동성애자 암이라고 할 수 있는 새로운 질환에 관해 들은 적이 있는지 물었다는 것이다. 히오텔레스는 그 말을 믿지 않았다. "미친 소리 같았죠." 히오텔레스가 말했다. "게다가 해리는 거짓말쟁이였으니까요. 전 그저 해리가 또 바보 같은 이야기를 지어냈다고 생각했어요."

해리는 갈수록 쇠약해지고 작아지고 병세가 깊어졌다. 빅토리아 체이니와의 회의 뒤에 레너드 마티넷은 재판 날짜를 옮겨달라고 청원했고, 판사가 동의해 1991년 9월 12일에 재판이 잡혔다. 마티넷은 재판이 아예 열리지 않고 시가 소송을 취하해서 합의를 보길 원했다. 로스앤젤레스시가 AIDS로 죽어가는 사람을 상대로 싸워야 할 상황을 시 변호사들이 좋아하지 않으리라는 그의 추측은 옳았다. 시의 소송은 상징적인 것에 불과했다. 해리는 빈털터리라서 아무것도 보상하지 못할 것이다. 체이니—그리고 소방관들—가 이 소송을 추진한 이유는 책임을 밝히기 위해서였다. 특히 형사 고발에 대한 재판이 열리지 않은 좌절감 때문에 더 절실했다. 하지만 증거에 대한 기준이 더 관대한 민사 재판에서도 시가 승소하리라는 보장은 없었다. 그날 해리가 도서관에 있었음을 입증하는 어떤 증거도, 그를 화재와 직접적으로 연관시킬 수 없었기 때문이다. 해리의 병세를 고려하면 시의 태도는 사람들이 생각하기에 보복적이고 잔인해 보일 수 있었다.

재판이 예정된 날 며칠 전에 열린 회의에서 로스앤젤레스시는 해리에게 3만5000달러에 합의를 보자는 놀라운 제안을 했다. 해리가 요구했던 1500만 달러에 비하면 턱없이 적은 액수였고 시의 평소 합의금과 비교해봐도 굉장히 적은 금액이었다. 하지만 해리는 이 제안을 받아들였다. 시 입장에서는 엄청나게 수지맞는 흥정이었다. 결과를 장담할 수 없는 재판을 하게 되면 시는 수천 달러를 더 부담해야 할 판이었다. 시 예산부는 3만5000달러짜리 수표를 발행했고 1991년 10월 2일 로스앤젤레스 도서관 화재 소송—적어도 해리의 과실과 관련해서—은 그렇게 마무리됐다.

해리는 팜스프링스에서 생의 마지막 날들을 보냈다. 해리는 빅토리아 체이니와의 마지막 회의 후 집에서 한 발짝도 나가지 않고 앨런의 관심과 편히 지낼 수 있는 재력에 의지해 살았다. 시에서 받은 합의금은 처음에는 뜻밖의 횡재처럼 느껴졌을 테지만 의료비로 금세 다 나가버렸다. 기본적인 약값만도 한 달에 5000달러나 들었다. 해리는 간부전, 간염, 비장 비대를 앓았고 뒤이어 더 절망적인 증상들이 나타났다. 그의 누나 데브라는 "우리는 굉장히 친했어요. 쌍둥이 같았죠"라고 내게 말했다. "동생이 죽기 전날 마음이 뒤숭숭했어요. 딱 알겠더라고요. 아이에게 살아 있는 해리 삼촌을 다시는 보지 못할 거라고 말했어요. 예감한 거죠." 1993년 4월 13일, 해리는 HIV/AIDS 합병증으로 캘리포니아주 팜스프링스에서 사망했다. 해리의 장례식은 뾰족탑이 있는 작고 사랑스러운 호프 컨트리 교회에서 열렸다. 해리가 자란 샌타페이스프링스에서 북쪽으로 14마일쯤 떨어진 볼드윈파크의 조용한 거리에 있는 교회였다.

32

『이야기의 끝: 단막극The End of the Story: A Play in One Act』(1954)

리처드 토머스
822 T461

『이야기의 끝The End of the Story』(2004)

리디아 데이비스
전자책

『이야기의 끝The End of the Story』(2012)

릴리아나 헤커
시리즈: 비블리오아시스 세계 번역 시리즈

『이것이 결말이다This Is the End of the Story』(2017)

잰 포춘
전자책

1월 1일은 패서디나에서 로즈볼 퍼레이드가 열리는 날이다. 로스앤젤레스 공공도서관은 항상 퍼레이드에 꽃마차를 내보냈다. 퍼레이드에는 해마다 주제가 있다. 1993년의 주제는 "퍼레이드에서의 오락"이었고 도서관의 꽃마차는 신문을 읽고 있는 거대한 책벌레로 장식되었다. 책벌레 옆에 탄 사람 중 한 명은 1990년에 은퇴한 와이먼 존스의 뒤를 이어 시 사서가 된 엘리자베스 마르티네스였다. 책벌레가 읽고 있는 신문에는 '1993년 10월 3일 도서관 재개관'이라는 헤드라인이 실려 있었다. 1980년부터 1998년까지 도서관 홍보부장을 지낸 로버트 레이건은 로즈볼 퍼레이드에서 재개관 날짜를 알리는 것이 운명을 건 시험일 수 있지만 큰 효과를 거둘 것이라고 믿었다.

아직 할 일이 많았다. 날짜가 다가오자 도서관은 책 꽂기 파티를 열었고 수백 명의 자원봉사자가 200만 권이 넘는 책을 꺼내 새 선반에 꽂았다. 화재가 난 뒤 자원봉사자들이 팔을 걷어붙였던 것과 비슷했지만 분위기는 정반대였다. 이번에는 긍정적인 기운이 흐르는 재건의 시간이었다. "책과 관련된 일을 하는 걸 좋아하거든요." 한 자원봉사자는 왜 이 일에 시간을 냈는지 물어보는 기자에게 이렇게 대답했다. 그런 뒤 불만조로 한마디 더 했다. "오늘은 걸리적거리기만 하고 제대로 일하지 않는 너무 어린 아이들이 많이 왔어요. 애들 때문에 책 꽂는 속도가 느려져요." 그녀는 잠시 말을 멈추더니 덧붙였다. "하지만 도서관 개관을 돕기 위해 일하는 건 개인적으로 굉장히 만족스럽습니다." 도서관 행정부는 ARCO의 도움을 받아 브라질의 포크 댄서들, 일본의 드러머들, 플라멩코 공연자들, 서아프리카의 가수들, 한국의 뮤지션들, 「아메리칸 글래디에이터스」 출연자들의 시범, 스파이더맨, 대피덕, 벅스버니가 나오는 화려한 개관 기념식을 계획했다.

저녁 6시 반이 지난 뒤 열리는 도서관 개관식에 얼마나 많은 사람이 올지는 아무도 감을 잡지 못했다. 어쩌면 시는 쇠락한 상태로 외딴 임시 장소에 틀어박혀 있던 도서관에 익숙해졌는지도 몰랐다. 1926년에 문을 열었을 때 사람들을 매료시킨 "동화 속 마법의 성" 같은 굿휴 빌딩의 경이로움도 영영 사라졌을지 몰랐다. 하지만 개관 기념식이 열린 날, 시 전체가 도서관을 보고 싶어했다는 것이 드러났다. 적어도 5만 명에 이르는 사람이 공룡 바니와 함께 춤을 추고, 원형 홀을 걷고, 톰 브래들리 별관의 아래층까지 이어지는 에스컬레이터를 탔다. 처음으로 대출증을 만든 사람도 1만 명이 넘었다. 사람들은 공연자들이 선보이는 구경거리를 즐겼다. 하지만 최근 로버트 레이건은 내게 이렇게 말했다. 1993년의 그날 "진정한 영웅은 도서관이었다".

해리 피크 소송은 명확한 결론 없이 끝났다. 사실 종결이라기보다 말소에 더 가까웠다. 누가 불을 질렀는지, 혹은 누군가가 불을 지른 게 맞는지 의문을 해결하지 못했다. 해리가 1986년 4월 29일을 어떻게 보냈는지 정확하게 밝히지도 못했고, 해리가 불을 낸 사람인지, 아니었는지도 확인하지 못했다. 나는 실제로 무슨 일이 일어났는지, 특히 해리가 관련되었는지 아닌지에 대한 생각이 수만 번 바뀌었다. 어떤 버전을 믿게 되었다고 생각할 때마다 무언가가 나타나 구멍을 뚫었다. 그래서 처음으로 되돌아가야 했다. 결국 나는 뭐가 사실인지, 혹은 심지어 내가 무엇을 믿기로 했는지도 알 수 없게 되었다. 그리하여 마침내 애매모호한 상태를 받아들였다. 내가 확실히 아는 사실은 옛날 옛적에 로스앤젤레스 중앙도서관에 끔찍한 화재가 일어났고 어설픈 한 젊은이가 그 사건에 휘말렸다는 것뿐이다. 인생이 다 그러하듯, 모든 게 불분명했다. 이 사건은 결말 없는 이야기로 남을 것이다. 노래 마지막의 걸림음, 더는 듣기가 괴로운 이상하고 해결되지 않는 불협화음처럼.

나는 어느 날 폐관 시간 직전에 늦게 도서관에 갔다. 바깥은 이미

어둑어둑하고 도서관은 나른했으며 한산했다. 중앙도서관과 브래들리 별관은 굉장히 넓어서 북적대던 사람들이 빠져나가면 도서관은 거의 비밀의 장소처럼 혼자 있을 수 있는 곳이 되었고, 공간이 몸을 완전히 감싸 안아 바깥세상도 전혀 느껴지지 않았다. 나는 역사부로 내려가 글렌 크리슨을 만나고 페더스 지도 컬렉션의 색인 작업이 어떻게 진행되고 있는지 지켜봤다. 그런 뒤 부서와 부서를 이리저리 거닐다가, 들어갈 때마다 아름다움에 놀라는 텅 빈 원형 홀을 지나 문명의 여신상이 빤히 내려다보는 넓은 뒷 계단을 올라갔다. 엄숙하다기보단 마음을 달래주는 침묵이 가득했다. 도서관은 고독을 누그러뜨리기에 좋은 곳이다. 완전히 혼자일 때도 수만 년 동안 계속되어 온 대화의 일원이 된 듯한 느낌을 받을 수 있는 곳. 책장에서 책을 뽑아보지 않아도 그 안에서 당신에게 말을 걸기 위해 기다리는 목소리가 있고, 말을 하면 누군가가 들어줄 거라고 진심으로 믿는 누군가가 있다는 것도 알 수 있다. 나를 늘 놀라게 하는 것은 그런 확신이었다. 가장 이상하고 특이한 책도 그런 무모한 용기, 자신의 책이 읽혀야 할 중요한 책이라고 생각하는 믿음을 품고 쓰였다. 나는 그런 믿음이 얼마나 소중하고 어리석고 용감한지, 그리고 얼마나 필요한지, 이런 책들과 원고를 모으고 보존하는 것 또한 얼마나 희망으로 가득 찬 일인지에 감동을 받았다. 이런 믿음은 모든 이야기가 중요하다고, 우리를 서로 이어주고 과거와 미래를 연결시키는 무언가를 창조하려는 노력은 소중하다고 선언한다. 도서관에 관해 배우는 내내 나는 오래 남을 이야기를 들려주고, 지속될 무언가를 만들어내고, 누군가가 내 책을 읽는 동안 살아 있고 싶은 이 모든 바람이 내가 이야기를 쓸 수 있게 하는 동력이었음을 깨달았다. 그 바람은 내 생명선, 열정,

내가 누구인지 이해하는 나만의 방식이었다. 나는 이 책을 절반쯤 썼을 무렵 돌아가신 어머니를 생각했다. 어머니가 도서관에 있는 나를 보면 얼마나 기뻐하실지도 알고 있다. 그리고 그런 생각을 하면 어머니가 정신이 초롱초롱하고 다정하던 시절, 앞으로 살날이 몇십 년 남아 있던 시절, 한 아름 책을 안고 대출대로 타닥타닥 걸어가는 나를 보며 활짝 웃으시던 시절로 눈 깜짝할 사이에 갈 수 있다. 우리가 함께 이곳에 온다면, 치장벽토와 조각상들과 우리를 기다리는 세상의 모든 이야기가 가득한 이 마법의 장소에 다시 함께 온다면, 어머니는 세상의 어떤 직업이라도 선택할 수 있다면 사서가 되겠노라고 한 번 더 말씀하셨을 거다.

나는 열람실 여기저기에 흩어져 있는 얼마 안 되는 사람들을 둘러봤다. 어떤 이들은 책에 고개를 숙이고 있고 몇 명은 공공장소에서의 사적인 순간을 누리며 그냥 쉬고 있었다. 그리고 나는 이곳에 있다는 생각에 마음이 들떴다. 내 것이 아니지만 내 것처럼 느껴지는, 내가 사랑하는 공간에 대해 이야기하는 것, 그리고 그 공간이 얼마나 멋지고 특별한 느낌인지 들려주는 것, 이것이 내가 이 책을 쓰고 싶었던 이유다. 도서관이 던지는 무언의 약속은 세상의 모든 잘못된 것을 물리치는 것 같다. 내가 여기 있어, 부디 네 이야기를 내게 들려줘. 여기 내 이야기가 있어, 제발 들어줘……라는 약속.

경비가 의자들을 정리하고 테이블의 줄을 맞추면서 외쳤다. "5분 남았어요! 문 닫는 시간까지 5분이요!" 남아 있던 우리 몇몇은 책을 덮고 소지품을 챙겨 위층으로 향했다. 옆구리에 책 3권을 낀 건장한 남자가 대출을 기다리며 들썩들썩 엉덩이를 흔들면서 춤을 추기 시작했고, 사람들은 조심스럽게 그 옆을 지나 문밖으로 나갔다.

감사의 말

이 책은 내게 시간을 내주고 이야기를 들려준 수많은 사람의 인내와 관대함으로부터 큰 힘을 얻었다. 내가 열람실들을 돌아다닌 수년 동안 반갑게 맞아주고 기꺼이 도움을 주신 중앙도서관 직원들께 가장 큰 감사를 보낸다. 특히 내가 다른 질문을 하러 찾아가도 한 번도 거부하지 않았던 글렌 크리슨, 존 서보, 에바 미트닉, 피터 퍼식에게 고마움을 전한다. 또 이 모든 자료 상자를 끌어내준 에마 로버츠에게도 감사드린다. 나와 이야기를 나눈 많은 전직 도서관 직원들에게도 고마운 마음이며, 그중에서도 헐린 모셰들러버, 엘리자베스 테오만, 수전 켄트, 폰테인 홈스, 조애너 레이건과 로버트 레이건, 그리고 고 와이먼 존스에게 감사드린다. 로스앤젤레스 도서관 재단, 특히 이 프로젝트를 처음부터 지지해준 켄 브레처와 루이즈 스타인먼에게 큰 고마움을 전한다. 또 로스앤젤레스 소방국의 옛 직원과 현재 직원들에게도 많은 도움을 받았다. 특히 기록부의 인내심 많은 제시카는 조금 더 깊게 뒤져달라는 내 부탁에 오래전에 사라진 줄 알았던 자료들을 찾아주었다.

해리 피크의 가족, 특히 그의 누나 데브라와 브렌다에 대한 감사를 빼놓을 수 없다. 해리에 대한 많은 기억을 공유해주고 이 책에 묘사된 일들을 알려준 데미트리 히오텔레스에게도 감사하다.

솔로몬 R. 구겐하임 재단, 맥도웰 콜로니, 야도 코퍼레이션, 밴프

379

예술 및 창의성 센터는 이 프로젝트가 가능하도록 도와주셨다. 이들의 지원을 받은 것이 큰 행운이라 느껴진다. 영리하고 통찰력 있게 원고를 읽어주고 내내 용기를 북돋워주었으며 사진을 모아주고 좋은 친구가 되어준 애슐리 밴뷰런에게 큰 감사를 보낸다. 줄리 테이트는 마감일에 맞춰 멋지게 사실 확인을 해주었다. 줄리, 고마워!

작업이 끝났는지 너무 자주 물어보지 않아준 친구들 모두에게 영원한 감사를 보낸다. 의지가 되어주고 조심스럽게 시간을 조정해가며 머리를 식혀준 사람들, 특히 에리카 스타인버그, 크리스티 캘러핸, 샐리 샘프슨, 재닛 타시지안, 제프 콘티, 데브라 올리언, 로리 샌델, 캐런 브룩스, 세라 타이어, 그리고 내 모든 명랑한 친구들, 사랑해.

킴벌리 번스의 지혜와 열정에 감사드린다.

내 영원한 에이전트 리처드 파인, 당신은 최고다.

전혀 다듬지 않아 엉망인 상태의 원고를 읽어주고 완벽한 조언과 격려를 해준 최고의 보스 칩 맥그래스에게 감사한다.

이 책의 작업을 위해 『뉴요커』에 휴가를 낸 데이비드 렘닉과 버지니아 캐넌에게 감사드린다. 어느 누구도 이보다 더 나은 직장이나 더 나은 편집자를 청할 수 없을 것이다. 나는 두 분과 함께 일하게 되었다는 걸 알았을 때 꿈을 꾸고 있나 싶어 뺨을 꼬집어보기도 했다.

나는 사이먼앤슈스터의 가장 훌륭한 팀과 일했다. 이 모든 걸 가능하게 해준 캐럴린 리디, 부편집자 리처드 로러, 마케팅의 귀재 데이나 트로커, 모든 일을 끝내는 법을 아는 줄리애나 호브너, 보이지 않는 곳에서 마술을 부려준 크리스틴 르미어, 리사 어윈, 베스 토머스, 패트리샤 캘러핸, 모든 중요한 수정 작업을 해준 타마라 아렐라노, 이 책을 아름답게 만들어준 재키 서우, 로런 피터스콜래어, 칼리 로먼에게 큰 고마움을 보낸다.

그리고 앤 피어스, 고마워! 그대와 함께 또 다른 책을 작업해서 행복했어. 조피 페라리애들러—탁월한 편집자, 지혜의 목소리, 가장 예리한 펜을 가진 사람—그대를 표현할 단어가 없어! 존 카프, 우리 의 다섯 번째 책이군! 그대와 함께 일할 수 있어 정말 행운이야. 수 년 동안의 우정과 지원, 영감에 감사하고 또 감사해.

"……가 없었다면 이 책을 끝내지 못했을 것입니다"는 상투적인 문구이지만 내 남편 존 길레스피에게는 딱 맞는 말이다. 남편은 대단 했다. 그는 내가 어마어마한 양의 조사 자료를 읽어나가도록 도와주 었다. 비록 그의 손 글씨는 알아보기 힘들지만 그가 거들어주지 않았 다면 나는 아직 그 기록들을 뒤적거리고 있을 것이다. 남편은 내가 쓴 모든 글을 한 단어, 한 단어—여러 번—읽고 편집과 관련한 멋진 제안과 정보를 전하는 방식에 대해 조언을 해주었고 책을 쓰는 작업 이 벅차게 느껴질 때마다 힘을 북돋워주었다. 무엇보다 이 책을 쓰는 내내 베풀어준 지원과 사랑에 존경을 담아 깊이 감사한다.

나를 이 이야기로 이끌어주고 함께 포트나이트를 할 시간에 밤 도, 주말도 없이 일하던 나를 참아준 내 아들 오스틴, 사랑한다.

그리고 엄마, 이 책을 만든 건 엄마를 위해서예요.

캘리포니아주, 로스앤젤레스
2018년 5월

출처에 관하여

로스앤젤레스 공공도서관과 1986년의 화재에 관한 책을 쓰기 위해 수년에 걸쳐 조사를 진행하고, 도서관의 현 직원, 예전 직원들과 여러 차례 인터뷰를 했다. 소방국 기록보관소와 로스앤젤레스시 법정 기록들을 깊이 파고들었고, 도서관 희귀본실에 숨겨둔 퀴퀴한 자료 상자들을 수없이 뒤져봐야 했다. 그 과정에서 나는 도서관과 관련된 1920년대부터의 신문 기사 스크랩 자료, 1930년대부터 작성된 도서 목록, 사용하던 장비들, 그리고 중앙도서관을 거쳐갔던 수백 명의 사서가 남긴 흥미진진하고 잡다한 수많은 일과 귀중한 정보를 많이 발견했다. 그 자료들은 이 책을 쓰는 데 필수적인 부분을 차지했다. 또 나는 캘리포니아와 도서관사를 다룬 많은 책과 논문에서 귀한 자료들을 상당히 많이 발견했다. 다음은 그중 엄선한 자료의 목록이다.

책

Banham, Reyner. *Los Angeles: The Architecture of Four Ecologies.* University of California Press, 2001.

Battles, Matthew. *Library: An Unquiet History.* New York: W. W. Norton & Company, 2015.

Bradbury, Ray. *Fahrenheit 451.* New York: Simon and Schuster, 2012.

Burlingham, Cynthia, and Bruce Whiteman, eds. *The World from Here: Treasures of the Great Libraries of Los Angeles.* New York: Oxford University Press, 2002.

Casson, Lionel. *Libraries in the Ancient World.* New Haven, CT: Yale University Press, 2001.

Davis, Mike. *City of Quartz: Excavating the Future in Los Angeles.* New York: Verso Books, 2006.

Ditzel, Paul. *A Century of Service, 1886–1986: The Centennial History of the Los Angeles Fire Department.* Los Angeles: Los Angeles Firemen's Relief Association, 1986.

Fiske, Turbese Lummis, and Keith Lummis. *Charles F. Lummis: The Man and His West.* Norman, OK: University of Oklahoma Press, 1975.

Gee, Stephen, John F. Szabo, and Arnold Schwartzman. *Los Angeles Central Library: A History of Its Art and Architecture.* Santa Monica: Angel City Press, 2016.

Gordon, Dudley. *Charles F. Lummis: Crusader in Corduroy.* Los Angeles: Cultural Assets Press, 1972

Klein, Norman M. *The History of Forgetting: Los Angeles and the Erasure of Memory.* New York: Verso Press, 1997.

Knuth, Rebecca. *Libricide: The Regime-Sponsored Destruction of Books and Libraries in the Twentieth Century.* Westport, CT: Praeger Publishers, 2003.

Palfrey, John. *BiblioTech: Why Libraries Matter More Than Ever in the

Age of Google. New York: Basic Books, 2015.

Polastron, Lucien X. *Books on Fire: The Destruction of Libraries Throughout History.* Rochester, VT: Inner Traditions, 2007.

Rose, Jonathan, ed. *The Holocaust and the Book.* Amherst, MA: University of Massachusetts Press, 2001.

Soter, Bernadette Dominique. *The Light of Learning: An Illustrated History of the Los Angeles Public Library.* Los Angeles: Library Foundation of Los Angeles, 1993.

Starr, Kevin. *Americans and the California Dream,* 1850–1915. New York: Oxford University Press, 1986.

———. *Golden Dreams: California in an Age of Abundance, 1950–1963.* New York: Oxford University Press, 2009.

———. *Inventing the Dream: California through the Progressive Era.* New York: Oxford University Press, 1986.

———. *Material Dreams: Southern California Through the 1920s.* New York: Oxford University Press, 1990.

Thompson, Mark. *American Character: The Curious Life of Charles Fletcher Lummis and the Rediscovery of the Southwest.* New York: Arcade Publishing, 2001.

Ulin, David. *Sidewalking: Coming to Terms with Los Angeles.* Oakland, CA: University of California Press, 2015.

Wiegand, Shirley, and Wayne Wiegand. *The Desegregation of Public Libraries in the Jim Crow South: Civil Rights and Local Activism.* Baton Rouge: LSU Press, 2018.

Wilentz, Amy. *I Feel Earthquakes More Often Than They Happen: Coming to California in the Age of Schwarzenegger.* New York: Simon & Schuster, 2007.

기사 및 논문

Blitz, Daniel Frederick. "Charles Fletcher Lummis: Los Angeles City Librarian." UCLA Electronic Theses and Dissertations M.L.I.S., Library and Information Science thesis (2013).

Hansen, Debra Gold, Karen Gracy, and Sheri Irvin. "At the Pleasure of the Board: Women Librarians and the LAPL, 1880–1905." *Libraries & Culture Magazine,* vol. 34, no. 4 (1999).

Mackenzie, Armine. "The Great Library War." *California Librarian Magazine, vol.* 18, no. 2 (April 1957).

Maxwell, Margaret F. "The Lion and the Lady: The Firing of Miss Mary Jones." *American Libraries Magazine* (May 1978).

Moneta, Daniela P. "Charles Lummis—The Centennial Exhibition Commemorating His Tramp Across the Continent." Los Angeles: Southwest Museum (1985).

사진 출처

도서관의 삶, 책들의 운명

1판 1쇄 2019년 10월 14일
1판 3쇄 2022년 4월 8일

지은이 수전 올리언
옮긴이 박우정
펴낸이 강성민
편집장 이은혜
기획 노만수
마케팅 정민호 이숙재 김도윤 한민아 정진아 이가을 우상욱 박지영 정유선
브랜딩 함유지 함근아 김희숙 정승민
제작 강신은 김동욱 임현식
독자모니터링 황치영

펴낸곳 ㈜글항아리 | 출판등록 2009년 1월 19일 제406-2009-000002호
주소 10881 경기도 파주시 회동길 210
전자우편 bookpot@hanmail.net
전화번호 031-955-2696(마케팅) 031-955-1936(편집부)
팩스 031-955-2557

ISBN 978-89-6735-672-9 03900

www.geulhangari.com